직원행복 · 기업가치 · 사회적 가치의 창조

롯데 오디세이아

백인호 지음

도서출판 정음서원

롯데그룹 창업주 신격호 명예회장

일본롯데 시절의 신격호 창업주

젊은 시절의 신격호 창업주

롯데그룹 회장 신동빈

롯데오디세이아

■ 서문

　신격호 롯데그룹 창업회장의 필생의 꿈은 문화유산(Cultural Heritage)으로 하늘을 찌를 듯이 솟은 아주 높은 초고층 건물을 짓는 것이었다. 문화유산이란 장래의 문화적 발전을 위하여 다음 젊은 세대에게 계승, 상속할 만한 가치를 지닌 사회의 문화적 소산물이다.
　신 회장은 잠실 벌판을 고층 건물을 세울 수 있는 곳으로 보았고 그곳에 롯데월드타워(Lotte World Tower)를 건축해 그의 평생의 꿈을 실현했다. 롯데월드타워는 지상 123층, 높이 555m, 대한민국 최고층 건물, 세계에서 5번째로 높은 건물이다.
　신 회장은 이 건물을 준공하면서 "롯데월드타워는 높은 곳을 지향했던 나의 꿈이 구현된 현대문명 속의 유토피아이다."라고 했다. 그의 이상(理想)이 영근 금자탑이라고도 했다. 유토피아(Utopia)란 인간이 생각할 수 있는 최선의 상태를 갖춘 완전한 사회를 말한다. 잠실 롯데월드타워를 중심으로 형성된 롯데월드는 하나의 유토피아다. 기업인 신격호는 롯데월드타워를 지으면서 수익성은 따지지 않았다. 그의 꿈을 실현하는 것만을 추구했다. 그런 의미에서 신격호 회장은 기업인이라기보다는 이상주의자였다.
　그의 전반부 사업력은 일본에서 시작되었고 후반부는 대한민국에서 진행되었다. 그는 일본에서 20년간 기업경영을 했지만, 대한민국의 국적을 고수했다. 귀화하지 않은 기업인의 불이익이 크지만 감수했다.

신격호 회장은 1967년 국내에서 제과업으로 사업을 시작했다. 롯데제과가 그것이다. 신 회장은 제과업에서 성공을 거두면서 식품, 유통, 서비스, 백화점, 호텔 등 여러 분야로 사업을 다각화하면서 기업 규모를 글로벌 수준으로 키웠다.

흔히 롯데그룹을 제과 등 소비재 위주의 기업집단으로 생각하지만 그렇지 않다. 롯데그룹은 롯데케미칼을 바탕으로 화학사업 분야에서도 아시아 1위, 에틸렌 분야 글로벌 7위에 드는 화학산업 강자다. 2022년 기준으로 롯데의 전체 매출에서 화학 군이 33.8%를 차지하고 있는 것이 이를 증명하고 있다. 유통 군은 25.5%, 식품은 11%이다.

롯데는 다국적기업이기도 하다. VICRI(베트남, 인도네시아, 중국, 러시아, 인도)에서 유통, 제과, 식품 부문의 리더기업이다.

신격호 회장은 사업 초기에 제철(製鐵, Steel Industry) 사업을 희망했다. 정부의 의뢰로 많은 비용을 들여 제철공장 건설 초안을 만들기도 했다. 현재의 포스코(포항제철)의 초기 모습인 것이다. 그러나 정부가 제철사업을 국영(國營)으로 정책 변경함으로써 제철사업 진입 꿈이 무산됐다. 정부에서는 신 회장에게 방산(방위산업(防衛産業))을 권유했다. 신 회장은 인명을 살상하는 무기를 만들 수 없다고 거절했다. 신 회장은 자발적으로는 제2정유(현 GS칼텍스) 사업자 공모에 참여했다. 그러나 LG그룹이 사업자로 선정됨에 따라 정유산업 분야 진출 의욕을 접어야 했다. 신 회장의 중화학공업 분야 진출 꿈은 여수 석유화학산업단지의 호남석유화학을 인수함으로써 실현되었다. 현재의 롯데케미칼 전신이다.

신격호 회장의 경영기법에는 타의 추종을 불허하는 특별한 점이 많다. 차별화(差別化)이다. 차별화란 독특하다고 인식될 수 있는 그 무엇을 창조하는 것이다. 그는 제품의 원료, 디자인, 마케팅에서 차별화로 성공했다. 신 회장은 판매에서도 특별했다. '동일한 생산 규모라면 누가 잘 파느냐로 승부가 결정된다'고 했다. 그는 판매조직을 촘촘히 쌓음으로써 판매에 눈부신 성공을 거두었다. 신 회장은 자신의 경영 핵심은 '사장(社長)을 경영'하는 것이라 했다. 그룹 내 CEO들을 훈련시키는 것에 노력을 기울였다는 것이다. 그는 임원들과의 회의에서 상대가 기진맥진할 때까지 질문을 던진 것으로 유명하다. 질문과 답변 과정에서 해당 사항의 해결책을 찾는 것이다.

롯데그룹은 2011년 신동빈 현 회장 체제로 2세 경영이 시작되었다. 가업승계는 순탄하게 진행되었고 롯데그룹의 성장세는 지속되고 있다. 신동빈 회장은 M&A의 전문가 수준이고 대담한 결정을 내리는 것으로 유명하다. 그는 회장 취임 이후 M&A를 통해 그룹 몸집을 크게 키웠고 이 분야에서 앞으로의 그의 선택이 주목받고 있다.

신동빈 회장은 여권(女權) 신장론자이기도 하다. 신동빈 회장은 그가 회장으로 취임한 후 그룹의 인적구성 비율을 여성 우위로 바꿨다. 롯데그룹의 여성 직원 비율은 30% 수준을 넘고 있으며 여성 임원도 전체의 7.4%를 넘고 있다.

신격호 회장의 생활신조는 거화취실(去華就實)이었다. 겉으로 드러나는 화려함을 배제하고 내실을 지향한다는 뜻이다. 신격호 회장은 검소했으며 사치를 멀리했다. 그는 티슈 한 장을 두 개로 나누어 썼다. 신격호 회장은 생전 언론과의 접촉이 많지 않았다.

필자는 신격호 회장의 인간적인 면모를 부각시키려고 노력했다. 이 책은 롯데그룹 창업주 신격호 회고록 '열정은 잠들지 않는다'와 롯데 50년사(1967~2017), LG오디세이아(백인호 저, 정음출판사 간)를 많이 참고했다. '인터넷 검색' 도움도 컸다.

좋은 도움말을 주신 정영의 장관(전 재무장관)에게 감사의 말씀을 드린다. 윤승진 박사의 감수, 교정에 감사의 말씀을 드린다. 책에서는 실명(實名)을 사용했으며 혼란을 피하기 위해 한문을 병기했다. 실명 인용으로 불편을 드린 부분이 있다면 넓은 아량을 베풀어 주시기 바란다.

책 출판을 결심해 주신 박상영 정음서원 사장께 감사드리며 그 편집진들의 노고에도 감사드린다. 롯데지주 김춘식 상무님과 변진경 책임님의 자료 협조에 감사드린다. 자료정리와 원고작성에 수고한 정소영 스태프에게도 감사드린다.

2023. 10. 18

저자 백 인 호

차례

● 서문 ·· 9

제1부 롯데 창업 - 동경 시대

1   부관연락선 갑판의 19세 청년, 신격호(辛格浩) ················ 19
2   소년 시절의 신격호 ··· 25
3   종양장 견습생 합격 ··· 37
4   노(盧) 부잣집 딸과의 혼인 ·· 45
5   동경서 공부하고 싶습더 ··· 51
6   동경시대 개막 ·· 59
7   와세다(早稻田) 고등학교 시절 ······································ 65
8   예상하지 못한 투자 제안 ·· 72
9   화장품 사업 진출 ·· 77
10 롯데의 사업 기반 '껌(gum)' ··· 85
11 '주식회사 롯데' 출범 ·· 91
12 한국전쟁과 일본의 전쟁 특수(戰爭特需) ························· 99
13 판로 확장과 신상품 개발 ·· 103
14 롯데, 일본 열도를 달구다 ··· 113
15 「초콜릿(Chocolate)」 사업을 해볼까 하오! ······················ 122
16 캔디와 아이스크림으로 확장 ······································· 136
17 바둑 애호가 신격호 ··· 148

제2부 모국 진출과 롯데의 비약

18	한·일 국교 정상화 전야	155
19	모국 투자 첫걸음	166
20	제철(製鐵, Steel Industry) 사업 제안을 받고	171
21	모국 첫 제조업 롯데 알미늄	180
22	롯데제과의 출범	183
23	호남석유화학 인수	192
24	프리미엄아파트 '롯데캐슬'	199
25	롯데알미늄 위기 극복	209
26	사무기기 롯데캐논	215
27	롯데의 금융산업 진출	219
28	롯데 커머스넷(LCN, 롯데정보통신) 진출	233

제3부 신동빈 회장 - 글로벌화 시대

29	신동빈 회장 체제의 출범	253
30	롯데제과의 새로운 도전 - 글로벌 네트워크 확대	263
31	롯데주류(酒類) BG 출범	271
32	종합식품 롯데푸드(Food) 출범	285
33	롯데 유통사업의 다각화	294
34	롯데 CA(Cable)TV 개국과 쇼핑채널 구축	310
35	코리아세븐 시장 선도	314
36	롯데호텔 체인(Chain)화	324
37	복합쇼핑몰(Shopping Mall) 개발 시대 전개	338
38	롯데렌탈(Rental) 출범	351

39 롯데케미칼(Chemical)의 글로벌화 ·············· 354
40 롯데알미늄(Aluminium)의 진화 ················ 365
41 롯데그룹의 카드·보험·여신 전문 금융사 ········ 374
42 빅데이터 허브(Hub) 롯데멤버스 ················ 386
43 롯데 로지스틱스 진화와 해외진출 ··············· 392
44 마곡 중앙연구소 신축 이전 ····················· 398
45 신동빈 회장 잠실시대 개막 ····················· 416

제4부 반도호텔에서 롯데월드타워로

46 주일(駐日)대사 이후락 후배, 반도호텔을 맡아주시오! ········· 421
47 서울 한복판에 세계 톱(Top) 수준 호텔 ·········· 446
48 롯데건설의 중동(中東) 사업 위기 ················ 461
49 프로레슬링과 복싱영웅들 ······················· 468
50 둔터(屯基)마을의 축제(Festival) ················· 480
51 롯데 원스톱(One-stop) 소도시 잠실 ············· 485
52 문화유산으로 남을 랜드마크 구상 ··············· 495

제1부
롯데 창업 - 동경 시대

1

부관연락선 갑판의 19세 청년 신격호(辛格浩)

1941년 10월 하순 경남 울주 둔터 출신 신격호는 부관연락선 갑판에 올라와 있었다. 신격호는 3등 객실 티켓을 샀는데 3등 객실의 분위기, 특히 뱃멀미를 못 견딘 승객들이 토해낸 토사물 냄새가 지독해 객실에 있을 수가 없었다. 부관연락선은 부산에서 시모노세키(上関)까지 가는 데 14시간이 걸린다. (부관연락선은 해방 전(1945년 8월 15일)까지 관부연락선이란 이름으로 불렸다. 일본인들이 붙인 것이다. 이 책에서는 해방 이후에 명명된 부관연락선으로 쓰고 있다)

부관연락선의 역사를 보면 일본제국주의의 한국 침탈, 만주 등 대륙 침략의 그림을 어느 정도 볼 수 있다. 부관연락선은 1905년 9월 취항했다. 일본이 본격적으로 한국을 비롯한 중국의 동북지방 및 몽골 등지로 진출하기 위해 만든 국제 해운회사였던 산요기선주식회사(山陽汽船株式會社)에 의해 개설되었다. 이 연락선은 시모노세키와 고베(神戸) 사이의 신요선, 고베와 도쿄(東京) 사이의 도카이도선 등 일본의 철도와 연결되고 우리나라에서는 경부선, 경의선 그리고 만주의 안봉선, 남만주철도, 시베리아철도 등과 연결되어 광복 전에는 세계

일주 여행로의 일부를 이루는 중요한 교통로였다. 우리나라의 경부선 철도가 1905년 1월 1일에 개통됐던 것을 감안하면 이해 9월 부관연락선의 취항으로 일본의 한국 침탈의 연결로가 완성된 것이다.

이 연락선은 일본의 한국 침략의 유용한 수단 역할을 톡톡히 했다. 수많은 한국인들이 이 연락선을 통해 일본으로 끌려갔으며 일본인들의 수탈에 농토를 뺏긴 농민들이 북해도 탄광으로 가기 위해 부관연락선을 타야만 했다.

작가 이병주(李炳注)는 부관연락선을 그의 저서 '부관연락선'에서 '영광 혹은 굴욕의 통로'라고 말했다. 그가 굴욕의 통로라고 말한 의미는 많은 수의 징용자들을 실어 날랐다는 것을 의미했을 것이고 영광의 통로였다는 것은 우리의 현대사를 빛낸 개화 엘리트들이 이 배를 타고 동경 유학을 경험했다는 것을 의미하는 것일 것이다.

최초로 취항한 연락선은 이키마루(1,600톤)로 부산-시모노세키까지 14시간이 걸렸다. 그 뒤 소케이마루(3,000톤급), 도쿠주마루, 쇼토쿠마루 등이 운행되었다. 1935년부터는 북중국, 만주, 몽고 등지로의 진출이 본격화되면서 여객과 화물이 격증하자 공고마루(金剛丸), 고안마루(興安丸) 등이 운행됐으며 소요시간도 7시간 반으로 줄어들었다.

신격호가 이용한 부관연락선은 공고마루호이거나 고안마루호 중 하나일 것이다. 신격호는 그의 회고록에서 그가 탄 부관연락선 선명은 남기지 않았다. 신격호는 선상 갑판에서 남다른 감회에 젖어 있었다. 신격호는 이전에 이병철 삼성그룹 창업회장도 이 배를 타고 동경 와세다대학에 유학간 것을 들은 적이 있다.

이병철 회장도 3등칸 티켓을 사고 승선했는데 갑판에 올라가 2등 칸을 기웃거리니 일본 형사가 나타나 감히 조선인 청년이 기웃거리냐면서 물러 가라고 하자, 이병철 회장은 "나도 2등칸 티켓을 살 돈은 가지고 있다."며 대꾸했다는 일화를 떠올려 보기도 했다.

10남매의 장남

신격호의 고향은 「둔터마을」이라 불리는 곳이다. 행정지명으로는 울산광역시 울주군 삼동면 둔기리 623번지, '둔(屯)'은 주로 군사 주둔지에 붙이는 지명이다. 둔터마을도 임진왜란 때 의병들이 집결했던 곳으로 전해지고 있다. 신격호는 1921년 11월 3일(음력 10월 4일) 신진수(辛鎭洙) 공과 김순필(金順必) 여사 사이에서 장남으로 태어났다. 11남매였으나 동생 하나가 어려서 사망하는 바람에 5남 5녀, 10남매였다.

신격호는 조부 신석곤(辛奭坤, 1872~1944) 공으로부터 각별한 귀여움을 받고 자랐다. 조부 신석곤 공은 손수 손자의 이름을 지었다. 한학에 조예가 깊은 조부는 며칠간 작명에 매달렸다가 드디어 '격(格)' 자를 찾아냈다. '맹자(孟子)'에 나오는 '격군심지비(格君心之非)'라는 문구에서 영감을 얻었다. 이 문구의 뜻은 '임금의 그릇된 마음을 바로잡는다'는 뜻이다. 왕조시대였다면 감히 이름으로 쓸 수 없는 것이었다. 조부는 손자가 큰 인물이 되기를 갈망했던 것이다.

신격호는 영산신씨 초당공파 27대손이다. 이름 항렬은 '호(浩)'로, 남동생들은 항렬에 따라 철호(徹浩, 1923년생), 춘호(春浩, 1930년생), 선호(宣浩, 1935년생), 준호(俊浩, 1941년생)이다. 여동생들은 소하(小荷, 1926년생), 경애(敬愛, 1928년생), 경숙(敬淑, 1933년생), 정숙(貞淑, 1937년생), 정희(貞姬, 1946년생)이다. 딸들은 항렬과 무관하게 이름을 지었다.

조부 신석곤 옹은 평생 향지를 떠나지 않았고 사서오경을 읽고 수신에 전념한 분이다. 사서오경이란 유교의 교육 및 교양서적으로 유교 교육의 가장 핵심적인 책이다. 기원전 300년 전에 기록된 사서는 논어, 맹자, 대학, 중용을 말하고 오경은 시경, 서경, 역경, 예기, 춘추를 말한다. 신격호의 조부 신석곤 공은 문장이 출중해 마을 사람들의 존경을 받았고 인근 마을에서 비문(碑文)이나 제문(祭文)을 지어달라는 부탁을 다 들어주는 너그러운 분이었다. 신석곤 옹은 대한제국 말기의 국운이 요동치는 격동의 시기에 가장 어려운 삶을 산 세대일 것이다. 그의 공부가 완숙기에 접어들어 과거시험에 응시할 수 있는 22세 때인 1894년에 단행된 갑오개혁(甲午改革)으로 과거제도가 폐지되었기 때문이다. 과거에 급제하여 큰 뜻을 펼쳐보는 것이 선비들의 목표였는데 꿈이 사라졌으니, 상실감은 이루 말할 수 없었을 것이다.

신격호의 아버지 세대에 와서도 선비들의 수난은 계속되었다. 조부 신석곤 옹은 신격호의 큰아버지와 아버지 두 형제분을 두었다. 큰아버지 신진걸(辛鎭杰) 공은 국력이 쇠락의 정점에 다다른 1892년에 출생하였고 아버지 신진수 공은 1902년에 출생했다. 두 분은 우리나라가 1905년 을사늑약으로 국권을 일본에 빼앗기고 식민지로 전락함에 따라 어린 시절을 암울한 환경 속에서 성장했다.

큰아버지 신진걸 공도 사서오경에 통달했다. 그러나 그것만으로는 시대 변화를 따라갈 수 없다고 판단, 경남 진주로 나가 신학문을 배웠다. 진주는 당시 서부 경남 일대의 제일가는 문화 중심지였다. 그 덕분에 그 분은 마을에서 선각자로 존경받았다. 아버지 신진수 공도 역시 어릴 적부터 사서오경을 공부했고, 한학에 심취해 더 보수적인 성향이었다. 신격호 가족들은 국권이 상실되고 구학문에서 신학문으로 넘어가는 대전환기였지만 그런대로 평화로운 나날을 보냈다. 그런데 1919년 3월 1일 독립만세운동을 계기로 이전과는 다른 삶을 살게 되었다.

경성(京城, 현 서울) 탑골공원에서 시작된 3.1독립만세운동이 한 달만인 4월 2일 울주군의 읍인 언양에서 대규모 만세 시위로 번졌다. 그날 읍내 장터에서는 수천 명이 태극기를 흔들며 "대한독립만세"를 외쳤다. 일본 경찰은 비무장의 시위 참가자들에게 무차별 실탄 사격을 퍼부었다. 4명의 부상자가 발생했고 23명이 체포되었다. 다행히 사망자는 없었다.

경상도 산골인 신격호의 고향 둔터마을에도 독립운동 여파가 밀려왔다. 그런데 둔터마을에서의 독립만세운동 여파는 아주 특별한 양상으로 나타났다. 신격호의 큰아버지 신진걸 공은 망국의 한을 절감하면서 나라의 힘을 키우려면 미래의 주인공인 어린이들을 제대로 가르쳐야한다며 이듬해 마을 어귀에 사립학교인 둔기의숙(屯基義塾)을 설립했다. 의숙이란 원래 공익을 위하여 의연금을 모아 세운 교육기관이지만 둔기의숙은 달랐다. 신진걸 공이 전액 사재를 털어 설립했다. 대단한 결기였다. 신진걸 공은 학교 운영은 양잠과 양봉 사업을 벌여 그 수익금으로 충당했다. 신진걸 공은 일꾼들과 함께 누에 채반을 청소하고 벌 통을 나르는 험한 일까지도 몸을 사리지 않고 손수 했다. 신진걸 공의 이런 모습은 어린 신격호에게 깊은 감명을 주었으며 후일 경영자의 삶을 사는 데 좋은 본보기가 되었다.

둔터마을에서 신문은 등대 역할을 했다. 나라 안팎의 소식을 전하는 유일한 통로였다. 신문이라고 하지만 1주일에 한 번씩 우편배달을 통해 마을에 전해졌다. 둔터마을에서 신문을 구독하는 집은 신진걸 공 집이 유일했다. 그렇다 보니 신문이 오는 날 저녁이면 마을 주민들이 신진걸 공 댁에 모여들었다. 신진걸 공은 신문 기사를 큰 소리로 낭독했다. 글을 읽을 줄 모르는 마을 사람들에게 세상 돌아가는 것을 알려주기 위한 것이었다.

여기서 우리는 현대그룹 정주영 창업회장의 소년 시절의 신문에 얽힌 일화를 떠올려 보면 그 시대 개화의 일단을 더욱 선명하게 볼 수 있다. 정주영 회장의 고향은 강원도 통천군 아산이라는 산골 마을이다. 정 회장 마을에서도 이장 댁 한 곳에만 '동아일보'가 배달되었다. 정주영 소년은 신문을 통해 바깥세상을 보는 것이 유일한 취미였고 매일 밤 이장 댁에서 신문을 읽었다. 그는 특히 동아일보에 연재되는 춘원 이광수의 '무정'이라는 연재소설에 심취했다. 그리고 장래 희망은 소설가 또는 초등학교 선생님이었다.

이야기를 다시 둔터마을로 돌려보자. 신문읽기 서비스는 더러 신격호 아버님 신진수 공이 대신하는 날도 있었다. 그러나 신진수 공은 전형적인 선비 스타일이어서 그런 일에 나서는 것을 꺼렸고 세상일에 직접 나서는 적이 많지 않았다. 둔기의숙이나 사업장에도 거의 가지 않았고 농사일에도 관여하지 않았다. 대부분의 시간을 집에서 시문(詩文)을 짓거나 한문 서적 읽기에 몰두했다. 신진수 공은 시골 생활이 따분해지면 언양 읍내로 나들이를 가거나 부산, 마산 등 인근 큰 도시에 다녀오기도 했다. 진주 촉석루나 밀양 영남루에서 열리는 문사(文士)들의 시회(詩會)에도 자주 초청되었다. 이 시기에 신진수 공이 지은 시가 적지 않았을 텐데 현재까지 전해오는 작품이 거의 남아 있지 않다. 신석곤 옹은 차남이 자꾸 바깥으로 나돌자, 둔터마을에 애착을 갖게 한다며 양갓집 규수와 짝을 맺어 분가시켰다. 신진수 공보다 두 살 아래인 김필순 규수와 결혼시켰다. 둔터마을에서는 '진터댁'으로 호칭되었다.

2

소년 시절의 신격호

둔기의숙(屯基義塾)

소년 신격호가 기억하는 가장 오래된 장면은 둔기의숙에서 공부할 당시의 모습이다. 신격호는 둔기의숙과 집을 오가며 천자문(千字文)을 공부했다. 천자문은 대표적인 한문 습자 교본이다. 둔기의숙에서는 뜻을 가르쳐주지 않으면서 훈장의 선창에 따라 하늘 천(天), 땅 지(地)를 앵무새처럼 옮는 방식이었다. 한학에 밝았던 아버지 신진수 공의 교육 방식은 둔기의숙과는 달랐다. 신진수 공은 천지현황(天地玄黃), 우주홍황(宇宙洪荒) 등 네 글자씩 묶어서 암송하도록 했다. 이렇게 수백, 수천 번 되풀이해서 외우다가 입에서 절로 튀어나올 정도가 되면 그때야 뜻을 설명해 주는 것이었다. 신격호는 네 글자씩 250개 묶음으로 구성된 1천 자를 다 외우는 데 꼬박 1년이 걸렸다. 천자문을 한차례 끝까지 암송하고 나면 입이 바싹 말라 물을 마셔야 했다.

천자문을 떼고 나자, 아버지 신진수 공은 할아버지, 큰아버지에게 격호를 데리고 가 인사를 드리도록 했다. 할아버지는 흡족한 표정으로 머리를 쓰다듬어 주며 칭찬했다. 하지만 그냥 칭찬에만 그치지 않고 더 많은 숙제를 내주셨다. "욕 봤데이. 이제 '소학(小學)'이랑 '명심

보감(明心寶鑑)'도 배워야제." 할아버지는 '책거리'에 쓰라면서 쌀 한 말을 상으로 내리셨다. 어머니는 이 쌀로 떡을 만들어 이웃에 돌리며 아들을 자랑했다.

둔기의숙에서는 한학만 가르친 것은 아니었다. 교실 뒤편의 서가에는 신문물에 관한 정보가 담긴 책이 꽤 있었는데 그중 학생들에게 가장 인기 있었던 책은 '어린이'라는 제호의 월간 잡지였다.

'어린이' 잡지는 어린이 인권운동가 방정환 등이 참여해 1923년 3월 천도교 소년회의 기관잡지로 창간되었다. 일제에 주권을 빼앗긴 환경에서 새로운 시대를 이끌어갈 어린이들을 계몽하기 위해 '씩씩하고 참된 소년이 됩시다'를 주제로 삼았다. 방정환이 공식 편집발행인을 맡은 1925년에는 독자 수가 10만 명, 1929년에는 독자 수가 25만 명에 이르렀다. '어린이' 잡지는 동화, 동요 등 어린이들의 꿈을 키워주는 흥미 있는 내용들이 많았다. 학생들은 모두가 이 책을 읽고 싶어 했으며, 책을 읽으면서 한글을 터득하는 것은 덤이었다.

하지만 둔기의숙은 1년도 채 가지 못하고 1927년에 문을 닫고 말았다. 둔터마을 서쪽에 있는 하잠(河岑)마을에서 삼동공립보통학교가 개교하면서 학생들이 그곳으로 모두 몰려갔기 때문이다. 일제는 식민지 교육정책의 일환으로 일면일교(一面一校) 시책을 펴 시골의 토종의숙이나 서당 등 사교육 기관을 모두 폐쇄토록 한 것이다. 둔기의숙은 신격호의 어린 날의 추억이 가장 많은 곳이었다. 둔기의숙 설립자 신진걸 공은 둔기의숙에서 쓰던 교육 기자재와 도서를 모두 삼동공립보통학교에 기증했다. 신진걸 공은 교육 기자재가 어디에 있든 우리 어린이들이 공부하는 데 도움이 된다면 아무 문제가 없다고 생각했다. 삼동공립보통학교는 1927년 9월에 개교했다. 신격호 일곱 살 때의 일이다.

그런데 여기서 문제가 생겼다. 할아버지와 아버지가 그 학교에 다니는 것을 반대했다. 신격호는 그 학교에 다니고 싶어 했으나, 일본어로 공부하는 그런 학교에 다니는 것은 좋지 않다는 것이 할아버지와 아버지의 반대 이유였다. 신격호는 하는 수 없이 아버지의 지도를 받으며 소학과 동몽선습(童蒙先習)을 공부했다. 동몽선습은 조선의 독자적인 아동교육서로 조선 전기 문신 박세무와 민제인이 초학 아동들의 학습을 위해 저술한 교재이다. 신격호는 정규 학교에 다니지 않았으므로 자유시간이 많았다. 그래서 이웃 친구들과 어울려 냇가에 나가 가재를 잡거나 산에 올라가 산딸기나 오디를 따먹으며 노는 평범한 아이가 되었다. 여름철 농번기에는 어머니가 논에 나가 농사일을 하는 날이 많기 때문에 남동생 철호와 여동생 소하를 돌보는 게 격호의 일과가 되었다. 신격호는 그렇게 2년여의 시간을 보냈다. 그 사이 아버지는 부산 나들이를 다녀오실 때마다 '어린이' 잡지를 사다 주셨다. 거기에 실린 '안데르센 동화'는 어린 신격호에게 문명적 충격을 던져 주었다. 막연하나마 새로운 문명에 대한 관심과 서양(西洋)에 대한 동경심을 갖게 했다. '공자왈, 맹자왈'하는 한문은 따분하게 느껴졌다.

한스 크리스티안 안데르센(Hans Christian Andersen, 1805~1875)은 덴마크의 동화 작가이자 소설가이다. 그의 작품은 150개국 언어로 번역되어 여러 나라 어린이들의 꿈을 키워 주었다. 그의 대표작 동화는 '못생긴 새끼 오리', '성냥팔이 소녀', '빨간 구두', '나이팅게일'이다.

신격호가 아버지로부터 받아 읽은 '어린이' 잡지는 어느 해 몇 월 호인가는 공식 기록이 없다. 그러나 신격호는 어린이 잡지에 실린 안데르센 동화를 보고 그가 현재 받는 교육 방법은 적절한 것이 아니라고 생각했다.

　어느 날 신격호는 아버지에게 삼동학교에 다니고 싶다고 말했다. 엄하고 무섭기만 한 아버지에게 그런 말을 드리는 것은 용기가 필요했다. 아버지는 부정적인 반응을 보일 뿐이었다. 그런데 유력한 구원자가 나타났다. 큰아버지였다. 평소 어린이 교육에 관심이 많았던 큰아버지는 "세상 돌아가는 모양새를 보니께 아이들도 신학문을 배워야겠더라. 격호 학비는 내가 부담할 모양인께 학교 보내거라." 과연 둔기의숙을 창설한 분 다웠다.

　큰아버지의 설득이 효력이 있었다. 아버지는 드디어 삼동학교 입학을 허락했다. 신격호는 1929년 4월 신학기에 삼동공립보통학교에 입학했다. 그의 나이 여덟 살 때 일이다. 삼동학교는 집에서 먼 거리에 있었다. 산 고개를 몇 개나 넘고 시내를 세개나 건너야 했다. 그래도 학교 가는 길은 즐거웠다. 동네 친구 셋이서 다녔는데 언젠가 산마루에서 늑대를 만나 꽁무니가 빠지도록 도망친 일도 있었다. 폭우가 쏟아지면 시냇물이 불어나 아랫도리를 벗고 건너기도 했다. 다달이 내는 수업료인 월사금(月謝金)은 50전이었다. 옥수수 한 자루나 고무신 한 켤레 값과 같은 금액이었다. 당시 고무신은 워낙 비싼 물건이어서 가난한 집 아이들은 고무신은 엄두도 내지 못하고 짚신을 신어야 했다. 신격호는 고무신을 신을 형편은 되었다.

　신격호가 3학년이던 1931년에는 집안에 너무나 슬픈 일이 생겼다. 큰아버지의 장남 경호 형님이 폐결핵으로 숨진 것이었다. 경호 형은 명문 동래고보(東萊高普), 현재의 동래고등학교에 다니는 엘리트였다. 집안의 장손이고 공부도 잘해서 할아버지, 큰아버지의 각별한 총애를 받았다. 경호형은 방학이 되어 집에 오면 "격호도 어른이 되면 촌구석에서 벗어나 큰 꿈을 꾸라."라고 격려해 주면서 부산 생활에 대해 흥미진진하게 이야기해 주기도 했다.

언양공립보통학교

신격호의 삼동보통학교 생활은 별 변고 없이 계속되었다. 다만 모든 수업이 일본어로 진행되었기 때문에 수업 시간에는 일본어로, 쉬는 시간이나 방과 후에는 친구들과 우리말로 대화하는 이중언어 생활을 했다.

학교생활에서 큰 비중을 차지하는 것 중의 하나가 청소였다. 청소는 당연히 학생들의 몫이었는데 매일 학생 4명이 청소 당번이 되어 방과 후 마루를 닦고 물걸레로 닦았다. 청소를 마치고 담임 선생님에게 검사를 맡은 후에야 하교할 수 있었다. 1년에 두 차례 장학관이 학교에 오는데 그럴 때면 며칠 전부터 대청소하느라 학교 전체가 부산해졌다. 교실과 복도는 마루에 양초를 바르고 헝겊으로 문질러 반질반질 윤이 나게 했다. 운동장에서 잡초를 뽑고 잔돌을 주워내기도 했다.

신격호는 1933년 3월 삼동공립보통학교 4년 과정을 마치고 졸업했다. 졸업 동기생은 17명이었다. 당시에는 보통학교 4학년 과정만 마쳐도 읽기, 쓰기, 셈법 등이 가능해 일상생활에는 큰 불편이 없었다. 그래서 대부분의 벽촌 아이들은 이 정도 교육만으로도 만족해야 했다. 더구나 6년제 보통학교는 둔터마을에서 멀리 떨어진 언양에 있었기 때문에 통학할 엄두조차 내지 못하는 아이들이 많았다. 신격호의 인생행로는 여기에서 갈림길에 섰다. 6년제 보통학교에 진학해 공부를 계속할 것인가 말 것인가였다. 신격호는 아버지에게 또다시 떼를 썼다. 언양 내에 있는 6년제 보통학교에 보내달라는 것이었다.

신격호는 1933년 4월 언양 읍내에 있는 6년제 언양공립보통학교에 5학년으로 편입했다. 언양공립보통학교는 큰 학교답게 학생 수도 많아 한 반에 60명이나 되었다.

공부를 더 할 수 있게 된 것은 좋았지만 통학을 하기에는 정말 먼 거리였다. 빠른 걸음으로 걸어도 2시간은 걸렸다. 지각을 하지 않으려면 새벽에 집을 나서야 했다. 눈이나 비가 오는 날에는 더 일찍 서둘러야 했다. 비가 많이 내려 시냇물이 불어나면 하루 이틀 정도 학교에 가지 못하는 날도 있었다. 어느 여름날 신격호가 수업을 마치고 집으로 가던 중 엄청난 폭우가 쏟아져 개울물이 가슴 높이까지 불어난 적이 있었다. 죽을힘을 다해 개울물을 건넜더니 거기에 어머니가 기다리고 계셨다. 신격호 회장은 그때 나를 껴안고 울먹이던 어머니의 모습이 훗날 장년이 되어서까지 잊히지 않았다고 회상하기도 했다.

신격호는 그 무렵 사촌 형이 가지고 있던 동화책 가운데 프랑스 작가 알퐁스 도데(Alphonse Daudet)가 쓴 단편소설 '마지막 수업(프랑스어. La Dernière Classe)'을 읽고는 큰 충격을 받았다. '마지막 수업'의 큰 줄거리는 프랑스 알자스 지방이 독일의 침공으로 독일에 귀속됨에 따라 프랑스어를 쓰지 못하고 독일어로 수업하라는 명령으로 프랑스어의 마지막 수업을 그린 것이다. 신격호는 자신이 한국 사람이면서도 일본어로 수업을 받는 것에 무척이나 우울해 했던 것이다. 신격호는 이 소설을 읽은 후 '내 처지를 이야기로 꾸민다면 어떨까?' 하는 생각을 했다. 처음으로 막연하게나마 소설을 써보고 싶다는 생각이 든 것이다. 한때 '소설가'를 장래 희망으로 꿈꾸게 된 것도 이때부터였다. 우리는 13세 소년 신격호가 사춘기에 접어들면서 소설가를 꿈꿨다는 것을 기억해 둘 필요가 있다.

소설가를 꿈꾸게 되자 머릿속에는 온갖 공상이 난무했다. 수업하는 선생님들의 목소리는 한 귀로 들어와 한 귀로 흘러 나갔다. 그러니 학업 성적이 좋을 리 없었다. 결석도 잦아져 5학년, 6학년 때는 1년에 30일가량을 등교하지 못하는 일까지 벌어졌다.

경주수학여행

언양보통학교의 학교생활은 대체로 무겁고 답답한 날이 많았다. 그런 중에서도 운동회나 수학여행은 무척이나 기다려졌다. 1년에 한 번 열리는 운동회날은 신바람 나는 날이었다. 운동회는 매년 가을에 열렸다. 이때가 되면 어머니는 용돈을 주셨다. 신격호는 그 돈으로 언양읍 가게에 가서 일본 모리나가(森永)제과에서 만든 밀크케러멜을 사 먹었다. 향긋한 냄새와 함께 입안 가득 번지는 달콤함은 신격호를 행복하게 했다. 우리는 여기서도 신격호가 일본 모리나가제과 제품과 생애 처음으로 만났던 것을 기억해 둘 필요가 있다. 왜냐하면, 많은 시간이 흐른 후 신격호는 일본 동경에서 제과업을 경영하면서 모리나가와 라이벌 관계를 형성하기 때문이다.

당시 언양 읍내는 오지와도 같은 둔터마을과는 달리 제법 번화해서 자전거포, 과자점, 여관, 요리점, 이발소, 서점 등이 있었다. 이 때문에 읍내를 지날 때마다 소년 신격호의 눈엔 모든 것이 신기했다. 점심을 굶는 날에는 요릿집에서 풍겨오는 구수한 음식 냄새 때문에 허기가 더욱 심하게 느껴지곤 했다. 그중에서도 과자점 유리 케이스에 진열된 알록달록한 화과자(和菓子, 일본어 와가시)를 보면 저절로 군침이 돌았다.

화과자란 일본의 특색있는 과자를 말한다. 신격호는 어린 나이지만 자존심이 있어서 여느 아이들처럼 과자점 앞에 오래 서 있지는 않았지만 언젠가는 돈을 많이 벌어서 맛난 요리며 달콤한 과자를 실컷 사 먹겠다고 마음속으로 다짐했다. 아마도 이런 기억이 신격호가 제과 사업을 제일 먼저 시작한 이유 가운데 하나였을 것이다.

6학년이 된 1934년 가을에는 경주(慶州)로 수학여행을 가는 계획이 있었다. 학생들에게는 꿈의 여행이었다. 2박 3일간의 수학여행은 숙박비와 교통비가 만만치 않았다. 살림이 넉넉지 못한 학생들은 참가하지 못하는 경우가 많았다. 신격호는 밑으로 동생들이 줄줄이 생겨난 상황에서 아이들을 건사하느라 살림이 팍팍해진 어머니에게 부담을 드리기 싫었던 것이다. 때마침 벼 수확기라 일손도 부족할 것 같아 수학여행 기간에 집에서 어머니를 돕는 게 도리라고 생각했다.

신격호는 수학여행 불참을 혼자 결정했고 집에는 알리지 않았다. 그런데 큰아버지 댁에서 추석 차례를 지내고 일가친척들이 모여 있을 때 사촌 병호 형님이 뜬금없이 수학여행 이야기를 꺼내는 바람에 들통이 나고 말았다. 어른들은 "수학여행을 안 간다니 무슨 소리냐."며 추궁했고 신격호는 별수 없이 자초지종을 털어놓았다. 경제력이 별로 없는 아버지는 듣기가 민망했는지 헛기침하며 밖으로 나가셨고 어머니는 죄지은 사람 마냥 고개를 들지 못했다. 그러자 큰아버지가 너털웃음을 터뜨리며 말씀하셨다. "격호가 나이는 어려도 심지(心志)가 굳은 기라. 큰애비가 여행 경비를 다 대줄 터인 게 댕겨오너라."

신격호는 큰아버지가 후원해 주신 덕분으로 수학여행을 떠날 수 있게 되었다. 여행을 떠나던 날 플랫폼에서 처음 본 경주행 열차는 감동적이고 충격적이었다. 시커멓고 거대한 쇠뭉치가 천둥소리와 허연 김을 내뿜으며 달려오는 모습은 신기하기 짝이 없었다. 기차를 타고 가을 들길을 달리는 것도 감동적이었다. 신격호와 아이들은 기차를 더 오래 타고 싶어서 기차가 천천히 가기를 바라기까지 했다.

경주역은 기와집 모양이었다. 숙소는 허름한 여관이었다. 방 하나에 20명이 투숙하고 5명이 이불 하나를 덮었는데 양쪽 끝에 누운 아이는 밤새 이불을 당기느라 잠을 설쳤다.

다음날 동해 해돋이 시간에 맞춰 토함산의 석굴암을 보기 위해 새벽 4시 30분에 일어났다. 여관에서 출발할 때는 이른 새벽의 찬 기운 때문에 다들 어깨를 움츠렸지만, 산 중턱에 이르자 아이들 대부분이 이마에서 땀이 흘렀다. 석굴암 내에 들어서자 멀리 동해에서 불덩이 같은 해가 불쑥 솟아오르는 게 보였다. 그 햇살이 석굴암 본존불(本尊佛)에 쏟아질 때 부처님 얼굴을 보니 가슴이 뭉클해지면서 말로 표현하기 어려운 감동이 느껴졌다. 신격호는 눈물이 날 것만 같았다.

경주여행은 신격호가 우리나라 역사에 관심을 갖는 계기가 되었다. 그래서 그 후 틈틈이 우리 역사를 배우고자 노력했다. 하지만 한국사 책을 구해보기는 너무 어려웠다. 마을 어르신들의 구전을 통해 단편적인 역사 공부를 하는 정도였다. 예컨대 정조대왕이 아버지 사도세자를 위해 수원 화성을 지은 이야기, 대원군이 경복궁을 중건한 이야기 등이었다. 어린 신격호에게는 그 정도도 역사에 대한 호기심을 자극해 주었고 상상력을 키워 주었다.

큰아버지 후원으로 농업학교 진학

신격호는 1935년 3월 언양공립보통학교를 졸업했다. 그의 나이 14세 때였다. 국졸로 문맹은 벗어났지만, 식민지하의 한반도에서, 그것도 두메산골에서 초등학교 졸업 학력으로 할 수 있는 일은 농사밖에 없었다. 그 사이에 형제는 3남 3녀로 늘어났고 어머니는 온종일 농사, 가사, 육아에 시달려 등허리를 펼 겨를이 없었다. 어머니는 과로로 쓰러질 지경이었다. 장남인 신격호는 집에 머물면서 소에게 풀을 먹이고 산에서 땔감 나무를 구하는 일을 도맡았다.

1935년 6월 어느 날이었다. 신격호는 저녁밥을 먹고도 날이 훤해 큰아버지 댁에 책을 빌리러 갔다. 신격호의 무언가 읽을거리, 즉 독서 욕구는 대단한 것이었다. 신격호는 그전에도 경호, 병호 형님들이 읽던 소설이나 큰아버지가 구독하시던 '문예춘추(文藝春秋)' 잡지를 종종 빌려보곤 했다. 문예춘추는 일본에서는 잘 알려진 잡지이며 최대 발행 부수를 자랑한다.

그런데 그날 큰아버지 신진걸 공은 낯선 책을 펼쳐놓고 혼자 낭독하고 계셨다. 충무공 이순신의 치열한 일대기를 그린 춘원 이광수의 장편소설 '이순신'이었다. 신문에 연재된 소설을 큰아버지가 매일 하나하나 오려 모아서 종이에 붙인 다음 책 모양으로 묶은 세상에 하나뿐인 책이었다. 1930년대의 우리나라 벽촌에서의 신문명은 이런 식으로 싹이 텄다. 큰아버지는 두툼한 종이 뭉치 모양의 책을 넘겨주며 읽어보라고 권하셨다. 신격호는 그 소설책을 집으로 가져와 읽었다. 소설이 어찌나 재미있었던지 정신없이 소설 속으로 빠져들었다. 이순신 장군이 모함을 받아 옥에 갇힐 때는 울분을 터뜨렸고 명량해전에서 크게 이겼을 때는 환호했다. 그러면서 소설의 힘이 얼마나 위대한지를 깨달았다. 신격호는 가슴이 울렁거렸다. 문학이라는 그 단어 하나에 가슴이 뛰었다. 그때부터 신격호는 이광수, 염상섭, 김유정 등 한국인 문학가들이 지은 소설을 찾아 무턱대고 탐독했다. 신격호는 일본어 독해력으로는 온전하게 이해하기 힘든 내용이 많은 일본의 권위 있는 아쿠타가와(芥川龍之川) 상과 나오키(直木) 문학상 수상작들을 찾아 읽었다. 신격호의 일생 중 이때가 독서량이 가장 많은 시기였다. 신격호에게 어느새 소설가의 꿈이 자리 잡기 시작했으며 나아가 신격호는 문인이 되고 싶다는 열망에 사로잡혔다. 우리는 이 시기에 형성된 소설가의 꿈이 신격호의 인생행로를 크게 바꾸게 되는 것을 앞으로 이 책에서 보게 될 것이다.

이듬해인 1936년 설날 차례를 지내고 큰아버지께 세배를 드렸더니 큰아버지가 불러 앉혀 놓고 중학교에 진학하라고 권유하셨다. 신격호에게는 불감청고소원(不敢請固所願), 감히 청하지는 못할지언정 진실로 마음속으로 바란 것이었다. 신격호는 중학교에 진학, 공부를 더 하고 싶었지만, 집안 형편이 어려워 감히 그 말을 아버지, 어머니에게는 꺼내지 못했던 것이다. 큰아버지는 "격호 너는 시골에서 농사만 짓고 있기에는 아까운 녀석이다."라는 격려의 말씀과 더불어 학교 월사금은 전액 지원해 주시겠다고 말씀해 주셨다.

큰아버지의 사람을 알아보는 눈은 과연 밝았다. 신격호는 1936년 4월 울산농업실수(實修)학교에 진학했다. 개교한 지 10년 된 2년제 학교였다. 실업학교답게 교육과정이 대부분 실습 위주로 짜여 있어 교실 공부보다는 논이나 밭, 목장에서 일하는 시간이 많았다. 울산지역에서는 알아주는 중등학교여서인지 1936년 3월 22일 자 신문에 합격자 명단이 실렸다. 당시에는 중등학교 합격자 명단도 신문에 실리곤 했다. 신문 지면에서 '辛格浩'란 이름 석 자를 발견했을 때 신격호는 가슴이 벅차오르는 뿌듯함을 느꼈다.

중학생이 된 후 가장 좋은 것은 교복을 입고 거리에 나서면 많은 사람들이 어른 대접을 해주는 것이었다. 한국인을 하대하던 일본인들조차도 교복 입은 학생은 함부로 대하지 않았다. 그러다 보니 중학생이란 사실만으로도 자부심을 가질 만했다. 당시 최고의 명문 학교로 꼽힌 경성제일고보(경기고 전신) 학생이 전차에 타면 노인도 자리를 양보한다는 말이 나올 만큼 학생들은 존중을 받았다.

하지만 실수중학교 안에서는 꼴이 말이 아니었다. 말이 학생이지 똥지게를 지고 실습 밭에 나가 비료를 뿌리는 일까지 해야 했다. 온몸에 똥냄새가 배면 참담한 기분이 들기도 했다. 신격호가 울산농업실수학교 졸업반인 1937년에 일제는 중일전쟁을 치르느라 한반도를 군수물자 조달 기지로 삼았고 인적·물적 수탈이 극에 달해가면서 학생들에게는 조회라는 형식으로 끊임없이 정신교육을 강요했다. 중일전쟁의 피해가 고스란히 한반도에 전가되고 있었다.

3

종양장 견습생 합격

　중졸 학력 신격호의 시야는 서서히 확대되기 시작했다. 신격호는 1938년 3월 울산 농업실수학교를 졸업했다. 당시만 해도 중졸 학력이라고 하면 농·축산 관련 분야에 취업할 수 있을 정도가 되었다. 신격호는 고학력으로 인정받는 사람이 되었다. 그러나 기능인으로 일할 수 있을 뿐 고위 관리직으로 올라가기는 힘들었다. 이런 현실적인 문제가 신격호를 고민하게 만들었다. 넷째 여동생 정숙이 태어나 직계 가족만 해도 부모님과 4남 4녀를 합쳐 모두 10명이나 되었기에 장남으로 가계에 보탬이 되고 장가갈 혼수 자금을 마련하려면 유망한 직장 취업이 필요했다.

　신격호가 이런 고민에 빠져있을 때 울산농회에 근무하는 사촌 병호 형이 좋은 정보를 알려주었다. 1935년 백두산 언저리인 함경북도 명천군에 설립된 국립종양장에서 목양지도 기술원을 양성한다는 것이었다. 목양지도 기술원이란 양(羊)을 키우고 관리하는 요원을 말한다. 이곳에서 견습생으로 1년만 일하면 기술원 자격증을 취득할 수 있으니 조만간 울산지역에 설립할 예정인 도립(道立) 경남종축장에 취직할 수 있을 것이라는 얘기였다.

좋은 기회라고 생각되었다. 전망이 좋은 자리인 만큼 들어가기가 쉽지 않고 전국 각지에서 지원자가 몰려 경쟁이 만만치 않았다. 사촌 병호 형이 울주군수의 추천서를 받아준 덕분에 견습생 5명을 뽑는 전형에 합격해 명천으로 갈 수 있게 되었다.

함경북도 명천(明川)은 함경북도 남부 탄전의 중심지로 고참탄광, 명천탄광, 응회암광산 등에서 고품질의 유연탄이 채굴되고 있으며 동해안의 화학공장을 비롯한 각종 공장 등이 있는 곳이다. 명천강 유역에 넓은 평야가 있어 양을 키우는데 적당한 조건을 갖추고 있었다.

처음 밟아 본 경성(서울)

경상남도 둔터마을에서 함경북도 명천까지는 한반도의 남에서 북쪽까지 가장 먼 거리다. 멀어도 어지간히 먼 길이 아니었다. 신격호는 기왕 먼 길을 나서는 김에 말로만 듣던 경성을 들러 구경하고 싶은 생각이 들었다. 둔터마을에서는 고작 마산이나 진주, 부산 등 인근 도시 이야기 정도나 가끔 들었을 뿐이나 경성은 그야말로 상상으로만 그려보던 곳이었다.

경성에 도착한 신격호는 지금의 광화문 교보빌딩 뒤편의 허름한 여관에 여장을 풀고 시내 구경에 나섰다. 경성은 둔터마을이나 언양읍과는 비교조차 할 수 없는 큰 도시였다. 사람도 많았고 높은 건물도 많았으며 도로도 넓었다. 전차도 다니고 있었다.

그중에서도 가장 먼저 눈을 사로잡은 것은 종로의 화신백화점 6층 건물의 위용이었다. 촌사람이 경성에 가서 화신백화점을 보고 오면 귀향한 뒤에도 몇 달 동안이나 자랑하던 시절이었다. 건물을 보니 '과연 그럴만하다.'라는 생각이 들었다.

그곳에서 조금 더 들어가니 반도호텔이라는 으리으리한 건물이 눈에 들어왔다. 화신백화점보다 더 위압감을 주는 이 건물은 개관한 지 얼마 되지 않아 더욱더 휘황찬란해 보였다. 우리는 여기서 둔터마을 출신 17세 청년 신격호가 반도호텔을 처음 보고 놀라움을 금치 못했던 것을 기억해둘 필요가 있다. 반도호텔 뒤편에 있는 조선호텔도 찬란하기는 마찬가지였다. 조금 더 걸어가니 지금의 신세계 백화점 본관인 미쓰코시 백화점이 눈에 들어왔다. 지하 1층, 지상 4층의 백화점 건물은 겉보기부터 무척이나 호화로웠다.

신격호는 육중한 문을 열고 백화점 안으로 들어섰다. 1층에서는 화장품, 신발 등을, 2층에서는 일본 의상을, 3층에서는 양복을, 4층에서는 귀금속, 가구 등을 팔았다. 모두 시골에서는 보기 어려웠던 고급 제품이었다. 신격호는 4층 식당에서 한 그릇에 20전 하는 우동을 사 먹었다. 시골 청년으로서는 어지간한 배짱이었다.

신격호는 종로로 돌아왔다. 종로 거리는 복잡했고 YMCA 앞을 지날 때는 난생처음 노랑머리의 서양인 남자도 보았다. 서양인을 직접 보고 나니 우리나라를 휩쓸고 있는 변화의 물결을 실감할 수 있었다.

종로 이곳저곳을 구경하다 '한경선(韓敬善) 양화점'을 발견했다. 신문 광고에서 자주 보던 유명한 구둣가게였다. 반가운 마음으로 다가가 진열된 구두들을 살펴보았다. 단화 한 켤레에 6원, 비싼 가격이었다. 신격호는 새 출발 하는 기념이라고 스스로를 위안하면서 한 켤레를 사서 신었다. 과연 발이 편하고 멋져 보였다.

신격호는 새 구두를 신은 김에 견문을 더 넓히고 싶었다. 발길이 닿은 곳은 조선호텔 맞은편에 있는 고급 커피다방 '낙랑파라(樂浪 Par Lour)'였다. 이상(李箱), 박태원(朴泰遠) 같은 유명 문인들이 자주 들른다는 소문난 다방이었다.

신격호는 처음으로 커피라는 것을 마셔보았다. 낯선 쓴맛에 혀가 얼얼했지만 독특한 향기가 무척이나 좋았다. 커피 한 잔 값은 20전으로 우동 한 그릇 값과 같았다.

신격호는 다방을 나와 '창경원'에 갔다. 창경원은 시골 사람들이 경성에 오면 꼭 가보는 관광명소였다. 신격호는 궁(宮)을 본다기보다는 동·식물원을 본다는 생각으로 창경원을 찾은 것이다. 사자, 호랑이, 코끼리를 처음 보았다. 하지만 신격호의 기억에 오래 남는 것은 가족끼리 놀러 온 사람들이었다. 시골에서는 가족 나들이란 개념조차 없었으니 가족 단위 행락객은 강렬한 인상을 주었다. 신격호는 훗날 대사업가가 되어 서울 잠실에 대형 테마파크를 조성하는데 이때 받은 강렬한 인상이 원동력이 되었을 것이다.

신격호는 경성 구경을 끝내면서 경성보다 훨씬 크고 화려하다는 일본 도쿄(東京)에도 가보고 싶다는 생각이 불쑥 솟아올랐다. 신격호 자신도 왜 그때 동경에 가보고 싶다는 생각이 났는지는 알 수 없었다. 사람에게는 영감이라는 게 있다. 이것은 이성적으로는 설명이 잘 안 된다. 그러나 어떤 때는 어떤 영감이 현실로 나타나기도 한다. 당시 신격호의 생각은 가당치도 않은 비현실적인 것이었다. 그러나 우리는 앞으로 신격호가 실제 일본 동경에 가게 되는 것을 보게 될 것이다.

명천종양장 견습생 생활

함경북도 명천군은 탄광 지역으로 유명한 곳이었다. 신격호가 근무하는 종양장 부근에도 명천탄광이 있어 광부들과 그 가족들이 사는 마을이 형성되어 있었다. 그들 중에는 한우(韓牛) 가운데 명품으로 꼽히는 '명천소'를 키우는 농가도 많았다. 주변에 천연 목초지가 넓게 펼쳐져 있어 소를 키우기에 아주 좋은 환경이 조성되어 있었다.

종양장에서는 호주산 코리데일 종(種) 양을 많이 키우고 있었다. 코리데일 종은 양모가 많아 모직 옷감의 원사를 만드는 데 안성맞춤이었다. 이 고급 옷감은 주로 일본군 장교의 군복을 만드는 데 쓰였다. 종양장에서는 주변의 민간 농가에 양을 분양하는 역할도 맡고 있었다.

견습생으로서의 첫 작업은 양 암컷의 분만을 담당하는 일이었다. 면양은 출생 시 몸무게가 4kg이나 되는 데다가 포유류가 다 그러하듯이 출산은 그야말로 피범벅을 동반하는 일이어서 분만을 처리하기가 결코 쉽지 않다. 저녁때면 들판에 방목하는 양들을 불러 모아 축사에 넣어야 했다. 알프스 언덕의 목동들처럼 피리를 불어 양을 모으는 풍경은 동화책에서나 존재할 뿐 실제로는 대단한 중노동이었다. 단 한 마리의 양도 잃지 않기 위해 산비탈을 오르내리며 뛰어다니다 보면 다리가 후들거리기 예사였다. 신격호는 이때 강인한 체력을 단련했고 중년 이후까지 건강할 수 있었다.

축사 청소도 고역이었다. 악취 풍기는 분뇨를 치우고 바닥에 마른 볏짚을 새로 까는 과정은 보통 힘들고 번거로운 일이 아니었다. 종양장의 일이라는 것이 이렇게 힘든 것들이 많지만 그중에서도 첫손가락에 꼽을 수 있는 가장 힘든 일은 전모, 즉 양털깎기다. 양의 네 다리를 묶어놓고 칼이나 가위로 털을 잘라내는 데 양이 발버둥 치고 소리를 지르는 바람에 양 한 마리의 털을 깎는데도 주변이 아수라장이 되곤 했다.

사무실 한구석 서가에 몇 가지 교양 도서와 신문들이 비치되어 있어 신격호는 독서 욕구를 해소하는 데 도움을 받았다. 신문으로는

'요미우리' 신문과 '마이니치' 신문 등 일본 신문이 있었는데 1주일쯤 늦게 배달되었는데도 세상 돌아가는 소식을 알 수 있다는 점에 유용했다.

1938년 연말 무렵 '이와나미(岩波) 신서'라는 이름의 문고판 서적 시리즈가 출판되기 시작했다. 손에 딱 잡히는 사이즈인데 얄팍한 부피여서 들고 다니며 읽기에 아주 좋았다. 신격호는 그때부터 아주 오래도록 이와나미 신서 애독자가 되었다. 신문에 실린 책 광고를 보고 관심이 가는 책들을 사서 숙소나 사무실에서 틈나는 대로 읽었다. 이와나미 신서는 일본 본토에서도 높은 인기를 끌었다. 이와나미쇼텐에서 창간한 신서판 서적이다. 고전을 중심으로 하는 이와나미 문고와는 달리 일반 계몽서적을 저렴한 가격으로 제공하는 것을 목적으로 창간되었다. 신서라고 불리는 출판 형태의 효시이기도 했다. 신서의 편집 책임자는 영국의 페이퍼백인 '펠리컨 북스'를 참고하여 판형을 결정했다.

화학(化學) 공학이 세상을 지배할 것이다

명천에는 탄광이 여러 개 있고 물산이 비교적 풍부해서 주민들의 살림이 윤택한 편이었다. 그래서인지 자녀 교육에도 관심이 많았고 명천 출신으로 보성전문학교(현 고려대학교 전신)를 설립한 이용익(李容翊) 대감을 자랑스러워했다.

이용익 대감은 대한제국 시대의 관료, 독립운동가, 교육자였다. 대한제국의 황실 재정을 총괄하던 내장원경과 국가 재정의 총책임자인 탁지부 대신 그리고 방과군을 책임지는 군부 대신(현 국방부 장관)을 맡았다. 대한제국 시기 관료로서 몇 안 되는 충직하고 유능한 인물

가운데 한 명이라고 평가된다. 보부상으로 활동하다 임오군란 중 명성황후를 구출시킨 공로로 민비 정권의 핵심 인물이 되었다.

또 그의 손자 이종호(李鐘浩) 선생이 명천군 상가면에 세운 보흥(普興) 학교에 너도나도 자녀를 보내고자 했다. 상급학교에 진학하는 학생들도 꽤 많았는데 주민들은 조선 최고의 명문 학교인 제일고보에 입학한 김기홍(金箕洪)이라는 청년을 명천군의 자랑으로 생각했다. 김기홍의 나이를 알아보니 신격호와 동갑이었다. 신격호는 축사에서 양들의 똥오줌을 치울 때마다 그를 떠올리며 부러워하곤 했다.

신격호는 주말 휴일엔 견습생들과 어울려 명천 인근을 둘러보는 게 소박한 즐거움이었다. '제2의 금강산'이라 불리는 칠보산을 구경하기도 하고 명승지로 이름 높은 명천읍 부근의 용연(龍淵)이라는 계곡도 둘러보았다. 틈틈이 아간면의 황곡시장에 들러 여러 가지 물건들을 구경하기도 했다. 시장에는 소 수백 마리가 모이는 대규모의 우시장이 있었고 곡물이나 칠보 도기 같은 물건도 활발하게 거래되고 있었다. 상인들은 명천의 삼베 명포(明布)도 결이 좋아 전국적으로 팔려나간다고 했다.

신격호는 중앙시장을 중심으로 이곳저곳을 탐색하듯 둘러보는 것이 마치 습관같이 되었다. 둔촌 오지 시골에서 성장한 탓에 많은 것을 보지 못한 부족함이 견문을 넓히려는 욕구로 나타난 것인지도 모를 일이었다. 중앙시장에서 멀지 않은 서면이란 곳에 갔을 때도 마찬가지였다. 서면에는 갈탄을 주로 생산하는 명주탄광을 중심으로 하나의 마을이 형성되어 있었다.

어느 날 명주탄광 부근의 한 농가에서 면양을 배부받는다길래 운송 책임을 맡아 양 20마리를 트럭에 싣고 가게 되었다. 그런데 탄광 앞에 큼지막한 공장이 보였다. 호기심이 발동한 신격호는 그 앞을 지나가는 기술자인 듯한 남자에게 무슨 공장인지를 물었다. "석탄액화 공장이오. 갈탄에서 타르, 파라핀, 메탄올, 휘발유를 추출한다오. 그런 기술을 화학공학이라 하는데 앞으로는 화공(化工)이 세상을 지배할 것이오." 그는 친절하게 묻지도 않은 말까지 장황하게 설명했다. 자부심이 대단해 보였다. 그의 설명을 들으니 참으로 놀라웠다. 시커먼 석탄 덩어리에서 휘발유를 추출한다는 화학공학이 무슨 요술처럼 느껴졌다. 신격호는 이 첨단 분야에 강한 호기심이 생겼다. 당장은 취직이 급하기에 종양장에 묶여 있지만 언젠가는 이 화학공학이라는 것에 대해 공부해 보고 싶은 생각이 들었다. 이날 신격호는 '화학공학'이라는 말을 뇌리에 각인해 두었다.

얼마 지나지 않아 겨울이 되었다. 명천의 겨울은 울주의 겨울과는 사뭇 달랐다. 그야말로 혹한이었다. 눈도 거의 오지 않는 남쪽 지방 울주에서 자란 신격호는 폭설과 얼음, 칼바람에 익숙하지 않아 심한 고생을 해야 했다. 그나마 눈이 내리면 양 떼를 축사에 가둬놓고 사무실에서 쉴 수 있어 다행이었다.

신격호는 명천에서의 견습기간 1년을 용케 견뎌냈다. 그 1년 동안 덕분에 평생 빠른 걸음으로 걷는 습관이 생겼다. 지인으로부터 경보대회에 나가보라는 농담까지 들을 정도였다. 신격호에게는 명천에서의 1년이 그의 인생에 큰 전환점이 되었다.

4

노(盧) 부잣집 딸과의 혼인

　당시 조선총독부는 '면양 대증산 계획'을 수립하고 전국 곳곳에 종양장 설치를 추진했다. 신격호는 처음에는 그 계획이 농촌소득 증대 사업인 줄 알았다. 나중에 알고 보니 일본 정부와 조선총독부가 군인들의 군복 생산을 위해 추진한 계획이었다. 이 계획에 따라 병호 형이 말해준 대로 울주에도 '도립경남종축장'이 설립되었다.
　명천종양장에서 1년간 견습 생활을 한 신격호는 '양(羊)지도 기술원' 자격증을 손에 쥐고 1939년 4월 울주로 돌아와 경남종축장에서 근무를 시작했다. 경남종축장은 집에서 15km쯤 떨어진 양산에 위치해 있어 통근하기에는 먼 거리였다. 어쩔 수 없이 종축장 입구의 한 마을에 하숙집을 구했다.
　하숙집 주인은 후쿠오카 출신의 일본인 부부였는데 그들은 아침저녁으로 정갈한 밥상을 차려주고 빨래도 깨끗이 해주었다. 하숙집 주인이 일본인인 것이 우리의 관심을 끈다. 그들은 자신들의 조상은 한반도에서 온 도래인(渡來人)이라며 친근감을 표시했다.
　신격호의 월급은 면서기의 월급과 맞먹는 30원이었다. 이런 수준이라면 풍족하지는 않지만 안정된 삶을 누릴 수 있을 것 같았다. 명천종양장에서 1년 동안 고생한 보람이 있구나 생각하며 그 생활에 익숙해져 갔다.

1939년 추석을 쇠러 본가에 갔더니 부모님이 혼사 이야기를 꺼내셨다. 아버지는 의견은 묻지도 않고 일방적으로 신붓감을 통보하셨다. 상장마을이라 부르는 아랫마을 노희규(盧熙圭) 어르신 딸 노순화(盧舜和) 처자를 배필로 정했다는 것이다. 신격호로서는 전혀 예상하지 못한 일이었지만 맏이라서 더 서두르시나 보다 생각하고 부모님의 결정에 따라 그해 가을걷이가 끝날 무렵 혼례를 올렸다. 그의 나이 18세의 일이다.

처가에서 초례를 치르고 본가에 신접살림을 차렸다. 하지만 신격호는 종축장 근무를 위해 하숙집으로 떠나는 바람에 신부는 혼자서 시집살이를 감당해야 했다. 시부모 공양에 일곱이나 되는 시동생, 시누이 뒷바라지를 감당해야 했다. 신격호는 신부에게 고맙고 미안한 마음이 늘 가슴 한쪽을 무겁게 짓눌렀지만, 생계를 책임져야 하는 장남의 처지에서는 달리 해결할 방법이 없었다.

1940년 3월, 경남종축장에는 목련이 만개했다. 신격호는 이런 풍경을 구경하기에는 일이 너무 바빴다. 양들이 대부분 새끼를 낳기 때문이다. 더욱이 이때는 양털을 깎는 시기와 겹쳐 '양치기'들에겐 일년 중 가장 바쁜 시기이다. 털을 깎고 나면 양치기나 양도 모두 녹초가 되기 마련이다.

큰아버지 타계와 절망감

신격호 집안도 일제가 강요하는 창씨개명(創氏改名)의 파고를 피해 갈 수는 없었다. 창씨개명이란 조선총독부에서 조선인들의 성과 이름을 일본식 성씨를 정하여 쓰도록 강요한 것이다. 창씨개명은 일제가 조선을 식민지 통치를 하는 중 국어사용 금지와 더불어 가장 악랄한 식민화 정책이었다.

조선총독부는 1940년 2월 11일부터 개정 조선민사령을 시행하면서 조선의 관습에 없던 씨(氏: 家의 칭호)를 일본풍으로 만들고 신고할 것을 의무로 규정하였고 이름도 개명하도록 했다. 조선 사람들은 하루아침에 수천 년 동안 계승되어 온 가문의 명칭이 사라지고 일본식 가문의 명칭을 사용하고 이름도 다시 지으라고 강요당한 것이다. 통분한 일이었다. 창씨개명은 아주 나쁜 결과도 초래했다. 창씨개명으로 인하여 강제동원 등으로 노역에 종사하다 사망한 사람들은 해방 후 찾을 수 있는 길이 없게 된 것이다.

신격호의 신씨 가문도 며칠을 두고 고심한 끝에 시게미쓰(重光)란 성을 쓰기로 했다. 일제 치하라 하지만 성씨가 바뀌리라고 상상도 못했기에 충격은 이만저만이 아니었다. 할아버지, 큰아버지, 아버지는 거의 열흘 동안이나 곡기를 끊으시고 대성통곡하셨다. 일흔이 가까운 할아버지가 몸져누우시니 집안 분위기는 침울했고 병수발하시는 할머니는 고생이 막심하셨다. 얼마 후 할아버지는 병석에서 간신히 일어나셨지만 쇠약할 대로 쇠약해지신 할머니는 그해 추석을 앞두고 끝내 별세하고 말았다. 창씨개명이 낳은 비극이었다. 신격호에게는 든든한 후원자였던 큰아버지도 1941년 할머니 1주기 무렵에 타계하시고 말았다.

큰아버지를 잃은 신격호는 세상이 텅 빈 듯한 공허함을 느꼈다. 큰아버지는 둔터마을의 정신적 지주와도 같은 인물이어서 마을 사람 모두가 슬퍼하고 허탈해했다. 특히 둔기의숙 졸업생 2백여 명도 큰아버지의 빈 자리를 안타까워했다.

신격호는 온 마을이 우울한 분위기에 눌려 있어 마을 분위기를 바꿔야겠다는 생각을 했다. 마을에서는 신격호를 '배운 사람'이라고 부르고 있어 그에 따른 책임감도 있고 항상 마을을 위해 애쓰셨던 큰아버지의 뜻을 조금이라도 이어보겠다는 의미도 있었다.

신격호가 생각한 것은 마을에 '공중목욕탕'을 만드는 일이었다. 공중목욕탕은 많은 사람이 동시에 목욕할 수 있도록 만든 시설이다. 둔촌마을에는 혁신적인 발상일 수 있다. 수백 년 동안 마을 사람들이 한 장소에서 목욕을 한 일이 없기 때문이다. 그러나 신격호가 마을에 공중목욕탕을 만들 생각을 하고 있을 때 이미 부산 동래온천에 '금정탕'이라는 목욕탕이 생겨 있었고 도회지의 웬만한 곳에도 목욕탕이 있었다. 신격호 자신도 함경도 명천에서 공중목욕탕의 편리함을 체험한 터여서 고향 마을에도 공중목욕탕이 필요하다고 생각했다.

하지만 목욕탕 신설 계획은 마을 촌로들의 반대로 좌절되었다. 아무리 설득해도 그들은 요지부동이었다. 촌로들은 여러 사람이 옷을 벗고 목욕을 한다는 것은 말세라는 거였다. 신격호의 나이 20세, 집성촌이어서 마을 어른들은 대부분이 윗항렬이어서 무작정 밀어붙일 수도 없었다.

신격호는 이 일을 겪은 후 유교적 인습에 젖어 있는 고리타분한 마을을 탈출, 새로운 세상으로 나가고 싶어졌다. 세상은 급변하고 있는데 산골에 박혀 공자, 맹자를 논하는 어른들이 답답해 보이기만 했다.

태평양전쟁 시작

1941년 12월 7일 일본제국 해군 폭격기가 미국령인 하와이 진주만을 기습, 폭격하는 일이 벌어졌다. 이른바 진주만 공격이다. 일본 해군 폭격기는 하와이주 오하우섬에 위치한 미국 태평양함대와 이를 지키는 공군과 해병대를 대상으로 폭격을 감행했다. 진주만 공격으로 12척의 미 해군 함선이 피해를 입거나 침몰했고 188대의 비행기가 격추되거나 손상을 입었고 2,335명의 군인과 68명의 민간인 사망자가 나왔다. 태평양전쟁의 시작이었다.

진주만 공습으로 미국이 본격적으로 참전하면서 제2차 세계대전은 세계적 규모로 확대되었다. 전선이 확대되면서 일제는 한반도에 전시 총동원령을 내렸다. 이에 따라 일본, 한반도, 만주 등에서 인적, 물적 자원이 총동원되었다. 총독부의 총동원령에 따라 경남종축장도 양모 증산을 독려하고 나섰다. 하지만 아무리 용을 써도 양털을 억지로 기를 수는 없는 일이다. 옥수수를 먹이면 양이 빨리 자란다고 해서 사람도 먹기 어려운 품질 좋은 옥수수를 구해 사료로 쓰기도 했다. 신격호는 양모 생산실적을 보고하기 위해 부산에 있는 경남도청으로 출장을 갔다. 그때마다 신격호는 동원 가능한 모든 정보망을 동원해 전황(戰況)을 파악하고자 골몰했다. 모든 정보를 종합해 보면 일본의 패전 가능성이 높아 보이며 앞날이 불투명해졌다.

신격호는 심란함을 독서로 달랬다. 신격호는 그즈음 백석(白石) 시인의 시에 심취해 있었다. 백석의 시는 마음의 안정을 찾는 데 큰 도움이 되었다. 신격호가 당시 수재이자 멋쟁이로 유명한 백석 시인의 시에 흠뻑 빠졌다는 것은 놀라운 일이다. 신격호는 백석 시에서 이광수, 현진건, 염상섭 등 소설가의 소설을 읽을 때와는 또 다른 감흥을 느꼈다. 특히 백석의 시집 '사슴'에 수록된 하답(夏畓, 여름논)이라는 시에 이끌렸는데 그 시는 신격호의 어린 시절 추억을 그대로 표현해 놓은 것 같아서였다. 백석 시인의 「하답」 시는 다음과 같다.

　짝새가 발뿌리에서 닐은 논두렁에서 아이들은 개구리의 뒤시다리를 구어먹었다.
　게구멍을 쑤시다 물큰하고 배암을 잡은 늪의 피 같은 물이끼에 해빛이 따그웠다.
　돌다리에 앉어 날버들치를 먹고 몸을 말리는 아이들은 물총새가 되었다.

신격호는 일본의 유명 작가 겸 소설가 야마모토(山本有三)의 에세이에서도 큰 감명을 받았다. 그의 산문글 가운데 다음과 같은 구절이 신격호의 가슴에 강렬하게 와닿았다.

　'하나뿐인 자신을, 한 번뿐인 삶을, 진정으로 살지 않으면 태어난 보람이 없지 않겠는가?'

5

동경서 공부하고 싶슴더

신격호가 1941년 말 어느 휴일에 둔터마을 본가에 갔더니 어머니가 활짝 웃으시며 아내의 임신 소식을 전해주었다. 신격호는 신혼 초부터 직장 때문에 집을 떠나 있는 기간이 많아 결혼한 지 2년이 넘도록 2세를 갖지 못했는데 어머니는 이제야 조상 앞에 면목이 서게 됐다며 기뻐하셨다. 신격호 자신도 기쁘기는 매일반이었다. 당시엔 후사를 낳지 못하는 것도 불효였으므로 비로소 자식으로서 의무를 완수했다는 안도감도 들었다. 하지만 한편으로는 아버지가 되었다는 데서 오는 무거운 책임감도 느껴졌다.

신격호는 이 순간이 내 인생의 어떤 전환점에 와있다는 생각에 휩싸였다. 오래전부터 가슴 한구석에 자리 잡고 있던 정체 모를 열망이 타오르기 시작했다. 그 열망 덩어리는 '언제까지 이렇게 살 수만은 없다'는 것이었다. '태어난 보람을 찾아 큰 세상으로 나가는 것'이었다. 양치기 생활을 벗어던지고 글을 쓰고 싶었다. 백석, 이광수, 염상섭 같은 문인들처럼 자신도 큰 세상으로 나가 견문을 넓히고 문인이나 신문기자처럼 '글쟁이'가 되고 싶었다. 한 번 타오르기 시작한 열망은 열병이 되어 잠도 잘 수도 없었다.

신격호는 여러 날을 고민에 고민을 거듭한 끝에 아버지께 그가 꿈꾸는 소망을 말씀드렸다.

"아버님, 동경에 가서 공부를 더 하고 싶습더."

우리는 여기서 신격호가, 그가 가보고 싶은 큰 세상으로 왜 동경을 선택했는가를 질문해 볼 수 있다. 그가 서울을 선택하지 않고 동경을 선택한 것은 운명적이다. 그의 앞날에 전개되는 인생행로를 보면 더욱 그러해 보인다.

아버지의 반응은 예상대로였다. "곧 애비가 될 놈이 무슨 헛소리냐. 너는 우리 집의 장손이 아니더냐!" 신격호는 아버지의 완강함을 알고 있기에 할아버지께 말씀드려 보았다. 할아버지의 반응도 아버지와 마찬가지였다. 신격호의 큰 세상으로의 진출은 집안 문지방도 넘지 못했다. 신격호는 불현듯 작고한 큰아버지의 얼굴이 떠올랐다. 큰아버지가 생존해 계셨다면 어떤 반응을 보이셨을까. 아마도 이번에도 "내가 학비는 대줄팅게 너 희망대로 해봐라." 하실 것만 같았다.

신격호는 답답한 마음에 조그만 위안이라도 얻고자 큰아버지의 묘소를 찾아갔다. 술 한 잔을 올려드리고 경건하게 재배한 다음 하소연을 쏟아냈다. "큰아부지! 사내대장부가 울주 깡촌에서 양털만 깎고 살기엔 너무 억울합니다. 대처에 나가서 대망을 이루고 싶어예!"

그런데 그 호소가 통했던 것일까. 바로 그때 묘소 뒤편 산골짜기에서 큰 솔개(Black Kite) 한 마리가 하늘로 치솟았고 큰아버지의 음성이 들리는 듯했다. "니 이름값대로 해보거래이! 니 이름에 '격(格)' 자를 쓴 것은 임금에게도 직언하는 용기를 가지라는 것 아이가!" 신격호는 전신에 강력한 전류가 흐르는 전율감으로 온몸을 떨었다. 그리고 그 순간 그의 결심을 굳혔다. '누가 뭐라 해도 떠나리라. 가서 반드시 큰 꿈을 이루리라.'

큰아버지의 묘소에서 신격호가 솔개를 본 것은 매우 신비스럽다. 수리과의 솔개는 장수하는 새로 70년을 산다. 솔개는 이렇게 장수하려면 40년이 되었을 때 부리와 발톱을 바꾸는 환골탈태의 고통을 겪어야 한다. 새롭게 태어나는 것이다.

신격호의 이 순간의 결심은 한국에게도 행운이었다. 훗날 신격호는 한국경제 성장에 많은 도움을 주게 되는 것이다. 신격호는 결심이 서자 갑자기 마음이 급해졌다. 1941년을 넘기기 전에 기필코 떠나겠다는 목표를 세우고 그날부터 구체적인 실행 계획을 짰다.

가장 큰 문제는 여행 허가를 받는 일이었다. 당시는 전시상황이어서 일본으로 가기 위해서는 여행허가증이 필수였다. 여행 허가받기가 하늘의 별 따기였다. 신격호는 사촌 병호 형을 찾아가 사실을 털어놓고 도움을 요청했다. 병호 형은 선선히 응해주면서 "울산경찰서장에게 미리 연락해 둘 터이니 찾아가 사정을 얘기해 봐라."고 했다.

신격호는 두근거리는 가슴을 억누르며 경찰서를 방문했다. 울산경찰서장은 일본인이었다. 위세가 대단한 존재였다. 일본인 서장은 뜻밖에도 우호적으로 대해 주었다. 운이 트이기 시작하는 것이다. 경찰서장은 신격호의 각오와 포부를 듣고는 흔쾌히 여행허가증을 발급해 주었다. 이제 집을 나서는 일만 남았다. 어떻게 하직 인사를 할까 고민이 컸다.

신격호는 집에는 알리지 않고 떠나기로 결심했다. 그것이 최선의 선택이라고 판단했다. 가족들을 만나면 결심이 흔들릴까 우려되었던 것이다. 할아버지, 부모님, 형제, 아내의 얼굴이 차례로 떠올랐지만, 마음을 굳건히 했다. 다만 병호 형님에게 가족들이 걱정하지 않도록 잘 말해달라고 부탁했다. 신격호는 할아버지와 아버지에게 다음과 같은 짧은 한시(漢詩) 한 구절을 전해달라고 병호 형에게 전했다. 한

시는 다음과 같았다.

>男兒立志出鄕關 (남아입지출향관)
>學若不成死不還 (학약불성사불환)
>사나이가 뜻을 세워 고향을 떠나면
>학문을 못이룰 땐 죽어도 돌아오지 않으리

신격호가 수중에 있는 돈을 털어보니 110원이었다. 결코 적지 않은 돈이었다. 신격호의 월급이 30원이었으니 거의 4개월분의 월급을 아껴놓은 것이다. 부산으로 가서 양복 한 벌을 사 입고 일본 시모노세키행 부관연락선 배표를 사니 83원 남았다.

마침내 부산항을 출발하는 연락선에 승선했다. 우리 이야기는 여기서 이 책의 첫 장과 만나게 된다. 부관연락선은 마침내 부산항을 떠났다. 신격호는 가슴이 벅차올랐다. 갑판에는 차가운 겨울 바닷바람이 세차게 불어왔지만, 추위조차 느껴지지 않았다. 그저 고향을 떠난다는 사실이 실감 나면서 만감이 교차했다. 일본에 가서 구체적으로 무엇을 어떻게 할지 정해진 것은 아무것도 없었다. 불안이 엄습해 오기도 했다. 큰 세상으로 나가고 싶은 열망으로 떠나긴 했지만 무모한 도전이기도 했다.

시모노세키에서의 호된 신고식

일본 혼슈(本州) 남서부의 시모노세키. 부관연락선이 도착하자 하선 절차가 진행되었다. 신격호는 절차를 마치고 대합실을 나오는데 누군가가 손짓을 하면서 부르는 것이었다. 처음 보는 사내였다. 턱 모양이 사각으로 유난히 도드라져 보이는 그는 무턱대고 경찰서로 가자고 했다. 낯선 땅에서 낯선 사내에게 경찰서로 불려 가는 것이 두렵기도 했지만, 여행허가증이 있으니 별일 없으리라 믿고 사내를 뒤따랐다.

그와 함께 간 곳은 여객터미널 부근의 허름한 사무실이었다. 여기가 어디냐고 묻자 그는 특고, 즉 특별고등계 취조실이라고 했다. 특별고등계는 주로 사상범을 다루는 악명 높은 경찰 조직이었다. 신격호는 조선에서도 독립운동가를 색출해 갖은 고문을 자행하는 자들이 고등계 형사라는 것을 들어 알고 있었다. 순간 등골이 서늘해졌다.

잠시 후 사각턱의 사내보다 상관으로 보이는 뻐드렁니의 형사가 들어왔다. 그는 신격호에게 백지 10여 장을 내밀며 출생 관계, 학교, 직장, 부모 형제, 여행 목적 등 모든 사항을 빠짐없이 쓰라고 했다. 신격호는 쪼그리고 앉아 요구하는 사항을 차분히 써 내려갔다. 10여 장을 모두 쓰느라 책상에 엎드려 밤을 새워야 했다. 이튿날 아침 뻐드렁니 형사는 작성된 진술서를 읽어보더니 눈알을 부라리며 질문을 쏟아냈다. 질문이라기보다는 심문에 가까웠다. 질문을 듣다 보니 이야기가 이상한 방향으로 흘러갔다.

"야마모토 유조(山木有三) 책을 감명 깊게 읽었다고? 그 작가는 신성한 전쟁에 반대하는 분열주의자 아닌가?"

"예? 저는 그런 것까지는 모릅니다."

"그자는 '아사히신문'에 소설을 연재하다 중도하차 당할 만큼 문제가 있는 인물이야. 사상이 불손하단 말이야!"

"그분의 문체가 좋아서 읽었을 뿐입니다."

순간 그는 번개같이 신격호의 뺨을 후려쳤다.

"너 공산주의자지? 공산당에 가입하려고 일본에 온 공산주의자지?"

"공부하러 왔습니다. 학교에 다니려고요!"

또다시 눈앞에 불벼락이 튀었다. 주먹질이 이어졌다. 금세 코피가 터져 입 주변으로 흘러내렸다.

조금 후 사각턱의 사나이가 다시 들어와 백지 10여 장을 또 던져주며 어제와 똑같은 주문을 했다. 온몸에 통증을 느끼면서도 신격호는 그동안 살아온 이력을 세세하게 새로 써야 했다. 진술서를 쓰는 동안 옆방에서 고함 소리와 채찍 소리, 그리고 찢어지는 듯한 비명 소리가 뒤섞여 들려왔다.

당시 일본은 공산주의 사상과 코민테른(Communist International, 세계 공산주의 단체의 연합체)으로 사상적 혼란을 겪고 있었다. 일본의 지성인 대부분이 공산주의 사상에 물들어 있었다. 사유(私有)를 부정하고 자본주의 붕괴, 프롤레타리아 혁명을 주장하는 유물사관은 젊은 지성인들에게 그럴싸하게 보였다. 일본이 명치유신 이후 자본주의를 받아들인 이후 부의 편재 현상이 심화하면서 겪는 진통이었다.

뻐드렁니 형사가 신격호의 진술서를 읽어보더니 다시 질문을 시작했다. 그는 끈질기게 일본에 왜 왔느냐고 반복해 물었다. 신격호 역시 소설가 지망생으로 문학을 공부하려고 왔다고 반복해 대답했다. 다른 대답은 있을 수가 없었다. 가와바타 야스나리(川端康成, 노벨문학상 수상자)를 비롯해 일본 유명작가들의 이름을 들먹이며 문학을 향한 의지를 설명하기도 했다.

그러자 어느 정도 의심이 풀렸는지 뻐드렁니 형사는 울산경찰서장의 여행허가증을 받게 된 경위를 다시 한번 꼬치꼬치 캐묻고 난 후에 내보내 주었다. 끈질긴 친구들이었다.

취조실을 나오니 하늘이 노랗게 보이고 어지러웠다. 신격호에게 시모노세키의 도시 풍경은 눈에 들어오지도 않았다.

아버지의 가출 신고

신격호는 취조실에서 풀려난 후 후쿠오카로 갔다. 후쿠오카는 시모노세키에서 멀지 않은 곳에 있었다. 후쿠오카로 간 것은 경남종축장에 근무할 때 묵었던 하숙집 주인 내외가 그사이 고향인 후쿠오카로 돌아가 살고 있어서였다. 하숙집 주인 내외는 신격호의 일본행 결심을 부추긴 당사자이기도 했다. 그들은 "양치기만 하면서 평생을 보낼 것인가? 양치기는 그만두고 일본에 가서 큰 사람이 되라."고 진심어린 조언을 해주었던 것이다. 야망에 불타고 있는 신격호에게 기름을 부은 것이다. 그리고 입버릇처럼 "일본에 오면 우리 집에 꼭 들르라."라고 당부하곤 했다.

주소를 물어 그분들의 집을 찾아갔다. 부인은 취조실에서 얻어맞아 퉁퉁 부은 신격호의 얼굴을 보더니 대번에 울먹였다. 그러면서 신격호의 손을 잡으며 "나중에 큰 인물이 되면 아무도 괄시하지 않을 것."이라며 위로했다. 그들의 따뜻한 환대가 너무도 고마웠다. 자녀들을 모두 출가시키고 둘만 살던 이들 부부는 친자식처럼 살갑게 보살펴 주면서 언제까지라도 좋으니 편안하게 쉬라고 말했다. 신격호는 나흘 동안 그 댁에 머물면서 하카다 항구, 오호리 공원, 그리고 다자이후텐만구 등을 관광했다.

그러던 어느 날 웬 사내가 후쿠오카경찰서 형사라면서 경찰서로 동행할 것을 요구했다. 순간 시모노세키의 악몽이 떠올라 또다시 몸이 오싹해졌다. 경찰서에 가서야 고향에 계신 아버지가 일본에 간 아들을 찾아달라며 경찰에 신고했다는 사실을 알았다. 둔터마을에 계신 아버지는 병호 형으로부터 일본에 갔다는 전갈을 받고 그대로 계시지 못하고 경찰에 가출신고를 하신 것이다. 후쿠오카경찰서 형사는 신격호에게 무단가출한 것이 아니냐며 귀찮다는 듯이 어서 빨리 고향으로 돌아가라고 윽박질렀다. 신격호는 더 이상 후쿠오카에 머물 이유가 없다고 판단, 그날로 하숙집 주인 내외에게 작별을 고하고 후쿠오카를 떠났다.

6
동경시대 개막

 신격호는 드디어 도쿄(Tokyo)에 도착했다. 도쿄는 일본의 수도이고 제1 도시이다. 천황이 사는 곳이고 일본의 정치, 경제, 문화 권력이 모여있는 곳이다. 도쿄는 1868년 도쿠가와막부 시대부터 수도 역사가 시작되었다. 도쿄는 그 자체로 하나의 세계라고 할 수 있다. 도시구역도 넓고 인구도 많다. 도쿄에는 신격호와 언양보통학교를 함께 다녔던 고향 친구가 살고 있었다. 이런 친구를 가진 것도 큰아버지의 덕이었다. 큰아버지가 언양보통학교를 다니도록 도와주시지 않았더라면 이런 친구를 동경에서 만나는 일은 없었을 것이다.

 그 친구는 도쿄에 오게 되면 자기 집에서 지낼 수 있을 거라고 말했다. 그 친구 집은 고엔지역 근처에 있었다. 신격호는 그의 집을 찾아갔다. 친구는 조그마한 단칸방에서 동생과 함께 자취하고 있었다. 워낙 작은 방이어서 커다란 장정 셋이 지내기에는 비좁았다. 그러나 다른 도리가 없었다. 신격호는 당분간 얹혀살기로 했다.

 급한 대로 거처가 마련되고 나니 일자리를 찾는 게 고민이었다. 고향 친구는 마침 같은 동네 우유 대리점 사장이 우유 배달원을 찾고 있다며 신격호를 소개해 주었다. 우유 대리점 사장은 면접 삼아 몇 마디 얘기를 나누고는 이튿날 새벽 4시에 출근하라고 했다. 이렇게 금방 일자리를 구하다니, 생각지도 못한 행운이었다. 신격호의 도쿄 생활의 운이 트이는 순간이었다.

신격호는 기쁜 마음으로 다음 날 새벽 일찍 출근했다. 그날은 첫날이라 총무라는 40대 남자가 배달 구역을 함께 순회하면서 안내해 주었다. 신격호는 주소와 문패 이름이 적힌 고객 명단 수첩을 받아 살펴보면서 우유배달 일을 시작했다. 손수레에 500ml짜리 우유 100개를 싣고 출발해서 주택가를 한 바퀴 돌아 배달을 마칠 때쯤에야 날이 밝았다. 돌아오는 수레에는 우유를 배달하면서 수거한 빈 우유병들이 가득했는데 병들끼리 부딪쳐 덜거덕거리는 소리가 요란했다. 신격호는 그 소리를 들을 때마다 즐겁기 한이 없었다. 당시 일본의 고급 주택가에서는 생활패턴이 서구화되면서 아침마다 신선한 우유를 마시는 것이 새로운 풍조로 자리 잡고 있었다.

못말리는 학구열

신격호의 공부를 해야겠다는 학구열은 대단했다. 새벽 일찍 일어나 일했기 때문에 피곤해 낮에 휴식을 취할 만도 했지만 그러지 않았다. 낮시간에 도쿄 시내의 지리를 익히기 위해 전차를 타고 닥치는 대로 돌아다녔다. 신격호는 가끔 틈을 내 자신의 마음속으로 그리고 있는 '예비학교'도 찾아보았다. 신격호는 일본에 오기 전에 이미 자기가 다니고 싶은 학교 하나를 점찍어 두었는데 그 학교가 스이도바시 역 부근에 있다는 것을 알았다. 학교라고는 하지만 정규학교가 아니라 일종의 사설학원이었다.

신격호는 이곳에서 수학 과목을 신청해 수강했다. 이때 익힌 수학

공부가 신격호가 훗날 사업을 하는 데 많은 도움이 되었다.

서점에도 자주 들렀다. 동경은 서점이 많은 도시로 유명하다. 신격호는 책값을 감당하기 어렵기 때문에 서점에서 한두 시간씩, 어떤 때는 서너 시간이 넘도록 서서 책을 보곤 했다. 공짜로 독서의 향연을 즐겼다. 그렇게 몇 달이 지났을 무렵 신격호는 신조사(新潮社)에서 발간한 '세계문학전집'을 샀다. 1920년대 일본은 도시화, 대중화가 진전되면서 서양 문화의 대중화도 이루어졌다. 신조사의 세계문학전집은 일본이 서양 문학을 받아들이는 촉매 역할을 했다. 신격호가 책값 부담을 무릅쓰고 이 전집을 구입했다는 것은 그의 독서 욕구가 얼마나 강렬했는지를 짐작케 하는 좋은 예이다.

그런데 이 전집에 실린 독일 문호 괴테가 쓴 소설 '젊은 베르테르의 슬픔'은 20대 초반 청년 신격호의 인생에 결정적인 영향을 준다. 신격호는 이 작품을 읽기 시작하면서 눈 한번 떼지 않고 독파했다. 두 번, 세 번 읽었다.

이 작품 내용은 지식인 베르테르가 무도회에서 알게 된 샤를로테(Charlotte, 샤롯데)를 보고 첫눈에 반하고 접근한다. 그러나 로테에게는 이미 알베르트라는 약혼자가 있었고 로테는 그와 결혼한다. 베르테르는 그런데도 로테에게 구애하며 키스를 시도한다. 당황한 로테는 절교를 선언하고 절망에 빠진 베르테르는 알베르트에게서 빌린 권총으로 자신의 머리를 쏘아 자살로 생을 마감한다.

이 작품은 당시의 인습과 귀족 사회의 통념에 반하는 젊은 지식인의 우울과 열정을 그린 소설이었지만 뜻하지 않게 우울증을 전염시키고 자살을 전파한다는 오명을 받았다. 괴테의 서간체 소설로 1774년 출판되었다. 당시 유럽의 많은 젊은이가 소설 속에 묘사된 주인공 베르테르처럼 옷차림을 하고 다녔다. 기록에 보면 베르테르의 자살을 모방하여 스스로 목숨을 끊은 사람도 2,000여 명이나 되는 것으로 나온다.

우리는 청년 신격호가 베르테르의 어느 대목에 매료되었는지는 정확히 알 수 없다. 작품 전체의 줄거리에 심취했고 특히 여주인공 '샤롯데'를 주목했던 것 같다. 신격호는 그의 회고록에서 '나는 이 소설이 내 인생에 다시 없을 커다란 인연이 될 줄은 짐작조차 하지 못했다. 이 소설의 여주인공 '샤롯데'의 이름을 따서 '롯데제과'를 세울 줄 어찌 알았겠는가.'라고 말하고 있다.

청년 신격호는 아주 순수한 영혼을 가졌고 괴테가 그랬듯이 낭만주의자인 것으로 보인다. 신격호는 훗날 독일 프랑크푸르트를 방문했을 때 괴테의 생가를 직접 찾아가기도 했다. 소설의 무대였던 베츨라어에도 찾아가 롯데하우스(Lotte Haus)를 둘러보기도 했다. 신격호는 20대 청년 시절뿐 아니라 장년이 된 이후에도 괴테의 소설에 깊이 빠져 있었다.

작은 대리점(Retailer) 사장

신격호는 나름대로 바쁘게 시작한 도쿄 생활에 적응해 갔다. 어느 날이었다. 신격호는 우유 대리점 사장으로부터 뜻밖의 제안을 받았다. 배달 구역 두 군데를 떼어줄 테니 독자적으로 운영해 보라는 것이었다. 신격호는 놀라움을 금치 못했다. 정주영 현대그룹 창업회장의 경우와 너무 닮았기 때문이다.

정주영 회장이 강원도 고향에서 무작정 상경해 공사판 노무자로 전전하다가 처음 취직한 곳이 신당동에 있는 쌀가게였고, 이 가게에서 쌀 배달이 주 임무였다. 정주영 회장은 처음에는 쌀가마를 싣고 자전거를 모는 것이 서툴러 한번은 자전거를 개울에 빠트려 자전거를 망가뜨리는 일까지 있었다.

그러나 얼마 후에는 쌀 두 가마를 한꺼번에 싣고 바람처럼 빠르게 배달하는 전문가가 되었다. 장안에서 알아주는 사람이 되었다. 정주영 회장은 쌀 배달하고 남는 시간에는 점포를 곡식별로 정리하고 이에 더해 장부까지 정리하는 청년이 되었다.

정 회장 21세 때의 일이다. 어느 날 쌀가게 주인이 정 회장에게 쌀가게를 맡아 경영해달라고 제안했다. 큰아들의 도박벽을 더 이상 견딜 수 없어 성실한 정 회장에게 가게를 넘겨주겠다는 것이었다.

정주영 회장은 그 제안을 받아들이고 경일상회(京一商會)라는 쌀가게를 열었다. 정 회장은 쌀가게 운영에도 뛰어난 능력을 발휘해 장안(서울)에서도 알아주는 대 미곡상으로 성장했다. 일본이 중일전쟁을 벌여 미곡 판매를 배급제로 전환하지 않았더라면 아마도 정주영 회장은 전국 제일의 미곡 상인이 되었을 것이다.

우리의 이야기는 다시 신격호의 우유 대리점 개설 문제로 돌아온다. 우유배달은 꼭두새벽에 하는 일인 데다 급료가 적어 배달원들이 오래 일하지 않고 금세 그만두는 게 일반적이다. 그러다 보니 결원이 생기는 경우가 많았는데 그럴 때면 신격호가 두세 명의 몫을 해내곤 했다. 많을 때는 350병이 넘는 우유를 손수레에 싣고 배달하는 날도 있었다. 힘들긴 했지만 신격호는 수입이 늘어나 좋아했다. 신격호는 고된 배달을 하고서도 빗자루를 들고 집하장 바닥을 쓸고 물걸레로 닦는 수고를 아끼지 않았다. 신격호는 자신이 일하는 곳이 청결해야 직성이 풀리는 청결 결벽증 같은 것이 있었다. 이 결벽증은 추후 껌 사업을 경영할 때 결정적인 성공 요인으로 작용한다.

한편으로 신격호는 새로운 고객을 찾는 일에도 열심이었다. 새벽

산책을 나온 주민들에게 먼저 인사를 건네고는 "산책 마치고 우유를 마시면 건강에 더욱 좋습니다."라고 정중하게 말을 건넸다. 그런 방법이 효과를 나타냈다. 우유배달을 신청하는 주민이 하나 둘 늘어났다. 대리점 사장이 신격호에게 독자적인 운영을 제안한 것은 결근이나 지각 한번 없이 책임감 있게 배달하고 일하는 공간을 청결히 하고 틈틈이 고객을 늘려 대리점 수익도 늘려주는 모습이 믿음이 갔기 때문이라고 말해주었다. 덕분에 신격호는 단순한 종업원에서 배달원을 고용하는 입장으로 신분이 바뀌게 되었다. 도쿄에 온 지 불과 4개월 만에 대리점 밑의 대리점, 말하자면 소(小) 대리점 사장이 된 셈이었다.

그런데 우유 대리점 사장은 배달 구역만 떼어준 것이 아니라 '대리점을 운영하는 것도 경영의 하나'라며 경영자가 갖추어야 할 덕목도 친절하게 전수해 주었다. 신격호는 덕분에 경영인으로서 기업경영에 대한 눈을 뜨게 되었다. 신격호는 훗날 도쿄에서 롯데제과를 경영할 때 우라와(浦和) 공장의 고문으로 우유 대리점 사장을 모셨다. 그분은 그럴만한 자격과 인품을 갖추고 있었다.

소 대리점 사장이 된 신격호는 배달원 두 명을 고용해 그들과 함께 새벽마다 우유를 배달했다. 비가 오나 눈이 오나 하루도 빠지지 않았다. 산책객들에게 우유를 권하는 일도 계속했다. 하루는 어느 노인이 "우유는 소화가 되지 않아 마시고 싶어도 그러지 못한다."고 말했다. 그때 불쑥 양유가 떠올랐다. 함경도 명천종양장에서 견습생 수련을 할 때 "양유는 우유보다 단백질 함량이 높고 소화도 잘된다."라는 말이 생각났다. 신격호는 여기저기 수소문해 양유를 공급받는 루트를 알아낸 후 우유와 함께 양유배달도 시작했다. 결과는 기대 이상이었다. 특히 어르신 고객에게 양유가 큰 인기를 끌었다. 나름대로 아이디어를 내서 새로운 상품으로 선택한 것이 성공을 거둔 것이다.

7

와세다(早稻田) 고등학교 시절

신격호는 어느 날 예비학교 상담실장이 전해주는 상급학교 편입 정보를 얻게 되었다. 언제나 더 나은 학교에서 공부하기를 원하는 신격호에게는 반가운 소식이었다. 와세다 실업학교 야간부에서 편입생을 모집한다는 것이었다. 도쿄에 온 가장 큰 이유는 공부를 더 하자는 것 아니었던가.

신격호는 편입 시험을 보기로 결심했다. 울산농업실수학교 2년제를 졸업한 것이 최종 학력이었기 때문에 5년제 와세다실업학교에는 3학년으로 들어가야 하지만 나이를 감안해서 4학년으로 편입하기로 했다.

학교 담당관을 찾아가 입장을 설명했다. 담당관은 사정을 들어보더니 수학(修學)능력이 문제라며 시험을 치르라면서 문제지를 내밀었다. 신격호는 우유배달을 하면서도 틈틈이 공부해 놓은 것이 있었으므로 시험에는 어느 정도 자신이 있었다. 시험에 무사히 통과해 4학년으로 1년 월반을 해 편입했다.

와세다실업학교는 상공업 기술 인력을 양성하는 실업학교 과정이었다. 이론보다는 실습 위주였다. 부관연락선을 타고 도쿄에 갈 때만 해도 앞날을 예측할 수 없는 막막한 처지였지만 우려했던 것과는 달리 모든 게 순조롭게 풀려나갔다. 일자리도 안정되었고 거처도 마련되었으며 이제는 공부할 수 있는 정규 학교도 정해졌다.

신격호는 고향에 계시는 아버지 안부도 궁금하고 현재 도쿄에서 매사가 잘 풀려있는 상황도 알려드리고 싶었다. 신격호는 아버지께 문안 편지를 보내드렸다. 오래지 않아 아버지로부터 답신이 왔다. 답신 내용 중에 아내가 딸을 낳았다고 했다. 첫 아이가 태어났다니 기쁨으로 가슴이 뛰었다. 하지만 출산 때 아내 옆에 있어 주지도 못했고 아이를 안아 보지도 못한 것이 아쉽기만 했다. 딸아이의 이름은 영자(英子)로 정했다고 했다.

신격호는 이제 한 아이의 아버지가 되었으니 더 열심히 일해서 반드시 성공해야겠다고 다짐했다. 수입을 늘리는 것이 급선무였다. 숙식비와 같은 기본적인 생활비 이외에도 학교 등록금과 책값까지 마련하려면 우유배달만으로는 빠듯했다. 신격호는 기회가 닿는 대로 이런저런 일을 가리지 않았다. 트럭 기사 조수로 일하기도 했고 건설 현장 잡역부 일도 했다. 전당포 점원으로 일하기도 했다. 이런 잡다한 일들은 돈을 벌어야 한다는 일념으로 한 것이었지만 후일 신격호에게는 두고두고 보약이 되었다.

트럭 기사 조수 일만 해도 그렇다. 신격호는 고장 난 트럭을 고치느라 기름 범벅이 된 채 엔진을 뜯어보곤 했다. 이때도 신격호는 현대그룹 정주영 창업회장을 생각했다.

정주영 회장은 신당동에서 자동차 수리소를 경영할 때 밤이면 직원들과 함께 밤을 새우면서 기계를 수리했다. 얼마 후에는 정 회장은 자동차 구조에 관해 전문가 수준이 되었다. 현대자동차 창업의 기초가 된 것이다. 정 회장은 미국 포드사와 합작 공장을 만들 때 포드의 실사단과 인터뷰할 때 3일이나 걸리는 설명을 단 2시간 만에 마쳐 포드 실사단이 경악했다는 것도 생각했다. 신격호도 추후 일본과 한국에서 공장을 지을 때 트럭 조수 시설 자동차 엔진을 뜯어 본 경험으로 기계 작동의 기본을 알고 있어 큰 도움이 되었다. 물론 자동차 운전에 익숙해진 것은 덤이었다.

도쿄에서 만난 한국인 문학청년들

근묵자흑(近墨者黑), 먹을 가까이하면 먹물이 묻게 마련이라는 뜻이다. 신격호의 경우가 그랬다. 신격호는 와세다실업학교를 다니면서 와세다대학 앞의 중고서점을 자주 찾았다. 와세다대학은 1882년에 개교한 일본의 명문사립대학이다. 게이오대학과 함께 도쿄 6대학 중 최상위권 대학이다. 우리나라 도쿄 유학생 대부분이 와세다 출신이다. 재계에서는 이병철 삼성그룹 창업회장, 이건희 삼성 회장도 와세다 출신이다.

일본 명문대학 앞에는 중고책방이 많이 있기 마련이고 번성한다. 가난한 대학생들의 지적 욕구를 충족시켜 주는 장소이다. 신격호는 대학생들이 읽다가 중고서점에 내놓은 책을 자주 샀다. 자주 가다 보니 어느새 단골이 된 서점도 있었다.

어느 날엔가 단골 서점에 갔더니 자주 오는 청년이 한 명 눈에 띄었다. 한국인이라는 느낌이 들었다. 며칠 뒤에 다시 만나게 되었다. 짐작대로 그는 한국인이었다. 와세다대학 문과에 다니는 경기도 여주 출신의 유주현(柳周鉉)이라고 했다. 유주현은 훗날 '조선총독부', '대원군' 같은 걸작을 남겼다. 유주현은 신격호와 동갑이었다. 서로 친해졌다.

유주현은 "장차 함께 문명(文名)을 떨쳐보자."며 아주 흥미 있는 이야기를 들려주었다. 한국인 천재 작가 '김사량(金史良)'에 대한 것이었다. 김사량의 본명은 김시창(金時昌)으로 평양에서 태어나 일본 제국대학을 나온 수재였다. 1946년에 발표한 그의 단편소설 '빛 속으로'가 아쿠타가와상 후보에 올랐는데 사실상 수상작으로 내정되었음에도 조선인이라는 이유로 탈락하였다며 분통을 터뜨렸다.

신격호는 유주현과의 친분이 트인 이후 그의 소개로 와세다대학에 다니는 한국인 문사들을 여럿 만날 수 있었다. 그중 불문학을 전공한다는 황용주(黃龍珠)란 인물이 유독 돋보였다. 황용주는 인터넷 검색을 해보면 언론인으로 나온다. 황용주는 부산일보 사장과 문화방송 사장을 지냈다. 그는 프랑스의 철학자이자 소설가인 사르트르(Jean-Paul Sartre)에 특별한 관심을 가졌다.

신격호는 황용주의 소개로 작가 지망생인 이병주(李炳注)도 만났다. 이병주는 신격호와 동갑이었다. 이병주는 훗날 우리나라를 대표하는 유명 작가가 되어 '관부연락선', '지리산' 등의 대작을 남겼다. 이병주는 진주공립농업학교(현 국립경상대학 전신)와 일본 메이지대학 문과에 별과생으로 졸업했다. 이병주는 한국인과도 의사소통이 원활하지 않을 만큼 경상도 사투리가 심했다. 하지만 경상도 출신인 신격호와는 워낙 잘 통해 자주 어울렸다.

그는 술을 몹시 즐기는 대주가였다. 그와 술잔을 기울이다 보면 그의 해박한 지식에 감탄하지 않을 수 없었다. 이병주의 얘기를 듣다 보면 작가의 길이 결코 쉽지 않다는 것을 알 수 있었다. 얼마나 많은 책을 읽고 공부해야 저 정도로 박식할까 하는 생각에 두려움까지 느낄 정도였다. 신격호는 고민 끝에 작가의 길을 포기하기로 했다. 자신이 가야할 길은 작가가 아니라는 사실을 비로소 깨우쳤다. 신격호의 문인의 길 체념은 역설적으로 한국경제 발전의 행운이었다.

작가의 길을 포기한 신격호는 와세다실업학교에서 부기나 주산, 제도(製圖) 등을 배우는 데 몰입했다. 야간부에 등록했지만, 주간부 몇 과목도 수강해 4~5학년 과정을 한꺼번에 마쳤다. 신격호는 또래의 대학생들을 보면서 중등과정을 하루속히 마치고 고등교육을 받고 싶은 마음이 간절했다.

와세다고등공학교 화학과 입학

신격호는 1943년 2월 와세다 실업학교를 졸업했다. 그의 나이 22살 때였다. 만학생이었다.

그 무렵 일본은 전쟁에서 패색이 짙어지고 있었다. 전쟁 초기에는 승승장구했지만, 미국이 본격적인 반격을 가하기 시작하면서 속수무책으로 밀렸다. 1942년 6월에는 미드웨이 해전에서 미군에 참패했다. 미드웨이 해전(Battle of Midway)은 1942년 6월 4일부터 6월 7일까지 벌어진 태평양전쟁의 결정적인 해전이다. 이 해전은 진주만 공격이 있은 지 6개월 뒤, 그리고 산호세 해전이 있은 지 1달 뒤 발생했다. 일본제국 함대는 돌이킬 수 없는 피해를 입었다. 일본이 자랑하는 항공모함 4척을 잃었다. 군사역사학자 존 키건은 미드웨이 해전을 "해전 역사상 가장 놀랍고 결정적인 타격"이라고 평했다.

그로부터 얼마 후 일본은 도쿄에서도 물자배급제가 실시되었다. 대다수 주민의 살림이 궁핍해졌고 자연히 우유배달 양도 줄어들었다. 모든 상황이 불안하고 불투명해졌다. 신격호의 앞날도 불안정해졌다. 때마침 와세다실업학교의 교무주임이 와세다고등공학교에 진학하라고 권유했다. 그 학교는 실습 위주여서 취업에 유리하다는 이유에서였다. 원래 2년제였으나 3년제로 승격되었고 교수진도 훌륭하며 무엇보다 학비가 싸다고 했다. 성적이 좋으면 산학협동장학금을 받을 수 있다고 설명해 주었다. 신격호는 좋은 조건이라고 생각하고 와세다고등공학교에 진학하기로 결심했다.

전공 분야로는 기계, 전기, 건축, 토목, 응용화학 등이 있었는데 신격호는 1940년에 신설되었다는 응용화학과를 선택했다. 신격호가 응용화학과를 선택하는 데는 과거 명천종양장에 근무하면서 명천탄광에 출장 갔을 때 본 석탄액화공장에서 '앞으로 세상은 화학이 지배할 것'이라고 웅변하던 그곳 직원의 말이 결정적으로 작용했다.

신격호가 응용화학과를 선택한 것은 그에게 행운이었다. 신격호는 1943년 4월 와세다고등공학교 응용화학과에 입학했다. 그가 배우는 교과서에는 원소 기호와 숫자가 가득했다. 신격호는 원소주기율표를 늘 주머니 속에 넣고 다니며 전차를 탈 때마다 꺼내서 외웠다. 수업을 받으면서 알코올 가운데 에탄올은 술 성분이지만 '메탄올'은 맹독성 물질임을 배웠고 니트로글리세린으로 '다이너마이트'를 만드는 제조법도 실험했다. 플라스틱도 만들어 보았다.

1944년, 2학년에 진급한 신격호는 커팅오일(Cutting Oil)을 개발하는 연구소에 배치되었다. 절삭유라고 불리는 커팅오일은 금속 재료를 깎을 때 공구와 금속 사이에 생기는 마찰열을 줄여주는 기름을 말한다. 이것은 자그마한 것 같지만 많은 것을 암시했다. 신격호는 이 일로 아이디어만 있다면 성공할 수 있다는 자신감을 갖게 되었다.

신격호는 수입이 늘어 경제적 여유가 생겨 다다미 4개짜리 방을 얻어 고향 친구 집에서 나왔다. 자신만의 어느 정도 크기의 공간이 생기니 공부하기도 좋았다. 방에 앉아 독서삼매경에 빠지면 행복하기 그지없었다. 그러던 어느 날 새벽, 우유배달 길에 낯이 익은 신문보급소 총무를 만났다. 그는 울상이 되어 말했다.

"배달원 소년이 다쳐서 일을 못 하게 되었는데 당장 오늘내일 일손이 없습니다. 혹시 우유배달 가구에 신문도 갖다 줄 수 없겠소?"

우유와 신문을 동시에 배달받는 집이 수두룩했기 때문에 그것은 별로 어렵지 않은 일이었다. 흔쾌히 수락했다. 그리고 이때부터 일부 구역에서 우유와 신문을 함께 배달하기 시작했다. 크게 힘들지 않고서도 수입은 더 늘어났다. 그뿐만 아니라, 여분의 신문도 공짜로 볼 수 있게 되면서 일본 사정에 대해 웬만한 일본인보다 더 잘 알게 되었다.

8

예상하지 못한 투자 제안

사람들에게는 어떤 때 예측하지 못한 일들이 일어나기도 한다. 신격호에게도 그런 일이 일어났다.

신격호는 커팅오일 개발실이 숙소와 가까운 고엔지(高円寺) 부근에 있었기 때문에 걸어서 출퇴근했다. 어느 날 퇴근길에 당시 64세인 하나미츠(花光)라는 어른을 우연히 길에서 만났다. 전당포와 고물상을 운영하는 그는 반색하며 신격호의 손을 잡았다. 신격호는 한때 그의 전당포 가게에서 임시 아르바이트를 한 적이 있었는데 그때 전당포의 회계장부를 말끔히 정리해 준 일이 있었고 그 때문에 그는 신격호를 퍽 호의적으로 대해 주었다. 그는 신격호의 근황을 이것저것 물은 후 헤어졌는데 며칠 후 신격호의 자취방을 직접 찾아왔다. 그는 손에 물자가 부족한 전시에는 구경하기 힘든 만주 한 봉지까지 들고 왔다. 좁은 자취방을 잠시 살펴보던 하나미츠 노인은 말문을 열었다.

"단도직입적으로 말하겠네. 커팅오일 제조업을 할까 하네. 공장 짓고 원료 사들일 자금으로 6만 엔을 투자할 계획이네. 내 전 재산이지. 자네가 이 모든 일을 맡아 주시게."

신격호는 놀랐다. 너무 의외의 제안이었다. 신격호는 "나를 어떻게 믿고 그런 거금을 맡기려고 하십니까?"라고 질문 겸 놀라움을 나타냈다.

그는 조용하지만, 단호한 어조로 말을 이어갔다.

"자네가 우리 점포에서 일할 때 내가 유심히 살펴봤지. 단 한 번의 지각도 하지 않았고 1전 한 푼의 금전 사고도 없었어. 성실할 뿐 아니라 시키지도 않았는데 회계 장부를 일목요연하게 정리하는 것을 보았네. 부탁하네. 수익금은 2대 1로 나누기로 함세."

그는 진지했고 전폭적인 신뢰를 보였다.

신격호로서는 생각지도 못한 행운이었다. 얼마 전까지만 해도 우유배달 아르바이트생이었지만 이제 본격적인 사업 일선에 나설 수 있는 절호의 기회가 찾아온 것이다. 신격호 23세 때 일이다.

신격호는 이튿날부터 공장부지 물색에 나섰다. 하네다공항 근처 오모리(大森) 부근에서 허름한 공장을 찾아냈다. 인부 5~6명을 고용해 허물어진 건물 한쪽을 함석판으로 씌워 수리하고 여기저기 수소문해서 커팅오일 제조설비를 구해 설치했다. 원료인 광유와 유지도 확보했다. 준비 작업을 진행하는 동안 와세다고등공학교 동급생들과 커팅오일 개발연구소 근무자들이 여러모로 도움을 주었다.

마침내 시제품이 나왔다. 이때부터 시제품 품질 검사를 받기 위해 공업청을 출입하기 시작했다. 품질 검사 결과가 합격으로 나오면 본격적인 판매에 들어갈 것이므로 신격호는 공업청에 오갈 때마다 마음이 설레었다.

그런데 바로 그즈음 미국은 일본 본토에 대한 폭격을 시작했다. 미국은 최신예 폭격기 B-29를 앞세워 높은 고도에서 연일 폭탄을 퍼부었다. B-29가 떨어뜨리는 폭탄은 주로 높은 열을 내며 타는 약제를 장착한 소이탄이어서 목조 건물이 대부분인 일본의 주요 도시가 불바다가 되었다. 폭격은 나날이 거세져 나중에는 야간에 저고도 폭격까지 이루어졌다.

특히 1945년 3월 9일과 10일은 도쿄 시민들에게 악몽과도 같은 날이 되었다. 수많은 B-29 편대가 떼를 이뤄 도쿄 하늘을 새까맣게 뒤덮더니 엄청난 양의 폭탄을 퍼부은 것이다. 유례없는 대규모 공습으로 도쿄는 사실상 초토화되었다. 8만 명의 사상자와 100만 명의 이재민이 생겼다.

신격호가 폭격이 없는 틈을 타서 오모리 공장에 가보니 폭격으로 남아있는 장비가 하나도 없었다. 폭격을 맞아 흔적도 없이 사라져 버린 것이다. 신격호는 너무 허탈해서 그저 헛웃음만 나올 뿐이었다. 비참한 광경이었다.

물거품이 된 재기의 노력

신격호는 좌절해 있을 수만은 없었다. 투자금 6만 엔 중에 아직 절반이 남아있다는 것이 위안이었다. 신격호는 재기의 길을 모색하기로 했다. 그것이 자신을 믿고 거금을 투자해 준 하나미츠 어른에 보답하는 길이라고 생각했다.

신격호는 새로운 공장부지를 찾아 나섰다. 도쿄 서쪽 하치오지(八王子) 지역에서 비어 있는 공장을 발견했다. 원래는 섬유를 생산하던 공장이라고 했다. 이곳에 곧바로 오일 제조설비를 설치하고 생산을 시작했다. 생산된 제품은 품질이 매우 좋아 높은 가격으로 판매할 수 있을 것으로 보였다. 납품처도 이미 확보해 놓은 상태였으므로 생산품을 쌓아놓고 납품기일이 되기만을 기다렸다.

하지만 또다시 재앙이 닥쳐왔다. 납품기일을 불과 며칠 앞둔 1945

년 8월 1일, 하치오지 상공에 B-29 전폭기들이 떼를 지어 나타나 대대적인 폭격을 시작한 것이다. 하치오지는 이전의 도쿄처럼 삽시간에 초토화되었다. 출하를 앞둔 신격호의 공장도 잿더미가 되었다. 피눈물이 났다. 하나미츠 어른은 넋이 나간 표정으로 헛웃음만 짓더니 체념한 듯 고향으로 돌아가 농사나 짓겠다고 했다. 그의 부인은 하염없이 눈물만 쏟았다.

신격호는 너무나 송구해 엎드려 사죄했다. 신격호는 자신의 실책으로 빚어진 일은 아니지만 진심으로 사죄했다. 신격호는 투자분 6만 엔은 반드시 재기해 갚겠다고 했다. 하지만 하나미츠 어르신은 빌려준 돈이 아니고 투자한 것이므로 아무 잘못도 없는 사람이 갚을 필요가 없다면서 신격호의 어깨를 다독여 주었다. 아무리 생각해도 그는 가슴이 넓은 사람이었다.

귀국을 미룬 신격호

신격호는 커팅오일 사업이 무산된 데 따른 충격으로 참담한 심정으로 며칠을 보냈다. 전쟁의 참상을 뼈저리게 느끼고 있었다. 그런데 1945년 8월 15일이 되었다. 일본 천황은 이날 정오를 기해 무조건 항복을 발표했다. 나가사키와 히로시마에 원자폭탄 세례를 받고는 더 이상 버티지 못했다. 일본은 패전했고 제2차 세계대전은 끝났다. 조선도 지긋지긋한 35년간의 일본 식민지 굴레에서 벗어났다.

일본에 있는 한국인들은 너도나도 귀국을 서둘렀다. 신격호는 딜레마에 빠졌다. 귀국이냐 일본 체류냐. 결정하기 어려운 일이었다. 시모노세키항에서 부산으로 가는 부관연락선은 귀국하는 한국 사람들로 연일 초만원을 이루었다. 신격호는 귀국을 미루기로 했다. 고향을 떠나올 때의 다짐을 돌이켜보니 그동안 이뤄놓은 게 별로 없었다. 신격호는 고향을 떠날 때 학문을 못 이룰 땐 죽어도 돌아오지 않으리(學若不成死不還)라고 맹세하지 않았던가. 학업을 마치지도 않았고 수중에 돈도 몇 푼 없었다. 더구나 귀국하면 하나미츠 어른과의 약속, 그가 투자한 6만 엔을 되돌려 줄 수도 없지 않은가.

신격호는 번민 끝에 일본에 남아서 학업과 사업을 계속하기로 결심했다. 이 결심은 신격호 개인은 물론 한·일 양국의 재계를 위해서도 아주 잘한 것이었다. 신격호는 귀국하는 지인 편으로 부모님께 전해달라며 약간의 금붙이를 건네주었다. 해방이라는 어수선한 난리 중에 그 금붙이가 온전히 전달될까 걱정되었지만, 다른 방도가 없었다.

9

화장품 사업 진출

　전쟁이 끝나자 일본이 달라졌다. 1945년 8월 26일부터 미국의 더 글러스 맥아더(Douglas MacArthur) 장군을 총사령관으로 하는 연합군이 일본에 진주해 일본 정부를 지휘했다. 일본 국민은 공습으로 파괴된 도시를 복구하느라 안간힘을 썼다. 하지만 자재가 턱없이 부족해 애를 먹었다. 생필품도 태부족이었다.
　신격호는 새로운 사업 아이템으로 비누를 선택했다. 신격호가 비누 제조를 선택한 것은 그가 응용화학을 공부했기 때문이다. 비누 제조에는 유지(油脂), 글리세린 등의 원료가 필수적이다. 공습으로 유관 중소기업들이 모두 파괴되었지만, 군수용으로 쓰던 게 많이 유통되고 있어 원료 조달은 어렵지 않았다.
　신격호는 하치오지의 남루한 창고를 하나 물색해 가마솥을 걸어놓고 원료를 끓여 비누를 만들었다. 생산된 비누는 불티나게 팔려나갔다. 제품에 좋은 향을 첨가했으니, 가격을 배나 올려도 잘 팔렸다. 멋진 그림이 들어간 종이갑에 포장했더니 서너 곱절 가격으로도 잘 팔렸다.
　우리는 여기서 신격호가 비누라는 단순한 기초화장품을 제조하지만, 제품에 좋은 향을 첨가하는 것, 종이 케이스에 멋진 그림을 그려 넣어 제품을 한껏 고품격으로 변형해 가는 재능을 눈여겨 보아둘 필요가 있다. 시작도 못 해보고 사업을 접어야 했던 커팅오일 좌절을 딛고 최초로 성공 경험을 쌓게 된 것이다.

비누 사업이 상승세를 타던 1946년 3월 신격호는 와세다고등공학교 3년 과정을 마치고 졸업했다. 이 학교는 몇 년 후 와세다대학 이공학부에 흡수통합되었다. 이 바람에 신격호는 뜻하지 않게 와세다대학 동문이 되었다. 와세다대학에서 공부한 이병철 삼성그룹 창업회장, 이건희 회장 부자와 사적으로 만날 때면 대학 선후배로 부른 이유도 여기에서 유래된 것이었다.

학업을 마친 신격호는 편안한 마음으로 사업에만 전념했다. 도쿄 서부의 오기쿠보에 있는 공습으로 절반이 파괴된 공장을 사들여 내부를 수리한 다음 하치오지의 비누 공장을 옮겼다. 정문에는 길쭉한 나무판에 '히카리(光) 특수화학연구소'라고 신격호 자신이 써서 간판을 붙였다. 이름은 거창했지만, 실상은 비누, 크림, 포마드 등 기초 화장품을 만드는 조그마한 공장에 불과했다. 기존에 생산해 오던 비누 제품 외에 크림과 포마드를 추가한 것은 나름대로 소비 시장의 트렌드 변화를 반영한 결정이었다 전후 일본 남성들 사이에 머리카락을 기르는 헤어스타일이 유행하자 머리카락에 바르는 포마드가 덩달아 인기를 끈 것이다. 포마드는 왁스나 젤 같은 물질로 머리카락을 반들반들하고 깔끔하게 해준다.

피부미용에 대한 여성들의 관심도 크게 늘어나 화장수 따위의 수요도 크게 늘어났다. 따라서 사실상 화장품 사업을 시작한 셈이 되었다. 신격호는 신제품을 개발할 때는 와세다대학 공학도서관을 찾아가 유지제품 생산 메뉴얼을 읽고 제조 공법을 파악했다. 그러나 양질의 제품을 만들려면 책 속의 지식에만 만족할 수 없었다. 신격호는 와세다고등공학교 응용화학과 선배를 찾아 다니며 기술을 전수받았다. 감사의 뜻으로 신제품을 선물했더니 그분들은 신제품을 사용해보고 개선점을 알려주는 필드 테스터(Field Tester, 어떤 물건을 사용하고 그 체험기를 쓰는 것) 역할까지 해주었다.

생산 초기에는 아무런 브랜드도 없었다. 화장품을 크고 작은 깡통에 퍼담아 공장을 방문한 유통 상인들에게 팔면 상인들은 이를 작은 용기에 나누어 소매로 파는 형식이었다. 주요 거래처에는 화장품 깡통을 자전거에 싣고 배달도 해주었다. 대부분의 화장품 공장들이 그렇게 판매하는 것이 당시의 판매 형태였다.

최초의 브랜드 '롯데'

신격호는 어느 날 신주쿠에 있는 화장품 가게 앞을 지나다가 여성 손님들이 붐비고 있는 광경을 보고 가게 안으로 들어갔다. 화사하게 화장을 한 여성 점주가 활짝 웃으며 반겼다. 가장 품질이 좋은 크림 하나를 달라고 했더니 부인에게 선물할 거냐고 물었다. 순간 고향에 두고 온 아내의 얼굴이 떠올랐다. 자책감이 들었다. 딸아이 영자는 잘 자라고 있을까. 부모님께 보낸 금붙이는 잘 전해졌을까. 궁금한 게 많았다. 이제는 한국에서 일본으로 오는 지인도 거의 사라져 인편으로 고향 사정을 알기도 어려웠다. 전후의 혼란기여서 편지나 소포가 도중에 사라지는 일이 빈번했으므로 우편으로 소식을 주고받기도 어려웠다.

신격호는 상념을 깨고 가게에서 산 크림을 가지고 공장으로 돌아왔다. 냄새를 맡아보니 자신이 만든 제품과 비슷했다. 성분 분석 결과도 마찬가지였다. 그런데 가격은 작은 유리병에 담긴 크림 하나가 5엔이었다. 신격호가 도매로 판 것보다 무려 10배 가까운 가격이었다. 그렇다면 출고 단계부터 소매용으로 작게 포장하여 브랜드를 붙이면 훨씬 높은 수익을 올릴 수 있겠다는 생각이 들었다. 신격호는 그렇게 마음을 굳히고 우유배달을 할 때 가본 적이 있는 유리병 공장을 찾아갔다.

크림과 포마드, 화장수 등을 담을 수 있는 소형 유리병을 주문했다. 유리병 공장 사장은 용기는 물론이고 라벨(Label)만 잘 만들어도 값을 두 배로 받을 수 있다고 조언해 주었다. 신격호는 이제 제품의 디자인에 눈뜨기 시작했다. 그 사장은 "이왕이면 시세이도(資生堂, Shiseido) 뺨치는 멋진 라벨을 만들어 보시오."라고 말했다.

시세이도는 일본 제1의 화장품 회사이고 세계시장 점유율도 5위에 있는 막강한 화장품 제조회사다. 1872년에 창업했다. 후쿠하라 아리노부가 긴자에 '시세이도 약국'을 차리면서 시작되었다. 자생당이라는 상호는 〈역경〉에 등장하는 '대지의 덕에 의해 만물이 형성된다(至哉坤元 萬物資生)는 데서 인용했다. 시세이도는 동백꽃 무늬인 '하나츠바키' 로고를 공통으로 사용하면서 제품 이름을 다양하게 붙여 큰 인기를 끌었다.

신격호는 그날 밤 공장 야전 침대에 누워 화장품의 브랜드를 구상하느라 골몰했다. 브랜드를 어떤 것으로 붙이느냐는 사활이 걸린 중대한 일이었다. 여성, 화장품과 관련된 우아하고 신선감을 주는, 그러면서도 고급스러움이 압축된 것을 찾아내야 했다. 신격호는 우선 서양권의 클레오파트라, 비너스, 동양권의 양귀비, 왕소군 등을 생각해 보았다. 그러다 깜빡 잠이 들었다. 꿈속에 하얀 피부에 금발을 한 여성이 신격호가 만든 크림을 바르고 있었다. 꿈이지만 너무 생생했다. 잠에서 깨어나 한참이 지난 후에도 그 영상은 지워지지 않았다. 하지만 어디서 본 여성인지가 떠오르지 않았다. 기억을 더듬느라 서성거리고 있는데 문득 책꽂이에 꽂혀있는 《젊은 베르테르의 슬픔》이 눈에 들어왔다. 책을 빼 들자, 표지에 그려진 '샤롯데'의 얼굴이 다가왔다. 그 얼굴이었다. 꿈속의 여성은 '샤롯데'였던 것이다.

"롯데." 샤롯데에서 '샤'를 빼고 '롯데'라고 불러봤더니 입에 착 달라붙었다. 신격호는 날이 밝자마자 인쇄소로 달려가 '롯데' 라벨을 주문했다. 신격호와 샤롯데, 참 운명적이다. 젊은 신격호가 신조사 간 세계문학전집을 구입하고 괴테의 명작 '젊은 베르테르의 슬픔'에 매료되어 한숨에 읽어 내려간 소설의 여주인공이 그의 사업의 얼굴 역할을 할 브랜드로 정해지는 것은 한 편의 드라마다.

'롯데' 상표를 붙인 히카리화학연구소의 화장품은 불티나게 팔려나갔다. 대성공이었다. 주문 물량은 자전거로 모두 배달할 수 없을 정도였다. 신격호는 소형 트럭을 샀다. 군소 화장품 회사가 트럭으로 물건을 배달하는 일은 거의 없는 일이었다. 신격호는 이전에 트럭 조수로 일했기에 운전면허를 따는 것은 어려운 일이 아니었다.

하루하루가 그야말로 눈코 뜰 새 없이 바쁜 날이었다. 종업원도 늘어나 10여 명이 되었다. 원료구입, 생산, 포장, 배송, 수급 등의 일을 각자 맡아 했지만, 모든 업무 과정은 신격호 자신이 의사결정을 해야 했다. 원료를 구매할 때는 현장에서 현금으로 결제했다. 그러면 양질의 원료를 10%쯤 싼값에 살 수 있었다. 신격호의 탁월한 이재 감각이 드러나는 순간인 것이다.

신격호는 일이 그렇게 바빠지다 보니 수면 시간을 줄이고 걸을 때도 뛰다시피 했다. 명천종양장에서 양을 몰고 산비탈을 오르내리던 빠른 걸음 실력이 살아났다. 하루일과를 마치고 수금해 온 현금을 정리하는 시간은 바쁘게 일한 성과를 확인하는 감격의 시간이었다. 수입이 너무 많아 온밤을 새우기도 했고 지폐 뭉치가 밀가루 부대 하나를 가득 채우는 날도 있었다.

신격호의 신의(信義)의 철학

독자여. 우리는 이제 20대 중반의 그렇게 부유하지 않은 소기업 대표 신격호가 돈보다는 신의를 더 귀하게 여긴다는 아름다운 장면을 보게 된다. 신격호는 은행 예금액이 20만 엔을 넘어서자마자 6만 엔을 인출했다. 하나미츠 어르신에게 빚을 갚기 위해서였다. 사실 그 돈은 빚이 아니었다. 신격호가 되돌려 주지 않아도 아무 문제가 없는 돈이었다.

우리는 하나미츠 어르신이 자진해서 신격호에게 커팅오일 제조업을 일으키자면서 자기의 전 재산 6만 엔을 제공했던 것을 기억하고 있다. 그리고 커팅오일 공장이 미군의 폭격으로 두 번이나 잿더미가 되었고 하나미츠 어르신은 그 광경을 보고 "돈을 갚을 필요가 없다. 그 돈은 빌려준 것이 아니고 투자한 돈이기 때문이다."라고 말했던 것이다. 신격호는 그럼에도 불구하고 그날 긴자의 고급 과자점에서 산 만주 1박스를 들고 하나미츠 어르신을 찾은 것이다.

"어르신! 6만 엔을 돌려드리려고 왔습니다. 저만 믿고 투자하신 은혜 평생 잊지 못합니다."

하나미츠 부부는 생각지도 못한 일이라며 감격의 눈물을 흘렸다. 신격호도 눈시울이 뜨거워졌다. 그렇게 세 사람은 한동안 부둥켜안고 울었다. 신격호는 격한 마음이 가라앉기를 기다렸다가 말문을 열었다.

"6만 엔을 받으셨으니 본전 장사만 하신 것입니다. 이자는 못 받으셨잖아요. 제가 이자 드리는 셈 치고 도쿄에 자그마한 집 한 채를 사드리겠습니다. 거기에 사시면서 롯데공장에 놀러 오고 하십시오."

노부부는 또 눈물을 흘리며 울었다.

신격호는 훗날 그의 회고록에 이렇게 적고 있다.

"내가 이렇게 기를 쓰고 하나미츠 어른의 돈을 갚은 이유는 이것이 단순한 돈거래가 아니라 신의(信義) 문제라고 생각했기 때문이다. 나에게 전폭적인 신뢰를 보여준 사람에게 그 신뢰에 보답하는 것이야말로 신의를 지키는 것이라고 생각했다. 그 신뢰를 실천했다고 생각하니 내 자신이 대견하고 뿌듯했다."

또한 신격호에게는 한국인의 긍지를 지키고 싶은 마음도 컸다. 오랫동안 한국인은 일본 사람들로부터 '조센징', 또는 '바카야로(바보)'라는 멸시에 가까운 말을 들으며 살아왔다. 신격호는 근거 없이 한국인을 업신여기고 천대하는 현실에 분노했다. 신격호는 반드시 성공해서 한국인에 대한 부정적 이미지를 불식하는 데 앞장서겠다고 다짐했다. 한국인은 믿을 만한 사람들이라는 것을 보여주고 싶었다.

하나미츠 어르신은 도쿄에 마련해 드린 자택에서 여든 넘게 사시다가 별세했다. 그 분의 아들, 딸도 롯데에 입사해 정년퇴직할 때까지 근무했다. 대를 이은 인연이었다. 신격호가 자신의 인생에 전환점을 제공한 인물 가운데 하나미츠 어르신을 제일 먼저 꼽는 것도 이러한 이유에서였다.

달라진 위상

신격호는 어느 날 거래 은행에 갔다. 지점장이 깊숙한 곳에 있는 그의 자리에서 일어나 걸어 나와 직접 응대했다. 말쑥한 신사복 정장 차림의 지점장이 고급 말차(抹茶)를 대접하며 지점의 예금 수탁금 잔고를 높여주어 감사하다고 인사했다.

말차란 차광 재배한 찻잎을 갈아서 만든 차다. 중국에서는 최고급에 속한다. 중국 황실의 차가 말차였고 다도 문화가 발달한 일본에서도 귀빈에게나 대접한다. 이전에는 상상도 못 한 일이었다. 당시 번듯한 기업의 직장인 월급은 200엔 정도였다. 신격호가 화장품 사업으로 올린 월 수익은 어림잡아 4만 엔쯤 되었다. 직장인 200명이 돈을 벌어들인 셈이었다. 어느 달은 5만 엔을 벌 때도 있었다. 그러니 지점장에게 귀한 고객 대접을 받을 만했다.

10

롯데의 사업 기반 '껌(gum)'

껌은 삼키는 일 없이 씹기 위해 만들어진 부드럽고 점성 있는 음식이다. 천연고무의 일종인 치클 또는 초산비닐수지에 향료, 설탕, 감미료 따위를 첨가하여 만든 기호식품이다. 사업가로서의 신격호 삶에 결정적 영향을 미친 첫 제품은 '껌'이었다. 신격호는 처음 껌을 씹어보고 큰 충격을 받아 제과업을 시작했고 제과업에서의 성공이 오늘의 롯데를 일구는 토대가 되었다.

1947년 초 화장품 사업에 한창 몰두해 있을 때였다. 신격호는 거래처에 배달을 마치고 돌아왔는데 직원 한 사람이 미국산 껌을 하나 건네주었다. 신격호도 껌의 존재에 대해서는 이미 들어 알고 있었다. 승전한 미군 병사들이 일본에 진주해 지프차 뒤를 졸졸 따라다니는 아이들에게 나눠주는 과자도 대부분 껌이나 초콜릿이었다. 전후 일본에 서구 특히 미국의 음식 문화가 상륙하는 초기의 현상이었다. 신격호는 그때만 해도 미군 병사들이 나눠주는 과자 따위에는 관심도 주지 않고 단지 그것을 얻어먹으려고 지프 뒤를 졸졸 따라다니는 아이들에게 눈살을 찌푸렸을 뿐이었다. 그런데 막상 껌을 씹어보자 달콤하면서도 코끝을 톡 쏘는 향기에 홀딱 반하고 말았다.

그때서야 관심을 가지고 알아보니 일본 제품도 이미 시중에 여러 종류가 나와 있었다. 일본 제품을 씹어보니 맛과 향기, 질감 등에서 미국 제품과 비교할 수 없을 만큼 조악했다. 신격호는 '롯데 브랜드로 고급 껌을 만들어 보면 어떨까?' 문득 그런 생각이 들었다. 순간이지만 대단한 발상이 떠오른 것이다.

그즈음 일본의 화장품 산업 흐름은 대전환기를 맞고 있었다. '시세이도' 같은 대 화장품 제조회사도 소량 고가제품 생산 위주에서 대량생산, 값싸게 파는 전략으로 나왔다. 이것은 가내수공업 수준의 업체들에는 생존의 문제가 되었다. 신격호는 화장품 생산을 대체할 수 있는 돌파구를 찾고 있었다. 신격호는 주변의 지인들에게 '껌' 사업 진출에 대한 의견을 물어보았다. 반응은 신통치 않았다. 전후 이 배고픈 시대에 배가 부르지 않은 껌을 누가 사 먹겠느냐는 것이었다. 하지만 신격호는 껌이 대중적인 기호품으로 자리잡을 것이라는 생각이 지워지지 않았다. 당장 배가 부르지는 않지만 '무엇인가 계속 씹는 것'만으로 허기를 달래주지 않겠는가 하는 생각이었다.

또한, 껌의 향기에서 청량감을 느낀다면 사람들에게 행복감을 줄 것이라 생각했다. 신격호의 이런 생각은 훗날 정신과 의사들이 '껌을 씹는 행위는 사람의 긴장감이나 스트레스 해소에 도움이 된다'는 의견과 궤를 같이하는 것이었다. 당시 가장 유명한 껌은 '리글리 껌'이라는 미국 제품이었는데 이 리글리사도 처음에는 비누 제품을 만들었지만, 껌으로 전환했다는 이야기를 듣고 신격호는 고무되었다. 신격호는 껌 사업을 하게 된다면 세계에서 가장 유명한 이 회사와 경쟁하게 될 것 같다는 생각이 들었다.

신격호는 마침 도쿄대학 영문과를 졸업하고 연합군 사령부에서 통역으로 일하는 분에게 리글리사의 역사와 사업현황에 대해 조사해 줄 것을 부탁했다. 그는 미국인 신문기자들에게 조사를 의뢰했고 그들이 보내온 보고서는 다음과 같았다.

비누공장 사장인 아버지 밑에서 자란 필라델피아의 말썽꾸러기 소년 윌리엄 리글리 주니어(William Wrigley Jr.)는 학교 공부에 흥미를 느끼지 못해 지각, 결석과 가출을 일삼다가 여러 번 퇴학을 당했다. 화가 난 그의 아버지는 11살의 아들에게 차라리 학교를 그만두고 비누공장에서 막노동이나 하라고 불호령을 내렸다. 소년은 하루 10시간의 중노동을 마다하지 않고 일했다. 행상을 시켜도 거부하지 않았다. 심지어 13살 때에는 전국 대도시의 백화점에 입점을 시켜보겠다며 뉴욕의 유명 백화점 구매 담당자와 만나 직접 협상을 벌이기도 했다.

1891년 그는 30세 되던 해 시카고 지역 리글리사 비누 판매 대리점장으로 부임했다. 하지만 주변에 비누 가게가 잇따라 생기자, 경쟁이 치열해졌다. 그는 박리다매가 최선이라 보고 사은품을 넣어주는 판매 전략을 구사했다. 처음에는 고객에게 우산을 사은품으로 주었다. 얼마 후에는 베이킹파우더 한 봉지와 요리책으로 품목을 바꾸었다. 그러자 엉뚱하게 비누보다 베이킹파우더가 더 인기를 끌었다.

그는 1892년 리글리 컴퍼니를 설립해 직접 베이킹파우더를 생산하기 시작했다. 베이킹파우더를 사는 고객에게는 사은품으로 '껌'을 주었다. 그랬더니 이번에는 껌을 받으러 오는 손님이 더 많았다. 리글리는 껌이 대세인 것을 간파하고 껌 위주로 사업 방향을 전환했다. 일정 금액 이상을 주문하는 소매상에게는 소형 저울, 커피원두 그라인더 등 다양한 사은품을 제공했다.

시장점유율이 급증하면서 리글리는 미국 내 껌 시장의 1위 기업이 되었다. 특히 1893년에는 신제품 '스피어민트'를 출시하면서 급성장했다. 1908년 스피어민트 단일 품목의 연간 매출은 무려 100만 달러에 달했다. 1911년 그는 껌 제조회사 제노(Zeno)를 인수해 '윌리엄 리글리

주니어' 회사를 설립했다. 이 회사는 당시 미국 최대 광고주로서 대륙횡단 철도 거의 모든 역에 대형 입간판을 세워 판매를 확대해 나갔다.

오늘날 리글리는 전 세계 180여 개국에 달하는 나라에서 제품을 판매하고 있으며 50여 개국에 지부를 두고 있고 영국, 스페인, 프랑스, 러시아, 중국, 일본, 인도 등 14개국에 생산단지 21개를 운영하고 있다.

신격호는 보고서를 읽으며 껌 사업에 대한 확신이 더 커졌다. 신격호는 마음을 굳히고 1947년 4월부터 추잉껌 개발을 시작했다. 그의 나이 26세 때다.

일본에 추잉껌이 보급되기 시작한 것은 제2차 세계대전이 끝나고 미군이 주둔하고서부터였다. 앞서 우리는 이 책에서 일본 주둔 연합군 사령부 사병들이 일본 소년들에게 껌을 던져주면 졸졸 따라다니면서 그것을 줍는 광경을 신격호가 보고 얼굴을 찌푸렸다는 것을 읽었다. 신격호는 그러나 껌과 운명적으로 만나게 된 것이다.

당시 일본에는 이미 400여 개의 껌 공장이 난립한 상태였다. 껌의 제조공정이 의외로 간단해 가내수공업 수준의 공장들이 난립한 것이다. 신격호는 기존 업체들처럼 주먹구구식으로 만들고 싶지 않았다. 경쟁에서 이기려면 무엇인가 특별해야 한다고 생각했다. 이른바 차별화. 신격호는 골똘히 생각하다 '위생(衛生)'이라는 개념이 떠올랐다. 껌 사업은 '먹는 장사'인데 맛도 중요하지만, 위생이 더 중요한 덕목이라는 생각이 들었다.

위생을 찾아낸 것은 신의 한 수였다. 맛이나 생산기술 면에서 뚜렷한 차이를 내기는 힘들지만, 위생이라는 개념에서는 차별화가 가능했다. 당시만 해도 위생 관념이 매우 낮아 어지간한 식품공장에서는 허름한 작업복 차림의 일꾼들이 마치 공업용 제품을 다루듯이 아무렇게나 껌을 만들고 있었다. 신격호는 껌 생산을 시작하면서 자신을 비롯한 모든 임직원의 옷차림을 깨끗이 했다. 하얀 가운을 입고 마스크를 썼으며 손 씻기, 손톱깎기, 이발 등으로 청결을 꾀했다. 껌을 절단하고 포장하는 여성 직원들은 머리카락이 보이지 않도록 모자를 쓰도록 했다. 제품에 머리카락이 떨어지는 것을 방지하기 위해서였다. 신격호는 한술 더 떠서 약제사 1명을 고용해 생산공장에서부터 위생 상태를 철저히 점검하도록 했다. 공장 바닥은 티끌 하나 없도록 깨끗이 청소했으며 수시로 물걸레질을 해 먼지가 나지 않도록 했다.

그러자 공장을 방문한 과자 대리점 점주들은 청결하고 위생적인 공장 환경에 감탄을 쏟아냈다. 어떤 점주는 "우리 아이에게 줄 껌이라면 롯데껌을 사야겠네!"라고 말하기도 했다. 훗날 한국에서 롯데껌을 광고할 때 CM송으로 널리 불린 '껌이라면 역시 롯데껌'이란 가사는 바로 이 감탄사에서 비롯된 것이었다.

롯데껌은 불티나게 팔려나갔다. 밤잠을 설쳐가며 공장을 가동해도 주문 물량을 소화하기 어려울 정도였다. 생산직 직원을 늘리고 포장 작업을 하는 파트타임 주부 사원도 추가로 뽑았다. 대리점주들은 현금을 내고 물건을 받아 갔으며 일부 점주들은 선금을 내고 기다리기도 했다. 제조업에서 출하 제품에 대한 이런 형태의 대금 결제는 대박이 터지고 있다는 것을 의미했다. 신격호는 하지만 원료가 모자라 애를 먹었다. 특히 주원료인 초산비닐수지를 구하기가 너무 어려웠다.

초산비닐수지(Polyvinyl, PVA)는 무색, 무미, 무취, 무해한 합성수지이다. 당시 일본은 천연치클을 수입하기 어려워 그 대용물로 초산비닐수지를 껌 원료로 쓰고 있었다. 신격호는 의욕적으로 시작한 껌 사업에서 최고를 추구했다. 매일 밤늦게까지 껌 연구에 몰두했다. 다양한 종류의 책과 자료를 구입해 탐독했다. 중요한 내용에 대해서는 노트에 기록했다. 시장 상황도 면밀하게 검토했다. 향후 시장이 어떻게 변하게 될지를 예측하기 위해서였다.

이 과정에서 제2차 세계대전 때 미군의 전투 식량인 레이션박스에 추잉껌이 들어있었다는 사실도 알게 되었다. 전쟁으로 인한 병사들의 스트레스를 해소하는 데 껌이 유용하다는 이유에서였다.

미국 리글리사가 1916년에 이미 긴자거리에 판매회사를 설립하고 껌을 수출하기 시작했다는 사실도 알게 되었다. 하지만 리글리의 추잉껌은 일본 진출에 실패했다. 일본인들에게 껌이라는 상품이 낯설었던 데다 먹고 살기도 힘든 시기에 껌을 살 만한 여유가 없었던 것이다. 또 껌을 질경질경 씹는 모습이 불량스럽게 보인다는 인식도 하나의 요인이었다.

1920년 중반부터 몇몇 회사가 소량의 추잉껌을 만들기 시작했다. '은단(銀丹)' 메이커인 모리시타진탄혼포가 시험 생산을 시작했고 1927년 이후에는 로쿠다제제과, 니타카제과 등 일부 제과 회사들이 껌 생산에 발을 들여놓았다. 하지만 모두가 시험생산 수준을 벗어나지 못했고 시장도 작아 그저 명맥만 유지하는 상태였다. 그런 상태가 신격호가 껌 사업에 뛰어드는 1947년 무렵까지 계속되었다.

11

'주식회사 롯데' 출범

　신격호 사장(이제부터 사장 존칭을 사용한다)은 껌 분야에서 최고가 되기 위해서는 무엇보다도 가내수공업 수준을 벗어나 기업 형태로 변모해야 한다고 생각했다. 구매나 생산, 판매 등 모든 면에서 기업으로서의 면모를 갖춰야 소비자의 신뢰를 얻을 수 있고 대외적으로도 공신력을 높일 수 있다고 판단했다.

　신격호 사장은 1948년 6월 28일, 도쿄 스기나미구 오키쿠보 4-82번지에 있던 히카리특수화학연구소를 해체하고 그 자리에 '주식회사 롯데'를 창립했다. 롯데 성장사에 한 획을 긋는 일이었다. 초기 자본금은 100만 엔으로 히카리특수화학연구소의 개인 자산 일체를 승계해 충당했다. 회사의 사업목적은 식품을 주종으로 하는 다음과 같은 9개 항목으로 정리하여 등록했다.

　1) 과자류의 제조, 가공, 판매
　2) 청량음료, 시럽류 및 과즙의 제조, 가공 판매
　3) 냉과, 냉동식량품의 제조, 가공, 판매
　4) 낙농, 농산식량품의 제조, 가공, 판매
　5) 화장품 및 치약, 구강청결제류의 제조, 가공, 판매

6) 화학약품류의 제조, 가공, 판매
7) 의약품류의 제조, 가공, 판매
8) 합성수지의 제조, 가공, 판매
9) 위 각항에 부대, 관련된 일체의 업무

　9개의 사업 항목은 꽤 광범위하다. 화학약품류, 의약품류가 포함되어 있는 것이 눈에 띄는데 신격호 사장이 와세다고등공학교에서 응용화학을 전공한 데서 온 것으로 보인다. 신격호 사장이 가슴에 품었던 사업의 꿈이 대단히 컸다는 것을 알 수 있다. 신격호 사장은 훗날 한국으로 귀향, 롯데그룹을 창립할 때도 이 9개 항목이 근간이 되었다고 그의 회고록에서 말했다.
　신격호 사장은 회사 설립 등기를 할 때도 망설임 없이 '롯데'를 법인명으로 선택했다. 그런데 이 법인명이 다른 사람들에게는 다소 파격적인 것으로 받아들여졌던 모양이다. 당시 일본 사회에서 영어식 표기의 법인명은 없었기 때문이다. 법인 설립 신청서를 접수하는 담당 서기조차 몇 번이나 서류를 훑어보면서 고개를 갸우뚱거렸다. 신격호 사장은 '롯데'라는 독특한 법인명이 차별화의 전략이라고 확신했다. 평범한 사명으로는 1등이 되기 어렵다고 판단한 것이다. 신격호 사장의 선택은 신선하고 옳았다.
　당시 일본은 패전에 따른 혼란을 극복하지 못하고 사회 전체가 어려웠다. 극심한 인플레이션과 물자 부족으로 암거래가 성행하는 등 경제적 혼란도 극에 달했다. 제과 산업도 군소업체들이 난립해 난장판이나 다름없었다. 별다른 기술이 없어도 누구든지 집에서 가마솥을 걸어놓고 과자를 만들어 파는 상황이어서 '우마(牛馬)까지도 과자 사업을 한다'는 말이 시중에 회자될 정도였다.

원료 시장도 마찬가지였다. 때마침 초산비닐수지가 합성섬유의 원료로 주목받기 시작해 섬유산업 쪽에서 대량 구매하기 때문에 수많은 추잉껌 업자들의 몫은 줄어들었다. 이 바람에 품귀 현상이 벌어져 가격이 두 배나 뛰었다. 초산비닐을 생산하는 데는 전력이 많이 소요되는데 전후 전력 사정이 최악이어서 증산할 수도 없었다. 특히 설탕은 업체별로 정부가 할당량을 정해주는 배급제여서 아주 귀한 물자가 되었다.

신격호 사장과 직원들은 회사 창립을 계기로 더 많은 매출을 올리고자 땀을 흘렸다. 당시의 판매 방식은 일부 도매점을 제외하고는 대부분 소매점 직판제였다. 제조업체가 소매점을 찾아가서 영업을 하는 시스템인 것이다. 이 때문에 영업직원들이 보따리나 보스턴백에 추잉껌을 담아 소매점까지 걸어가 배달해야 했다. 이동하는 데 시간이 걸렸다. 영업사원들이 그날의 목표를 달성하기 위해 밤 9시나 10시가 넘어서 회사로 돌아오는 경우가 적지 않았다. 또 신제품을 잔뜩 넣은 배낭을 메고 지방으로 출장 가는 직원들도 수두룩했다. 보따리 장사나 다름없었다. 신격호 사장에게는 이때의 경험이 두고두고 유통의 중요성을 절감하는 계기를 마련해 주었다.

얼마 후에는 걷는 대신 자전거를 사용하는 직원들이 하나둘씩 생겨나기 시작했다. 그들은 하루에 50~60여 곳의 점포를 돌 수 있어 걸어서 배달할 때 보다 훨씬 높은 실적을 냈다. 또 리어카, 삼륜차, 소형트럭 등으로 운송 수단이 진화하면서 시간이 지날수록 영업환경은 개선되었다. 판매고도 증가되었다.

영업 담당들은 새로운 시장을 개척하고자 전국을 돌아다니는 수고도 아끼지 않았다. 그러다가 도쿄에서 먼 거리인 홋카이도(北海道)에서도 첫 주문을 받는 성과를 이루어 냈다. 직원들은 박수를 치고 환호했다. 홋카이도에 첫 번째 제품을 보냈다. 그런데 보름쯤 후에 그곳 도매상 대표에게서 전화가 왔다. 대부분의 껌 제품이 가루가 되어 버렸다는 항의 전화였다. 급히 영업 담당자를 보내 진상을 조사해 보았더니 운송 기간이 너무 길어 로진이 변질되었던 것이다. 당시에는 운송 과정에서 발생한 하자에 대해서는 생산자와 도매상이 반반씩 부담하는 것이 관행이었다. 신격호 사장은 도매상 대표에게 전화를 걸어 하자가 발생한 부분을 전액 책임지겠다고 말했다. 신격호 사장은 반품받은 불량품 전량을 소각토록 지시하고 생산 공정도 개선하도록 했다. 이 일로 롯데는 적지 않은 손해를 보았다. 그러나 홋카이도 도매상 대표는 롯데가 믿을만한 회사라며 주문량을 대폭 늘려주었다. 홋카이도 지역 시장 개척은 성공을 거뒀다. 신격호 사장은 고객의 신뢰가 사업 성공의 근본임을 새삼 깨달았다.

공장 신축과 오사카 대리점 인수

해가 바뀌어 1950년이 되었다. 이 해도 일본은 심각한 불황과 함께 시작되었다. 일본 정부는 과도한 인플레이션을 잡기 위해 통화량을 줄이는 등 안정화 정책을 추진했고 이는 산업계에 불황으로 이어졌다.

신격호 사장은 경영 여건은 좋지 않았지만 두 가지 중요한 결정을 내렸다. 그 하나가 공장 신축 이전이었다. 1950년 3월 신주쿠 하쿠닌쵸 3-270번지에 공장을 신축해 오키쿠보에 있던 공장을 이전했다. 공장의 면적과 규모는 공식 기록에 없다. 2층으로 된 산뜻한 공장이었다. 새 건물로 공장을 이전하니 근무 환경이 좋아져 직원들의 사기도 올라가고 생산성도 크게 향상되는 좋은 효과가 나타났다.

다른 하나는 오사카(大阪)의 대형 도매상인 오사카야(大阪屋)를 인수한 것이다. 신격호 사장은 오사카야가 파산한다는 정보를 입수하고 곧바로 오사카로 달려갔다. 오사카야는 꽤 탄탄한 유통 조직을 갖추고 있어 파산하기에는 아까운 대리점이었다. 당시 롯데는 일본 전역에 직거래 대리점을 설치할 형편이 못돼 모리나가제과, 메이지제과 등 대형제과 회사의 일부 대리점에 판매를 맡기고 있었다. 그 대리점들은 매출을 올리기 위해 여러 회사의 제품을 동시에 위탁판매하고 있었다. 그러나 그 무렵 모리나가, 메이지제과점이 캐러멜, 비스킷 등의 과자 제품을 대량생산하기 시작하면서 대리점들도 타사 제품을 위탁판매할 여유가 없어진 것이다. 롯데로서는 독자적인 판매망을 구축해야 하는 상황이 된 것이다.

신격호 사장은 오사카야의 대표를 만났다. 그리고 롯데가 대리점을 인수하겠다고 제안했다. 오사카야의 대표는 흔쾌히 신격호 사장의 제안을 받아들였다. 우리는 여기서 신격호 사장이 일본 제2의 도시 오사카에서 전통의 대형 유통 조직을 인수할 수 있는 재력을 쌓은 사실에 경의를 표할 수밖에 없다.

신격호 사장은 오사카야를 인수해 〈롯데 오사카 지사〉로 삼았다. 오사카야의 직원도 전원 고용 승계했다. 이에 따라 롯데는 그동안 유통 취약 지역이었던 일본 서남부 지역에 탄탄한 유통망을 확보하게 되었다.

신격호 사장은 오사카에 갈 때면 그 지역 재계의 거물인 서갑호(徐甲虎) 회장을 꼭 찾아뵈었다. 서 회장은 언양공립보통학교를 졸업한 동문으로 몇 년 위 선배였다. 서갑호 회장은 보통학교를 졸업하자마자 일본으로 건너가 방직공장에서 기술을 배워 '사카모토방직'이라는 대기업을 만들어 낸 전설적인 기업인이었다. 재일교포기업인 가운데 가장 성공한 분으로 신격호 사장은 그를 롤모델로 존경했다.

신격호 사장은 서 회장에게 '오사카야'를 인수했다고 알려드렸다. 서 회장은 "아, 잘했군. 그것은 꽤 큰 유통조직인데."라며 더 성장해서 반드시 성공하라고 격려해 주었다. 그러나 이들은 훗날 한국에서 제2 정유공장 건설에 참여하면서 라이벌이 되기도 했다. 서 회장은 불쑥 "자네 공장서 밥끼리(끓여의 경상도 방언) 묵고 쪽잠 잔다카데! 사업을 제대로 할라카모 가정을 가져야제."라면서 안정된 가정을 가지라고 조언해 주었다. 그의 진심 어린 관심과 격려가 큰 힘이 되었다.

신격호 사장은 새로 시작한 유통사업에 몰두하고 있던 그즈음 고향의 친한 친구의 방문을 받았다. "격호야! 니 살아있었구마! 고향에서는 니가 폭격에 죽은 줄 알고 제사까지 지냈다 아이가. 너거 부친께서 니 유골이라도 챙겨 오라꼬 해서 내가 밀항선 타고 일본에 왔제."

그 친구는 멀리까지 찾아온 경위를 설명하면서 "니 아내가 재작년 세상을 떠났다."라고 소식을 전해 주었다. 신격호 사장은 온갖 회한이 엄습해 왔다. 너무나 짧은 인연이 안타까웠고 곁에서 간병 한 번 못 해준 것도 후회스러웠다. 부모 없이 자랄 어린 딸 '영자(英子)'도 걱정되었다. 신격호 사장은 그 친구에게 부모님께 보내는 편지와 얼마의 돈을 넣은 봉투, 그리고 영자가 가지고 놀 장난감 몇 개를 챙겨주었다. 신격호 사장은 편지에 자주 소식 못 드려 죄송하다는 말과 기필코 성공해서 금의환향하겠다는 내용을 담았다.

껌에서 과자류로

신격호 사장은 사업 규모가 커지면서 새로운 고민도 늘어났다. 대표적인 것은 추잉껌이 아무리 인기가 있다 해도 다른 과자류에 비해서는 매출 규모가 적다는 것이었다. 게다가 계절 영향에 민감했다. 봄, 가을에는 일손이 달릴 정도로 분주하고 여름, 겨울에는 재고가 쌓이는 것도 문제였다. 매출을 늘리고 연중 고른 영업을 하려면 품목을 다양화하는 것이 필요했다. 신격호 사장은 이 문제를 해결하기 위해서는 껌 단일 품목에서 과자류로 생산 품목을 확대하기로 마음을 굳혔다.

과자류의 세계는 넓다. 곡물로 만든 가공식품이어서 그 종류는 헤아릴 수없이 많다. 신격호 사장은 일본의 전통 과자인 '카린토(花林糖)를 만들기로 했다. 신격호 사장은 이를 위해 니혼바시 부근에 있는 과자점 거리에서 20여 종의 제품을 사 와서 직접 시식해 보았다. 그런데 시중에 나와 있는 대부분의 제품이 누에 모양을 하고 있어서 다른 모양으로 만드는 것이 필요해 보였다. 모양에서 차별화였다. 더구나 주요 원료인 흑설탕을 구하기가 어려워 기존 제품들과 동일하게 만들 수도 없었다.

신격호 사장은 반죽할 때 해조류 또는 채소를 갈아넣고 길쭉한 막대 모양으로 제품을 만들었다. 표면에 흑설탕을 입히지도 않았다. 훗날 한국 시장에서 선풍적인 인기를 모았던 '빼빼로'와 비슷한 모양이었다. 이와 함께 쌀 또는 잡곡으로 만든 '오코시'라는 과자도 만들었다. 이 모양의 제품들은 시장에 내놓자마자 기대 이상의 인기를 모았다. 매출 신장에 도움이 되었을 뿐만 아니라 계절을 타지 않는 제품을 가지게 되었다는 것도 사업 안정화에 기여했다. 신 사장은 과자 분야에서도 성공할 수 있겠다는 자신감을 가졌다.

과자류의 매출 호조로 고무되어 있던 그때 추잉껌 사업 분야에서 뜻밖의 악재를 만났다. 일부 무허가 업자들이 비위생적인 환경에서 대충 만든 추잉껌이 식중독 사건을 일으킨 것이다. 그 바람에 껌에 대한 여론은 급속도로 악화되었고 롯데도 큰 타격을 입었다.

신격호 사장은 껌 생산 초기부터 청결에 신경을 많이 썼다. 생산설비를 늘릴 때는 일본 식품 업계 최고의 위생공정을 만들겠다는 목표로 위생시스템을 체계적으로 구축했다. 특히 포장공정실에서는 60여 명의 작업자들 모두가 하얀 가운을 입고 하얀 위생모를 쓰고 작업하도록 했다. 신격호 사장 자신도 근무할 때는 하얀 가운을 입었다. 식중독 사건은 매출에 부정적인 영향을 미쳤지만, 식품 사업에서 위생을 최우선 가치로 삼아야 한다는 신격호 사장의 신념이 옳았다는 것을 확인시켜 주는 기회였다.

12

한국전쟁과 일본의 전쟁 특수(戰爭特需)

　1950년 6월 25일, 조국 대한민국에서 전쟁이 발발했다는 소식을 신격호 사장은 도쿄에서 들었다. 북한이 선전포고도 없이 38선을 넘어 대한민국을 침공한 것이다. 6.25 한국전쟁. 전혀 예상하지 못한 사변이었다.
　신격호 사장은 나라도 걱정이지만 고향의 가족들 안부가 너무 걱정되었다. 일본 신문과 방송은 시시각각으로 전황을 보도했다. 북한군이 남쪽으로 거침없이 진격한다는 소식이 자세히 전해졌다. 속수무책으로 밀리기만 하던 국군이 대구 이북에 방어선을 구축하고 대처한다는 소식에 조금은 안도가 되었다. 대구 이북이란 다부동 전선을 말하는 것이다. 산골짜기인 울주군은 아직은 전쟁의 직접적인 영향권에 들지 않았다는 얘기였다. 신격호 사장은 머나먼 일본 땅에 있기에 고향 가족의 안녕을 마음 속으로 기원할 수밖에 없었다. 한편으로 '과연 고향에 돌아갈 수 있을까?' 하는 불안감이 떠나지 않았다.
　얼마 후 미군을 주축으로 하는 유엔(UN)군이 한국전쟁에 참전했다는 소식이 전해졌다. 전쟁 규모가 커졌고 막대한 전쟁 물자가 필요해졌다. 지리적으로 한국과 가까운 일본이 전쟁 물자 조달 기지가 되었다. 한동안 패전국의 무기력증에 빠져있던 일본 경제는 뜻밖에 전쟁특수를 누리며 활기를 띠기 시작했다. 전쟁은 한국에는 불행을, 일본에는 행운을 주고 있었다.

일본 토요타 자동차는 초기 군용트럭 1천 대를 주문받고 되살아났다. 이후에도 트럭 주문은 계속 이어져 토요타는 세계적인 자동차 회사가 되었다. 봉제공장들도 군복을 만드느라 풀가동되었다. 이에 따라 일본은 섬유 대국이 되었다. 한국전쟁에 참전한 미군들은 휴가를 일본에서 보내며 달러를 뿌렸다. 이처럼 여러 산업이 살아나면서 한국전쟁 기간에 일본의 경제성장률은 10%대를 유지했다. 한국전쟁이 일본 경제에 구세주 역할을 했다.

제조업 전반에 훈풍이 불었지만 유독 제과업계 만은 한기가 감돌았다. 설탕 원료의 배급량이 줄고 가격이 폭등하는 바람에 채산을 맞추기도 어려웠다. 롯데 사정도 마찬가지였다. 그렇다고 껌 가격을 올리기도 힘들었다. 결국 군소업체들은 버티지 못하고 줄줄이 파산했다. 신격호 사장은 후대에까지 물려줄 수 있는 좋은 기업체를 만들려면 이렇게 힘든 상황도 이겨내야 한다는 말로 직원들을 격려했다.

신격호 사장은 하루하루 힘겹게 버티던 중에서도 한국전쟁 상황이 궁금해서 '유라쿠'에 있는 한국은행 도쿄 지점을 찾아갔다. 신격호 사장은 일본 언론에 보도되는 뉴스 말고 보다 정확한 전황을 한국인에게서 직접 듣고 싶었다. 신격호 사장은 이런 면에서 특별했다.

지점 로비에서 만난 분에게 명함을 건네며 인사했더니 친절하게 응대해 주었다. 그에게서 받은 명함에는 한국은행 도쿄 지점 외환 과장 유창순(劉彰順)이라고 적혀 있었다. 그는 추후 대한민국 국무총리에 오른다. 신격호 사장은 그에게서 연합군이 인천상륙작전에 성공했다는 얘길 들었다. 또 한국은행 본점이 임시수도인 부산으로 이전했다는 얘기와 함께 국민들의 피난살이에 대해서도 설명해 주었다. 생생한 이야기를 들으니 궁금증이 많이 풀렸다.

유창순 과장은 신격호 사장이 운영하는 제과회사에 대해 관심을 보였기에 며칠 후 롯데공장으로 초대해 제조공정을 구경시켜 드렸다. 사람의 인연은 참 묘하다. 이듬해인 1951년에 유창순 과장은 한국은행 도쿄 지점장으로 영전해 부임해 왔다. 그게 인연이 되어 도쿄 지점에 근무하는 몇 년 동안 가끔 만났는데 인품이 참으로 올곧고 믿음직스러운 분이라는 느낌을 받았다. 일본 경제뿐만 아니라 세계 경제의 흐름을 꿰뚫어보는 혜안도 가지고 있어 사업 방향을 가늠하는 데 도움이 되는 조언도 들을 수 있었다.

안정된 가정을 꾸리다

신격호 사장은 그즈음 그의 삶에 큰 의미가 있는 또 한 명의 인물을 알게 되었다. 다케모리 하츠코(竹森初子, 1927~)라는 여성으로 간다(神田)에 있는 유지 원료 도매상에서 점원으로 일하는 20대 초반의 처녀였다. 오쓰마여자대학을 다니면서 아르바이트로 일하고 있다고 했다. 거래차 오고 가다가 친분이 쌓였는데 차분한 성격에 잔잔한 미소가 호감을 갖게 했다.

고이와라 마을에 사는 그녀는 10km쯤 떨어진 직장에 출근하려고 매일 새벽에 집을 나선다고 했다. 원래는 조상 대대로 아오모리현에서 사과 농사를 지으며 살았는데 할아버지 대에 자녀 교육을 위해 도쿄로 이주했다고 했다. 부친은 중·일 전쟁 때 만주에서 군무원으로 근무했는데 그곳에서 암에 걸려 태평양전쟁 말기에 귀국했고 몇 년 동안 병상에 누워 계시다가 별세했다고 했다. 그 바람에 모친이

공장에 다니면서 어렵게 1남 6녀를 키웠다니 생활력이 존경스러워 보였다.

다케모리 양은 장녀로 어려운 집안 환경에도 눈매가 맑고 표정이 밝았다. 다케모리 양은 신격호 사장을 볼 때마다 반갑게 맞아 주었다. 목소리는 정감이 있었다. 그녀의 정감 어린 목소리를 들을 때마다 자신이 무척이나 처량하다는 생각이 들었다. 사업을 한답시고 바쁘게 살다 보니 서른 나이에도 공장 한 구석에서 숙식을 해결하는 꼴이 홀아비 신세 그 자체였다. 가족과 떨어져 오랜 독신 생활을 하느라 지쳐서 가슴 한구석이 허전할 때도 많았다. 문득문득 "가정이 안정돼야 사업도 잘된다."는 서갑호 회장의 당부 말씀이 귀에 맴돌았.

그런 상황에서 다케모리 양과 정식으로 교제를 하게 되었고 얼마 후 자연스럽게 혼사 이야기가 나왔다. 신격호 사장은 자신이 한국인이라는 사실을 이야기했다. 그녀는 마음만 맞고 사람만 좋으면 그런 것은 아무 상관 없다고 했다. 혼사 이야기가 나오면서부터 모든 것이 급진전돼 1950년 9월 30일 그녀와 결혼했다. 신격호 사장 29세 때였다.

혼인식은 처가댁이 있는 고이와 동네에서 간소하게 올렸다. 어차피 신랑 측 가족과 친지는 아무도 참석할 수 없기에 화려한 예식을 올릴 여건도 아니었다. 신혼여행은 신격호 사장이 승용차를 운전하여 도쿄 인근의 온천 도시 하코네로 갔다. 신격호 사장은 신혼 생활을 하는 동안 언젠가는 집을 짓겠다는 꿈을 가지고 도쿄 시내 곳곳의 집터를 찾아보았다. 신 사장은 그 중 집 지을 만한 땅 1천 평과 공장 확장을 위한 부지 몇 군데를 매입했다.

13

판로 확장과 신상품 개발

신격호 사장은 이제 거칠 것이 없었다. 안정된 가정을 갖고 보니 사업에 더 큰 의욕이 생겼다. 서갑호 회장의 조언이 정확했다. 신격호 사장은 1951년에 접어들면서 '판로 개척과 신상품 개발이 살길'이라는 기치를 내걸고 사업 확장에 나섰다.

먼저 자전거 직판부를 조직해 소매점 개척에 팔을 걷어 붙였다. 영업직원들은 자전거를 타고 당일치기가 가능한 곳이라면 조그만 구멍가게까지 일일이 방문해가며 판로를 넓혔다. 간토, 간사이, 규슈 등의 지역에 판매조직을 신설해 가동했고 유명 도매점은 그곳이 어디든 신격호 사장이 직접 찾아갔다. 대리점 점주들을 만나서는 상생하자고 설득하여 협력관계를 구축했다.

신제품 개발을 위해서 공장 한편에 연구실도 만들었다. 대단한 발상이었다. 초보 단계의 소규모 식품공장이 대기업이나 설치하는 R&D 조직을 갖는 것이다. 연구원들은 리글리 등 선진기업의 고급제품을 입수해 성분을 분석하고 배울 점을 찾고자 노력했다. 원료와 제조법을 확실히 알기 어려울 때는 수없이 씹어보고, 두들겨보고, 비벼보고 녹여보는 방식으로 제품 연구에 몰두했다. 하루에 껌을

20~30개씩 씹느라 턱이 아파 밤에 잠을 설치는 경우도 많았다.

이 같은 노력으로 그해 5월 감미 원료를 모두 설탕으로 넣은 '맛풍선껌'과 홈런 당첨 복권을 결합한 '베이스볼껌'을 출시했다. 또 삼각 포장의 '코아껌'과 짧은 만화가 든 '만화껌'을 비롯해 '크리스마스껌', '마블케이스(병 포장)' 등 다양한 신제품을 잇달아 내놓았다. 업계에서는 롯데가 내놓은 신제품 시리즈를 '신제품 융단 폭격'이라고 불렀다. 제품이 다양해지고 생산 품목이 늘어나면서 일부 제품은 수작업 대신에 캐러멜 자동포장지를 응용한 포장기를 도입해 자동포장 방식을 적용했다. 이것은 포장 단계에서 혁명적인 진전이었다.

신제품을 공격적으로 출시한 결과 소비자들의 선택 폭도 넓어졌다. 소비자들은 기호에 따라 제품을 선택했다. 종류만 많아진 것이 아니라 제품들 대부분이 저마다 새로운 아이디어를 적용한 차별화 제품이어서 시장에서 화제를 불러일으켰다. 껌 1통의 가격은 다른 제품보다 싼 2엔으로 책정했다. 일종의 박리다매 전략으로 이것이 가능했던 건 자동포장기를 사용해 인건비를 줄였기에 가능했다.

사업 확장 과정에서 자동포장기는 중요한 의미를 지닌다. 추잉껌 제조공장에서 자동포장기는 위생관리 측면뿐 아니라 대량생산에 필수이기 때문이다. 하지만 그때까지도 자동포장기가 개발되지 않았기 때문에 신격호 사장은 여러 기계 메이커와 접촉해 가며 숱한 시행착오 끝에 자체적으로 자동포장기를 개발했다.

제품 라인업을 다양화하고 자동포장기를 개발한 것은 결과적으로 일본 추잉껌 시장 판도에 큰 변화를 몰고 왔다. 롯데가 경쟁에서 우위를 장악함에 따라 군소업체들이 하나둘씩 떨어져 나갔고 마지막에는 롯데와 하리스 양대산맥으로 시장 구도가 형성되었다. 신격호 사장의 껌 시장에서 1등이 되겠다는 꿈이 현실로 다가선 것이다.

한국은행 도쿄지점에 6천만 엔 예치

1952년 4월 롯데는 1갑에 5엔짜리 풍선껌 '카우보이'를 발매했다. 기존 제품들보다 값이 비싼 편이었는데도 인기를 끌었다. 이에 힘입어 롯데는 클로로필(엽록소)을 넣은 새로운 개념의 껌도 만들었다. 클로로필은 미국에서는 제2차 세계대전 이전부터 화장품이나 주스, 과자류의 착색제로 널리 사용된 첨가물이다. 화장품을 제조할 때부터 클로로필이 구강 청결에 도움이 된다는 사실을 알고 있던 신격호 사장은 클로로필 성분을 넣은 '그린껌'을 개발해서 시판했다.

신격호 사장은 '카우보이'와 '그린껌'을 출시하면서 이 두 제품을 널리 알리기 위해 '광고차'를 만들어 활용했다. 광고차라고는 하지만 실상은 신 사장이 타고 다니는 뷰익 승용차의 천장 부분에 금색 왕관을 붙여 동화 분위기를 풍기는 조악한 수준이었다. 우리는 여기서 신격호 사장이 자신의 제품을 매체를 통해 소비자에게 의사전달 하는 수단으로 광고차를 생각해 내는 재능에 찬사를 보내지 않을 수 없는 것이다.

이 이상한 모양의 광고차는 기대 이상으로 소비자들의 이목을 집중시켰다. 도쿄와 인근 도시를 누비고 다니면 길을 가던 행인들도 얼굴을 번쩍 들고 쳐다보았다. 각 지역의 도매점이나 특별판매점에도 광고차를 보냈는데 사람들의 관심이 높아지면서 차를 보내 달라는 요청이 곳곳에서 쇄도했다. 요코하마에서 전국 과자박람회가 열릴 때는 요코하마 시내에도 광고차가 돌아다녀 다른 제과업자들을 놀라게 했다. 광고차는 '풍선껌은 롯데'라는 평판을 얻는 데 결정적인 역할을 했다.

신격호 사장은 사업을 확장하느라 분주한 와중에서도 유창순 지점장을 가끔 찾아갔다. 유 지점장은 휴전협정이 체결돼 전쟁이 끝났으며 정부도 부산에서 서울로 환도했다고 알려주었다. 하지만 전쟁으로 모든 게 파괴돼 복구에 어려움이 많다며 한숨을 쉬었다.

"그렇다면 혹시... 제가 여기에 예금을 해도 됩니까?"

신 사장의 물음에,

"불감청이언정 고소원(감히 청하지 못할지언정 마음속으로 바란다는 뜻)이지요." 라고 짧게 대답했다.

신격호 사장은 즉시 6천만 엔을 한국은행 도쿄지점에 예치했다. 민간인이 중앙은행에 예금을 맡기는 것은 매우 이례적인 일이다. 하지만 신격호 사장은 절차나 형식에 얽매이기보다는 우리나라 중앙은행의 외화보유고를 늘려주고 전후 복구작업에 작은 힘이나마 보태고 싶었다. 6천만 엔은 결코 적지 않은 돈이다. 신격호 사장은 애국을 했다.

유창순 지점장은 그 후 얼마 뒤 도쿄에서 임기를 마치고 한국은행 뉴욕사무소장으로 영전해 갔다. 그가 도쿄에 있는 동안 그와 함께한 시간은 신격호 사장에게 여러모로 소중한 시간이었다.

그 무렵 후쿠오카 출장소에서 전화가 왔다. 한국에서 낯선 청년이 찾아왔는데 이름이 신선호(辛宣浩)라는 것이었다. 동생이었다. 형님 밑에서 일도 배우고 공부도 하려고 왔다는 것이다. 즉시 동경으로 불러 자초지종을 들어보니 전쟁통에 부산 송도에서 고기잡이배를 타고 왔다는 것이었다. 신격호 사장은 조그만 어선에 목숨을 의지하고 그 먼 대한해협을 건넌 무모함을 꾸짖지 않을 수 없었다. 하지만 신 사장이 한국을 떠날 때 갓 초등학교에 들어갔던 코흘리개가 어느새 키가 180cm가 넘는 건장한 청년이 되어 눈앞에 나타난 것이 대견하기도 했다.

뒤늦게 고향 소식을 들은 신격호 사장은 오열을 멈출 수 없었다. 한참 울고 나니 엄마도 없이 아빠의 얼굴도 모르고 자란 딸아이 영자에 대한 죄책감이 엄습해 왔다. 다행히 영자는 구김살 없이 건강하게 잘 자라고 있으며 총명하고 성격도 좋아 친구가 많다고 했다. 신사장은 나중에 봐도 꼭 아버지 노릇을 제대로 하리라 다짐했다.

연립주택 한동을 통째로

호사다마(好事多魔)란 말이 있다. 좋은 일에는 흔히 방해되는 일도 따른다는 뜻이다. 신격호 사장도 그런 일을 당했다. 롯데 브랜드 껌이 널리 알려지면서 주문이 폭주해 즐거운 비명을 지르고 있었다. 밀려드는 주문을 처리하던 경리과 직원 한 사람이 야근을 하다 쓰러진 것이다. 안타깝게도 그는 며칠 후 세상을 뜨고 말았다. 신격호 사장은 큰 충격을 받았다. 직원들도 뜻하지 않은 동료의 죽음으로 일손을 잡지 못했다. 회사 전체가 침통한 분위기였다. 승승장구의 기세가 꺾이는 듯했다.

신격호 사장은 수습책에 골몰했다. 직원이 회사에서 순직했으니 회사가 가족의 생계를 책임져야 한다고 생각했다. 그게 사람의 도리이기 때문이다. 퍽 대범한 생각이었다.

독자여, 우리는 여기서 신격호 사장이 하나미츠 어르신에게 투자금 6만 엔을 갚아주고 그에게 조그마한 주택 한 채를 기증해 준 것을 떠올려 볼 필요가 있다.

신격호 사장은 장례가 끝난 후 고인의 부인을 회사로 모셔 와 정중하게 위로하면서 준비한 다세대 연립주택 한 동(棟)의 등기 문서를 건넸다.

"부군께서 롯데를 위해 열심히 일하셨는데 뭐라 드릴 말씀이 없습니다. 무슨 말씀을 드리더라도 위로가 되지 않겠지요. 그래도 아이들을 키우셔야 하니 이 연립주택에 입주하여 사시고 나머지 세대는 세를 놓아 생활비와 자녀의 학비로 쓰십시오."라고 말했다.

연립주택이란 한 건물에 두 가구 이상이 독립된 주거 생활을 할 수 있도록 지은 공동주택이다. 보통 4~5가구가 생활할 수 있다. 신격호 사장은 그 부인의 놀란 표정을 오랫동안 기억했다. 그 부인은 이만큼의 배려를 받으리라고는 전혀 생각하지 못했다는 표정이었다. 회사가 원망스러울 수도 있을 텐데 부인은 울먹이며 고마워했다. 심성이 고운 분이었다.

이 일이 알려지자 싸늘했던 회사 분위기가 다시 살아났다. 직원들은 신 사장의 배려 이야기를 듣고 자신들의 일처럼 기뻐했다. 어떤 직원은 신 사장에게 달려와 눈물을 글썽이기도 했다. 좋은 일은 좋은 결과를 가져오기 마련이다. 신 사장은 단지 자신의 도덕관에 따라 처리했을 뿐인데 직원들이 감동하는 아주 바람직한 결과를 가져왔다.

천연치클 껌 개발

신격호 사장은 천연치클 수지를 사용한 10엔짜리 판형껌 '바브멘트'를 출시하며 판형껌 시장에 진출했다. 당시 판형껌 시장은 일본 최대의 껌 업체인 '하리스'가 독점하고 있었다. 하리스는 초산비닐수지로 만든 껌을 '하얗고 위생적인 껌'이라고 광고하며 시장을 지배했다.

신격호 사장은 오랜 고민 끝에 천연치클을 원료로 사용하기로 했다. 천연치클은 대량생산이라는 장점이 있으므로 껌 시장에서 위상을 높이려면 소비층을 넓힐 수 있는 천연치클 판형껌이 꼭 필요하다고 봤다. 천연치클은 껌의 원초적 기능인 '씹는 효과'를 높일 수 있는 매우 좋은 원료였다. 당시 천연치클에 대한 소비자들의 인식은 그리 좋은 편이 아니었다. 신격호 사장은 천연치클에 대한 확신이 있었으므로 직원들에게 천연치클에 대한 비판을 담담히 견디라고 당부했다. 치클(Chicle)은 껌 제조에 주로 사용되는 천연고무다. 치클은 주로 마닐카라속의 식물에서 채취한다. 천연치클에 대한 사회 전반의 이해가 부족한 시기에 섣불리 반격하고 나섰다가는 불필요한 소모전이 벌어질 것이 우려되었기 때문이다.

새 공장이 완성된 1954년 10월에 롯데는 1갑에 20엔짜리 '스피아민트'를 개발했다. 이 제품은 엄선한 '박하뇌'를 첨가하여 청량감이 두드러지고 구강 청결과 건위(建胃, 소화 기능을 높임) 효과가 있는 고급 제품이다. '바브민트'와 '스피아민트'를 출시함으로써 롯데는 추잉껌과 판형껌을 포함하는 제품군을 갖추게 되었고 일본 시장에서 가장 먼저 천연치클을 사용하는 껌 제조업체로 자리 잡았다. 당장은 아니었지만 얼마 후 천연치클을 원료로 한 껌이 껌 시장을 주도하게 된 것은 신격호 사장의 '뚝심'으로 얻어낸 성과였다.

동주, 동빈 형제 출생

1954년 1월 28일, 신격호 사장은 장남 동주(東主)를 얻었다. 신 사장은 식구가 하나 늘면서 가장으로서의 책임감이 더욱 무거워졌다. 1955년 2월 14일 차남 동빈(東彬)이 태어났다. 신 사장은 연년생인 아들 둘을 바라보니 흐뭇하면서도 어깨가 더욱 무거워졌다. 퇴근 후 집에 돌아와 아이들의 재롱을 보고 있노라면 온갖 시름이 풀리는 기분이었다. 아이들이 대소변을 가릴 만큼 자라서는 목말을 태우고 놀기도 했다.

파일럿(비행기 조종사) 껌 개발

1950년대 후반 일본 유통업계는 전환기라 할 수 있을 만큼 변화가 뚜렷했다. 전국 대도시에 대형 백화점들이 속속 들어섰고 중소 도시에도 슈퍼마켓이 등장하기 시작했다.

급격한 변화 속에서도 추잉껌은 경기 영향이 크지 않은 상품으로 자리를 잡았다. 추잉껌의 제조법도 진전되고 고품질 상품을 양산할 수 있게 되었다. 껌이 고급화됨으로써 종종 특수한 용도의 기능성 껌을 만들어 달라는 주문이 들어왔다.

1956년 4월에는 일본 스테인리스공업(주)로부터 제산성(除酸性) 껌을 만들어 달라는 주문을 받았다. 공장 내 공기에 산성도가 높아 치아 법랑질이 벗겨지는 바람에 작업자들의 충치 발생률이 높아진다며 이 문제를 해결할 수 있는 껌을 만들어 달라는 요청이었다.

롯데 연구진은 여러 가지 방안을 전제해 두고 많은 실험 끝에 이온교환 수지를 원료에 첨가해 산성을 조절하는 껌을 개발하는 데 성공했다. 이온교환수지는 이온교환을 위한 매개체 역할을 하는 수지나 중합체이다.

롯데는 1956년 7월부터 방위청에 항공용 껌을 납품하기 시작했다. 추잉껌은 극한 상황에서도 긴장을 완화해 주는 효과가 있어 항공기 조종사들에게는 필수품 중 하나다. 롯데는 방위청 식량기술연구소의 의뢰를 받아 세계 최초로 파일럿 전용 추잉껌을 개발해 납품했다. 남극(南極)기지 요원들에게 지급할 추잉껌도 주문받았다. 이 껌은 비상식량 콘셉트의 제품이어서 인체에 필요한 영양분을 포함시켰고 극한 기후에서도 변질되지 않도록 만들었다. 이 껌의 증정식 과정은 1956년 10월 TV 뉴스를 통해 일본 전역에 방송되었다.

단순한 기호품으로 심심함을 달래거나 배고픔을 잊게 해주던 껌은 이처럼 다양한 효능을 갖춘 기능성 제품으로 발전했다. 이에 롯데는 전국의 도매상과 소매상 점주들을 수시로 공장으로 초청해 생산공정을 보여주고 껌의 효과를 소개했다. 또 효과를 입증하는 여러 과학적 자료들도 확보하여 제공했다.

16년 만의 부자(父子) 상봉

신격호 사장은 그럴듯한 새집을 짓고 나니 고향에 계신 아버지를 모시고 싶었다. 신 사장은 도쿄 시내 시부야(渋谷)구 하츠다이(初台)에 짓기 시작한 새집 공사를 마치고 준공시켰다. 약 1천 평 부지에 마련한 새집은 당시 기준으로도 번듯한 고급 주택이었다. 새집은 2층짜리 서양식 건물로 다용도로도 쓸 수 있도록 실용적으로 지었다. 신 사장은 새집에 입주한 후 주로 서재에서 많은 시간을 보냈다. 신 사장은 서재에서 여러 분야의 책을 읽고 사업 구상을 하는 게 더없이 즐거웠다. 회사 창립 기념일이 되면 이 집으로 전 임직원을 초대해서 파티를 열었다. 아내 다케모리 여사가 모든 음식을 마련할 수 없어서 외부 조리사를 초빙해 직원들에게 좋은 음식을 제공하도록 했다.

이 당시 신 사장은 사업에 몰두하느라, 그리고 한국전쟁으로 한동안 소식조차 알기 어려웠던 가족들이 몹시 그리웠다. 둔터마을의 정경이 눈앞에 떠오르면서 눈시울이 뜨거워지는 날도 많았다. 마침 믿을만한 지인이 한국에 간다기에 둔터마을을 찾아가 달라고 부탁했다. 아버지와 바로 밑 아래 동생인 철호가 일본에 올 수 있도록 여비도 챙겨드렸다.

　얼마 후 아버지께서 철호의 손을 잡고 도쿄에 오셨다. 16년 만의 상봉이었다. 신 사장은 아버지께 엎드려 큰절을 올리며 울먹였다. 죄송한 마음이 너무나 컸다. 둔터마을에서 일본으로 떠나올 때 하직 인사도 드리지 않고 떠나지 않았던가. 하지만 아버지 신진수 옹은 인자한 미소를 보이시며 오히려 다독여 주셨다. 그리고 아장아장 걸어와 인사하는 손자 동주, 동빈을 한꺼번에 품에 안으면서 활짝 웃으셨다. 신 사장이 고향을 떠나올 때 청년의 모습이셨던 아버지도 이제는 웃는 얼굴 곳곳에 골깊은 주름이 가득했다.

　그날 밤 아버지와 신 사장, 철호, 선호 등 네 부자는 켜켜이 쌓인 사연을 풀어 헤치느라 밤을 하얗게 새웠다. 그 자리에서 신 사장은 아버지에게 약속을 드렸다.

　"아부지! 언젠가 한국에 들어갈 낍니더. 한국에서도 회사를 차려보려 합니다." 신 사장은 그 약속을 지켰다. 1958년 5월 26일 서울 용산구 갈월동 98-6번지에 설립한 〈주식회사 롯데〉가 그 시작이었다. 이 책에서는 앞으로 신격호 사장의 한국에서의 사업 전개에 대해 자세히 쓸 것이다.

14

롯데, 일본 열도를 달구다

　롯데는 1958년 6월 28일 창립 10주년을 맞았다. 신격호 사장은 직원들과 함께 기념식을 열고 10년 근속자 17명에게 표창장과 금시계를 선물했다. 가내수공업으로 출발한 롯데가 창업 10주년에 17명의 창업 사원을 가지고 있다는 것은 경이로운 일이었다. 그들은 한결같이 회사를 위해 큰 열정을 보여주었다. 그들의 땀이 있었기에 롯데는 거침없이 성장할 수 있었다.

　롯데의 성장은 10주년을 맞아서도 계속되었다. 그해 7월 제3기 공장을 완공했고 이듬해 4월에는 오사카 지사 건물을 확장했으며 홋카이도에도 새로 지사를 설치했다. 나고야 지점은 개설 3주년을 맞아 인근 지역의 대리점장을 초대해 축하연을 열었다. 이렇게 성장하다 보니 제과업계에서는 '동(東) 롯데, 서(西) 하리스'라는 말이 떠돌았다. 롯데와 하리스 투톱 시대가 열렸다는 뜻이다.

　하지만 마냥 좋을 수만은 없었다. 추잉껌 수요가 급격히 증가하자 모리나가, 메이지, 모리시타진탄, 에자키그리코, 후지야 등 전통의 톱클래스 대기업들이 껌 사업에 뛰어들었기 때문이다. '껌 전쟁'의 전운이 감돌았다. 지금까지의 롯데, 하리스의 경쟁이 마이너리그였다면 이제 본격적으로 경쟁하는 메이저리그가 개막한 셈이었다. 시장 판도가 요동치는 가운데 하리스도 1959년 12월 동일본을 공략한다며 오다와라(小田原)에 새 공장을 착공했다.

신격호 사장은 '껌에서 실패하면 모든 것이 끝!'이라는 절박한 심정으로 새 대응 전략을 짰다. 그리고 하리스가 새 공장 건설에 착수한 것과 같은 시기에 주식회사 롯데의 판매 부분을 독립시켜 자본금 200만 엔으로 〈롯데상사(주)〉를 설립했다. 판매 부문을 전문화하여 영업 역량을 강화하겠다는 것이다. 이것은 아주 적절한 대응 전략이었다. 신규로 참여하는 대기업과 생산 능력에서 동등하다면 '누가 더 잘 파느냐'의 싸움일 수밖에 없는 것이다. 많이 파는 사람이 이기는 것이다.

덕분에 롯데껌은 1960년부터 매출이 급증했다. 롯데상사를 만들 때 회사 안팎에서 비판이 적지 않았다. 외부에서는 '껌 단품 메이커인 롯데가 상사까지 설립하는 건 낭비'라는 지적이 많았다. 또 내부에서는 판매직 직원들을 우대하는 데 대한 불만이 생겼다. 신격호 사장은 일리 있는 지적이고 귀담아들을 만한 불만이라고 생각했다.

그러나 신 사장은 소신을 굽히지 않았다. 비록 껌 단품을 생산하는 메이커이지만 그 어느 분야보다도 유통 구조가 복잡한 식품·제과 업계에서 살아남으려면 판매조직이 반드시 필요하다는 것이 신 사장의 생각이었다. 우리는 여기서 신격호 사장이 유통구조에 대해 전문가적인 식견을 가졌다는 것을 기억해 둘 필요가 있다.

신격호 사장은 이와 함께 1955년에 결성한 '롯데회' 모임을 판매 촉진 조직으로 활용했다. 롯데회는 원래 소매점들을 회원으로 하는 친목 모임이었으나 시장 환경이 달라지면서 판매 증대를 위한 모임으로 성격을 바꾼 것이다. 롯데는 롯데회와의 원활한 소통을 위해 판매

촉진 부서를 신설하고 각 지역 단위로 회원들을 초청해 유익한 영업 정보를 공유하는 세미나를 개최했다.

대형도매상들은 '프렌드(Friend)회'로, 중간도매상들은 '패밀리(Family)회'로 구분해 해당 대리점들이 필요로 하는 정보를 선별하여 제공했다. 회보도 발행하고 전문 판촉요원이 순회하여 지원하는 방식도 도입했다. 신격호 사장은 소매점들에 각별히 신경을 썼다. 소매점은 소비자와 직접 접촉하는 곳이어서 소비자들의 목소리를 생생하게 들을 수 있기 때문이다. 판촉요원들은 담당 지역의 소매점을 순회할 때마다 소비자의 의견을 듣고 진열 상황을 살펴보면서 롯데 본사의 경영 방향을 전달하여 서로 공유할 수 있게 했다. 그렇다고 해서 도매상을 패싱한 것은 아니었다. 소매점이 제품을 주문할 때는 반드시 도매점을 통하도록 했다. 이렇게 해야 유통질서가 유지되고 도매점과의 협력관계도 공고해지기 때문이다.

한편, 신격호 사장은 판촉요원들에게는 소매점 순회 외에도 담뱃가게, 약국, 잡화점, 역 매점 등 다양한 루트의 소매점을 개척하는 임무를 부여했다. 껌 시장 경쟁이 과열되면서 경쟁사들도 새로운 루트를 개척하려고 다양한 시도를 하던 시기였다. 니혼푸드는 이미 약국 루트를 활용하고 있었고, 모리시타진탄이나 중외제약도 약국 루트에 껌을 진열하는 방안을 추진 중이었다. 담뱃가게에도 추잉껌이 비치되기 시작했는데 껌과 담배 매출이 동반 상승하는 효과가 나타나기도 했다.

사상 최고 경품… '껌은 역시 롯데'

껌 시장의 경쟁이 치열해질수록 신격호 사장의 천연치클에 대한 신념은 더욱 공고해져갔다. 롯데는 천연치클의 장점을 지속적으로 강조하며 관계 당국에 수입 허가를 요청했다. 하지만 당국에서는 달러가 부족하다는 이유로 부정적인 입장을 유지했다.

1960년 4월 우여곡절 끝에 당국은 천연치클을 자유롭게 수입할 수 있도록 수입 문호를 열어 주었다. 이때부터 롯데는 본격적으로 천연치클 껌을 생산하기 시작했다. 그러자 1960년부터 새로 껌 사업에 참여한 대형 제과사와 제약회사들도 천연치클을 원료로 하는 제품을 생산하면서 대대적인 홍보 활동을 펼치고 나왔다. 껌 시장은 150여 종의 추잉껌이 쏟아져 나와 사활을 다투는 격전장이 되었다.

경쟁이 치열해진 만큼 하루하루가 살얼음판을 걷는 상황이었다. 제품 홍보에 들어가는 시간과 비용도 많아졌다. 하지만 홍보가 아무리 중요하다고 해도 결국 승부의 관건은 '품질'이었다. 롯데는 1960년 6월 1갑에 20엔짜리 '쿨민트'를 출시했다. 롯데가 내놓은 '쿨민트'는 일종의 전략 상품으로, 승부수를 던진 것이었다. 쿨민트는 북미의 미시간호(湖) 주변에서 수확한 고급 페퍼민트를 가미해 강렬하면서도 상쾌한 자극을 주는 특징을 가지고 있었다. 이 제품은 출시되기가 무섭게 소비자들의 폭발적인 관심을 끌면서 추잉껌이 성인들의 기호품으로 자리 잡는 데 결정적인 역할을 했다.

달리는 말에 채찍을 가한다는 말이 있다. 신격호 사장은 한창 인기몰이를 하는 '쿨민트'가 시장에서 확실한 승기를 잡을 수 있도록 '통 큰' 경품 행사를 벌이기로 결심했다. 경품 상금은 '1천만 엔'이었다. 유례가 없는 거액이었다. 껌 통 속에 포함된 응모권에 이름을 적어 제출하는 간단한 방식이었다. 당첨자가 지정하는 학교에 100만 엔을 기증하는 학교상도 시상하기로 했다. 이 학교상은 흥미를 끌 수밖에 없었다. 신격호 사장은 아마도 이 경품 행사를 단순한 판촉을 위한 것이 아니라 어린 학생들에게 면학 분위기를 조성해 주기 위해 이 상을 마련했을 것으로 보인다. 어느 학교에든 1백만 엔은 거액이다.

이 기획은 1961년 4월 16일 일본 전국에서 일제히 시작되었다. 전국의 38개 주요 일간지를 비롯해 TV와 라디오 방송에 대대적인 광고를 통해 행사의 시작을 알렸다. 철도 객실에도 광고를 게시했고 포스터 60만 장, 전단지 100만 장을 만들어 전국 매장에 배포했다. 광고 물량만 해도 엄청난 양이었다.

광고가 나가자 일본 열도가 들끓었다. 언론과 소비자들의 관심이 집중되면서 드디어 사회적 이슈로 등장했다. 정부 기구인 공정거래위원회에서는 동업 타사의 고객을 부당하게 빼앗을 우려가 있다며 '독점금지법'에 저촉되는지 여부를 조사하겠다고 나섰다. 조사 결과 별다른 문제가 없는 것으로 결론이 나왔다. 다만 공정위는 '이후 각사가 이에 자극받아 지나치게 거대한 '현상'을 내거는 일이 없도록 요망한다'라고 권고하는 선에서 마무리되었다. 신격호 사장은 긴장했지만 마음을 놓았다.

공정거래위원회 조사는 이 행사에 대한 대중의 관심을 더 끌어올리는 결과를 가져왔다. 대다수 언론이 이 사안을 비중 있게 보도하는 바람에 롯데 입장에서는 기대 이상의 홍보 효과를 얻게 된 것이다. 유력 언론인 '아사히신문', '마이니찌신문', '니혼게이자이신문', '요미우리' 등이 이 행사를 비중 있게 다루었고 NHK TV에서는 이 문제를 두 번이나 다루었다. 보도 내용에는 과다한 경품 행사의 문제점에 대한 지적도 없지 않았지만 그것조차 롯데껌에 대한 관심을 환기시키는 계기가 되었다. 일종의 노이즈(Noise)마케팅 효과가 나타났다. 이에 따라 '껌은 롯데, 롯데는 껌'이라는 등식이 소비자들의 뇌리에 더욱더 확실하게 각인되었다.

잘 나갈수록 자숙

경품 행사는 응모자 수가 200만 명에 달할 정도로 큰 성공을 거두었다. 껌 단일 품목에 이런 대규모의 응모자가 참여한 것은 전무한 일이었다. 롯데는 이에 힘입어 당당히 껌 업계의 선두주자로 도약했다.

매출은 가속도가 붙은 로켓처럼 급상승했다. 1959~1961년 3년간 추잉껌 업계의 총매출이 1.8배 늘어난 데 비해 롯데는 3배 이상 증가했다. 물론 업계에서는 이 사실을 정확하게 알지 못했다. 당시만 해도 각 사의 매출액은 극비사항이라 억측이 난무할 때여서 1961년 롯데의 매출액이 60억 엔을 돌파했는데도 업계에서는 40억 엔 수준으로 추정할 뿐이었다.

1962년에는 롯데의 연간 매출액은 100억 엔에 이르렀으나 업계는 50억 엔으로 알고 있었다. 성과가 뚜렷하니 회사 분위기도 좋아졌다. 임직원들은 모두 혼연일체가 되어 있었고 애사심으로 똘똘 뭉쳐 '일본 제일의 자리를 차지하자!'라는 열기가 달아올랐다. 그런 분위기를 반영하듯 출근시간이 오전 8시인데도 7시 30분이면 대부분의 임직원이 근무를 시작했다. 자발적으로 일어난 현상이었다.

1961년을 기점으로 롯데는 껌 업계의 정상에 올랐다. 신격호 사장의 40세 때다. 하지만 그 성과가 일시적인 이벤트 효과일 수도 있으므로 자만에 빠지지 않도록 스스로 경계해야 했다. 톱 메이커가 되었다지만 지역에 따라서는 여전히 2위인 곳도 많았다. 신격호 사장은 매출이 부진한 지역에 대해서는 조직을 재정비하고 직원들을 독려했다.

신격호 사장은 회사가 급성장하자 고무된 마음을 가라앉히기 위해 '거화취실(去華就實, 겉치레를 배제하고 실속을 취한다)'이라고 쓴 큼지막한 액자를 사무실 벽면에 내걸었다. 거화취실은 장자(莊子)에서 나오는 경구다. 신격호 사장의 내면에 숨어있는 인품을 잘 보여준다. 신격호 사장은 수시로 액자를 보면서 마음을 다잡고자 노력했다. 리더는 일이 잘 풀릴수록 냉철해야 한다. 사무실 다른 벽면에는 한국의 농촌 풍경을 그린 유화를 걸었다. 베잠방이를 입은 농부가 소 두 마리를 앞세워 쟁기를 끄는 모습을 담은, 둔터마을과 같은 한국적 정서가 물씬 묻어나는 그림이었다. 신격호 사장은 자신의 뿌리가 한국에 있음을 잊지 않기 위해 눈에 잘 띄는 곳에 걸었다. 그리고 아침에 출근하면 이 그림을 바라보면서 10여 분간 명상에 잠기곤 했다. 그때마다 고향 둔터마을이 자신의 에너지 원천이라는 생각을 되새기곤 했다.

성금대열에 동참

신격호 사장은 마침내 사업 외의 공적 행사에 참여하는 여유를 보였다. 해방 이후 우리나라가 올림픽에 참가한 것은 1948년 런던올림픽이 처음이었다. 해방이 되었어도 미군정 치하에 있다는 점 때문에 참가 자격이 문제가 되기도 했지만, 우여곡절 끝에 참가가 허용돼 비로소 '대한민국'의 이름으로 세계 무대에 나서게 되었다.

하지만 올림픽 참가를 위한 경비조차 마련하기 어려울 만큼 한국의 재정 여건은 열악했다. 올림픽 복권을 발행해서 겨우 선수단의 교통비와 숙식비를 마련했다는 소식이 들려왔다. 그나마도 항공요금이 워낙 비싸서 주로 배나 열차를 이용해야 했기 때문에 선수단에게는 서울을 떠나 런던까지 무려 29여 일이나 걸리는 고생스러운 여정이었다.

조국의 젊은이들이 일본 요코하마를 거쳐 런던으로 향한다는 소식이 알려지자, 재일동포들은 재일본조선체육회 채수인(蔡洙仁) 회장과 이희건(李禧建, 신한은행 설립자) 상임고문, 기업인 서갑호 회장 등이 중심이 되어 올림픽 후원 모임을 결성했다. 재일동포들은 형편 닿는 대로 성금을 내서 64만 9,500엔이라는 적잖은 금액을 모았다. 신격호 사장도 선수들의 선전을 기원하는 마음을 담아 성금 대열에 동참했다. 재일동포들의 후원금에 더해 임원 및 선수 69명이 입을 단복, 한국 선수와 맞붙을 상대 선수들에게 줄 기념품 등을 마련해 전달했다. 특히 단복은 동포 여성들이 한땀 한땀 바느질해 만든 옷이어서 그 의미가 더욱 컸다.

선수단이 요코하마에 도착했을 때 신격호 사장도 요코하마로 달려가 선수들을 직접 영접했다. 재일동포들이 마련한 단복에 수 놓인 'KOREA'란는 글자가 유난히 눈에 띄었다. 신격호 사장은 감격했다. 어렵게 출전한 런던올림픽에서 대한민국 선수단은 김성집, 한수만 선수가 동메달을 따는 쾌거를 이루어 냈다. 기대했던 마라톤에서는 참가선수 3명 모두가 컨디션 난조로 저조한 결과를 냈다. 신격호 사장은 메달 획득 여부를 떠나 우리나라 선수들이 세계 무대에 나서는 데 힘을 보탠 것은 참으로 보람 있는 일로 생각했다.

1954년에는 월드컵 축구대회가 스위스에서 열렸다. 한국은 이 대회 아시아지역 예선에서 일본과 대결을 벌여야 했다. 건곤일척이었다. 하지만 반일 정서가 무척이나 강했던 이승만(李承晩) 대통령이 일본 선수들의 한국 입국을 불허했다. 이 대통령은 처음에는 한국 선수들의 일본 방문을 허용하지 않았지만, 대회 참가를 위해서는 경기를 해야 했으므로 원정 경기는 허가해 주었다. 결국, 일본과의 예선전은 규정에 따른 '홈앤드어웨이 경기'가 성립되지 않아 모두 일본에서 어웨이 경기로만 치러졌다.

문제는 한국대표팀의 일본 원정을 위한 경비를 마련하기가 어려웠다는 것이다. 한국대표팀의 딱한 사정이 알려지자, 재일동포들이 다시 성금을 모았다. 신격호 사장도 당연히 참여했다. 당시 프로레슬러로 활약하던 재일동포 역도산(力道山)도 신격호 사장의 이야기를 듣고 파이트머니로 받은 돈 봉투를 모두 기부했다. 한국팀은 1차전에서 일본팀을 5대1로 가볍게 눌렀고 2차전에서는 2대2 무승부를 기록해 스위스 월드컵 대회에 출전 자격을 얻었다.

15

「초콜릿(Chocolate)」 사업을 해볼까 하오!

　신격호 사장은 1961년 봄 어느 날 오전 임원들을 집무실로 불렀다. 점심시간 직전이어서 배가 고플 때였다. 미각과 후각이 예민해질 시간이다. 이들 앞에 신 사장은 드보브 & 갈레(Debauve & Gallais), 발로나(Valrhona), 일본 초콜릿 3종을 테이블 위에 올려놓았다. 미리 상표를 떼고 대신 1~6번 번호표를 붙여 두었다.
　"맛을 보고 풍미가 좋은 것 순서대로 쪽지에 번호를 쓰시오. 너무 오래 생각하지 말고 첫 느낌을 반영하면 되오."
　신 사장은 말했다. 임원들은 조심스럽게 맛을 봤다. 하나를 먹고 물을 마셔 잔 맛을 없애고 다음 초콜릿을 맛보았다.
　평가 결과를 보니 역시 프랑스 명품이 압도적으로 높은 점수를 얻었다. 이 가운데 어느 제품은 '맛의 예술'이라는 말이 나오기도 했다. 신격호 사장은 순위를 발표하고 맛을 보게 한 의도를 밝혔다.
　"우리 롯데도 초콜릿을 만들까 하오. 품질은 세계 명품 수준으로! 어설픈 이류 제품이라면 만들지 않겠소."
　"…."
　임원들 누구 하나 말을 하지 않았다. 사실상 껌이 유일한 생산품인 회사가 초콜릿을 만들겠다고 나선 것이 꽤 충격적일 텐데도 묵묵부답이었다. 신격호 사장이 임원들의 표정을 살펴보니 말은 않고 있지만 비장해 보였다. 마치 우리가 어느 방향으로 나아가더라도 자신이 있다는 것처럼 보였다. 신격호 사장은 마음이 든든해지면서 그들이 고마웠다.

초콜릿 시장은 껌보다는 거대하다. 초콜릿(Chocolate)은 카카오콩을 재료로 가공한 식품이다. 초콜릿은 약 2,600년 전에 북미에서 처음 개발되었다. 마야문명이 코코아를 갈아서 음료로 마시는 것이 처음이었다. 크리스토퍼 콜럼버스가 처음으로 코코아콩을 에스파냐 왕에게 바쳐 유럽에 소개되었지만 초콜릿을 유럽에 널리 퍼뜨린 것은 에르난도 코르테스였다. 유럽과 아메리카 카카오콩 무역이 시작된 것은 1585년부터였다. 지금과 같은 고체 형태의 초콜릿은 1828년에 처음 개발되었다. 최초의 밀크초콜릿은 1876년 스위스에서 개발되었다. 영국에서는 1728년, 미국에서는 1765년에 처음으로 초콜릿 제조사가 창립되었다.

신격호 사장은 그렇게 해서 초콜릿 사업에 첫발을 내디뎠다. 일본 초콜릿 제조업계에 새로운 강자가 출현하는 것이다. 신격호 사장은 당시 아침에 출근하면 전날 생산된 롯데껌을 씹으면서 하루 일을 시작하는 것이 습관이었다. 천천히 씹으면서 질감이나 향, 맛 등을 음미하고 품질을 평가하는 것이다. 신 사장이 매일 반복하는 일과였다. 초콜릿에 관심을 갖기 시작한 이후에는 한가지가 더 늘어났다. 껌을 씹은 후 갖가지 초콜릿을 맛보는 것이다. 세계 각국의 명품 초콜릿과 롯데 제품을 비교하기 위한 과정이었다.

오랜 세월 동안 과자류를 먹어오는 신격호 사장에게 지인들은 '충치'가 없느냐고 질문하는 것이 일반적이었다. 하지만 신격호 사장은 충치를 모르고 살았다. 껌을 지속적으로 씹어 건치 효과를 본 모양이었다. 훗날 출시한 충치 방지용 '자일리톨껌'은 더욱 건치 효과가 큰 제품이었다.

신격호 사장은 1961년 6월 영업부장을 비롯한 몇몇 간부들을 미국과 유럽으로 보내 초콜릿 사업에 관한 정보를 수집하도록 했다. 철저히 준비하되 대외비로 은밀하게 진행했다. 9월에는 롯데상사에 무역과를 설치했다. 대외적으로는 천연치클 직수입을 전담하는 기구였지만 사실상 초콜릿 정보 수집을 위한 창구였다. 신격호 사장은 1963년 가을을 초콜릿 생산 시점으로 정하고 무역과를 통해 초콜릿 사업에 관한 정보를 수집하도록 한 것이다.

신 사장은 세계 각국의 초콜릿 사업 현황은 물론이고 일본 초콜릿 메이커의 기계설비 상황, 기술자와 연구원들의 출신 학교에서부터 경력에 이르기까지 초콜릿 사업에 관련된 정보라면 무엇이든지 모으도록 했다. 초콜릿의 4대 원료는 카카오콩, 우유, 버터, 설탕이다. 하지만 원료의 배합 비율과 제조법은 회사마다 다르고 극비사항이어서 타사의 레시피를 알 수는 없었다. 따라서 초콜릿 사업에 진출하는 데 있어 가장 큰 과제는 최고 수준의 기술자를 확보하는 일이었다. 신격호 사장은 독일의 권위 있는 신문 매체 여러 곳에 구인광고를 냈다. 독일은 초콜릿 강국이다. 독일 대표 초콜릿은 리터스포트를 들 수 있다. 유럽의 여러나라들은 대부분 세계적인 명성이 있는 초콜릿을 가지고 있다. 스위스의 린트 & 슈프륑글리, 벨기에의 고디바(Godiva), 오스트리아의 모차르트 쿠겔론(Mozart Kugeln), 프랑스의 발로나(Valrhona), 영국의 캐드버리(Cadbury), 이탈리아의 페레로 로쉐(Ferrero Rocher), 미국의 허쉬(Hershey) 등이 그들이다.

독일에는 초콜릿 박물관도 있다. 쾰른에 있는 초콜릿 박물관은 초콜릿 공장의 경영자였던 한스이 호프가 1993년에 설립한 곳으로 카카오의 역사, 초콜릿의 생산 과정 등 다양한 전시들을 볼 수 있다. 신격호 사장이 구인광고를 게재할 매체로 독일 매체를 선택한 것은 그의 초콜릿을 보는 시각이 그만큼 깊다는 것을 의미하는 것이다. 또 롯데의 오토모리 영업부장과 오가와고이치 제조부장은 최고 기술자와 최고 성능의 기계를 찾기 위해 낯선 유럽까지 날아가 발바닥이 닳도록 곳곳을 누비고 다녔다. 롯데는 아마도 그들이 없었다면 그렇게 짧은 기간에 초콜릿 생산 준비를 하지 못했을 것이다.

21년만의 한국 방문

신격호 사장이 초콜릿 사업 진출에 몰두하고 있던 즈음에 한국에서는 5.16 군사혁명이 일어났다. 혁명을 주도한 박정희(朴正熙) 육군 소장의 사진이 일본 주요 신문에 여러 차례 실렸다. 선글라스를 쓴 모습이 이색적이었고 강렬한 인상을 주었다.

박정희 장군은 6개 항의 '혁명공약'을 내걸었는데 그중에는 '절망과 기아선상에서 허덕이는 민생고를 시급히 해결하고 국가 자주경제 재건에 총력을 경주할 것'이란 조항이 눈에 들어왔다. 신격호 사장은 한국에 큰 변화가 생길 것임을 예감했다. 신격호 사장이 한국에서 일어나는 일에 관심을 기울이는 것은 언젠가는 조국인 한국에서 한국인을 위한 사업을 하겠다는 의지가 있었기 때문이었다.

5.16 혁명이 있고 난 뒤 도쿄와 서울에서 극장 사업을 하는 이강우(李康友) 회장으로부터 연락이 왔다. 한국 군사정부가 재일동포 기업인들을 서울로 초청한다는 것이었다.

"한국 정부가 경제개발5개년계획을 추진한다는데 우리더러 투자

하라는 것이겠지요."

"그렇겠지요. 민생고를 해결한다고 공약했는데 투자자금이 없어 군사정부가 난처한 모양입니다."

"좋습니다. 초청에 응하겠습니다."

신격호 사장은 흔쾌히 대답했다. 오랫동안 향수에 젖어있던데다 어차피 언젠가는 한국에도 본격적으로 투자할 계획이었으므로 미리 둘러보는 것도 좋을 것 같았다. 이에 앞서 몇몇 재일동포 기업들이 1961년 12월에 한국에 가서 박정희 최고회의의장과 김종필 중앙정보부장을 만나고 돌아온 일이 있었다. 그때도 재일동포 기업인들은 모두 투자를 강력히 권유받았다고 했다. 당시 박정희 군사정권은 경제개발에 필요한 돈이 없어 무진 애를 먹고 있었다. 외국차관을 얻어오려고 해도 담보가 없어 불가능했다. 한·일 양국의 외교 관계가 정상화되지 않은 상태여서 투자를 진행할 수도 없었다.

신격호 사장은 1962년 4월 20일 재일 한국인 상공연합회 고문 자격으로 이강우 회장, 허필석(許弼奭) 부회장과 함께 노스웨스트 항공기를 타고 김포공항에 내렸다. 21년 만의 귀국! 어떤 말로도 표현하기 어려울 만큼 감개무량했다.

신격호 사장은 다소 흥분된 심정으로 서울 시가지에 들어왔다. 서울은 그사이에 참 많이 변해 있었다. 그가 함경도 명천에 종양장 견습생 수업을 받으러 갈 때 구경한 서울의 모습은 전혀 볼 수 없었다. 일행은 반도호텔에 여장을 풀었다. 청년 시절 어느 날 반도호텔 앞에서 부러운 눈길로 호텔 건물을 바라봤던 그때의 모습이 뇌리에 스쳐 갔다.

신격호 사장 일행은 〈한국일보〉, 〈동아일보〉, 〈조선일보〉, 〈경향신문〉 등 주요 신문사를 차례로 찾아가 인사를 했다. 당시는 신문에

'내방란'이 있어 주요 인사들이 신문사를 방문하면 짤막한 내방 기사가 실리는 것이 관행이었다. 한국일보의 장기영(張基永) 사장은 한국은행 부총재를 지낸 경제통인 만큼 일본경제 현안에 대해 세세히 질문했다. 와세다대학에서 경제학을 전공한 동아일보 이동욱(李東旭) 논설위원은 구면이어서 특히 반색하며 맞아 주었다. 일본 주오(中央)대학 출신인 조선일보 최석채(崔錫采) 논설위원도 아는 얼굴이었다. 조선일보 홍종인(洪鍾仁) 회장은 신격호 사장의 손을 잡으며 도쿄 사정을 잘 모르는 김윤환(金潤煥) 특파원을 부탁한다고 당부했다. 이것이 계기가 되어 훗날 한국 정계의 중진으로 성장한 김윤환 의원과 인연을 맺게 되었다. 경향신문을 방문해서는 이준구(李俊九) 사장을 만났다. 고향을 묻기에 울주라고 대답했더니 최영해(崔暎海) 부사장과 동향이라며 인사를 시켜주었다. 최 부사장은 한글학자 외솔 최현배(崔鉉培) 선생의 아들이어서 무척이나 반가웠다.

신문사 예방과 관련하여 기억에 남는 에피소드가 하나 있다. 1962년 4월 21일 자 경향신문 내방(來訪)란에는 '시게미쓰 다케오 씨'(미롯데주식회사 사장)과 '신격호 씨'가 각각 방문한 것으로 표기되어 있었다. 아마도 롯데라는 이름 때문에 미국 회사로 오인된 모양이었다.

서울에 체류하는 동안 한국경제인협회(전국경제인연합회 전신) 이병철 회장도 예방했다. 이병철 회장은 매년 연말이면 도쿄에 체류하면서 도쿄 도시오 일본 경단련 명예회장이나 이나야마 요시히로 경단련 회장 등 일본 재계의 거물들과 가까이 지냈는데 그분들과 만날 때 가끔 동석할 기회가 있어 교분을 가질 수가 있었다.

이병철 회장은 일행에게 신신당부했다. "정부가 공업화로 경제개발을 추진한다 카는데 문제는 자금이요. 재일상공인들이 적극적으로 투자하시기를 부탁드립니다."

「초콜릿(Chocolate)」 사업을 해볼까 하오! **127**

한국 재계의 대표 역할을 맡은 이 회장은 한국경제를 부흥시키는 일에 적극적인 열성을 보였다. 이병철 회장은 한국경제인연합회의 회장 취임 직후인 1961년 9월과 11월에는 미국에 가서 외자도입 교섭을 하기도 했다. 이병철 회장은 공업단지 입지를 찾기 위해 여러 곳에 직접 돌아본 적도 있었다. 이 회장은 1962년 1월 1일 새해 벽두 울산 앞바다에서 일출 광경을 보며 희망적인 기운을 느껴 현 울산공업단지를 정하기도 했다.

이병철 회장은 신 사장에게 "울산이 신 사장 고향 아닌가배? 앞으로 사업거리가 많을끼요. 잘 살펴보이소." 하며 각별히 부탁했다.

롯데 '가나초콜릿' 탄생

우리의 이야기는 초콜릿 개발로 돌아오겠다. 신격호 사장이 한국 방문을 마치고 돌아와 보니 초콜릿 사업과 관련한 현안이 산적해 있었다.

신 사장은 초콜릿 공장을 세울 부지를 검토해 1962년 5월 사이타마(埼玉)현 우라와(浦和)시 교외의 누마카케에 10만m²(3만 250평) 규모의 공장부지를 마련했다. 12월에는 건설회사와 공사 계약도 체결했다. 다만 제조기술자를 구하는 일은 진척이 더뎠다. 주력제품의 종류도 결정하고 기계도 발주하려면 기술자를 영입해야 하는 데 뚜렷한 성과가 없어 속이 탔다. 시간이 지날수록 영업부장과 제조부장의 발걸음도 바빠졌다. 그들은 여러 경로를 통해 초콜릿 기술자들을 접촉했다.

이 문제는 1962년 말에야 매듭이 지어졌다. 신격호 사장은 스위스의 독일어권 출신인 막스 브락스(Max Bracks) 씨를 최적으로 판단했다. 이력서를 보니 1921년생으로 신 사장과 동갑이었다. 스위스 취리히대학 기계공학과를 졸업한 후 스위스, 오스트리아, 프랑스 등에서 초콜릿 공장 기술자로 일했다고 했다. 롯데는 1963년 초 오스트리아 빈에서 그와 정식으로 계약서에 서명했다. 신격호 사장은 막스 브락스 씨를 도쿄의 사무실에서 처음 만났다. 그는 40대 초반인데도 머리가 시원하게 벗겨진 대머리 스타일이었는데 동갑이어서인지 처음 만나면서부터 금세 친해졌다.

"제품이 아니라 예술품을 만들어 주시오. 공장설계나 원료배합에 대한 권한도 모두 당신에게 일임하겠소. 원가가 비싸더라도 품질이 우선이요."

신격호 사장은 그에게 전폭적인 신뢰를 보이며 '예술품과 같은 제품'을 만들어 달라고 당부했다. 그 역시도 그렇게 하고 싶다고 의욕을 드러냈다.

1963년 5월 신격호 사장은 전국의 유력 대리점 대표들을 초대한 자리에서 공식적으로 롯데가 초콜릿 사업에 진출하게 된다고 설명했다.

"올 늦가을께 초콜릿을 생산할까 합니다."

이 발언이 널리 알려지면서 제과업계는 전운이 감돌기 시작했다. 껌 사업 분야에서 롯데가 약진한 전력을 알고 있는 제과업계에서는 초콜릿 분야에서도 롯데가 어떻게 시장 판도를 바꿔나갈지 예측하면서 대응책을 마련하느라 분주해졌다.

업계의 반응과는 상관없이 롯데는 공장 건설에 속도를 냈다. 연면적 1만 3천m²에 달하는 공장에 막스 브락스의 구상에 따라 최신식 기계를 도입하고 기능적으로 배치했다. 다른 초콜릿 회사의 공장이 증축을 거듭하면서 커진 것과는 달리 롯데는 처음부터 공장을 대규모로 건설했다. 컨베이어시스템 등 최신 설비를 도입해 현대적인 공장으로 완성했다. 막스 브락스의 지휘 아래 롯데 기술진은 곧바로 시제품 생산에 들어갔다. 소비자의 입맛에 맞는 최적의 맛을 찾느라 수많은 시행착오가 거듭되었다. 그리고 마침내 1964년 초 당초 계획보다는 다소 늦어졌지만, 롯데는 드디어 시제품을 생산하는 데 성공했다. 롯데제과의 성장사에서 빛나는 한 페이지를 장식한 것이다.

시제품이 나오자 막스 브락스씨는 블라인드테스트(눈을 가린 상태에서 제품 품질을 선정하는 시험 방법)를 제안했다. 브랜드를 감춘 상태로 5개 제품의 맛을 보고 가장 뛰어난 제품을 골라보자는 것이었다. 신격호 사장을 포함한 임원들은 차례로 각 제품의 맛을 음미했다. 그중 3번째 초콜릿이 유독 맛이 뛰어났다. 입에 넣자마자 혀 전체에 향미가 퍼지면서 녹는듯한 부드러움이 느껴졌고 깔끔한 뒷맛이 온몸에 행복감을 전해주는 것 같았다. 신격호 사장은 종이쪽지에 3번을 써냈다. 결과를 보니 참가자 10명 가운데 8명이 3번을 골랐다. 3번은 롯데의 신제품이었다. 신격호 사장은 막스 브락스의 손을 움켜잡고 감격스럽게 말했다.

"바로 이 맛이오! 수고 많았소! 이 맛이라면 어디에 내놓아도 자신 있소. 생산량을 당초 계획보다 두 배로 늘립시다."

그날은 바로 '롯데 가나초콜릿'이 탄생한 날이었다. 롯데의 초콜릿 상품명은 가나초콜릿이다. '가나'는 무슨 뜻일까. 가나로 상품명을 정한 특별한 설명은 없다. 아마 신격호 사장은 한글의 '가, 나, 다, 라' 자모음에서 따오지 않았을까 하는 추론은 있을 수 있다.

초콜릿 사업의 성공적인 출발

1964년 2월, '가나초콜릿'을 가득 실은 대형 트럭들이 꼬리에 꼬리를 물고 우라와 공장을 빠져나갔다. 첫 생산한 제품이 시장으로 출하되는 순간이었다. 시장의 반응을 보기 위해 일단은 간토와 홋카이도 지방에만 시험 판매하기로 했다. 일부 지방에 한정판매하는 것이지만 초기부터 기선을 제압해야 한다는 전략에서 신격호 사장은 판매조직에 특별히 당부한 것이다. "광고마케팅 비용을 아끼지 마시오!"

실제로 대대적인 광고마케팅이 전개되었다. 청순한 이미지의 18세 소녀 배우 '고코노에 유미코'를 모델로 기용한 CF도 제작해 런칭했다. 스위스 마테호른산을 배경으로 그녀가 호른을 불면 '가나초콜릿'이 브라운관 전체에 클로즈업되는 5초짜리 CF였다. 도쿄의 민간 방송 3사를 통해 1주일 동안 약 500회의 스팟 광고를 내보냈다. 광고의 융단 폭격이었다. 이 정도면 민간 방송사의 스팟 광고시간을 독점하다시피 할 정도였다.

'가나초콜릿'은 출시되자마자 불티나게 팔렸다. 판매를 맡은 롯데상사는 매일 주문 전화에 시달렸다. 워낙 반응이 좋아 대규모로 지은 공장도 부족해 곧바로 증설을 서둘러야 할 정도였다.

1964년 9월에는 '가나초콜릿'을 도쿄 등 전국으로 확대 출시하면서 동시에 단맛을 줄인 '가나세미스위트초콜릿'과 소량의 위스키를 넣은 '바케스초콜릿'을 자매품으로 내놓았다. 아르바이트 여성 50명을 고용해 롯데초콜릿 로고가 새겨진 큼지막한 가방을 들고 도쿄 시내 번화가를 돌아다니는 홍보 프로그램도 진행했다. 신격호 사장 특유의 홍보 전략이 여기서도 등장한 것이다. 이들은 전철과 버스를 타고 돌아다니거나 공원, 백화점 주변을 돌며 롯데 초콜릿 브랜드를 노출하고 다녔다. 이러한 홍보 프로그램이 화제가 되면서 롯데 초콜릿의 인지도는 더욱더 높아졌다.

1964년 10월 일본 정부는 도쿄올림픽이 끝나자 방만한 경제를 진정시키기 위해 통화량을 줄이는 등 긴축정책을 펼쳤다. 그 여파로 산업 부문이 크게 위축되었다. 제과 산업계도 마찬가지였다. 하지만 롯데 초콜릿은 예외였다. 시간이 꽤 지났는데 제품이 없어서 못 팔 지경이었다. 신격호 사장은 제3기 공장을 서둘러 착공해 1965년 11월에 준공했다. 이에 따라 롯데 초콜릿 공장은 기술이나 설비, 규모 등 모든 면에서 일본에서는 물론 세계 최고의 공장으로 부상했다.

원료 제품 모두 불태우시오

신격호 사장은 사업 규모가 커짐에 따라 우수인력 확보의 필요성을 절감했다. 이에 따라 1964년 말 처음으로 대졸 신입사원 공채를 실시했다. 이들이 공채 1기생이다. 신격호 사장은 한국 대학생도 채용 대상에 포함시켰다. 신 사장이 항상 조국을 생각하고 있다는 것이 단적으로 나타나는 대목이다. 신 사장은 한국 대학생들이 어떻게 성장했는지 궁금하기도 하고 앞으로 한국에 진출할 때 한국 사정을 잘 아는 인재가 필요하다는 철학에서였다. 이들에게는 입시 전형에 참가하는 데 불편함이 없도록 서울에서 시험을 치르도록 했다.

전형 결과 합격자 가운데 6명의 한국 청년이 선발되었다. 전문 분야로는 화공, 기계, 전기 분야에서 각각 2명씩이었다. 이들 중 연세대 화학공학과 출신 임승남 군이 눈에 띄었다. 자신의 생각을 조리 있게 말하는 품새가 장차 좋은 경영자로 교육시킬 만한 인재로 느껴졌다.

이들은 1965년 1월 일본에 입국한 후 첫 두 달 동안 카카오콩이나 설탕 부대를 나르는 육체노동을 했다. 원료의 성질을 이해하고 노무자들과 소통하도록 하기 위한 과정이었다. 다음 한 달간은 공장의 기계, 모터에 기름칠하고 바닥을 닦는 허드렛일을 시켰다. 식품공장에서 청결이 얼마나 중요한지 체험하는 과정이었다. 그 다음에는 초콜릿 연구실에 배치시켜 근무하도록 했다.

신격호 사장은 어느 날 아침 출근 준비를 하고 있는데 공장장에게서 전화가 걸려왔다. 무척이나 다급한 목소리였다. 공장에 설명하기 곤란한 문제가 발생했다는 것이다. 신 사장은 서둘러 공장으로 달려갔다. 공장장의 보고를 들어보니 기가 찼다. 간밤에 출고품에 대해 세밀하게 품질검사를 하다가 초콜릿에서 이상한 물체를 발견했다는 것이다. 현미경으로 찾은 물체라는데 신격호 사장이 직접 살펴보니 아주 가느다란 실(絲) 같은 것이었다.

"이기 뭐꼬?" 신 사장은 공장장을 추궁했다.

"잘 모르겠습니다. 단정할 수는 없지만... 창고에 쌓아둔 카카오콩 부대에 쥐 한 마리가 들어가지 않았나... 추정할 뿐..."

"그라모 이기 쥐 털일 수도 있다는 말이가?" 신격호 사장은 아찔했다. 아직은 물체의 정체가 정확하게 밝혀진 것은 아니지만 만약 제품이 출고된 후 이 사실이 알려진다면 어찌 될지 등골이 오싹해졌다. 롯데제품에서 '쥐 털'이 발견되었다고 소문이 난다거나 언론에 보도된다면 그날로 공장문을 닫아야 할 수도 있는 일이었다. 함께 있던 임직원 사이에서 그나마 출고 전에 발견해서 다행이라는 안도하는 한숨 소리가 들려왔다.

신격호 사장은 갈등에 휩싸였다. 완제품과 원료를 어떻게 처리할 것인가! 신 사장 자신이 오래전부터 '위생'을 최고의 가치로 여기고 실천해 오고 있는 처지 아닌가. 자신도 시식하기 꺼림직한 제품을 그대로 소비자에게 줄 수는 없었다. 그날 기준으로 10톤짜리 탱크 3개에는 초콜릿 원료가 가득 차 있었다. 신격호 사장은 이날 출고분뿐만 아니라 최근 며칠 사이에 만든 제품과 원료도 모두 불태우도록 지시했다. 공장장과 직원들은 경악했다. 그 어디에서도 들어보지 못한 파격적인 지시였기 때문이다.

문화상품이 된 브랜드 이미지

롯데의 가나초콜릿 우라와 공장은 견학코스로 유명해졌다. 규모로도 세계 제1이었지만 워낙 위생적인 환경이 조성되어 있어 국내외 유명 인사뿐 아니라 각종 소비자단체와 재계 관계자들이 공장을 견학했다. 한·일 국교 정상화 이후에는 한국의 정·재계 인사들도 자주 찾았다.

1967년 5~6월에는 3만 개의 전국 소매점으로 구성된 롯데회 회원들이 공장을 견학했다. 신격호 사장은 오전 400명, 오후 400명 등 하루 8백 명씩을 매일 초대하여 공장을 둘러보고 연극도 관람하게 했다. 롯데회 회원들은 공장 견학 후에 롯데에 대한 애착이 훨씬 커졌다고 말했다. 그들은 자기네 가게에서 롯데 제품을 눈에 잘 띄는 곳에 진열하고 손님들에게 소비를 권유하는 열의를 보였다. 1,200명의 도매점 대표들은 별도로 초청해 한국과 타이완, 하와이 등을 관광할 수 있게 해주었다. 편안하게 관광을 즐길 수 있도록 전세기도 제공했다. 이 행사에는 적지 않은 비용이 들었지만, 효과는 매우 컸다. 여행을 다녀온 점주들은 더 든든한 롯데의 파트너가 되었다.

신격호 사장은 1967년부터는 롯데 초콜릿의 이미지를 높이고 소매상과의 신뢰를 높이기 위해 롯데회 회원점에 '점두(店頭) 간판'을 달도록 했다. 희망점을 모집했더니 순식간에 1만 개 이상의 점포가 신청했다. 그러자 이전까지 과자 소매점 점두 간판의 대부분을 장악하고 있던 콜라 회사들이 반발했다. 하지만 대다수 롯데회 회원들은 롯데 간판을 달았다. 롯데는 2년 후 네온사인 간판을 설치해 더욱더 눈부시게 했다.

신격호 사장은 롯데 초콜릿의 브랜드 이미지를 제고하기 위해 각종 문화행사에 후원, 협찬도 활발하게 전개하도록 했다. 이것은 대단한 아이디어였다. 1969년 12월 19일 도쿄 부도칸(武道館)에서 500회 기념대회를 가진 음악 프로그램 '롯데 음악앨범'이 대표적이다. 1958년 5월 첫 전파를 탄 이 프로그램은 민간 방송 사상 최장수 프로그램이자 수많은 가수들을 데뷔시킨 가요프로그램으로 유명세를 타고 있었다. 프랑스의 가수이자 배우인 이브 몽땅(Yves Montand)이 프로그램에 출연하기도 했다. 이브 몽땅은 고엽이라는 샹송으로 세계인의 사랑을 받은 가수다.

신격호 사장은 홍보마케팅 활동이 활발해지자 1967년 7월 홍보업무를 전담하는 '주식회사 롯데애드'를 설립했다. 그 해에 우라와 제2 초콜릿 공장이 완공돼 제품의 종류도 다양해졌다. '가나초콜릿'이 개발된 1964년부터 1967년까지는 15종의 초콜릿이 발매되었는데 1968년부터 1975년 사이에는 무려 90종의 제품이 출시되었다.

16

캔디와 아이스크림으로 확장

　신격호 사장의 사업 영역은 이제 캔디와 아이스크림으로 넓어지고 있다. 신격호 사장은 초콜릿을 출시하고 1년여가 지난 1965년 캔디(Candy)에도 관심을 갖기 시작했다. 캔디는 사탕을 뜻하지만 각종 간식들을 총칭하기도 한다. 미국에선 초코바나 에너지바처럼 사탕이 아닌 간식들도 모조리 캔디바라고 부른다. 일본에서 캔디가 캐러멜을 대체하며 두드러진 성장세를 보일 때였다.

　당시 캔디와 드롭스 시장은 대형 제과업체보다 전문업체 쪽이 상대적으로 우위에 있었다. 캔디 생산업자는 전국에 2,500개 사가 있었는데 이 가운데 10개 대형업체가 전체 매출액의 44%를 차지하고 중소 전문업체가 56%를 차지했다. 여기에 롯데가 도전장을 내미는 것이다.

　신격호 사장은 캔디에 관해 연구했다. 신격호 사장은 캔디 시장에서 이기려면 첫째 캔디의 발상지가 유럽이므로 유럽풍의 우아한 맛을 내야 하고, 둘째 이런 유럽식 전통 캔디를 미국식으로 대량생산해야 한다는 것이었다. 신 사장은 캔디에 대한 연구가 어느 정도 진행된 1967년 무렵 직원들을 유럽의 주요 캔디 공장으로 보내 기계설비를 조사하도록 했다. 우수한 캔디 기술자도 수소문하도록 했다. 조르쥬 보댕(Gerge Bodin)이라는 기술자를 초빙해왔다. 그는 1923년 프랑스령 알제리에서 태어나 20대 중반부터 오로지 캔디 기술자로 인생을 살아온 사람이었다. 신격호 사장은 초콜릿의 막스 브락스에서처럼 그와도 첫 대면에서부터 금세 친해졌다.

"부모님은 프랑스 사람인데 알제리로 가서 저를 낳으셨지요."

"노벨문학상을 받은 소설가 카뮈 선생도 그렇지요. 나도 소설 '이방인'을 감명 깊게 읽었소."

"회장님께서 카뮈 소설을 읽으셨다니 대단하십니다. 제가 롯데에 오기로 결심한 이유는 '롯데'란 회사의 이름 유래를 듣고 감명을 받았기 때문입니다. 저는 아마추어 시인이고 시심(詩心)으로 캔디를 만듭니다."

이처럼 우연찮게 소통의 공감대를 찾으면서 신 사장은 또 하나의 소중한 인연을 갖게 되었다.

그와의 작업을 통해 1969년 말 롯데의 첫 번째 캔디 제품 '코코롤'과 '초콜릿캔디'가 탄생했다. 코코롤은 기존에 존재했던 캐러멜이나 누가(Nouga)와는 다른 일본에서 최초로 출시된 새로운 유형의 소프트 캔디이다. 또 초콜릿캔디는 딱딱한 캔디 속에 초콜릿을 넣어 캔디와 초콜릿을 함께 맛보도록 한 제품이다.

1970년 3월 코코롤을 전국에 출시하자 곳곳에서 엄청난 반응이 일어났다. 코코롤도 히트상품이 된 것이다. 서둘러 사야마 공장을 증설해야 했다. 후속 제품으로 '커피캔디'를 내놓았다. 동시에 광고, 홍보, 매장의 POP, 경품 행사 등의 마케팅 수단을 총동원했다. 소비자의 취향을 반영한 좋은 품질의 캔디에 마케팅을 매칭시켜주니 기름에 불을 붙인 것처럼 판매는 폭발적이었다.

1972년 조르쥬 보딩은 계약기간을 마치고 후임으로 영국인 데이비드 케너스(David Kenneth)를 초청했다. 1926년 영국 버밍엄에서 태어난 그는 유럽 캔디 업계의 권위자였다. 그의 진두지휘 아래 사야마 공장에서 다양한 종류의 신제품이 개발되었다. 캔디를 첫 출시한 이후 1977년까지 7년간 출시된 제품의 종류가 무려 120종에 달할 정도였다. 그러나 전체 시장에서 차지하는 비율은 만족할만한 수준은 아니었다.

위기를 계기로 해외시장 개척

일본 제과업계는 온실 속의 화초였다. 일본 정부가 외국과자 수입을 막아주었기 때문이었다. 미국과 유럽 국가들이 문호 개방을 강력히 요구하자 일본 정부도 1971년 6월부터 단계적으로 과자 시장을 자유화하기로 했다. 제과업계는 비상이 걸렸다. 막강한 자본력과 높은 기술력을 가진 외국의 대형업체들이 양질의 원료로 만든 질 좋은 제품을 풀어놓는다면 일본 제과업계가 입을 타격은 불 보듯 뻔한 것이었다. 게다가 외국 제과 메이커들은 생산성도 높았다. 껌 회사의 최고봉인 '리글리'만 해도 첨단 자동화 설비를 구축한 덕분에 생산성이 매우 높았다. 하루 50톤의 추잉껌을 생산하는데 필요한 인력이 일본에서는 400명인데 비해 리글리는 40여 명에 불과했다. 이러한 리글리가 일본에 본격 진출하면 기존 업체들은 초토화되고 말 것이다.

추잉껌 업계는 정부에 향료 수입 관세 인하, 설탕 소비세 철폐와 수입 관세 대폭 인하 등을 대응책으로 요구했다. 하지만 이런 대응책으로는 실효성이 없어 보였다. 결국 중요한 것은 스스로 체질을 강화하는 것이었다.

신격호 사장은 전 사원을 대상으로 지피지기(知彼知己) 정신 운동을 벌였다. 지피지기란 손자병법서에 나오는 '지피지기 백전백승'이란 말로 적을 알고 나를 알면 백번 싸워도 위태롭지 않다는 것이다. 신 사장은 2주간에 걸쳐 ①롯데가 걸어온 길을 전 직원에게 알리는 '자기를 알자' 시리즈 ②외국 메이커의 현 상황을 알리는 '적을 알자' 시리즈 교육을 진행해 전 임직원이 시장 상황을 객관적으로 인식하게 했다. 롯데인으로서의 자부심과 외국 메이커들을 이길 수 있다는 자신감을 갖게 하는 데 목적을 둔 정신교육이었다.

한편 신격호 사장은 세계제과 산업의 트렌드를 파악하고 롯데가 부족한 점을 보완하기 위해 1969년 봄 미국의 추잉껌 제조 전문가와 기계설계 기술자를 고문으로 모셔왔다. 이들의 지도 덕분에 추잉껌 자동포장기의 작동 속도가 크게 향상되었다. 성능이 워낙 뛰어나 자동포장기를 프랑스에 수출하기까지 했다. 또 신주쿠 공장의 1인당 생산성은 1965년과 비교해 약 10배 정도 높아져 미국 업체들을 능가할 정도가 되었다. 신격호 사장은 위기를 경쟁력 강화의 계기로 삼았다.

롯데는 이와 함께 위기 극복 전략의 하나로 새로운 껌 세트를 개발해 출시했다. 판형껌 6종이 든 20엔짜리 기존 제품을 30엔짜리 세트(스피아민트 그린껌, 쥬시후레쉬, 쿨민트, 커피껌, 후레쉬민트 등 7종)로 만들어 외국 메이커의 공세에 맞선 것이다. 이 제품은 큰 성공을 거두며 시장 개방에도 불구하고 시장 우위를 지킨 것은 물론 해외시장 진출의 주인공이 되었다. 제과 시장 자유화 조치 이후 다수의 일본 업체들이 고전한 것과 비교하면 롯데의 대응 전략은 성공적이었다.

신격호 사장은 이를 계기로 해외시장 개척에도 힘을 쏟았다. 어차피 내수 시장에서 외국 메이커들과 경쟁해야 한다면 그 경쟁력으로 일본 밖의 시장을 개척해 시장을 넓혀보자는 생각이었다. '세계인의 입맛을 사로잡는 롯데!' 이것이 당시 신격호 사장이 추구한 목표이자 경영의 화두였다.

롯데는 이러한 기조 아래 1968년 1월 태국 수도 방콕에 주재원 사무소를 개설하고 7월에는 무역 업무를 취급할 '롯데물산(주)'을 설립했다. 우리는 여기서 정주영 현대그룹 창업회장이 국내 건설시장의 정부 발주 공사 축소로 건설사들의 입지가 좁아지자 해외 건설시장으로 눈을 돌리고 첫 해외시장으로 태국을 택했던 것을 기억할 수 있고 신격호 사장도 첫 해외시장으로 태국을 선택한 것이다.

롯데는 이해 9월 영국의 데이비 보그사를 통해 홍콩시장에서의 판매도 시작했다. 1970년 1월에는 해외 현지법인 '태국 롯데'를 설립했다. 롯데는 1968년 8월 이란과 추잉껌 공장 수출 계약을 체결한 데 이어 1972년 3월에는 폴란드와 공장 수출 계약도 성사시켰다.

롯데는 해외시장 개척에 징검다리가 될 각종 전시 박람회 행사에도 적극 참여해 제품을 홍보했다. 1970년 3월에 열린 오사카 엑스포(Expo)를 필두로 7월에는 미국 로스앤젤레스, 8월에는 독일 함부르크, 9월에는 독일 뮌헨의 식품전시회에 참가했다. 롯데의 세일즈맨들은 동남아시아, 중동, 아프리카 등의 개발도상국은 물론 추잉껌의 왕국인 미국, 초콜릿과 캔디의 고장인 유럽에도 진출해 활발하게 시장을 개척했다.

아이스크림(Ice Cream) 시장 진출

신격호 사장은 아이스크림 시장에 진출하기로 결정했다. 아이스크림은 크림에 향신료와 거품을 낸 계란 흰자위를 넣고 얼린 음식이다.

차가운 디저트다.

　최초의 아이스크림은 셔벗(또는 빙수) 형태에서부터 출발했다. 최초의 아이스크림은 눈(雪)에 향료로 양념을 한 것으로 지금의 아이스크림보다는 거칠었다. 기원전 400년경 고대 페르시아에서 눈이 오면 보존해 두었다가 차가운 겨울에 파스타의 일종인 베르미첼리와 장미수를 버무린 것 위에 향료와 과일을 얹어 먹은 것이 기원이라는 설이 있으며 율리우스와 알렉산더 대왕이 눈에 우유와 꿀을 섞어 먹은 것이 기원이라는 설도 있다. 그리스에서는 고대 아테네 시장에서 눈과 꿀을 섞은 아이스크림을 팔았다는 기록도 있다.

　1969년 일본의 아이스크림 시장은 초콜릿 시장보다 규모가 커 연간 약 700억 엔 수준이었다. 제조업체 수는 1천여 개인데 7개 대형업체가 64%, 나머지 중소업체들이 36%의 시장을 점유하고 있었다. 아이스크림은 4~9월의 6개월 동안 전체의 84%가 집중 소비되는 제품으로 연간 소비량은 1인당 6리터 정도였다. 하지만 미국에서는 4~9월 집중도가 60%였고 1인당 소비량도 15리터에 달했다.

　신격호 사장은 미국의 경우를 봤을 때 머지않아 일본에서도 아이스크림을 사시사철 먹게 될 것이라고 확신했다. 일본 사람들의 실생활 패턴이 그런 방향으로 급속도로 나아가고 있는 것이다. 게다가 롯데의 주력제품인 초콜릿이 여름철에는 비수기여서 연중 고른 매출을 올리기 위해서는 여름 성수기 제품인 아이스크림을 생산할 필요가 있었다.

　신격호 사장은 아이스크림의 본고장인 이탈리아를 비롯해 영국, 덴마크, 미국에서 기술자를 초빙해 연구를 진행시켰다. 롯데는 이탈리아 계열의 제품 중에서 일본 소비자들의 입맛에 맞을 수 있는 것을 고른 후 이를 개량하여 롯데 아이스크림으로 만들고 한꺼번에 34종을 개발했다. 롯데의 대부분의 제품이 식물성 지방을 사용했으므로 유제품이라기보다는 신선한 냉과라는 점이 특징이었다. 신격호 사장은 추잉껌에서 천연치클로만 껌을 만들어 선풍을 일으켰듯이 아이스크림에서도 식물성 지방을 사용하는 뛰어난 재능을 보이고 있다.

롯데는 1972년 3월 아이스크림 제조설비를 완공했다. 냉동고는 제품 특성에 맞춰 미국, 덴마크, 영국 제품 등으로 세세하게 분류했다. 1972년 2월 특약점을 대상으로 공장 견학과 신제품 설명회, 축하 파티를 열고 3월 3일에 간토와 간사이 양 지역을 시작으로 본격적인 판매에 들어갔다. 발매 초기에는 부진을 면치 못했다. 최고의 설비와 원료, 첨단 기술을 결집한 제품이었지만 아이스크림은 롯데에게 미지의 세계였던 것이다. 더욱이 한꺼번에 34종의 신상품이 나온 것도 문제였다. 판매 현장에서는 부담으로 작용했다. 그러나 얼마 후 아이스크림 성수기에 접어들면서 급속도로 인기가 높아졌다. 수요가 폭발적으로 증가하는 바람에 이번에도 공장 증설을 검토해야 할 정도가 되었다. 롯데는 아이스크림 분야에서도 또 하나의 성공 사례를 만들어냈다.

패스트푸드(Fast Food) 롯데리아

신격호 사장은 롯데를 종합식품 메이커로 키운다는 목표를 세웠다. 사업 영역이 넓어질수록 고민할 일이 많아지기 마련이다. 그러나 그것 자체가 새로운 도전이고 성공하면 성취감이 커지는 법이다. 신격호 사장의 경우가 딱 그랬다. 그래서였는지 비슷한 시기에 집중적으로 새로운 사업에 도전한다.

신격호 사장은 아이스크림 개발에 고심하던 때부터 외식업에도 각별한 관심을 가졌다. 미국의 식품 산업 동향을 조사해 보니 패스트푸드 사업이 유망할 것으로 보였다. 그렇다면 머지않아 일본에서도 경제성장에 따라 가족들의 외식 기회가 늘어날 것이 분명해 보였다.

신격호 사장은 1970~1972년 사이에 미국의 패스트푸드 전문가를 초청하여 외식사업 노하우를 전수받았다. 또 우라와 공장 연구실에 주방을 만들어 메뉴 개발을 시작했다. 메뉴 개발에 열을 올리고 있는 1971년 여름에 도쿄 긴자(銀座)에 맥도날드 1호점이 개점했다. 맥도날드는 미국 패스트푸드의 대명사다. 맥도날드는 전 세계에 약 37,000개 매장을 가지고 있으며 하루에 약 6,000만 명의 고객들에게 패스트푸드 햄버거를 제공하고 있다. 맥도날드 긴자 1호점도 개점하자마자 대단한 인기를 모았다.

신격호 사장은 맥도날드를 유심히 관찰했다. 그리고 미국식 체인 사업을 펼치기로 결심, '주식회사 롯데리아'를 설립했다. 그해 7월 우라와 공장 부지에 파일럿 점포를 개점해 소비자들의 반응을 조사했다. 이를 바탕으로 9월에 니혼바시, 우에노, 요코하마 등 세 곳에 점포를 열었고 그해 연말까지 14개 점포를, 1973년에는 23개 점포를 차례로 개설했다.

신격호 사장은 패스트푸드 사업을 시작하고는 아침 일과 시작 스타일이 바뀌었다. 이전에는 껌을 씹고 초콜릿을 먹는 것에서 이제 햄버거를 먹는 것이었다.

신 사장이 홋카이도 출장을 갔을 때였다. 그날도 롯데 관련 점포 몇 군데를 둘러보고 나니 저녁때가 되었다. 회사 관계자들은 회장이 동경에서 왔으니 근사한 만찬이 있겠거니 기대하는 눈치였는데 신 사장은 실무자들과 함께 삿포로에 개점한 롯데리아로 가서 햄버거로 저녁 식사를 하며 그들과 대화를 나누었다. 실무자들의 당황해하던 모습이 오랫동안 기억에 남았다. 신 사장은 그 이후에도 상담이 있는 공식 오찬이나 만찬 스케줄이 아니면 해외 출장 중에도 대체 간편식으로 식사를 해결하곤 했다.

음료시장 진출

신격호 사장은 1972년 11월 음료 시장에 진출할 준비를 시작했다. 음료 분야는 몇 년 안에 연간 1조엔 규모 시장으로 성장할 것이라는 게 전문가들의 분석이었다. 성장 잠재력으로 보아 매력 있는 분야였다. 종합식품 메이커를 지향하는 롯데로서는 포기할 수 없는 시장이었다. 당시 일본 음료 시장 판도를 보면 탄산음료와 유산균 음료는 대 메이커에 의한 독과점 경향이 뚜렷해 진입장벽이 높았지만, 과일음료, 커피음료, 과즙이 함유된 탄산음료 등은 성장 가능성이 컸다. 따라서 롯데가 진출하기 좋은 분야는 과일음료로 판단되었다.

하지만 오렌지 음료가 과일음료의 70%를 차지하는 상황에서 오렌지 음료를 시작하는 것은 위험부담이 컸다. 여기서도 신격호 사장의 차별화 전략이 등장한다. 개성이 강한 제품으로 차별화하는 것이다. 신격호 사장은 세계 각지의 과일을 탐구하던 중 열대과일 구아바(Guava)를 발견했다. 구아바는 구아바속에 속하는 나무의 열매로, 멕시코 중앙아메리카, 남아메리카 북부 지역 원산의 열대 과일이다. 달콤한 맛과 상쾌한 향이 일품이며 혈당을 내려주는 효능을 가진 '신의 선물'로 불리는 과일이다.

롯데는 첫 제품으로 '구아바드링크'를 개발해 1974년 1월 시장에 내놓았다. 첫 번째 발매 지역은 홋카이도로 정했다. 영하 23도의 눈발이 흩날리는 동토의 땅에 열대과일 음료를 선보이는 것은 대단한 역발상이었다. 롯데는 어느 정도 판매될 지 긴장하며 지켜보았는데 반응은 생각보다 뜨거웠다.

신격호 사장은 자신감을 가지고 그해 3월 3일 정식으로 발매에 나섰다. TV, 라디오에 광고도 집중했다. 주요 도시 거점에 자동판매기를 설치하고 시음 캠페인도 벌였다. 그러자 하루 만에 재고가 바닥난 도매점이 수두룩했다. 대히트였다. 밀려드는 주문에 응하느라 생산라인을 풀가동해도 모자랄 지경이었다.

신격호 사장은 구아바드링크 성공에 이어 '커피드링크'를 개발해 판매를 시작했다. 커피 산지에서 엄선한 가장 좋은 원두를 독자기술로 블랜딩하여 추출한 커피에 밀크를 듬뿍 넣어 깊은 향이 나는 제품이었다. 그 이후에는 대표적인 과일음료인 오렌지 음료도 개발해 '오렌지 50% 드링크'를 출시했다.

마더비스킷 출시

일본경제는 1964년 10월 도쿄올림픽 이후 10년 동안 깊은 불황에 빠졌다. 과자 업계의 경기도 크게 위축되었다. 다만 비스킷 매출은 크게 늘어나고 있었다. 매력적인 시장이지만 대기업 6곳이 70%의 시장점유율로 과점을 이루고 있었다. 더욱이 이 중 일부 업체는 점유율을 높이기 위해 가격을 심하게 낮추면서 덤핑 전략을 펴고 있어 수익성이 떨어지는 문제도 있었다.

신격호 사장은 그럼에도 시장의 특성과 장단점을 면밀하게 분석한 후 롯데의 다섯번째 주력 제품으로 비스킷을 선택했다. 비스킷은 계절에 따른 편차가 적고 양판점 매장의 점유 공간이 넓으며 매장에 진열했을 때 기업이미지 홍보 효과가 크다는 점도 고려한 결정이었다.

신격호 사장은 곧바로 비스킷의 명장으로 통하는 라이얼 헌터씨를 기술 고문으로 초빙했다. 그는 1937년 스코틀랜드에서 태어나 비스킷 제조 분야에서만 20년 외길을 걸어온 인물이었다.

사야마 캔디공장 인근에 35억 엔을 들여 비스킷 공장을 새로 지었다. 이 공장은 최신 시스템으로 지어졌다. 제품 보호와 위생관리를 위해 완전 공조 시스템을 갖추었고 원료 수급에서 완제품 출하에 이르기까지 모든 공정을 컴퓨터로 제어하도록 했다.

1976년 10월 '마더(Mother)비스킷', '마더초콜릿비스킷', '초코코비스킷'등을 내놓았다. 우리는 여기에서 또 한 번 신격호 사장의 비범한 능력에 놀라움을 금치 못하게 된다. 즉 당시 비스킷 업계에서는 전립분(全粒粉)을 거의 사용하지 않고 있었지만, 신 사장은 과감하게 비스킷의 원료로 배아가 살아있는 전립분을 사용키로 했다. 전립분이란 배유와 밀기울, 씨눈 모두를 통째로 제분해 가루를 낸 것이다. 밀기울, 씨눈 등의 풍부한 영양을 취하는 이점이 있다. 혁신적인 비스킷의 변화를 선택한 것이다.

비스킷 브랜드는 '마더'로 정했다. 부엌에서 비스킷을 굽는 어머니 모습을 '마더마크'로 형상화했다. 자식의 건강을 기원하는 모성애를 담기 위한 것이었다. 비스킷 광고는 TV에 집중했다. CF모델로는 할리우드의 인기스타 엘리자베스 몽고메리(Elizabeth Montgomery)를 선택했다. 이것도 파격적이었다. 일본 제품에 서양인 배우를 모델로 사용한 것은 특별하고 이례적이었다. 그만큼 롯데의 광고 전략은 기발해서 경쟁업체들로부터 시샘을 받기도 했다. 물론 소비자들은 환호했다. 마더비스킷은 품질이 좋은 데다 광고도 호소력이 강해 주문이 쇄도했다. 또 하나의 히트상품을 내놓은 것이다.

롯데 창업 30주년

롯데는 1978년 창업 30주년을 맞았다. 신격호 사장이 부관연락선을 타고 일본에 와 처음 우유배달을 시작한 이후 30년 동안 이뤄낸 사업 실적은 만만치 않은 것이었다. 그것도 일본에서 이루어 냈다는 것이 특별한 의미를 갖고 있다. 롯데의 계열사들은 롯데상사㈜, 롯데부동산㈜, ㈜롯데애드, 롯데물산㈜, ㈜훼밀리, 롯데회관㈜, 롯데오리온즈구단, 롯데전자공업㈜, ㈜롯데리아 등이었다.

신격호 사장은 그 후로는 최상의 품질을 구현하기 위한 연구개발에 중점을 두었다. 특히 1983년 6월엔 연구조직을 통합해 '주식회사 롯데중앙연구소'로 독립시켰다. 품질을 높이기 위해서는 R&D가 중요하다는 것을 누구보다 잘 알았기 때문이었다.

"롯데 연구소의 목표는 세계 최고의 품질이니 그것을 위해서라면 비용에 연연치 말고 반드시 해내시오."

신격호 사장의 당부이다.

17

바둑 애호가 신격호

신격호 사장은 아마 바둑 5단 실력의 기객이다. 신 사장은 바둑에 흥미가 있어 프로기사에게서 바둑 지도를 받기도 했다. 아마 바둑 5단 수준에 이르려면 어느 정도 소질도 있어야 한다. 신격호 사장은 바둑을 통해 비즈니스에서 의외의 도움을 받는 일도 있었다. 그것은 추후 이 책에서 다루겠지만 이 장에서는 천재기사 조치훈(趙治勳) 9단과의 이야기를 다룬다.

신격호 사장은 1962년 8월 일본의 어느 유력 신문을 보니 한국의 천재 소년이 일본 바둑계의 구도자(求道者)로 불리는 기타니 미노루(木谷實) 9단의 문하생으로 입국했다는 소식이 실렸다. 1956년생이라 하니 만 6세였다. 신격호 사장은 자신이 바둑 애호가이기도 해서 그 소년이 궁금해졌다. 어린 나이에 부모 곁을 떠나 낯선 이국땅에서 지낼 것을 생각하니 마음이 아프기도 했다.

며칠 후 바둑을 지도해 주는 프로기사에게 물어보니 조치훈 군은 8월 1일에 숙부인 조남철(趙南哲) 국수와 함께 일본에 왔고 이튿날 '기타니 문하생 100단 돌파 기념대회'에서 첫선을 보였다고 했다. 어린 소년이 의젓한 자세로 대만 출신 청년기사 '임해봉(林海峰) 6단과 대국해 시선을 끌었고 산게이홀에서 관전한 1천여 명의 바둑 애호가들도 어린이의 선전에 환호를 보냈다고 했다.

그 무렵 신격호 사장은 가끔 바둑 모임인 기회(碁會)를 열어 바둑 동호인들끼리 수담을 나누거나 때때로 프로기사를 초청해 지도 대국을 벌이곤 했다. 봄, 가을에 자체 바둑대회를 열어 입상자에게 작은 상품을 주는 이벤트도 개최했다. 행사 비용은 전액 신 사장이 부담했다.

신격호 사장이 조치훈 어린이를 기회에 초청하고 싶어 수소문해 보니 부산에 기반을 둔 '국제신보'의 이준상(李俊相) 도쿄 특파원이 잘 아는 사이라고 했다. 이 특파원이 부산에서 생활하고 있을 때 조치훈 군의 아버지 조남석(趙南錫) 씨와 이웃이었던 인연이 있어 치훈 군이 나들이할 때 통역 겸 가이드 역할을 한다는 것이었다.

이 특파원은 1962년 송년 기회에 조치훈 군과 치훈 군의 친형 조상연(趙祥衍) 프로기사를 데리고 나타났다. 초등학교에 입학하지도 않은 조치훈 군은 나이보다 훨씬 의젓했다. 특히 바둑판 앞에 앉으니 반상을 뚫어지게 쳐다보는 눈매가 날카로웠다. 이날 치훈 군과 겨룰 상대는 경찰청 장관을 지낸 거물 정치 평론가 미다라이 다쓰모 선생이었다. 아마 5단인 미다라이 선생은 치훈 군이 자신보다 고수라며 대국 전에 머리를 숙여 예를 갖추고 흑돌을 잡았다.

치훈 군이 불계승을 거두었다. 미다라이 선생은 지고도 파안대소했다. "바둑을 둔 지 50년이 되는데 지고도 기분이 좋은 경험은 이번이 처음입니다. 왜냐? 이 소년이 나중에 명인, 혼인보, 기성 타이틀을 딸 것 아닙니까?" 주위의 바둑 애호가들도 이 말에 모두 수긍하며 박수를 쳤다.

조상연 프로에게 치훈 군의 일상생활에 대해 물어보니 기타니 선생의 집에서 기숙하고 있다고 했다. 선생의 부인이 문하생 수십 명의 식사를 준비하는데 문하생 대부분은 자기 형편대로 하숙비를 낸다고 했다. 하지만 일정한 수입이 없는 조상연 프로가 치훈 군의 하숙비를 부담할 처지도 못 돼 난감한 상황이라고 했다. 신격호 사장은 이들 형제의 생활비로 매달 2만 엔을 후원하기로 했다. 당시 2만 엔이라면 롯데의 중견 간부 월급이었다. 조상연 프로는 '이 은혜를 어찌 다 갚겠느냐'며 몇 번이고 감사를 표했다.

"치훈이가 열심히 바둑 공부를 하면 돼요. 절대로 돈으로 갚을 생각은 하지 마시오."

그렇게 바둑돌을 사이에 두고 조치훈 군과의 인연이 시작되었다. 훗날 조상연 프로는 한국에 와서 '바둑 세계'라는 잡지를 창간했는데 그때 신격호 사장은 롯데호텔 13층의 일부를 이 잡지사의 사무실 공간으로 제공하기도 했다.

언젠가 후쿠다 다케오(福田赳夫) 당시 재무장관이 바둑 실력이 늘지 않아 골치라고 하소연했다. 신격호 사장은 고수에게 지도 대국을 받으라고 권유하면서 조치훈 군을 소개했다. 후쿠다 장관은 손자뻘인 치훈 군을 자택으로 불러 개인 교습을 받았다. 주말엔 치훈 군을 자택에서 재우며 밥도 함께 먹고 바둑을 실컷 두었다고 했다. 후쿠다 장관은 신 사장에게 고맙다는 인사를 전해왔다.

"치훈 군이 어린 나이에 얼마나 진지하게 바둑을 두는지 내가 많이 배웠소. 덕분에 내 바둑 실력도 많이 늘었습니다."

후쿠다 장관은 1976년 총리가 되는데 총리 재임 때도 가끔 조치훈 프로를 사범으로 모셨다. 어느 신문은 '한국 천재기사. 후쿠다 총리 가르치다'라는 제목으로 보도하기도 했다.

조치훈 군은 11세 9개월 나이에 최연소로 입단했고 1968년 프로

기사로 데뷔했다. 그때부터 그는 일본 바둑계에서 불멸의 금자탑을 쌓았다. 1983년엔 대삼관(大三冠)이라 불리는 타이틀, 즉 기성전, 명인전, 혼인방전을 모두 석권하는 위업을 달성하기도 했다. 조치훈 프로는 큰 타이틀을 딸 때마다 신격호 사장에게 인사하러 왔다. 신 사장의 후원이 큰 힘이 되었다며 밥을 사겠다고도 했다. 그럴 때면 신 사장은 기분 좋게 웃으면서 "좋아! 이제 상금을 꽤 받았으니까 이젠 조 명인이 밥을 사도 되겠구만. 오늘은 조 명인이 사는 밥을 먹자고. 하하하!" 그런 날은 식사하는 내내 마음이 뿌듯하고 행복했다.

조치훈 프로는 훗날 바둑책을 여러 권 냈는데 그때마다 책을 보내주었다. 신격호 사장은 그 책을 보며 바둑돌을 만지작거리는 것이 취미가 되었다. 조치훈 프로가 선물로 준 나무 바둑판은 신 사장이 아끼는 가보(家寶)가 되었다.

신격호 사장은 한국에 와서도 조치훈 프로의 숙부인 조남철 국수를 롯데호텔로 초청해 지도 대국을 가졌다. 좋은 인연을 끝까지 길게 이어가는 것이 신격호 사장 교우관이다.

우리는 신격호 사장의 바둑 일화에서 두 가지 흥미로운 점을 발견할 수 있다. 하나는 신 사장이 일본 정계에도 높은 수준의 인맥을 가지고 있다는 것이다. 예컨대 후쿠다 다케오 재무상(훗날 총리 역임)과 친밀한 관계를 가지고 있었다는 것이다. 다른 하나는 바둑에 심취하면서 바둑이 주는 교훈을 사업 경영의 어떤 원칙으로 삼았지 않았는가 하는 것이다. 예컨대 욕탐불승(欲貪不勝, 욕심을 부리면 이길 수 없다), 공피고아(攻彼顧我, 상대를 공격하기 전에 먼저 나를 둘러보라), 사소취대(捨少就貸, 사소한 것을 버리고 큰 것을 취하라) 등이다. 신격호 사장의 경영의 족적에 이런 교훈들이 곳곳에서 드러나고 있는 것이다.

제2부

모국 투자 – 롯데의 비약

18

한·일 국교 정상화 전야

신격호 회장(이제부터 회장 존칭을 사용한다)의 사업 현장은 한국으로 이동된다. 1965년 6월 22일에 조인된 '한·일 기본조약(韓日基本條約)'이 분기점이다. 한·일 기본조약은 기본관계에 관한 조약과 이에 부속하는 4개 협정으로 되어있다. 4개 부속 협정은 ①청구권·경제협력에 관한 협정 ②재일동포의 법적 지위와 대우에 관한 협정 ③어업에 관한 협정 ④문화재·문화 협력에 관한 협정이다.

한국은 1960년대 초 연간 경제성장률 7.1%를 목표로 한 제2차 경제개발5개년계획을 수립함에 따라 거액의 외자(外資)가 필요했으나 당시 미국의 원조에 의존했던 한국은 미국의 대한(對韓) 원조가 감소 추세에 있었기 때문에 외자도입 원(源)의 하나로 일본 자본에 기대를 걸고 한·일 국교 정상화를 서둘렀던 것이다. 이때 무상 3억 달러, 유상 2억 달러 총 5억 달러의 외자를 한국은 확보한 것이다.

신격호 회장은 한·일 국교 정상화가 되는 것을 보면서 한국에서 펼칠 사업 구상에 골몰했다. 신 회장은 종종 재복(財福)을 타고났다는 말을 듣는다. 맨손으로 시작해서 한국과 일본에서 큰 기업을 일구었으니 그렇게 말하는 것도 무리는 아닐 것이다. 하지만 신 회장 자신은 그보다는 인복(人福)이 많다고 생각해 오고 있다. 신 회장은 자신의 삶의 변곡점에서는 우연인지 필연인지 꼭 소중한 분들을 만나 도움을 받았기 때문이다. 그런 인연이 없었다면 오늘날의 신격호도, 롯데도 존재하지 않았을 것이다.

향서(香西) 유창순(劉彰順) 회장과의 인연만 해도 그렇다. 신격호 회장이 가내수공업 수준의 껌 공장을 운영할 때 한국은행 도쿄지점 외환 과장이던 유창순 씨는 직접 그곳을 방문해 격려해 주었다. 유창순 씨는 한국은행 도쿄지점장이 되어 만났을 때도 언제나 겸손한 자세였고 나이가 세 살 위인데도 항상 예의를 갖추었다.

1918년 평안남도 안주에서 태어난 유창순 회장은 평안공립상업학교를 졸업하고 조선은행(한국은행 전신)에 입행했다. 광복 후 조선은행이 한국은행으로 바뀐 뒤에도 계속 근무하며 격동기의 한국경제의 한복판에서 있었다.

20대 후반에 미국으로 유학 간 그는 1950년 8월 네브래스카주에 있는 헤이스팅스(Hastings)대학 경제학과를 졸업하고 전쟁 중인 한국으로 귀국했다. 귀국 직후인 9월에는 일본에서 인쇄한 한국 화폐의 호송 책임자로 일본에 왔다. 당시 한국에서는 지폐를 찍을 수 있는 인쇄시설이 없어 일본에서 찍어야 했다. 그때 신격호 사장은 유 회장과 처음 조우했다. 이듬해인 1951년 10월 한국은행 도쿄지점장으로 부임한 그가 1953년 10월 한국은행 뉴욕사무소장으로 임명돼 일본을 떠날 때까지 2년 동안 자주 만날 수 있었다.

그는 자기 관리가 워낙 철저해서 사적인 부탁은 전혀 하지 않았다. 그는 자나 깨나 한국경제에 대한 걱정뿐이었다. 신격호 회장은 그의 애국심과 인품에 깊은 감명을 받았다. 신격호 회장이 이례적으로 한국은행에 거금 6천만 엔을 예치한 것도 그에게서 감동을 받은 까닭이었다.

그 무렵 도쿄 일대에서 재력가로 알려진 한 재일동포가 갑자기 타계했다. 그런데 그가 가진 막대한 재산이 한국으로 들어가지 못하고 일본 땅에서 흐지부지 사라지고 말았다.

"얼마나 안타까운 일입니까? 지금 한국에서는 전후복구에 안간힘을 쓰고 있는데 자금이 모자라 애를 먹고 있습니다. 그분이 조국에 투자할 기회를 가졌더라면…"

"투자하고 싶어도 제도상 막혀있지 않습니까? 한·일간 국교가 없으니…"

"신 사장님, 언젠가 국교가 정상화되는 그 날이 오면 꼭 한국에도 기업을 세워 주십시오."

"그래야지요. 그때 많이 지도 편달해 주십시오."

두 사람은 한 재일동포의 죽음을 놓고도 한국경제를 걱정하며 안타까워했다.

그 후 유창순 회장은 뉴욕사무소장을 거쳐 1957년 9월 본점 조사부장으로 부임했다. 그리고 1958년부터는 수년째 계속된 한일회담의 대일청구권 담당 대표 임무를 맡아 자주 일본을 방문했다. 신격호 회장은 잠시 끊어졌던 유창순 회장과 만남이 이어졌다. 당시 한일회담의 한국 측 수석대표는 헌법학자이자 소설가, 정치인인 현민(玄民) 유진오(俞鎭午) 고려대 총장이었다.

국교 정상화 협조

일본 총리 기시 노부스케(岸信介)는 한·일 국교 정상화에 관심이 많았다. 재임 기간(1957~1960년 7월)에 외교에 각별한 열정을 쏟았다. 제2차 세계대전 이후 일본 총리로는 처음으로 동남아 국가를 두 차례 방문했다. 아시아지역 국가들을 돕는 아시아 개발기금(ADB) 창설에도 앞장섰다. 기시 총리는 한국과의 관계도 개선하려고 노력했다. 하지만 한일회담이 뚜렷한 진전을 보이지 않자 사위인 아베 신타로(安倍晋太郎, 외무대신) 의원과 측근 인사들을 신격호 회장에게 보내 국교 정상화가 성사되도록 협조해 달라고 부탁해왔다. 그러나 신격호 회장은 기업인일 뿐이어서 어디에 영향력을 미칠만한 위치에 있지 않았다. 다만 양국의 우호적 관계를 열망하고 있었기에 힘이 닿는 데까지 돕겠다는 생각을 가지고 있었다.

한일회담에 나선 한국대표단도 재일동포 기업인들의 의견을 파악하려고 신격호 회장에게 연락할 때가 많았다. 가끔 한국대표단과 재일동포 기업인이 함께 모이는 회식 자리가 마련되기도 했는데 그때마다 유창순 한국은행 조사부장은 예의 그 애국심이 묻어나는 목소리로 교포 기업인들에게 조국에 투자하라고 호소했다.

국교 정상화를 위한 한일회담은 오래전부터 계속되고 있었다. 하지만 1961년 5월 16일 군사혁명으로 들어선 박정희 정권은 과거 어느 정부보다도 한일회담을 성사시키려는 의지가 강했다. 박정희 정권은 경제개발을 통해 빈곤에서 탈출하고 공업화 등 근대화를 하려고 애를 썼지만, 축적된 자본이 없어 한일회담 성사를 통한 대일(對日) 청구권 자금 확보가 절박해 보였다.

군사정권 초기인 국가재건최고회의 시기이던 1961년 10월 25일 정권 실세인 김종필 중앙정보부장이 일본 국회의사당 총리 집무실에서 이케다 하야토(池田勇人) 총리를 만나 회담을 가졌다. 이어 1962년 5월 12일에는 박정희 의장이 미 케네디 대통령과 회담을 위해 미국 방문길에 일본에 들러 이케다 총리와 회담하고 총리 관저에서 만찬을 갖기도 했다. 국교 정상화를 향한 분위기가 점차 무르익어 가는 가운데 김종필 중앙정보부장은 1962년 11월에 다시 일본에 와서 한일회담에 대한 막후협상을 벌였다. 그는 11월 12일 밤에 오히라 마사요시(大平正芳) 외무장관과 단둘이서 담판을 지었다. 이때 유명한 '김종필 – 오히라 메모'가 작성되었다.

김종필 정보부장은 회담 후 생길 수 있는 해석의 차이를 방지하기 위해 메모(Memo)를 남기자는 제안을 했고 이를 오히라 외상이 받아들여 메모가 문서로 작성되었다. 이 막후협상으로 양국 사이에 가장 큰 쟁점이었던 대일청구권에 관해 원칙적인 합의를 본 것이다.

대일청구권 자금 규모는 무상 3억 달러, 유상 2억 달러였다. 한국 정부는 이 자금으로 포스코(포항제철)와 고속도로 건설 등 경제개발 기초를 닦았고 경제부국으로 성장하는 힘을 갖게 된 것이다. 신격호 회장은 한일 국교 정상화 회담이 마무리되어가는 것을 보면서 고국에 투자할 기회가 점차 다가오고 있음을 느꼈다.

박정희 의장과 첫만남

신격호 회장이 고향을 떠난 지 21년 만에 군사정부의 초청으로 재일동포 기업인들과 함께 한국 땅을 밟은 것은 1962년 4월 20일이었다. 5.16 군사혁명이 일어난 지 10개월 후였다. 그때 한국 정부 요인이 신 회장과 면담하기를 원한다며 비서관과 검은 승용차를 보내왔다. 그 승용차를 타고 장충동 어느 건물에 가보니 박정희 최고회의 의장의 공보실장인 이후락(李厚洛) 장군이 기다리고 있었다.

이후락 장군은 제3대 대통령 비서실장, 중앙정보부장, 주일대사, 북한 김일석 주석을 만난 장본인이다. 신 회장보다 세 살 아래인 이후락 공보실장은 울주 산골짜기에서 함께 자란 이웃 동네 후배이다. 고개 하나 너머에 있는 마을이어서 어려서 잘 알고 있는 사이였다. 그는 5년제 울산농업학교를 졸업했는데 신 회장이 다닌 울산농업실수학교와는 달랐으나 두 학교가 학풍은 비슷했다.

신 회장이 일본에 간 후 교류가 끊어졌지만, 그에 대한 소문은 간간이 들을 수 있었다. 울산 출신의 재일동포들 사이에서는 그가 29세에 육군장성(준장)이 되었다는 소식이 알려지면서 '출세한 인물'로 손꼽혔다.

이후락 장군은 예전처럼 '형님'이라 부르며 반갑게 인사했다. 그의 입에서도 투자 이야기가 나왔다.

"한국에도 투자 좀 하이소."

"여건이 마련되모 당연히 그래야제."

"그리고… 공식 일정에는 없는데 오신 김에 최고회의 의장님께 인사드리는 게 좋겠심더."

신격호 회장은 갑작스럽게 한 나라의 최고 권력자를 만나는 것이 당황스럽지만 좋은 기회라 생각되기도 해서 이후락 실장의 안내를 받아 박정희 의장을 만났다. 박 의장은 실내에서도 선글라스를 쓰고 있다가 신 회장이 들어가자 선글라스를 벗고 반갑게 맞아주었다. 신 회장은 박 의장의 환대에 이내 안도했다.

"반갑습니다. 신 회장님 이야기를 여러분에게서 들었습니다."

대화 도중 박 의장은 담배를 꺼내 신 회장에게 권했다. 최근 국산 필터를 개발해 만든 '아리랑' 담배라고 했다. 신 회장은 독한 시가를 즐겨 피우기에 아리랑 담배 맛은 다소 심심한 편이었다. 담배를 피우며 대화는 계속되었다.

박 의장은 이내 투자에 관한 이야기를 꺼냈다.

"경제개발을 위해 신 회장님도 투자를 좀 해주십시오."

"그래야지요."

"기간산업 쪽이 취약합니다. 신 회장님이 투자할 분야를 추후 제안하겠습니다."

박정희 의장은 제1차 경제개발5개년계획(1962~1966)에 대해 설명했다. 통계 수치도 줄줄 외우고 있었다. 군인 출신이라 경제에는 문외한일 것이라 지레짐작했는데 정작 만나보니 그렇지 않았다. 비전도 가지고 있었다. 비로소 모국에 투자해도 괜찮겠다는 안도감이 들었다. 기간산업 쪽이 취약하다는 진단도 신 회장의 견해와 비슷해서 다행이란 생각이 들었다.

주일 한국 대표부 건물

1963년 10월 15일, 한국에서 대통령 선거가 치러졌다. 군복을 벗고 출마한 박정희 공화당 후보가 윤보선(尹潽善) 후보를 15만 표 차이로 누르고 당선되었다. 박정희 후보는 1963년 12월 17일 대통령에 취임했다.

하지만 취임한 지 얼마 지나지 않은 1964년 3월 한일회담 내용이 일부 알려지면서 대학가가 들끓기 시작했다. 대학생들은 굴욕적인 회담이라면서 서울을 시작으로 전국에서 한일회담 반대 시위를 벌였다. 시위가 격렬해지자 박정희 정부는 6월 3일 비상계엄을 선포했다. 그 결과 7월 29일 계엄령이 해제될 때까지 한국에서는 집회가 금지되고 언론도 검열을 받아야 했다.

신격호 회장은 한국 내 사정이 이렇다 보니 한국에 올 때마다 마음이 무겁고 답답했다. 당시 북한조차 1인당 GNP가 300달러가 넘었고 버마(현 미얀마)도 900달러 가까운데 한국은 여전히 100달러 수준에 불과했다. 변변한 일자리가 없어 서독 탄광에서 일할 광부를 모집하는데 명문대 졸업자들이 몰려들 정도였다. 그런데도 정치적 혼란은 계속되고 있었다. 그와는 달리 일본은 1964년 10월에 열릴 도쿄올림픽을 앞두고 그 준비에 열중이었다. 이러한 사실들이 비교가 돼 신 회장은 마음이 아팠다.

신격호 회장은 올림픽이 개막하기 전 인부 20여 명을 데리고 주일 한국대표부를 찾아가 구내 곳곳에 조경용 나무를 심었다. 올림픽이 열리면 세계의 이목이 도쿄에 집중될 텐데 한국대표부 건물 내부에 나무가 거의 없어 황량해 보였기 때문이었다. 국가 체면 문제였다.

신 회장은 식수를 하는 내내 마음이 즐거웠다. 과거 울산농업실수학교 재학 시절에 조림과목을 가르친 양인석 선생님이 "나무는 심는 사람의 정성이 있어야 잘 자란다."라고 강조한 말씀이 생각났다. 신 회장도 정성을 다해 나무를 심었다. 양인석 선생님은 경북대 농대 교수로 계신다고 했다.

한국대표부는 도쿄 미나토구 미나미 아자부 1번지에 있었다. 미나미 아자부는 예로부터 일본의 왕족들이 살던 부촌이었는데 그중에서도 한국대표부 건물은 일본 총리까지 지낸 거물 정치인의 별장이었다고 한다. 제2차 세계대전 이후 주인 없는 집이 되었는데 한때 덴마크 공사의 관저로 사용되다가 1952년 오사카의 기업인 서갑호 회장이 매입했다.

서갑호 회장은 사카모토라는 큰 방적회사를 창업한 재일교포 실업가로 신격호 회장이 오사카 대리점을 인수했을 때 "잘한 일이다. 성공하라."고 격려한 분이다.

오사카에 사는 서 회장이 도쿄에 있는 이 저택을 거액을 들여 산

이유는 주일 한국대표부에게 무상으로 제공해 주기 위해서였다. 원래 한국대표부는 도쿄 시내의 어느 건물을 무상으로 사용했었는데 일본 정부로부터 그곳에서 나가 달라는 통보를 받았다. 하지만 공관을 마련할 예산이 없어 거리에 나앉을 처지였다. 한국 정부는 '대표부 경비는 재일동포들에게서 지원받아 충당하라'는 황당한 훈령을 내렸다고 한다. 그만큼 국가 재정이 어렵다는 얘기였다.

우연찮게 김용식(金容植) 수석공사로부터 이런 내막을 들은 서 회장이 미나미 아자부에서 가장 번듯한 이 건물을 매입해 1961년 8월 15일 건물과 부지 모두를 국가에 헌납했다. 신격호 회장은 겨우 식수하는 정도의 도움밖에 주지 못했는데 서갑호 회장은 건물과 부지를 매입해 기증한 것이다. 서갑호 회장의 나라를 생각하는 마음은 그 정도로 컸다.

신격호 회장은 식수를 끝낸 후 배의환(裵義煥) 대표부 대사에게 인사하러 갔다. 배 대사는 한국은행 제4대 총재를 지냈고 외교계의 거물이었다. 그는 1961년 12월 주일 대표부 대사로 부임했다. 신격호 회장은 부임 초기에 인사를 나눴고 가끔 문안 삼아 찾아가 만나곤 했다. 배 대사는 1961년 5월 30일 한국은행 제6대 총재로 취임한 유창순 총재와 신 회장과의 인연을 잘 안다며 항상 친근감을 나타냈다. 신 회장은 그의 호의에 보답하는 의미로 기회가 닿을 때마다 일본 측 유력인사들을 연결해주곤 했다.

배 대사는 그날 서갑호 회장도 언급하더니 대표부가 기업인들 덕분에 체면을 차렸다며 감사하다는 말을 했다. 서갑호 회장은 경상남도 울산 출신이다. 신격호 회장은 그저 정원에 식목 작업을 했을 뿐이지만 마음이 뿌듯했다.

비철금속(Nonferrous Metal)에서 성공한 류찬우 회장

그 무렵 신격호 회장과 가깝게 지낸 기업인 가운데 류찬우(柳纘佑) 회장이 있다. 류찬우 회장은 1960년대 초에 일본으로 건너와 사업을 시작했는데 사업 수완도 뛰어나지만 애국심도 남달랐다. 류 회장은 임진왜란 때의 명재상 서애(西厓) 류성룡(柳成龍)의 후손으로 명문가 출신답게 성품이 올곧고 담대했다. 그는 신 회장과 나이가 비슷해 말을 편하게 하자고 해도 늘 존댓말을 썼다. 류 회장은 일본에서 알루미늄, 구리, 주석 등 금속자재사업을 벌여 성공했다. 베트남 전쟁 초기에 베트남 시장에도 진출해서 기반을 닦았다.

재일 상공인들이 박정희 대통령을 예방하는 자리에 신 회장은 류 회장과 함께 간 일이 있다. 대기실에서 기다리고 있는데 류 회장이 슬며시 말을 걸어왔다.

"제 업종(비철금속)을 소개할 때 뭐라고 할까요? 금속 이름을 줄줄이 들먹이기도 곤란하고…"

"그거는 류 회장이 잘 알지 내가 뭐 알겠소?"

"신 회장님은 화공과 나왔다 아닙니까? 그러니 공학 용어로…"

"아! 비철금속…"

그때만 해도 비철금속이라는 용어가 익숙하지 않았던 모양이다. 신 회장은 화공과 출신답게 아주 압축된 개념인 비철금속을 생각해낸 것이다. 사실 비철금속(非鐵金屬) 개념은 일반적이지 않다. 학술 용어로는 철 및 철을 주성분으로 한 합금(철강 재료) 이외의 모든 금속을 가리키는 말이다.

박정희 대통령이 예상대로 류 회장에게 업종을 묻자, 류 회장은 거침없이 '비철금속'이라 대답했다. 대화 분위기가 무르익을 때쯤 신격호 회장은 박 대통령에게 '류찬우 회장은 서애 류성룡 재상의 후손'이라고 소개했다. 그러자 박 대통령은 반색하면서 이순신 장군의 대첩까지 거론하면서 류 회장에게 관심을 보였다. 박 대통령이 그 자리에서 이순신 장군의 대첩까지 거론한 것은 류성룡 재상이 역모에 몰린 이순신 장군을 선조에게 진언해 구해준 것과 연관해서였을 것이다.

그날 만남을 인연으로 류찬우 회장은 귀국한 후 한국 정부의 제안에 따라 신동(伸銅) 분야에 투자해 풍산금속을 세웠다. 1968년 출범한 풍산그룹은 세계시장을 선도하는 동(銅, Copper) 전문기업이다. 최근 전국경제인 연합회 회장에 선출된 류진(柳津) 회장은 풍산그룹 류찬우 창업회장의 아들이다.

훗날 류찬우 회장이 서애 류성룡의 문집인 서애전서(西厓全書)를 간행했고 신격호 회장은 이를 선물로 받아 서재에 꽂아놓고 틈나는 대로 읽었다.

19

모국 투자 첫걸음

신격호 회장의 사업 영역은 한국으로 확장돼 왔다. 그가 항상 꿈꾸던 조국에서의 투자의 문이 열린 것이다.

한국에서는 1962년에 시작된 제1차 경제개발5개년계획(1962~1966년)이 관 주도로 강력하게 추진되었다. 연 경제성장률이 7%대를 상회하는 경이적인 실적을 보였다.

곧바로 제2차 경제개발5개년계획(1962~1971년)의 밑그림이 나왔다. 철강, 조선, 자동차 등 중공업 분야에 투자 중점이 두어졌다. 이 계획 수행에는 막대한 외자가 필요했다. 다시 말하면 외국에 투자의 문이 활짝 열린 것이다.

재일동포 기업인들에게도 구체적인 투자 제안이 전달되었다. 신격호 회장은 1964년 5월 경제부총리로 발탁된 장기영 부총리로부터 투자 제안을 받았다. 장 부총리는 '불도저' 또는 '왕초'라는 닉네임이 붙어있는 경제 각료다. 일의 추진력이 강력하고 배짱이 두둑하다는 의미다.

장기영 부총리가 신격호 회장에게 제안한 투자 부문은 방위산업이었다. 방위산업이란 국가 방위(안보)를 위하여 군사적으로 소요되는 물자의 생산과 개발에 기여하는 산업이다. 국방력 형성에 중요한 요소가 되는 총, 포, 탄약, 함정, 항공기, 미사일 등이 방위산업의 내용이다.

신격호 회장은 고민에 빠졌다. 방위산업은 그의 평소 기업관 '가족의 화목과 행복한 삶을 추구한다'는 것과 배치되는 것이었다. 인명을 살상하는 무기는 만들 수가 없다고 생각했다. 신격호 회장은 장기영 부총리 이외에도 몇몇 고위층으로부터 군수산업에 투자할 것을 제안받았지만 그때마다 고사했다. 이 순간 한국의 '롯데그룹' 기업 성격이 결정된 것이다.

신격호 회장은 제철이나 제강(製鋼)이면 해볼 만하다고 내심 생각하고 있었다. 그러잖아도 일본의 가와사기(川崎) 제철의 이사노(佐野) 사장이 "한국에 투자하려면 제철업을 하라."고 적극적으로 권유하기도 했다. 우리는 여기서 신격호 회장이 제철 사업에 관심을 가졌다는 것을 기억해 둘 필요가 있다.

그러는 사이 지지부진했던 한일회담이 급속도로 진척돼 1965년 6월 22일 한일기본조약을 포함한 5개 협정, 이른바 한일협정이 타결되었다. 한일협정은 양국 국회의 비준을 거쳐 그해 12월 18일 발효되었다. 한일협정에 따라 양국은 외교 및 영사 관계를 개설했고 주일 대표부는 주일대사관으로 승격되었다. 재일동포들은 일본에서 영주권을 얻을 수 있는 길이 열렸다.

제2 정유 사업자 획득 실패

한일협정이 타결되자 한국과 일본의 교류가 활발해졌다. 봇물이 터진 것 같았다. 신격호 회장은 일본 롯데 대리점주들을 초청해 한국

여행을 시켰다. 1966년 6월 4일 제1진 130명이 일본항공(JAL) 전세기 편으로 한국 땅을 밟은 것을 계기로 제4진까지 모두 600명이 한국을 다녀갔다. 당시 한국은 일본에 비해 도시의 외양은 초라했지만, 유구한 역사를 지닌 나라임을 일본인들에게 보여주겠다는 게 신 회장의 생각이었다. 그래서 여행 코스는 서울, 경주, 부여 등 자연 풍광보다는 역사 유적이 많은 지역을 중심으로 선정했다.

다른 재일동포 기업인들도 고국에 투자하려고 한국을 자주 드나들었다. 그중에서도 서갑호 회장의 행보는 매우 빨랐다. 그는 한국산업은행이 관리하던 태창방직을 인수해 일찌감치 '판본방직'을 설립했다. 그해 10월 재산반입 방식으로 일본에서 방직기 1만추를 한국으로 들여왔고 1965년 8월에는 방적기 3만추를 추가로 반입했다. 1967년 12월에는 회사명을 방림방적으로 바꾸었다.

우리는 앞장에서 서갑호 사장의 이야기를 몇 번 접했지만 그를 좀 더 자세히 살펴볼 필요가 있다. 서갑호 사장은 14세의 나이로 일본으로 건너가 자수성가를 이룬 대표적인 인물로서 사카모토방적(Sakamoto Spinning), 히타치방적(Hitachi Spinning) 같은 주요 섬유회사를 설립, 운영했으며 한때는 일본에서 소득세 1위를 기록하기도 했다.

1963년 한국의 경제개발 계획에 발맞추어 해외동포로서는 최초로 고국에 거액의 외자를 투자하여 방림방적을 세웠다. 그는 한국 섬유산업 발전과 수출입국의 초석을 다지는 데 공을 세웠다. 그는 1962년 11월 현 주일대사관 자리(대지 2,500평, 건평 450여 평, 도쿄 요지에 위치)를 기증해 남다른 고국애를 보였다. 신격호 회장은 서 사장과 각별한 사이로 지냈으며 신 회장이 사업 초기 때 오사카에 갈 때마다 그를 찾아 인사를 드렸다. 서갑호 사장은 "가정을 꾸며라, 그래야 사업도 잘된다."라고 신 회장에게 조언을 해주기도 했다. 신격호 회장이 사업 초기 공장에 야전 침대에서 쪽잠을 자는 처지를 알고 그렇게 말해 주었던 것이다.

신격호 회장은 한동안 한국에서의 투자 분야를 정하지 못하고 있었다. 그런데 1966년 5월 한국 정부가 제2 정유공장 사업자를 공모한다고 발표했다. 당시 한국 정유산업은 유공(油公, 대한석유공사) 1사 체제였다. 국영 체제였지만 미국의 석유 메이저 걸프(Gulf)가 대주주였다. 한국의 경제개발에 가속도가 붙으면서 유공의 생산량만으로는 급증하는 수요를 감당할 수가 없었기 때문에 제2 정유공장을 세우려는 것이었다. 정유 사업은 황금알을 낳는 거위였다. 유공은 판매고 1위, 세금자납 1위였다. 제2 정유는 민영(民營)으로 하되 사업자는 정부가 선정한다고 했다. 선정 기준은 자본과 기술, 단 두 가지였다. 한국 재계는 불꽃 튀는 경쟁을 벌였다. 모두 6개의 기업이 사업자 선정에 신청서를 냈는데 그중 가장 유력한 사업자는 락희화학(현 LG)그룹이었다. 신격호 회장의 롯데, 한양대학재단의 김연준 총장, 방림방적의 서갑호 사장도 신청자의 한 사람이었다.

사업 세계는 묘한 데가 있다. 신 회장과 서갑호 사장은 고향 선후배로 남다른 친밀한 사이였지만 라이벌이 되기도 한다. 그즈음 신격호 회장은 평소 정유사업에 관심을 가지고 있었기 때문에 준비에 나섰다. 신격호 회장은 일본 이토추(伊藤忠) 상사의 이토 에이사치 회장을 만나 이 사업에 함께 나서기로 합의하고 '동방석유'라는 이름으로 응모했다.

신 회장은 우연히 도쿄 하네다공항에서 출발하는 서울행 비행기에 서갑호 회장과 나란히 앉게 되었는데 서갑호 회장은 미국의 선오일 컨티넨탈(Sunoil Continental)과 사업자 선정 절차에 참여했다고 했다. 응모자는 락희화학, 동방석유, 삼남석유(판본방적), 삼양개발, 한국화약, 한양석유 등 총 6개 사였다.

1966년 11월 17일 심사 결과가 발표되었는데 락희화학(구인회 회장)이 사업자로 선정되었다. 신격호 회장은 모처럼 모국에서 투자를 결심했지만 실패의 쓴맛을 보았다. 락희화학은 미국의 칼텍스와 50 대 50의 지분으로 합작해 1967년 5월 호남정유를 설립했다. 이 회사가 현재의 GS칼텍스이다.

20

제철(製鐵, Steel Industry) 사업 제안을 받고

신격호 회장은 1966년 7월 25일부터 10일 가까이 한국에 체류했다. 모처럼 한가한 사적 시간을 가졌다. 고향 울주에 다녀왔다. 어릴 때 살던 집은 여전했다. 아버지는 성품이 후덕한 박대방(朴大芳)이란 분과 재혼하여 살고 계셨다. 1952년 48세에 돌아가신 생모를 대신해 어린 동생들을 키우신 그분이 고마웠다. 신 회장은 큰 절로 고마움을 표시했다. 아내가 세상을 떠나고 어린 영자를 세심하게 돌봐준 이도 새어머니였다. 덕분에 영자는 명문 이화여대 가정과에 합격할 수 있었다. 영자의 합격 소식을 들었을 때 느꼈던 기쁨은 글로 다 표현할 수 없을 정도였다.

신 회장은 고향에 방문한 김에 집 근처 문수암에 올라가 이미 고인이 된 어머니와 아내를 위한 불공을 드렸다. 훗날 신 회장은 문수암에 100만 달러를 시주했는데 그 후 문수암은 문수사(文殊寺)로 격상되고 커다란 범종도 마련했다. 1988년 '부처님 오신 날'에 범종 타종 법회가 성대하게 열려 신 회장은 마음이 뿌듯했다.

신 회장은 서울로 와 주로 재계인사들을 만났는데 마침 이병철 회장을 뵈었더니 울산에 짓고 있는 한국 비료공장 때문에 눈코 뜰 새

없이 바쁘다고 했다. 한국비료는 삼성그룹이 짓고 있지만, 국책사업이나 마찬가지였다. 박정희 대통령은 비료 산업을 국가기간산업으로 지정하고 비료 생산을 늘려 농촌에 적기에 공급함으로써 농촌의 쌀 생산성을 늘려 기아에서 벗어나려는 정책을 폈다. 한국비료는 연간 생산 능력이 33만 톤으로 세계적으로도 드문 대규모였다. 이병철 회장은 "울산공단에 35만 평 용지를 샀다네. 작년(1965년) 12월에 착공했는데 가장 어려운 게 무거븐(무거운) 기계 설비를 욍기는(옮기는) 일이야. 필요한 기계가 30만 종에 총중량이 18만 톤이나 된다카이!"라고 말하면서 고충을 설명했다.

신격호 회장은 대통령 비서실장이 된 고향 후배 이후락도 만났다. 이번 만남은 꽤 의미심장한 것이었다. 늘 단정한 옷차림이던 이 실장은 그날도 머리에 포마드를 발라 깔끔한 모습으로 신 회장을 맞았다. 정중한 말씨가 신 회장 귀에 다소 사무적인 어투로 들렸다. 대통령을 지근 거리에서 보필하는 중책이어서 늘 긴장하며 지내야 하는 사정을 알 수 있었다.

"신 회장님 덕분에 한여름도 시원하게 잘 지냅니다." 신 회장이 청와대에 기증한 최신식 냉방장치를 두고 하는 인사였다. 지난번 청와대를 방문했을 때 냉난방장치가 너무 낡아 겨울엔 춥고 여름에 무더웠던 게 안타까워 기증한 설비였다.

"신 회장님! 롯데가 한국에 투자할 업종을 제안하겠습니다. 국가적으로 매우 중요한 분야입니다. 바로 제철 사업입니다."

신 회장은 깜짝 놀랐다. 예상하지 못했던 폭탄 제언이었다. 당시 정부 주변에서는 1965년 한일기본조약에 따라 일본 정부로부터 우리 정부에 경제 원조자금을 지원하게 되는데 이 자금으로 제철 사업을 일으켜야 한다는 말이 공공연히 떠돌았다. 특히 박정희 대통령의 제철산업에 대한 의지가 확고하다는 것이었다. 철은 만공(萬工)의 쌀이다. 철강 없이는 공업화가 성립되지 않는다. 철없이는 경제성장도 바라볼 수 없다. 철은 국가 명운을 가른다. 이런 중요 프로젝트를 맡아 달라는 것이다. 그것도 대통령 비서실장이 말하는 것이다. 대통령의 말로 해석해도 무리는 없다.

"제철이라 카모 엄청난 자본하고 고도의 기술이 있어야 되는데…"

신격호 회장은 신중한 반응을 보였다. "신 회장님은 일본에서도 발이 넓으시니 잘 해결하실 것으로 기대합니다."라고 이후락 실장은 쐐기를 박는 말까지 했다. 우리는 이 책 앞장에서 신 회장이 제철이나 제련 같으면 관심을 가져볼 만하다고 했던 것을 떠올려 보면 된다. 신 회장은 제철업에 대해 기초적인 검토를 한 바 있어 적잖이 반가웠다. 그러나 대답은 신중하게 해야 했다.

신 회장이 잠시 망설이는 눈치를 보이자, 이 실장은 김학렬(金鶴烈) 정무수석을 불렀다. 김 수석은 재무장관을 지내고 정무수석으로 청와대에 들어온 경제에 밝은 관료였다. 그의 별명은 '쓰르(일본어로 학)'로 일 처리가 날카롭게 빠르고 예스, 노가 분명한 것으로 유명했다. 빠른 두뇌와 불같은 추진력을 가졌다.

김학렬 수석은 메모지에 만년필로 '金鐵佑(김철우)'란 이름을 써서 신 회장에게 건네주었다. 글씨가 달필이었다.

"신 회장님. 도쿄대학 산업기술연구소에 근무하는 김철우 교수를 만나보세요. 제철 전문가입니다. 도쿄대학 금속공학과를 나오고 박사학위도 받은 분입니다."

"쇠철, 도울우… 본명입니까?"

"그렇습니다. 마치 우리나라 제철을 위해 태어난 분 같습니다."

"희한하네요. 이름부터…재일동포인가요?"

"예. 1926년 시즈오카 출생입니다."

김철우 교수와 제철 TFT

신격호 회장은 일본으로 돌아오자마자 비서를 통해 김철우 교수와 전화 통화를 할 수 있게 했다. 비서는 김 교수가 신 회장의 전화라고 하니 의아해하더라면서 전화를 연결해 주었다.

"김 교수님. 저도 한국 사람입니다. 직접 뵙고 긴히 상의 드릴 일이 있습니다."

"예? 롯데제과 사장님이 한국인이라고요? 전혀 몰랐습니다. 반갑습니다. 그런데 저는 제과에 대해서는 아무것도 모르는데요."

"제철에 대해 여쭤보려고 합니다. 내일 저녁쯤 뵐 수 있을까요?"

신 회장은 약속을 잡고 이튿날 도쿄 시내에서 김 교수와 만났다. 한국에서 있었던 자초지종을 설명하자 그는 일본에서 제철소 여러 곳의 고로(高爐) 제작에 참여한 경험이 있다며 힘닿는 대로 돕겠다고 했다. 신 회장과 김 교수는 곧 의기투합했고 독한 고량주로 건배하면서 도전해보자고 했다.

김철우 교수는 이 분야에서 세계적인 권위자였다. 일본에서 한국인에 대한 차별이 극심한 와중에서도 그 차별을 딛고 일본 문부성 기술 연구관 겸 도쿄대학 교수 자리에까지 오를 정도로 그의 능력은 대단한 평가를 받고 있었다. 김 교수는 후지 제철기술 본부장이 도쿄대학 동료 교수라며 그를 통해 후지제철 나가노 시게오(永野重雄) 사장과 인사를 하게 해주었다. 마침 나가노 사장은 자신도 롯데 초콜릿 애호가라며 적극적으로 돕겠다고 나서주었다. 덕분에 후지제철 기술자 22명, 도쿄대학 연구인력 12명 등으로 TFT(Task Force

Team. 전략적 팀)을 구성할 수 있게 되었다.

일은 신속하게 진행되었고 팀은 높은 수준이었다. TFT는 연산 100만 톤 규모의 종합제철소 건설을 위한 기본기술 계획을 세우고 타당성 조사를 벌였다. 신격호 회장은 이 조사와 팀을 꾸리는 데 당시로서는 거금인 3천만 엔을 투입했고 김철우 교수는 만사를 제치고 이 작업에 몰두했다. 신격호 회장은 김 교수의 노고를 위로하려고 그를 찾아가 함께 밥도 먹고 가끔 술도 마셨다. 김 교수는 세계적인 그 분야의 권위자이면서도 무척 겸손했다.

한국 제철사업은 국영(國營)으로

박태준(朴泰俊)에게 TFT 보고서 넘겨주어

TFT 작업이 한창이던 1967년 봄 어느 날, 신격호 회장은 김철우 교수로부터 급히 만나자는 연락을 받았다. 김 교수가 신 회장에게 만나자고 전화를 한 것은 처음이었다. 그동안 연락은 항상 신 회장이 먼저 해왔다.

신 회장은 급히 승용차를 몰고 도쿄대학 산업기술연구소가 있는 도쿄 근교의 지바로 달려갔다. 김 교수 연구실로 들어가자, 뜻밖의 인물이 신 회장을 기다리고 있었다. 키는 크지 않았지만, 몸에서 풍기는 분위기는 예사로운 인물이 아니라는 것을 직감할 수 있었다. 눈썹은 짙고 눈빛은 예리하게 빛났다. 후일 국무총리를 지내는 청암(靑岩) 박태준이었다.

"경남 양산이 고향입니다. 와세다대학 금속공학과에 다니다가 해방되면서 귀국했습니다. 육군 소장으로 예편했고 최고회의 박정희 의장 비서실장을 지냈습니다. 대한중석 사장을 지내다 박 대통령으로부터 제철소 건립 특명을 받고 지금 세계 방방곡곡을 다니고 있습니다."

그는 자신을 간략하게 소개했다. 신격호 회장은 어리둥절해졌다. 신 회장은 이미 이후락 비서실장에게서 제철산업 권유를 받고 제철사업을 준비하고 있는데 박태준도 특명을 받았다는 것이다. 중요 국책사업이라 복수로 진행되는 것인가! 어쨌든 세 사람은 제철사업에 대해 밤을 새워가며 이야기를 나누었다. 한 나라의 경제발전에 있어서 제철 사업의 중요성, 한국의 경제개발계획 성공을 위해 제철사업의 필요성, 종합제철공장을 세운다면 어느 규모가 되어야 하는지 등 이야기는 끝없이 이어졌다.

신격호 회장은 이야기가 진행되는 가운데 박태준이 애국심이 충만하고 열정이 넘치며 대장부의 기개도 남다르다는 것을 느꼈다. 이런 인물과 마주치게 된 게 심상치 않아 보였다. 신격호 회장은 한국의 제철사업에서 자신이 배제될지도 모른다는 예감이 들었다.

박태준의 이야기를 들으니, 한국이 제철사업을 일으키는데 개탄스러운 일도 있다는 것을 알았다. 미국이 한국의 제철사업에 참여하려고 안간힘을 쓰고 있는데 미국의 유에스 스틸(US Steel)이 자신들에겐 쓸모가 없어진 구식 설비와 낡은 고로를 터무니없는 비싼 값으로 떠넘기려 한다는 것이었다. 신 회장은 미국은 한국의 우방인데 바가지를 씌우려고 한다는 말에 분노를 느꼈다. 국제사회에서 비즈니스는 이윤밖에 없다는 냉엄한 현실을 보는 듯했다.

박태준은 미국과 일본을 드나들며 제철 시장 상황을 조사했다. 톤당 건설비가 미국은 300달러, 일본은 180달러로 조사됐다. 거의 배나 차이가 있다. 더구나 일본은 최신 설비를 제공할 수 있다는 것이다. 박태준은 이러한 조사 결과를 가지고 일본 기술을 도입하자고 주장했다. 박태준의 주장은 씨알도 먹히지 않았다. 반일 감정이 가로막았다. 이런 와중에 일부 정치인은 미국과 손잡고 리베이트를 받아 정치자금으로 쓰려고 군침을 흘리기까지 했다. 우리는 현재 추후 포스코(포항제철)가 되는 한국의 제철사업을 둘러싸고 벌어졌던 비하인드 스토리를 읽고 있는 것이다.

박태준은 미국 측 제안의 부적절함을 조목조목 지적했다. 그러자 미국은 자신들이 주도하던 대한국제철차관단(KISA, Korea International Steel Association)를 해체해야 한다며 위협했다. 세계은행(IBRD)의 차관사업 타당성 조사에 부정적인 내용의 보고서가 포함됐다. 세계은행은 미국이 주도하는 기관이다. 세계은행 보고서는 '한국은 제철소를 지을 능력도, 운영할 여력도 없다'는 내용이었다. 박태준은 맨 마지막에 폭탄적인 발언을 했다.

"제철사업은 워낙 규모가 크고 공공성이 강해서 정부 주도로 하기로 결정했습니다."

국영사업으로 하기로 했다는 것이었다. 신격호 회장은 경악했다.

"아니, 그러면 롯데는 빠지라는 겁니까?"

"그렇게 됐습니다. 죄송합니다."

"이럴 수가…"

신 회장은 허탈했고 배신감까지 들었다. 뭔가 찜찜하다 싶었던 게 바로 이것이었다. 신 회장은 한동안 말문이 열리지 않아 멍하니 앉아 있었다. 그러다 문득 박태준, 김철우 두 사람의 난처해하는 표정을 보고서는 마음을 추스르기로 했다. 사업을 하다 보면 이런 황당한 일이 생길 때도 있는 법이라고 자위했다. 그리고 박태준 말대로 제철사업은 국가적으로 너무 중요해 민간기업이 맡기에는 한계도 있고 규모도 컸다.

　신격호 회장은 단념하는 데도 빠르다. 김철우 교수에게 맡겨 8개월 동안 조사, 연구해서 만든 프로젝트 보고서를 아무런 조건 없이 박태준에게 넘겨주었다. 적잖은 자금과 정성을 쏟아 만든 결과물이지만 이렇게라도 모국의 제철사업을 일으키는 데 도움이 된다면 그것으로 만족하기로 했다. 그런데도 훗날 기록으로 남겨진 한국의 제철사업사(製鐵産業史)에서 이 시기에 롯데가 기여한 부분이 전혀 언급되지 않은 점은 몹시 서운했다.

　김철우 교수는 그 후 포항종합제철에 입사해 1989년 퇴직할 때까지 상무, 전무, 부사장 등을 거치며 제철산업 발전에 큰 역할을 했다.

그 뒤 제철사업은 어떻게 됐나?

　이 책에서 포스코(포항제철)의 세세한 성장 과정을 다 정리하는 것은 지면의 한계가 있다. 그리고 우리는 롯데 성장사만을 다루고 있다. 다만 이 책에서는 포철의 대강의 역사를 다뤄 독자의 궁금증을 덜어 드리려고 한다.

　우리나라는 1950년대부터 산업의 쌀인 '철강'의 중요성을 인식하고 종합제철 건설을 시도했지만, 외자를 조달하지 못해 네 차례나 실패했다. 종합제철을 건설하기 위해서는 막대한 자금이 필요할 뿐만 아니라 상당한 수준의 기술이 뒷받침되어야 하기 때문이다.

　그러던 중 1964년 독일에 이어 1965년 미국을 방문한 박정희 대통령이 코퍼스 사의 포이 회장과 국제차관단 구성에 관해 논의한 것이 계기가 돼 대한국제제철차관단(KISA)이 꾸려지고 종합제철 건설의 꿈이 가시화되는 듯했다.

KISA의 종합제철 사업이 원만하게 진행되자 정부는 1967년 포항을 종합제철 입지로 선정하고 대한중석을 종합제철 실수요자로 확정했다. 같은 해 종합제철 건설사업 추진위원회 발족 등을 거쳐 포스코는 1968년 4월 1일 역사적인 첫걸음을 내디뎠다.

힘찬 출발에도 외부 여건은 녹록지 않았다. 1969년 초 KISA를 통한 외자 조달이 사실상 불가능해지자 종합제철의 꿈은 다시 멀어지는 것 같았다. 하지만 결코 포기할 수 없었기에 정부와 회사 관계자가 모두 나서 대안을 모색하기 시작했고 '대일청구권 자금 전용'이라는 마지막 희망을 찾아냈다. 뜻이 있으면 길이 보이는 법.

우여곡절 끝에 1969년 8월 제3차 한일 각료회담에서 일본 정부가 우리나라의 종합제철 건설 사업을 지원하기로 합의했다. 종합제철 건설 대역사는 1970년 4월 1일 경상북도 허허벌판인 영일만에서 포항 1기 설비 종합착공과 함께 시작됐다.

제철소 건설이 시작되자 현장의 모든 직원은 실패하면 영일만에 빠져 죽겠다는 각오로 밤낮없이 건설에 매달렸다. 1971년 열연공장 기초공사가 늦어지자 박태준 사장은 하루에 콘크리트를 700m씩 타설하는 '열연 비상'을 선포하기도 했다. 철야 작업을 강행한 끝에 전체 공기를 오히려 1개월이나 앞당겼다. 이후 공기 준수를 위한 포스코 특유의 24시간 돌관공사가 진행됐다.

첫 출선은 1973년 6월 9일 오전 7시 30분에 이루어졌다. 전 임직원이 감격의 눈물을 흘리며 만세를 불렀다.

이후 포스코는 조강 연산 270만 톤 규모의 광양제철소 1개 설비가 예정보다 6개월 앞당겨 1987년 5월 종합 건설됐다. 이로써 포스코는 1,140만 톤 체제의 광양제철소와 940만 톤 체제의 포항제철소를 합쳐 연산 2,080만 톤 체제를 구축해 세계 3위 종합제철사로 등

극했다.

21

모국 첫 제조업 롯데 알미늄

신격호 회장은 모국에서 정유, 제철 분야 진입에 실패했다. 그러나 그의 제조업에 대한 열정은 더욱 거세졌다. 일반인들은 신 회장이 소설 작가를 지망했고 제과, 식음료, 호텔, 유통, 테마파크 등의 사업을 핵심으로 한다는 점을 들어 소비재 산업에 경도된 기업인으로 평가하기도 하지만 결코 그렇지 않다. 신 회장은 청년 시절부터 기계공학 분야에 심취했고 화학공학을 전공했다. 신 회장이 실제로 한국에서 제일 먼저 투자한 업종이 알미늄 관련 제조업이었다.

신 회장은 1966년 11월 자본금 500만 원으로 알미늄박(薄)을 생산하는 '동방아루미공업(주)'를 설립했다. 롯데제과는 이보다 5개월 후인 1967년 4월 3일에 설립됐다. 동방알미늄이 한국롯데의 출발점이다.

알미늄은 21세기 2차전지 핵심소재로 각광받는 당시 첨단산업이었다. 껌 포장지에 사용되는 박지와 라면 포장지, 종이박스 등을 공급하기 위해 설립한 동방아루미는 나중에 롯데알미늄(주)로 사명을 바꾸었다. 알루미늄박은 알루미늄을 아주 얇게 펼쳐 물품 포장용으로 쓰는 제품이다. 흔히 은박지로 불린다. 주로 담배 포장용으로 쓰였는데, 당시는 전량을 일본에서 수입했다. 1962년 들어서야 삼진알미늄이란 회사가 독일제 설비를 들여와 담배 내 포장지를 생산했다. 그 후 과자, 식품, 의약품 등의 포장지로 용도가 확대됐지만 국내 기술 수준은 낙후해 있었다.

신격호 회장은 제과업을 시작하기에 앞서 알미늄박 제조업에 투자했다. 일본롯데에서 쌓은 노하우를 활용할 수 있고 오랜 파트너였던 일본제박, 대일본인쇄 등의 기술을 도입할 수 있다는 점도 고려된 것이다.

신격호 회장은 한일협정이 체결되기 이전인 1964년부터 알루미늄박 공장 건설에 관한 타당성을 검토하기 시작했다. 그리고 본격적인 사업에 대비해 1965년 초 서울대 전기공학과, 기계공학과 졸업생 4명을 일본롯데에 입사시키고 포장용품 제조업체인 일본제박 등에서 기술 연수를 받게 했다. 새 사업을 시작하려 할 때마다 신격호 회장의 우수한 인재를 먼저 확보하는 경영 기법은 타인의 추종을 불허한다.

신격호 회장은 1966년 11월 3일 동방아루미 창립총회를 열고 한국에서의 첫 사업을 시작했다. 신 회장은 바로 밑 동생 춘호 씨와 공동 대표이사 사장 체제로 출발했다. 1967년 7월에는 독산동 516번지의 땅 5만 8천 m²를 매입하고 11월에 알루미늄박 제조공장을 착공했다.

당시 덕영알미늄이라는 회사가 일본에서 알루미늄 스트립을 수입해 13 μm 두께의 알루미늄박을 생산하고 있었다. 하지만 일본인 기술자가 조업 지도를 할 때만 기계를 가동할 수 있을 정도로 기술 수준이 낮았다. 사정이 그렇다 보니 전매청(현 KT&G)은 연초용 은박지에 사용할 알루미늄박을 전량 일본에서 수입하고 있었다.

신격호 회장은 7μm 두께의 알루미늄박 제조를 목표로 삼았다. 최첨단 기술을 요하는 수준이었다. 하지만 금속가공업은 성능 좋은 기계 설비가 있어야 가능하다. 그러한 기계는 당연히 고가였다. 더구나 7μm 알루미늄박을 만들려면 고성능 압연기 등의 기계설비와 원재료인 알루미늄 스트립, 그리고 압연유 등의 부재료까지 모두 일본에서 수입해야 했다. 투자 부담이 매우 컸다. 그럼에도 불구하고 1968년 5월 하순부터 기계를 들여오기 시작해 11월 하순에는 모든 설치를 마칠 수 있게 되었다. 시운전을 거쳐 1968년 12월 30μm 두 개의 알루미늄 시제품을 만들었다. 한 달 뒤인 1969년 1월 28일에는 국내 최초로 7μm 알루미늄박을 생산하는 데 성공했다. 시운전을 시작한 지 45일 만에 7μm 알루미늄박을 만든 것은 기적 같은 일이었다. 비슷한 시기에 압연기를 증설한 일본제박보다 앞선 개가였다. 롯데 기술자들은 사기가 충천했다. 여기에는 서울대 전기공학과와 기계공학과 출신들의 기여도 한몫한 것이다.

롯데알미늄은 1969년 2월부터 본격적으로 7μm 알루미늄박 생산에 나섰다. 품질 수준도 예상보다 빠르게 개선되어 일본제박과 체결한 기술제휴 계약을 1969년 11월 초에 종료할 정도가 되었다. 불과 몇 달 만에 명실상부하게 7μm 알루미늄박 생산의 선두주자로 부상했다. 그 이후 롯데알미늄은 비약적으로 성장했다. 특히 1979년부터 1982년까지의 4년은 눈부신 성장을 계속했다. 1978년 100억 원을 돌파한 매출액이 1982년 304억 원으로 증가해 연평균 31.7%씩 고성장한 것이다.

이에 힘입어 1984년 11월 30일 롯데알미늄은 제21차 수출의 날에 동종업체로는 처음으로 '천만 달러 수출의 탑'을 수상했다. 신격호 회장은 모국 최초의 제조업 투자에서 성공을 거둔 것이다.

22

롯데제과의 출범

신격호 회장의 고민은 깊어졌다. 한국경제를 일으키려면 정유와 제철 등 중화학공업에 투자하는 것이 급선무라고 생각했던 신 회장은 이 분야 투자가 좌절되자 어느 분야에 투자할 것인가의 기로에 선 것이다. 모국에의 투자를 단념할 수는 없었다. 신 회장은 고심을 거듭한 끝에 자신이 가장 잘할 수 있는 분야부터 차근차근히 해나가기로 결심했다.

그가 잘할 수 있는 분야는 제과산업이었다. 일본에서 그 분야에서 큰 성공을 거둔 경험도 가지고 있다. 제과산업은 좀 더 좋은 먹거리, 좀 더 행복한 삶과 연결되어 있다. 마침 당시의 제과산업은 가내수공업 수준을 벗어나지 못하고 소규모의 업체들이 난립해 있었다. 시장을 지배하는 대기업은 나타나 있지 않았다. 그렇게 방향을 잡고 보니 신격호 회장의 시각이 달라졌다. 그동안에는 모국에 대한 투자는 '국가 경제'라는 큰 그림이었다면 제과업을 떠올린 후에는 '국민의 삶'을 유심히 바라보게 된 것이다. 당시만 해도 '굶주림'의 문제가 완전히 해결되지 않았다. 기본적인 식량조차 부족했기 때문에 기호 음식은 사치였고 아이들은 간식이라는 것을 알지 못했다. "한국의 소비자

(국민)에게 양질의 먹거리를 제공하자"는 신격호 회장의 결심이었다.

신격호 회장은 확고한 결심이 서자 유창순 회장을 찾아가 제과산업에 진출하려고 하는 사업 구상을 밝혔다. 유창순 회장은 한국은행 총재에 이어 상공부 장관, 경제기획원 장관, 국무총리 등을 역임한 거물 인사가 되어있었기에 신 회장이 편하게 만났던 한국은행 도쿄지점장 시절보다는 격이 달랐다. 유창순 회장은 관직에서 퇴임한 후에는 산골짜기 목장에 칩거하면서 여전히 겸손한 인생을 살고 있었다.

"한국에 투자하라고 오래전부터 권유하셨지요? 정유, 제철 사업을 못 해서 한동안 상심했는데 곰곰이 생각해 보니 제가 제일 잘할 수 있는 업종부터 하라는 천명(天命)인 것 같습니다."

"맞습니다. 제과가 얼마나 중요한 업종인데요! 자라나는 아이들 입에 들어가는 음식만큼 소중한 게 어디 있겠습니까?"

"응원의 말씀 고맙습니다. 사실 부탁드릴 게 있어 찾아왔습니다. 회사 경영을 맡아주실 분을 찾고 있는데 장관님께서 대표이사를 맡아주시면 안 되겠습니까? 결례인 줄 알지만 간청합니다."

"제가요?"

"믿을 분이 장관님밖에 더 있겠습니까? 나라의 큰 살림을 하시다가 조그만 기업체를 경영하자면 답답하실 겁니다만."

유 회장은 잠시 눈을 감고 마음을 정리하고는 웃으면서 대답했다.

"크든 작든 기업 경영은 보람 있는 일입니다. 기꺼이 해보지요."

유 회장은 흔쾌히 수락했다.

그를 인터넷에서 검색해 보면 기업인이라고 나오는데 기업인의 이력은 이때 시작되었다. 신격호 회장은 벌떡 일어나 허리 굽혀 인사했다. 그리고 신 회장은 그 자리에서 자신의 인감도장을 꺼내 유 회장에게 넘겨주었다.

"이제부터는 회장님이라고 부르겠습니다. 회장님이 이걸 갖고 모든 권한을 행사하십시오. 다 일임해 드리겠습니다."

롯데제과(주)는 1967년 4월 3일 설립되었다. 자본금 3천만 원, 대표이사 회장 유창순, 사장 신격호, 생산 시설은 이전에 경영해 온 ㈜롯데의 제1공장(서울 용산구 갈월동 98-6), 롯데화학공업사의 제2공장(서울 영등포구 양평동 3가 75)으로 정했다. 회사 설립 직후인 5월에 주요 일간신문에 '약진하는 롯데'라는 제목으로 유창순 회장과 신격호 사장 인사말을 전면광고로 게재했다. 한 기업이 설립되면서 신문 광고를 통해 기업이 지향하는 철학을 알리는 것은 흔한 일은 아니다. 신문에 실린 유창순 회장과 신격호 사장의 인사말은 다음과 같았다.

「이번에 소생은 신격호 사장의 간청으로 롯데 회장직을 맡게 되었습니다. 신 사장과는 소생이 한은(韓銀) 동경지점장이었을 때부터 친교를 맺고 신 사장의 경영이념과 업적을 오늘날까지 20년에 걸쳐 상세히 보고 온 사이입니다. 그의 탁월한 수단과 지극히 견실한 경영은 일본의 경제계에서도 높은 평가를 받고 있습니다. 20여 년 전 적수공권으로 시작하여 오늘의 대 롯데를 건설하고 연간 매출 400억 엔으로, 일본의 2대 제과 메이커인 모리나가와 메이지를 능가한 사실만 보아도 그의 능력과 공적을 알 수 있습니다. 소생은 청을 받아 롯데의 일익을 담당하게 된 것을 영광으로 생각하고 있습니다. 신 사장과 합심, 협력하여 약진 롯데를 위하여 더욱더 사업을 발전시켜 이 나라 사회와 국가에도 크게 봉사하기를 원합니다. 강호 제위의 끊임없는 애호와 편달을 바라 마지않습니다.」

유창순 회장 인사말 옆에 실은 신격호 사장의 인사말은 다음과 같다.

「롯데는 창립 이래 8년이 되는바, 그동안 강호 제위께서 베풀어 주신 애호에 충심으로 감사드리는 바입니다. 금번 사명(社名)을 롯데제과주식회사로 변경하고 소생이 사장으로 취임하게 되었습니다. 소생은 오랫동안 일본에서 '롯데' 상표로 제과, 부동산 및 상사회사(商社會社)를 경영하여 왔습니다. 새롭게 '한국롯데' 사장직을 맡게 되었사오니 조국을 장기간 떠나 있었던 관계로 서투른 점도 허다할 줄 생각됩니다마는 소생은 성심성의, 갖은 역량을 경주하겠습니다. 소생의 기업 이념은 ①품질본위 ②박리다매 ③노사협조로서 기업을 통하여 사회 및 기업에 봉사하는 것입니다. 다행히 소생이 존경하는 유창순 씨를 회장으로 모시게 되었사오니 유 회장과 합심하여 일본에 있는 우수한 기술진을 총동원하여 품질 좋은 제품을 많이 시장에 공급해 나가겠습니다. 반드시 여러분의 기대에 부응할 수 있을 것을 확신하고 있습니다. 아무쪼록 여러분의 끊임없는 성원과 편달을 바라 마지않습니다.」

파격적인 사은행사

신격호 회장은 롯데제과를 세우고 나서 새로 생긴 회사를 어떻게 소비자에게 알릴 것인가 고민이었다. 지난 경험을 미루어 보니 아무래도 창립 초기에 소비자들에게 인지도를 높이려면 경품 행사가 가장 좋은 방법이라고 생각되었다.

1968년 2월, 당시로서는 파격적인 '대 경품잔치'를 시작했다. 소비자가 껌 포장지를 모아 롯데에 보내면 추첨으로 당첨자를 뽑아 푸짐한 선물을 주는 방식이었다. 방법은 단순하지만, 경품으로 주는 선물은 파격적으로 구성했다.

매회 특상 1명에게 코로나 승용차 1대, 1등 2명에게 19인치 TV 1대씩을 주고, 2등 12명에게 고급 자전거 1대씩, 3등 2천 명에게는 껌

1박스씩을 증정했다. 특등에게 주는 코로나 승용차는 당시 최고급 승용차로 누구나 꿈의 자동차로 여기는 것이었다. 승용차까지 내걸었으니, 당시로서는 어마어마한 선물이었다.

'햇님의 일요 퀴즈'라는 사은행사도 펼쳤다. 해가 활짝 웃는 모습의 회사 마크를 앞세워 '햇님이 주신 선물'이란 캐치프레이즈로 진행했는데 기업 이미지를 각인시키는 데 큰 도움이 되었다. 가수 윤형주가 부른 '껌이라면 역시 롯데껌!'이란 CM송도 히트하면서 경품 행사의 효과를 배가시켰다. 1971년 1월에는 '롯데 캔디 이름짓기 대현상 모집'이란 이벤트를 열었다. 소비자가 직접 제품 브랜드를 작명하는 것은 당시로서는 보기 드문 일이어서 화제를 모았다. 2월 5일 공모 결과를 발표하고 당선자들에게 10만 원씩의 상금을 주었다. 이때 선정된 브랜드가 '만나', '뽀뽀나', '도리도리' 등이다.

이벤트 행사 덕분에 안정적으로 시장에 진입한 롯데제과는 창립 첫해부터 꾸준히 유상증자를 실시해 1970년 1월 27일에는 자본금을 4억 8천만 원으로 늘렸다. 증자한 자금은 양평동에 최신 설비의 새 공장을 짓는 데도 사용되었다.

주문량이 급증하자 제1공장은 일본롯데 오가와 고이치 공장장이 직접 나서서 껌 생산설비를 보강했다. 그래도 주문량에 맞추려면 설비가 모자랐다. 더욱이 사람 손으로 일일이 포장을 하다 보니 개개인의 작업 속도에 따라 하루 껌 생산량이 달라지곤 했다. 제2공장도 마찬가지였다. 제2공장은 빵, 비스킷, 캔디, 캐러멜 등 4종의 과자류를 생산했는데 시설 수준과 제품 품질이 떨어져 만족스럽지가 않았다. 그래서 1972년 2월 서울 영등포구 양평동 4가 20번지에 대지 3,614평(11,926m²), 건평 2,095평(6,913m²) 규모로 새 공장을 준공했다. 이곳에 서독의 하막 한셀라(Hammac Hansella) 사가 만든 캔디 제조기 스탬핑(Stamping) 캔디라인과 이탈리아에서 도입한 자동혼합냉각기, 자동포장기 등 최신 설비 등을 설치했다. 세계적인 제과 명장인 독일의 크라이텐(Kreiten) 씨를 초청해 기술 지도를 받았다.

직판제 유통구조 혁신

롯데제과의 초창기 판매 방식은 도매상에 물건을 맡기는 위탁판매 방식이었다. 도매상에게 물건을 공급하면 도매상은 자기네들이 거래하는 전국의 중 도매상에게 다시 물건을 넘겼다. 소비자 손에 제품이 도달할 때까지 그렇게 몇 단계를 거치는 구조여서 소비자 가격이 상승할 수밖에 없었다.

도매상들이 물건을 고르는 기준은 품질보다는 마진이었다. 그렇다 보니 양질의 원료로 만든 좋은 제품은 생산원가가 높아져 도매상들이 기피하는 경우가 많았다. 악화가 양화를 내쫓는 경우와 같았다. 롯데 입장에서는 아무리 좋은 제품을 만들어 소비자에게 전달하고 싶어도 도매상들이 버티고 있는 한 쉽지 않은 일이었다. 롯데 판매사원들이 소매상과 직거래하려고 하면 도매상들이 나서서 '롯데 상품은 취급하지 않겠다'며 으름장을 놓았다.

신격호 회장은 아무래도 한국에서 제과업을 성공시키려면 고질적인 유통구조부터 뜯어고쳐야 한다는 생각을 했다. 한창 그런 생각을 하고 있던 1970년 7월 7일 경부고속도로가 개통되었다. 전국을 1일 생활권으로 만드는 꿈의 고속도로였다. 경부고속도로 개통은 국내 유통시장의 판도를 일시에 바꿔놓는 계기가 되었다. 그때까지는 마땅한 운송 경로가 없어 일부 지역에서만 판매되던 상품들이 자동차에 실려 고속도로를 통해 전국적으로 퍼져 나갈 수 있게 된 것이다.

자연히 도매상들의 입지가 좁아졌다.

1971년 신격호 회장은 때가 되었다고 보고 직판제를 도입하기로 결단했다. 직판제란 도매점을 거치지 않고 소매점에 직접 판매하는 방식이다. 그때까지 제과 업계는 직판제가 없었으므로 사내에서는 성공을 우려하는 임원도 있었다. 하지만 서울 일부 지역에서 시범적으로 실시해 보았더니 찬성하는 소매상들이 많았다. 제품을 골고루 팔 수 있고 소매상의 불만을 직접 들을 수 있으며 소비자 취향도 적확히 파악할 수 있다는 것이다.

신격호 회장은 직판제를 확대하기로 결심했다. 배송은 주로 자동차를 이용하기로 했다. 배송용 자동차를 늘리고 연천, 강화, 수원 같은 서울 외곽의 경기도 지역으로 나가는 팀도 만들었다. 자연히 판매사원도 증원되었다. 1972년 11월 9일 주요 일간지에 판매사원 모집 광고를 냈다. 무려 2천여 명이 응시원서를 냈고 그 가운데 120명을 선발했다.

합격자들은 1개월 동안 판매 영업에 필요한 실무 교육을 받고 전국의 출장소에 배치되었다. 그들 중 10여 명은 자동차를 모는 판매사원으로 차출해 '운전 판매요원(Drive Salesman)'으로 일하도록 했다. 일선 판매요원 시스템도 도입했다. 외진 곳의 구멍가게까지 리어커로 물건을 공급하는 요원들이다. 공채로 뽑은 직판요원 1명과 일선 판매요원 3~4명이 팀을 이뤄 움직이도록 했다.

직판제를 도입한 덕분에 유통경로가 대폭 축소되었다. 대금을 직접 받으니, 현금흐름도 좋아졌다. 도매상 위주로 거래할 때는 가끔 도매상들이 부도를 내는 바람에 대금을 떼이는 경우도 있지만, 이제는 그럴 염려도 없어졌다. 일석이조의 효과였다. 신격호 사장은 서울, 대구, 부산, 대전, 광주 등 5대 도시에는 출장소를 설치해 지방 판매를 맡겼다. 1971년 4월에는 전주 출장소도 문을 열었다. 이 출장소를 거점으로 해당 지역의 도서지방이나 산간벽지에도 롯데제과 제품 공급이 가능해졌다.

롯데제과 기업공개

신격호 회장은 1973년 7월 8일 롯데제과 기업공개를 결심했다. 기업공개는 국민 기업이 되는 것을 의미한다. 이에 따라 이해 12월 11일 신주 공모에 의한 증자가 이루어져 자본금이 13억 2,241만 원으로 늘어났다. 1974년 2월 16일 한국증권거래소로부터 신주 상장 통보를 받음으로써 롯데제과는 제과업계에서는 두 번째, 증권거래소 상장 순서로는 106번째로 기업공개 절차를 마치고 상장 기업이 되었다.

1974년 12월에는 청량음료 업체인 '칠성한미음료'를 인수해 '롯데칠성(주)'라는 회사로 탈바꿈시켰다. 롯데칠성 음료에서는 국민 음료로 통하는 '칠성사이다'를 비롯해 '롯데오렌지' 등의 음료 제품을 생산했다.

1975년 2월 20일에는 양평동 공장에서 초콜릿 생산도 시작했다. 초콜릿 시장은 해태제과와 동양제과가 자웅을 겨루고 있었다. 제과업계에서는 껌 다음으로 시장 규모가 큰 것이어서 놓칠 수 없는 시장이었다.

롯데제과는 일본 롯데에서 명품 초콜릿의 기초를 세운 세계적 초콜릿 기술자 막스 브락스와 일본롯데 중앙연구소 다케모리 토시오 연구원을 초빙해 기술 자문을 받았다. 첫 제품이 '가나밀크초콜릿'과 '가나마일드초콜릿'이었다.

신격호 회장은 '가나초콜릿' 생산에 맞춰 대대적인 홍보전을 펼쳤다. 1975년 9월에는 고적대 22명으로 이뤄진 '롯데엔젤스'를 발족시켜 '가나초콜릿' 시식 캠페인을 벌였다. 동양방송(TBC, 대표 홍진기 전 법무장관) 후원으로 '70만 원 현상 롯데 가나초콜릿 퀴즈' 이벤트를 진행해 소비자들에게 푸짐한 사은품을 제공하는 경품행사도 빠뜨리지 않았다. 전국의 소매점주들을 초청하여 '가나초콜릿 탄생 기념 대잔치'도 열었다.

이런 판매전략에 힘입어 가나초콜릿은 출시 1년 만인 1976년에 초콜릿 시장점유율 47.3%를 차지할 만큼 선풍적인 인기를 끌었다. 해태제과, 동양제과가 양분하고 있던 초콜릿 시장 구도를 깨고 롯데가 최강자로 군림하는 구도로 바꾼 것이다.

신격호 회장은 1977년 봄 롯데제과 창립 10주년을 맞이하여 '아이스크림' 생산도 시작했다. 일본 롯데제과 성장 과정 그대로를 서울에 옮겨놓은 것이다. 롯데제과는 이로써 껌, 캔디, 비스킷, 초콜릿, 아이스크림 등 5대 주요 품목의 포트폴리오(Portfolio, 제품구성)를 완성했다. 롯데제과는 창립 이후 지금까지 한국의 식품 산업 발전을 이끌면서 대표 식품업체로 발전했다. 그동안 국민에게 다양한 먹거리, 품질 좋은 먹거리를 제공하면서 국민 건강을 한 차원 높이는 역할을 하고 회사도 발전했으니 신격호 회장은 제과업을 선택한 것이 현명한 결정이었다고 생각했다.

23

호남석유화학 인수

　독자들이여, 우리는 신격호 회장의 사업력에서 제과, 유통, 호텔 부분은 잠시 미루어 두고 중화학공업 분야 진출에 대한 이야기를 살펴볼 차례가 되었다.

　우리는 그동안 신격호 회장이 정유, 제철 사업에 진입하려고 했으나 정부의 정책 변화에 따라 그의 의사와는 달리 좌절되었던 것을 알고 있다. 이 장에서 다루는 호남석유화학 인수는 그 이전의 경우와는 다르게 전개된다.

　신격호 회장은 제과사업을 하는 동안에도 기간산업에 대한 꿈을 완전히 접지 않고 있었다. 실제로 1977년 신격호 회장에게 반도체 분야에 진출할 기회가 있을 뻔했다. 신격호 회장은 반도체 분야 진출에 관심이 있다는 구상을 친분이 있는 일본전기(NEC) 사장에게 밝혔더니 "롯데는 삼성그룹처럼 반도체를 자체 수요하는 사업 구조가 아니니 포기하는 게 낫다."고 조언해 주었다. 신 회장은 그 말이 일리가 있어 보여 이듬해에 포기했다. 하지만 다른 기간산업 분야에 참여하려는 생각은 지우지 않고 있었다.

　뜻이 있는 곳에 길이 있다고 한다. 생각이 있으니 신격호 회장에게 기회가 찾아왔다. 정부가 여천석유화학단지의 호남에틸렌과 호남석유화학을 민영화한다며 1978년 11월 13일 주요 일간지에 매각 공고를 냈다.

여천석유화학단지는 울산석유화학단지와 더불어 한국 석유화학공업을 이끌어갈 핵심 기간산업단지이다. 여천석유화학단지는 전라남도 여수시 삼일동 일대에 있다. 처음 명칭은 여천국가산업단지였으나 2001년 10월에 여수국가산업단지로 개칭되었다. 세계적으로 거대한 석유화학단지로 단일 규모로는 세계 1위 규모이며 국내에서도 울산산업단지와 나란히 최대 규모이다.

현재 주변 바다에 간척 공사가 진행 중인데 2배 규모로 커질 예정이어서 울산을 압도하는 크기의 산단으로 커질 예정이다. 1967년~1969년 조성을 시작으로 1979년 완공되었다. 1969년 3월 단지 조성이 마무리되고 본격적인 입주가 시작돼 1977년 제7 비료공장(남해화학)이 건설되었고 호남에틸렌을 비롯하여 호남석유, 한양화학, 한국다우케미칼 등이 입주했다. 신격호 회장과 제2 정유공장 사업자 선정에서 경쟁했던 LG의 칼텍스도 이 단지 안에 있다.

당시 호남에틸렌과 호남석유화학 지배주주는 한국종합화학이었다. 대표는 백선엽(白善燁) 사장이었다. 백선엽 사장은 육군 대장으로 예편하여 교통부 장관을 역임했다. 그는 한국전쟁의 영웅답게 애국심이 투철했다. 오죽하면 신격호 회장을 귀화한 일본인이라 하며 신 회장의 국적을 문제 삼아 입찰서류를 반려하기도 했다. 애써 만든 기간산업체를 외국인에게 넘길 수 없다는 논리였다. 신격호 회장은 소지하고 다니는 대한민국 여권을 제시해도 수긍하지 않았다. 입찰기일인 11월 22일이 다가오는데 입찰 자격을 문제 삼으니 난감한 일이 되었다. 신격호 회장은 하는 수 없이 사람을 시켜 일본 신주쿠 구

1978년 5월 17일 국민훈장 무궁화장 수훈

청에 가서 자신의 주민등록서류를 떼 오도록 했다. 그렇게 해서 가져온 주민등록서류에는 이렇게 표기되어 있었다.

　본명 : 신격호. 일본명 시게미츠 다케오(重光武雄)
　국적 : 대한민국
　본적 : 울주군

　신 회장은 주민등록서류를 보자니 마음 한구석에 똬리를 틀고 앉은 응어리가 느껴졌다. 일본에서 한국인으로 살아가는 것이 얼마나 힘들고 불편한지 겪어보지 않은 사람은 모른다. 그런데도 한국에서는 귀화한 재일교포를 손가락질한다. 신격호 회장은 귀화하지 않았지만, 일본에서의 사정을 잘 알기 때문에 귀화한 재일동포를 비판하지 않는다.

일본에서 크게 사업을 하는 동포 가운데 귀화하지 않은 사람은 아마도 신격호 회장이 유일하다. 유명한 운동선수 중에는 야구선수 장훈(張勳)이 귀화하지 않았다. 신격호 회장이 장훈 선수와 친하게 지내는 것도 이런 동류의식이 깔려 있어서이다. 한국어를 능숙하게 잘 하지 못하는 재일동포 2세나 3세들을 꼬집는 한국인도 많다. 그럴 때 신격호 회장은 야속함을 느낀다. 일본에 살면서 한국어에 능통하기가 쉬운 일인가. 더듬거리면서라도 몇 마디 하면 오히려 가상하다고 여겨야 하지 않을까. 정말로 화가 나는 것은 한국어에 서툰 재미교포 2세, 3세에게는 관대하다는 점이다.

신격호 회장이 한국인임이 입증됨으로써 입찰 자격이 생겼다. 가장 유력한 입찰 경쟁자는 대림산업이었다. 대림산업은 현대건설과 1, 2위를 다투는 대형건설 회사다. 대림산업은 호남에틸렌과 호남석유화학을 시공한 업체여서 여러모로 유리해 보였다. 하지만 막상 뚜껑을 열어보니 롯데의 응찰가가 가장 높았다. 그렇다면 롯데가 호남에틸렌과 호남석유화학 두 회사를 모두 인수하는 게 당연했다. 그런데 청와대에서 브레이크를 걸었다. 이번에도 누군가가 국가적으로 주요한 기간산업 두 개를 일본 자본에 넘긴다면 곤란하다는 논리를 편 모양이었다.

신격호 회장은 청와대로 불려가서 오원철(吳源哲) 경제수석과 마주 앉았다. 오 수석은 한국 중화학공업의 설계자로서 박정희 대통령으로부터 '오 국보(國寶)'라고 불릴 정도로 신망이 두터운 인물이었다. 그는 황해도 사투리로 호남에틸렌과 호남석유화학 가운데 하나만 인수하라고 권유했다. 신 회장은 권유라기보다는 통보처럼 느꼈다. 두 회사 중 어느 하나를 선택하는 문제는 즉석에서 대답할 수 있는 문제는 아니다. 세심한 검토가 필요했기에 답변을 미루고 청와대를 나왔다.

신 회장은 사무실로 돌아와 대책회의를 가졌다. 인수작업 실무를 총괄한 임승남 사장은 호남석유화학을 인수하자고 주장했다.

"호남석유화학은 호남에틸렌에서 원료를 공급받아야 공장이 돌아갈 텐데 만약에 원료를 안 주면 어떻게 할까?"

"우리가 에틸렌을 만들면 됩니다."

임 사장은 자신만만했다. 신격호 회장은 고심 끝에 호남석유화학을 인수하기로 결정했다. 호남에틸렌은 대림산업이 인수했다.

주력사업인 된 석유화학

1979년 1월 3일 한국종합화학의 백선엽 사장과 롯데의 유창순 회장이 만나 주식 매매계약을 체결했다. 이로써 호남석유화학이 롯데의 품 안으로 들어왔다. 신격호 회장은 오래전부터 꿈꿔왔던 기간산업에 진출하는 것이어서 무척이나 기뻤다.

석유화학(石油化學, Petrochemistry)은 연료가 아니라 석유의 성분인 탄화수소 등을 합성원료로 해서 각종의 유기화합물을 만들어 내는 공업이다. 롯데가 호남석유화학을 품은 것은 롯데 성장사(史)에 새로운 이정표를 세운 것이다. 롯데는 이로써 소비재 생산 중심에서 중화학공업 제품을 생산하는 그룹의 성격 변화를 가져왔고 대기업(재벌) 반열에 확실히 진입한 것이다.

한편 신격호 회장의 호남석유화학을 인수한 기쁨은 오래가지 못했다. 호남석유화학을 인수한 바로 그해 말에 2차 오일쇼크(1979, Oil Crisis)라는 암초를 만난 것이다. 제2차 석유파동은 1979년 이란혁명으로 팔레비 왕조를 무너뜨리고 이슬람주의에 입각한 공화국 신

정부가 수립된 것이 원인이었다. 이란은 혁명으로 하루 6백만 배럴의 산유량을 2백만 배럴로 축소했다. 이에 따라 원유 가격이 순식간에 59% 치솟았고 원유를 구하기도 어려워졌다.

국내 경기는 얼어붙었고 제품을 생산해 놓아도 팔리지 않았다. 이런 사정은 호남석유화학만이 아니라 여천석유화학단지 전체가 같았다. 판매가 제대로 되지 않으니 조업 단축이 불가피해졌다. 다른 업체의 가동률이 낮아지니 원료인 올레핀을 구하기는 더더욱 어려워졌다. 심지어 새로 조성된 단지여서 단전, 단수 사고도 심심치 않게 일어났다. 공장 가동 경험이 모자라 뜻밖의 가동 정지 사고가 일어나기도 했다. 신격호 회장에게는 악전고투의 시간이었다.

1981년 연초 연일 치솟던 원유가가 배럴당 34달러를 고비로 떨어지기 시작했다. 1983년 2월에는 29달러까지 하락했다. 석유화학제품의 수요도 점차 늘어나 호남석유화학은 1983년 처음으로 흑자를 냈다. 생산량의 99.7%인 5,956톤을 판매했다. 거의 정상화된 듯 했지만, 호남석유화학은 그 후로도 꽤 오랫동안 어려움을 겪어야 했다.

신격호 회장은 이 회사를 정상화해 반석 위에 올려놓고 싶었다. 그래서 미국 컬럼비아 대학원에서 경영학 석사를 마치고 일본 최대 증권사인 노무라 증권, 일본 롯데 상사에서 경력을 쌓은 차남 동빈(東彬)을 1990년부터 5년 동안 호남석유화학에서 일하게 했다. 신격호 회장은 동주(東主)와 동빈 두 형제를 두고 있다. 여기서 우리는 신 회장이 두 형제 중 차남인 동빈 씨를 한국에서 5년 동안 경영수업을 시킨 것을 주목해 둘 필요가 있다. 롯데그룹의 후계 구도를 어렴풋이 들여다 볼 수 있는 것이다.

신동빈 회장(현재 직함)은 일본 아오야마 가쿠인(青山学院) 경제학 학사(1977년), 미국 컬럼비아대학 경영학 석사(MBA, 1980년) 학력을 가지고 있으며 한국, 일본, 이중 국적이었으나 1996년 일본 국적을 포기해 한국인이 되었다.

호남석유화학은 2000년이 되어서야 매출 1조 원을 넘어섰다. 그리고 2003년 말 현대석유화학을 인수한 이후에는 종합회사로 발돋움할 수 있게 되었다. 2004년 4월에는 고합그룹의 KP케미칼을, 2010년 7월에는 말레이시아 최대 석유화학 기업인 타이탄을 각각 인수해 규모를 키웠다. 여수공장도 증설하고 연구개발(R&D)에도 투자를 확대했다. 현대석유화학에서 이름을 바꾼 '롯데대산유화'가 기존 올레핀(Olefin) 사업을 확장하고 'KP케미칼'은 방향족 분야로 새롭게 진출하면서 롯데의 석유화학사업은 여수(호남석유화학), 대산(롯데대산유화), 울산(KP케미칼) 등지에 고루 포진하며 글로벌 경쟁력을 발휘할 수 있게 되었다.

롯데의 석유화학 사업을 생각하다 보면 롯데대산유화와 KP케미칼이 '10억 달러 수출탑'을 수상한 2005년 12월 무역의 날이 떠오른다. 이날 받은 수출탑은 그동안 내수 위주로 경쟁력을 키워온 롯데의 석유화학 사업이 마침내 수출형 사업으로 거듭날 가능성을 보인 것이다. 실제로 호남석유화학은 해외 사업에 적극 나서면서 2010년에는 14조 원의 매출을 올렸다. 2000년에 매출 1조 원을 넘긴 지 10년 만에 14배나 성장한 것이다.

사업 초기에 고전을 면치 못했던 회사가 이제는 그룹 내에서 유통에 이어 두 번째로 큰 비중을 차지하는 미래지향적인 회사로 탈바꿈했다. 신격호 회장의 조국에서의 기간산업투자에 정유, 제철 분야는 진입에 실패했지만, 석유화학산업에서 대성공을 거둔 것이다. 롯데그룹은 2012년 미래를 보다 힘차게 열어가기 위해 회사 이름을 '롯데케미칼(주)'로 바꾸었다.

24

프리미엄아파트 '롯데캐슬'

 롯데그룹은 1999년 주택사업에 뛰어들었다. 당시 주택 업체들의 경쟁이 심화되고 아파트 건설이 고급화 추세로 이어지면서 브랜드 아파트가 주택 시장의 새로운 트렌드로 등장하기 시작했다. 주택업체들이 일반적으로 회사 이름을 아파트명(名)으로 사용하던 관행에서 벗어나 고급 이미지를 부각하기 위해 고유의 브랜드를 사용하기 시작한 것이다.

 1999년 창사 40주년을 맞이한 롯데건설은 새로운 도약을 다짐하면서 명품 아파트 건설이라는 차별화 전략을 가지고 시장에 나타났다. 차별화 전략, 이것은 신격호 회장의 전매특허나 같은 것이다. 우리는 신 회장이 일본에서 제과사업을 전개할 때 차별화 전략으로 성공한 예를 많이 보아왔다. 롯데아파트만의 이미지와 품격을 창조한다는 의미에서 '성(城)' 개념을 도입하여 롯데캐슬(Lotte Castle) 브랜드를 론칭했다. '호텔같은 아파트'라는 컨셉으로 최고 품질의 주택건설을 표방하고 나선 것이다.

 롯데건설은 1990년 중반까지만 해도 주택건설 시장에서 주목받지 못했다. 롯데건설은 브랜드를 사용하기 시작하면서 주택 시장의 새로운 다크호스로 부상했다. 브랜드 론칭 이후 첫 사업으로 추진한 서울시 서초동의 '롯데캐슬 84'가 외환위기 상황에서 3.3m^2당 1,000만 원이 넘는 고가임에도 불구하고 성공적으로 분양을 완료하면서 주목을 받은 것이다.

이후 롯데캐슬은 매번 성공적인 분양 신화를 쓰면서 아파트 시장에 돌풍을 이어갔다. 두 번째로 분양한 테헤란로 대치동 롯데캐슬은 192대 1, 잠원동 롯데캐슬 갤럭시는 35대 1의 높은 청약 경쟁률을 기록하면서 인기몰이했다. 이에 힘입어 롯데건설은 '살아갈수록 가치가 더해지는 사랑받는 브랜드'라는 비전 아래 삶의 질과 주거 문화의 품격을 높이는 데 주력하여 고품질 이미지를 확고히 했다. 이에 따라 롯데건설은 이미 높은 인지도를 가진 현대나 삼성 등 선발 업체들과 어깨를 나란히 하며 브랜드 아파트 시대를 선도하게 되었다.

롯데건설은 재건축 시장에도 뛰어들었다. 재건축 사업을 수주하려면 만만치 않은 초기 비용을 투입해야 하기 때문에 외환위기를 맞은 상황에서 대부분의 업체들이 몸을 사리는 것과는 다르게 롯데건설은 오히려 공격적으로 나갔다. 이에 따라 1998년에는 412가구에 불과했던 재건축 수주량이 이듬해인 1999년에는 2,821가구, 2000년에는 1만 3,298가구, 그리고 2001년에는 1만 9,717가구로 빠르게 신장했다. 그 결과 롯데건설은 사업 영역을 더 넓혀 나갔다.

'골드로즈'란 브랜드로 오피스텔 사업에도 진출했다. 이 분야에서도 잇달아 성공적인 분양 실적을 만들어 냈다. 수익형 부동산이 활황을 이루고 있는 시장 흐름을 적절히 활용한 결과였다. 이와 함께 롯데건설은 2006년 기존에 사용하던 독수리 문양의 브랜드 로고 심벌을 유럽에서 전통과 명예의 상징으로 인식하고 있는 방패 안에 넣어 롯데캐슬 브랜드 의 고급스러움을 한층 더 높였다.

수주액 10조원 돌파

롯데건설은 21세기를 앞둔 1990년대 말부터 주택사업과 함께 건축, 토목, 플랜트, 해외공사 등 일반건설 분야에서도 큰 성과를 창출했다. 철저한 사업성 분석과 품질 위주의 시공관리, 신공법 도입, 전략적 제휴, 사업다각화 등 시장 상황을 반영한 사업전략을 추진하여 10대 건설사로서의 위상을 다져나간 것이다.

먼저 무차입 경영을 적극적으로 추진했다. 당시만 해도 건설업체가 운영자금 때문에 부채비율 300%를 맞추기도 어려웠던 때였지만 롯데건설은 안정적인 재무구조를 바탕으로 보다 공격적인 경영을 펼치기 위해 무차입 경영원칙을 세웠다. 건설업 분야에서 무차입 경영을 펴나간다는 것은 대단한 일이었다.

이와 함께 롯데건설은 서울시에 유지관리업체로 등록하여 사업 영역을 확대하는 동시에 건설시장의 요구에도 적극 대응하도록 했다. 이에 따라 롯데건설은 설계와 시공, 유지관리를 일괄 발주하는 턴키 공사에서 수주 확대를 기대할 수 있게 되었다.

2002년에는 건설 재해 예방을 위한 안전 보건 경영체제를 구축하여 산업안전관리공단으로부터 건설업 KOSHA2000 프로그램 인증서를 획득했다. 건설업 KOSHA2000 프로그램은 건설 현장의 자율적인 안전 체제를 구축하기 위해 공단이 교육 및 기술 등을 지원하고 그 결과를 평가해 일정 기준 이상에 도달됐을 때 인증서를 수여하는 제도이다. 이는 롯데건설이 현장은 물론 하도급 업체 안전관리 전반에 걸쳐 자율안전 경영체계가 구축되었음을 대외적으로 인증받은 것이었다.

롯데건설은 롯데그룹 각 사에서 시행하는 쇼핑몰 건설 사업을 비롯하여 건축, 토목, 플랜트 등 각 분야에서 다양한 시공 실적을 쌓았다. 특히 신공항고속도로, 방화대교 건설 사업에서는 2,539m 길이의 다리 중앙에 고도의 기술을 필요로 하는 아치트러스(Balanced Arch Truss)를 국내 최초로 성공적으로 시공하여 기술력을 과시했다. 또 진주 열병합발전소를 성공적으로 건설하여 향후 민자발전 부문에서 지속적으로 수주할 수 있는 발판을 놓기도 했다.

이처럼 여러 사업 분야에서 활발하게 시공 실적을 쌓은 롯데건설은 2003년 건설업체 시공 능력 평가에서 8위에 올라 Top 10의 입지를 굳혔다. 영업실적 측면에서는 2000년 매출 1조 원을 돌파한 뒤 4년 만인 2005년 매출 3조 원을 돌파하는 고속 성장을 시현했다. 수주 실적에서도 2005년 5조 원에 이어 불과 3년 만인 2008년에는 무려 10조 원을 기록하는 성과를 창출했다.

일본 공공건설 시장 진출

롯데건설은 1970년대 이미 중동 건설시장에 진출한 바 있다. 1차 오일쇼크 이후 한국의 현대건설 등을 비롯해 많은 건설업체들이 사우디 등 산유국 건설시장에 진출, 중동 붐 신화를 썼다. 한국은 1차 오일쇼크에 의해 비싸게 오른 석윳값 때문에 중동에 많은 돈을 지불할 수밖에 없었다. 사우디 등 중동 산유국들은 달러 부국이 되었고 이 돈으로 국토개발 정책을 폈다. 자연히 건설 물량이 풍부해졌고 세계건설 업계가 눈독을 들이는 매력이 있는 곳이 되었다. 특히 사우디아라비아가 가장 핫플레이스(Hot Place)가 되었다.

현대건설이 주베일산업항 건설 입찰에서 세계 강자들을 물리치고 입찰에 성공해 한국을 열광시켰다. 한국 건설업체들은 중동 건설시장 진출에 성공함으로써 중동 산유국들에게 오일쇼크로 지불한 달러보다 더 많은 돈을 벌었다.

롯데건설은 1997년 IMF 외환위기로 국내시장이 급격히 냉각되자 돌파구로 해외시장을 겨냥했다. 특히 중점을 둔 곳이 일본 건설시장이었다. 롯데건설은 이미 1972년에 한국 건설업체 최초로 일본건설업 면허를 취득하여 현지 시장에서 한국업체들 가운데 가장 뛰어난 시공 실적을 쌓아가던 중이었다.

롯데건설은 1997년 한국 건설업체로서는 처음으로 공공건설시장에 진출했다. 어느 나라든 건설 분야는 자국 업체 우선주의이기 때문에 공공부문을 뚫기는 어려운 일이다. 롯데건설은 일본 니가타현(新潟縣)이 발주한 월드컵종합경기장 제3공구 건축공사를 일본 대성건설과 공동으로 수주하는 데 성공했다. 니가타현이 발주한 월드컵 종합경기장은 지하 1층, 지상 7층에 수용인원 4만 3,000명의 종합 스타디움과 스포츠의학연구소, 종합건강센타 등으로 구성된 공공시설이다. 이 공사는 WTO 협정에 따라 공공건설 시장이 개방된 이후 국내 건설업체가 처음으로 수주한 최초의 일본 공공 공사인 동시에 2002년 한일월드컵 경기장을 양국의 건설업체가 공동으로 시공한다는 점에서 의미가 있는 공사였다.

이후에도 롯데건설은 활발하게 수주 활동을 전개했다. 1999년에는 일본 히가시토츠카 세이부백화점 신축공사를 100억 엔에 수주하고 문부성(文部省)이 발주한 오사카 외국어대학교 도서관 신축공사를 수주하는 등 1억 달러에 이르는 수주 실적을 올렸다. 이러한 실적과 우수한 시공 품질을 인정받아 롯데건설은 일본 공공 공사 입찰자격 심사에서 최고 등급인 A+ 등급을 획득, 높은 신뢰도를 인정받았다.

해외시장 다변화

롯데건설은 일본 건설시장에서 뛰어난 시공 능력을 인정받으며 수주 실적을 쌓아오면서 1980년대 중반에 리스크관리 차원에서 철수했던 해외 사업을 다시 추진하기로 했다. 해외 사업을 재추진하기로 한 데는 일본 시장에서의 성공이 중요한 밑거름이 되었다.

이듬해인 2005년에 롯데건설은 플랜트 건설 본부를 신설, 2007년에는 본부 내에 해외플랜트 팀을 신설했다. 그리하여 호남석유화학, 케이피캐피탈 등과 손잡고 동남아, 중동 지역에서 환경 및 화공 플랜트를 시공하였고 이미 축적한 경험을 바탕으로 UAE와 요르단, 카타르 등 중동의 전통적인 석유, 가스 자원국으로의 진출을 모색해 나갔다. 2008년에는 롯데건설의 해외 사업이 한층 활발하게 전개되었다. 러시아에서 1억 달러 규모의 한·러 비즈니스센터 신축공사를 수주한 데 이어 호주에서 1억 3천만 달러 규모의 은퇴자 아파트 개발 사업, 요르단에서 4억 달러 규모의 발전 플랜트공사 등을 수주함으로써 한 해 수주액이 11억 달러를 돌파한 것이다. 대단한 성공이었다.

롯데건설의 해외공사는 롯데그룹 각 사의 해외 진출이 활발해지면서 시너지 효과를 가져왔다. 러시아에서 호텔, 비즈니스센터와 롯데제과 공장을, 베트남에서는 롯데 1호점을, 인도에서는 롯데제과 공장을 잇달아 건설했다. 이에 따라 롯데건설의 해외 수주액은 2004년 4천 4백만 달러에서 2009년 5억 3,000만 달러로 수직상승한 데 이어 이듬해에는 전년보다 두 배나 성장하는 놀라운 성과를 이루어냈다. 무엇보다 중동지역에서 벗어나 러시아, 호주, 중국, 베트남 등으로 시장을 다각화하고 건축과 토목, 플랜트 등으로 포트폴리오를 다각화한 것은 주목할 만한 진전이었다.

CM사업본부 설치

롯데건설은 1985년 국내 건설사 최초로 CM사업을 도입했다. CM사업이란 건설사업 전 분야에 걸쳐 사업의 타당성 검토 및 설계, 유지관리 등을 수행하는 건설사업관리 회사이다. 롯데그룹이 잠실 롯데월드 프로젝트를 추진하면서부터다. 롯데월드 건설사업 본부(CM사업본부)의 이름으로 시작된 프로젝트의 사업비 절감과 공사 기간 단축을 실현하는 데 기여했다. 여기에서도 신격호 회장의 차별화 전략이 빛나는 것이다.

이후 부산 롯데월드 사업본부, 롯데쇼핑건설사업본부로 소속이 바뀌어오다 2003년 롯데건설과 함께하며 건설사업과 CM사업의 시너지를 강화하게 되었다. 롯데 CM사업본부가 하는 CM사업이란 건설사업관리업무를 대행하는 서비스로 예산 공사비 산정, 설계관리, 설계 VE(공사비 절감, Value Engineering), 건축인허가 지원, 공사비 정산 검토 등 건설사업의 모든 과정을, 전문기술력을 바탕으로 통합관리하여 발주자의 이윤극대화를 실현하는 선진건설 서비스를 말한다.

건설관리 전문회사로 재탄생한 롯데CM사업본부는 '투자비는 최소로, 공기는 짧게, 품질은 최적 수준'으로를 기본이념으로 삼았다. 롯데CM은 사업기간 내에 사업 목적을 달성하면서도 허가된 예산 범위 내에서 고객사가 요구하는 품질을 만족시킬 수 있도록 역량을 강화해 나갔다. 특히 사전에 리스크를 진단, 분석할 수 있는 능력을 확보, 예방적 건설사업관리가 이루어질 수 있도록 했다. 또한 건설공사의 사업계획에서 유지관리에 이르는 전 과정을 매뉴얼(Manual)화하여 전 사업장이 준수하도록 체계화함으로써 고객만족을 실현하도록 했다.

종합디벨로퍼(Developer) 롯데자산개발

신격호 회장은 2007년 11월 1일 그룹 각 사에서 추진해 온 개발사업을 그룹 차원에서 통합하여 부동산 개발과 복합쇼핑센터 개발 및 운영, 컨설팅, 자산관리운용 등의 업무를 전담할 '롯데자산개발'을 창립했다. 이 조치는 추후 롯데그룹이 서울 소공동에 롯데쇼핑센터를 세우는 데 큰 역할을 하게 된다. 단순히 주택시공에 머물지 않고 지분투자, 금융조달, 관리운영까지 총괄하는 '디벨로퍼(부동산개발업체)'를 설립함으로써 종합개발사업에 진출한 것이다. 롯데가 롯데자산개발을 창립한 것은 쇼핑몰과 백화점, 대형마트 같은 유통시설을 포함하여 주상복합아파트, 복합몰 등 롯데건설과 롯데쇼핑의 각종 부동산 개발사업을 전문기업이 주도하여 시행하게 되면 효율성을 더욱 높일 수 있을 것이라는 판단에 따른 것이었다.

창립 당시 롯데자산개발의 자본금 규모는 300억 원으로 롯데건설과 롯데쇼핑이 4대6의 비율로 투자했다.

롯데자산개발은 출범과 동시에 롯데가 보유하고 있는 부동산을 개발하거나 신규 용지를 매입해 개발하는 사업을 전담했다. 롯데자산개발은 토지조성 작업에서부터 인허가, PF(Project Financing) 등 부동산 개발사업은 물론 분양과 임대컨설팅, 자산관리운영, 투자자문 등의 업무를 수행하며 사업 역량을 축적해 나갔다. 그리고 이를 기반으로 국내시장에서도 사업영역의 입지를 공고히 했다.

롯데는 점차 해외시장으로도 진출해 쇼핑몰 등 복합개발사업을 추진한다는 글로벌 사업전략도 수립했다. 롯데자산개발은 먼저 롯데가 가진 건설유통 분야의 오랜 경험과 노하우에 부동산 개발, 최신 금융기법을 접목한 서비스 사업에 주력키로 했다.

생활환경기기 분야 진출(롯데기공)

롯데그룹은 생활환경 분야 기기사업에 진출했다. 급속한 산업화에 따른 생활패턴이 변화하는 데 따른 것이다.

롯데기공은 '선도적 생활환경기업'을 표방하며 생활환경 분야에서 꾸준히 사업 역량을 축적했다. 특히 1997년 이후에는 가스보일러, 상업용 주방기기, 시스템 쇼케이스, 자동판매기, 주차시스템 등의 사업을 중심으로 다양한 신제품을 개발하고 신사업을 개척하는 데 노력했다. 롯데기공이 1982년 사업을 시작한 가스보일러의 경우 1997년 6월 판매량 60만 대를 돌파하며 성장세를 이어갔다. 1999년에는 신제품 '16비트 가스보일러'를 개발해 한국표준협회가 선정한 'KS TOP 10'에 이름을 올리기도 했다. 이 보일러는 고장 시 응급운전으로 72시간 난방이 가능하고 에너지 절감형 제어 방식으로 가스비를 최소화하는 등 혁신적인 기술을 적용하여 가스보일러 기술을 한 차원 높였다는 평가를 받았다.

보일러(Boiler)는 물이나 유체가 가열되는 폐쇄된 압력 용기이다. 가열되거나 수증기화 된 유체는 보일러를 빠져나와 가열 등의 다양한 용도로 사용된다.

2001년에는 에너지관리공단으로부터 가스보일러 전 모델이 에너지효율 1등급을 획득해 다시 한번 롯데보일러의 기술력을 과시하였고 2003년에는 200만 대 판매라는 위업을 달성했다. 또한, 가스보일러 'Hi-Q, Hi-Q 콘덴싱10+'등의 에너지 절약형 신제품을 잇달아 선보여 2004년부터 2년 연속으로 한국표준협회가 주관하는 한국서비스대상에서 가정용 보일러 최우수상을 수상하기도 했다. 2006년에는 유럽 품질규격(CE)을 인증받아 수출 기반을 마련했다.

롯데기공은 자동판매기 전문회사로서도 명성을 높였다. 1997년에 개발하여 한전(한국전력공사) '고' 마크를 획득한 '고효율 자동판매기'가 특히 주목을 받았다. 이 제품은 전력 수요가 집중되는 하절기 전력의 피크시간대의 전력 수요 분산을 위해 개발된 제품으로 기존 자판기보다 94% 절감된 18와트 정도의 전력으로 가동할 수 있는 기술이 적용되었다. 이 때문에 한국전력의 보급 지원을 받아 판매에 들어갔고 소비자들로부터 많은 환영을 받았다.

1999년에는 안전검사인증 UL 마크와 위생인증 NSF 마크를 획득한 냉장쇼케이스가 미국에 전격 수출되었다. 냉장쇼케이스는 2001년까지만 해도 4만 1,000대가 미국으로 수출되는 등 해외에서도 큰 인기를 누렸다.

또한 GHP(가스엔진히트펌프) 냉난방설비 분야에서는 2004년에 20억 원 규모의 홍익대학교 GHP를 수주한 데 이어 2005년에는 단일 규모로는 국내 최대인 30억 원(실내기 기준 86대) 규모의 GHP의 냉난방설비 공사를 수주하며 두각을 나타냈다.

2000년 들어 롯데기공은 자판기 사업을 강화하기 위해 '삼성전자'의 자회사인 '삼성광주전자'의 자동판매기 사업 부문을 인수했다. 이로써 롯데기공은 자판기 분야 전 기종의 라인업과 기술력, 유통망을 확보하여 높은 수익성과 안정적 사업 운영이 가능해졌다. 1991년 7월 자판기 사업을 시작한 이후 줄곧 시장점유율 1위를 지켜온 롯데기공은 이번 삼성광주전자 인수에 따라 국내 자판기 시장에서 확고한 1위 기업의 위상을 굳건히 할 수 있게 되었다.

25

롯데알미늄 위기 극복

롯데알미늄은 1999년 외환위기 당시 심각한 경기침체로 인해 적자로 빠져드는 어려움을 겪게 되었다. 신격호 회장이 모국에서 제조업을 일으키려는 염원에서 정유와 제철 분야 진출이 좌절되자 첫 작품으로 시작한 것이 롯데알미늄이다. 당시는 알미늄박을 최첨단 기술로 제작해 국내시장을 장악했던 우량기업이었다. 롯데알미늄은 위기를 극복하기 위해 수출 증대에 주력하는 동시에 외환당좌라는 최신 금융기법을 운영하여 경직된 자금 문제를 풀어나갔다.

외환당좌란 돈을 빌릴 때 미리 기한을 정하지 않고 돈을 빌린 사람의 뜻에 따라 갚기로 하고 돈을 빌리는 것이다. 융통성이 많은 금융기법이다. 롯데알미늄은 내부적으로는 대대적인 혁신운동을 전개하여 내실을 기하도록 했다. 특히 효율성이 떨어지는 안산공장 가공사업부에 대한 3단계에 걸친 대수술을 진행하여 생산성을 크게 높였다. 이 같은 노력으로 롯데알미늄은 점차 위기상황에서 벗어날 수 있었다.

롯데알미늄이 위기상황에서 벗어날 수 있었던 데에는 당시 음료시장을 뜨겁게 달군 '식혜(食醯)' 붐이 한몫을 담당했다. 한국 전통음료인 식혜가 젊은 층을 중심으로 수요가 급증했다. 이에 따라 롯데칠성음료가 요청하는 스터비캔(Stubycan) 공급을 요청해 온 것이다. 롯데칠성음료가 요청하는 5억 관의 스터비캔 수요는 롯데알미늄 공장 한 라인(Line)을 풀가동해야 하는 막대한 규모였다. 이에 롯데알미늄은 알루미늄과 스틸캔을 생산하는 진천공장의 C2라인을 증설했다. 또한, 고도의 스틸캔 생산 노하우를 가지고 있는 독일 기업과 기술제휴를 맺고 국내 최초로 스틸캔 맥주캔 및 주스음료용 캔을 생산할 수 있는 기술을 확보했다. 국내에 식음료용 캔 사용 문화를 유발시켰다. 스틸캔은 내부에 주석이 코팅되어 있어 주석캔이라고도 불리는데 몸체는 스틸이지만 마개는 알미늄이다.

롯데알미늄은 외환위기를 계기로 해외영업도 대폭 강화했다. 그동안 수출물량의 절반 정도를 차지했던 중국(中國) 시장은 외환위기를 극복하는 데 큰 역할을 했으나 점차 그 비중이 낮아지는 추이를 보였다. 이에 롯데알미늄은 미국 및 유럽 시장을 개척하는 데 노력을 경주했다. 수출시장 다변화였다.

롯데알미늄은 2000년 들어 '환경'이 사회적 이슈로 등장함에 따라 환경경영을 통한 경쟁력 확보에 나섰다. 2000년 4월 업계 최초로 환경 분야 국제 규격인 ISO14001 인증을 획득했다. 또한, 안산공장 가공사업부에 대기오염 방지 시스템을, 진천공장에 폐수정화 시스템을 구비하여 환경친화적인 기업이미지를 더욱 높여나갔다.

이와 함께 사업다각화를 강력히 추진하여 사업구조를 개선했다. 2001년 11월 롯데전자를 흡수통합하여 전자사업부로 개편했다.

롯데전자는 1973년에 일본 파이오니아와 합작으로 설립되어 오디오, 카세트, 전자제품을 주력으로 생산했다. 2004년까지 국제전화 선불카드, 비데, 무선랜, 디지털도어록, 지문인식기 등도 생산했다.

2002년 5월에는 '삼화제관'의 영업용 자산을 인수하여 캔 제품의 생산능력을 크게 늘렸다. 한국 제관산업의 산증인으로 통하는 삼화제관의 영업용 자산을 인수한 것은 커피캔의 폭발적인 수요 증가에 대응하여 3-piece 캔의 생산능력을 확보하고 2-piece캔의 생산능력을 배가하기 위한 조치였다.

그해 9월에는 에어컨 열교환기 사업에 진출하는 동시에 롯데쇼핑의 포장사업부를 인수하여 종합포장회사로서의 면모를 더욱 굳건히 했다.

신사업(천연세제) 진출과 사업다각화

롯데알미늄은 2004년 들어, 또 한 번의 시련을 겪어야 했다. 국제적으로 원유가격이 불안정해지고 원자재 값이 폭등하면서 롯데알미늄의 경영지표에 큰 부담이 되었다. 설상가상으로 국내 경쟁업체들은 저마다 설비를 증설함으로써 시장 상황을 악화시켰다. 또한 중국 등 해외 경쟁업체들은 저가물량 공세로 한국시장을 공략해왔다. 여기에 원화에 대한 달러환율까지 떨어져 원가 부담은 가중되고 수익성은 악화되었다.

롯데알미늄은 생산프로세스 혁신과 원가절감 활동을 통해 가격과 품질의 경쟁력을 높이고 신규사업과 신규 아이템 발굴에 전사적인 노력을 기울이며 위기 극복에 힘을 쏟았다. 동시에 기존 유통망을 활용한 수익원 창출을 위해 주력제품과 관련이 깊은 연관제품 개발에도 역점을 두었다.

그뿐만 아니라 주력사업이 아닌 분야에서도 새로운 수익원을 창출하기 위해 다각적인 노력을 기울였다. 대표적인 것이 천연세제 사업이었다. 2004년 롯데알미늄은 환경 전문기업인 '살림원'과 손잡고 발효숙성 천연세제 브랜드인 '지-케임(G-came)'으로 세탁용, 주방용 세제, 바디 및 세안용품 등 22종을 출시하며 천연세제 시장에 출사표를 던졌다. 이들 제품은 사람이 먹는 천연원료로 생산한 친환경적인 제품이었다. 이를 통해 합성세제에 익숙해진 소비자들을 대상으로 친환경 세제 문화를 확산해 나갔다.

전자사업부도 2004년 6월 256MB 플래시메모리를 장착한 MP3 플레이어 신제품 'X-Teen 325'를 출시했다. 이 제품은 국내 최초로 3D 사운드 기술을 채택해 3D 입체음향을 감상할 수 있으며 사용자 지정으로 자신만의 독특한 음향효과를 만들 수 있는 제품이었다.

또 음료 시장에서 까페라떼, 프렌치까페 등 커피 제품 붐이 일어나면서 다층시트의 수요가 급등하면서 롯데알미늄은 2004년 말 다층시트 생산설비를 도입하여 2005년 5월부터 생산을 시작했다. 다층시트는 주로 컵커피와 즉석 쌀밥, 즉석 죽 등의 용기로 쓰이는 제품으로 음료 분야는 물론 간편식의 시장 규모가 커지면서 수요가 급증하는 추세였다.

한편 롯데알미늄은 주력사업인 알루미늄 가공, 제관 부문의 시장이 성숙단계에 접어들고 기술이 평준화되었다고 판단됨에 따라 미래시장에 대비하여 안정적인 성장 기반을 구축한다는 취지에서 R&D에 대한 투자를 강화했다. 특히 2005년 7월에는 '포장연구소'를 신설하여 미래 기술개발의 중추적인 역할을 담당하도록 했다. 포장연구소 신설을 계기로 롯데알미늄은 경영 패러다임을 전환하여 생산 중심 회사에서 연구개발 중심의 종합소재 기업으로 발전해 나갔다.

혁신활동 전개

2005년 11월 창립 40주년을 맞은 롯데알미늄은 지속성장의 기틀을 마련하기 위해 전사적인 혁신운동을 전개했다. 제관사업부는 흑자 원년의 기틀을 마련한다는 목표로, 가공사업부는 과감하게 수요 업체를 다변화하여 매출과 이익을 극대화한다는 목표로, 그리고 알미늄사업부 서울공장은 원가개선을 통해 수익성을 높인다는 목표로 광범위하게 혁신운동을 펼쳤다.

그러나 2006년의 경영 환경도 녹록지 않았다. 세계 경제의 불확실성이 심화되고 시장여건이 수시로 변화하는 가운데 업체 간 경쟁은 더욱 첨예해져 기존 시장을 지키는데도 어려움이 있을 정도였다.

이에 롯데알미늄은 연구개발 활성화를 통해 신수요 창출, 경영혁신 강화로 수익성 개선, 사업부마다 차별화된 경영모델 구축으로 경쟁우위 확보 등 3대 전략을 수립하여 추진해 나갔다. 또 중국기업과의 합작, 낙천포장(북경)유한공사 설립 등을 통해 해외 진출을 모색했다.

알미늄사업본부는 국내 경쟁사들의 설비증강으로 공급과잉상태가 지속되자 수익성 높은 신제품 개발에 박차를 가하여 Al-Foil, PCF, 콘덴서 제품 등을 개발했다. 동시에 협력업체와 공동으로 알미늄을 활용한 건축외장재인 복합패널과 도장재인 Al-Paste 등을 개발하여 출시하기도 했다.

가공사업부는 신개념의 포장재를 생산하여 시장을 확대하는 전략으로 대응했다. 선진기술을 흡수하여 Untouch Through, Magic Cut, 보온라벨 등 기능성이 강조된 신제품을 잇달아 개발한 것이다. 신제품 개발을 위해 가공사업부는 협력업체와의 공동개발 프로그램을 확대하기도 했다.

또한, 제관사업부는 국내 최초로 맥주용 용기를 기존 알루미늄 재질에서 스틸로 전환해 제조원가를 크게 절감했다. 그러나 늘어난 2-piece 슬립캔 물량을 흡수하기 위해 2005년 스터비캔 라인을 슬립 라인으로 전환하면서 맥주캔 사업은 접어야 했다. 제관사업부는 향후 시장 변화를 반영하여 스터비캔 라인의 재가동 여부를 검토하기로 하고 우선은 캔 제품의 고급화 및 차별화를 위해 2006년 오크통캔, 청자캔을 개발하여 시장에 내놓았다.

26

사무기기 롯데캐논

　롯데그룹은 사무기기 산업으로 사업 영역을 확대했다. 롯데캐논은 1985년부터 복사기를 중심으로 한 다양한 사무기기를 생산해 왔으며 시장 규모가 작은 내수시장보다 수요가 충분한 해외시장에 중점을 두고 수출을 강화해 디지털 복사기 수출 1위 업체로 성장했다. 일평균 5,000대 이상의 디지털 복사기를 수출하여 2001년에는 정부로부터 '1억 달러 수출의 탑'을 수상하기도 했다.

　롯데캐논은 지속적으로 공급량을 늘리기 위해 물류 창고를 신축하고 안산공장을 증축하여 연간 생산능력을 12만 대에서 20만 대로 늘렸다. 이를 계기로 1999년 롯데캐논은 106대의 컨베이어벨트를 걷어내고 셀(Cell) 방식의 생산라인을 구축하여 생산성을 크게 향상시켰다.

　일본 캐논사의 기술을 전수받아 설치한 셀라인은 근로자 한 명이 수십 개의 부품을 조립하는 방식이다. 또한 기종장(機種長) 제도를 도입해 생산조직과 관리조직으로 나뉘어 있던 조직체계를 '생산 - 자재조달 - 검사 - 물류'로 이어지는 일체형 조직형태로 개편하여 소통 부재로 생산에 차질을 빚거나 재고가 쌓이던 문제를 해소했다. 이를 통해 생산원가를 20%까지 낮출 수 있게 되자 일본 캐논사가 당초 중국 공장에서 생산하려던 물량을 롯데캐논으로 돌려 주문하는 등 주문량이 크게 증가했다. 기종장 제도는 비즈니스모델 특허를 취득하여 국내 동종업체의 벤치마킹 대상이 되었다.

한편, 롯데캐논은 전국 650여 개의 대리점을 하나로 연결하는 영업망을 갖추어 각종 첨단제품을 원활하게 공급하는 한편 전국적인 서비스망을 갖추고 다양한 제품군에 대해 고객의 비즈니스를 빈틈없이 지원하며 토탈솔루션 기업으로서의 신뢰를 높였다. 롯데캐논은 2006년 3월 3일 사명을 '캐논코리아비즈니스솔루션(Canon Korea Business Solution Inc.)'으로 변경했다. 이는 지난 20년간 쌓아온 역량과 캐논의 글로벌 브랜드 파워를 접목하여 내수와 수출 모두에서 도약의 발판을 마련하기 위한 것이었다.

캐논코리아비즈니스솔루션은 사명 변경과 함께 'CI 선포식'을 갖고 사무기기 업계 선두기업으로 거듭나겠다는 포부를 밝혔다.

또 2006년에는 강남구 삼성동에 신사옥을 신축하여 대치동 시대를 마감하고 테헤란로 시대를 개막했다. 캐논코리아비즈니스솔루션은 2007년 복합기 수출 100만 대를 돌파하는 대기록을 세웠다. 이에 힘입어 2008년 무역의 날에는 '2억 달러 수출탑'과 청탑산업훈장을 수훈하는 명예도 안았다.

이를 계기로 캐논코리아비즈니스솔루션은 기술연구소를 증축하면서 개발 영역을 컨트롤러와 솔루션까지 확대했다. 또 사업 영역을 상업 인쇄, 의료기기까지 확장시키며 토탈솔루션 & 서비스 기업으로서의 기반을 마련했다.

한국후지필름의 디지털 대응 전략

1990년대 중반 이후 디지털 기술이 급속도로 발전하면서 사진 업계도 1세기 만에 변혁의 기로에 놓이게 되었다. 무엇보다도 필름이 필요치 않은 디지털카메라 시대가 열린 것은 사진 업계의 구도를 송두리째 바꿔 놓았다.

이에 한국후지필름은 1999년 디지털카메라 시장에 진출한 데 이어 2000년에는 전국 1,200여 후지칼라플라자에 디지털 현상, 인화 기기를 보급하여 디지털 현상 인화 서비스인 'FD(Fuji Film Digital Imaging)서비스를 시작했다.

2002년에는 2002 한·일 월드컵의 공식 후원사로 참여해 브랜드 이미지를 강화하는 효과를 거두었다. 또 디지털화 추세로 필름 시장이 다소 축소되기는 했지만, 매출액은 전년과 비슷한 587억 원을 기록해 여전히 매출의 가장 큰 부분을 차지했다. 그러나 디지털카메라의 보급으로 회사의 대표 상품인 필름 매출이 2004년부터 급격한 하향세를 보였다. 그 결과 필름은 디지털카메라에 매출 1위 자리를 내주게 되었고 급기야 2005년에는 시장 규모가 전년 대비 반토막이 날 정도로 축소되었다. 뿐만 아니라 필름과 함께 한국후지필름의 주력상품 가운데 하나였던 인화지도 필름 시장의 쇠퇴와 동반하여 급격히 위축되었다.

다행히 한국후지필름은 디지털 시대로의 변화를 감지하고 일찍이 FDI 서비스를 시작한 덕분에 반전의 기회를 잡을 수 있었다. FDI 서비스로 디지털 인화 시대를 주도하면서 인화지 시장점유율도 덩달아 상승세를 타기 시작한 것이다. 디지털 현상소는 지속적으로 증가하여 2005년에는 1,000호 점을 넘어섰다. 이는 세계 4번째 기록이었다.

한편, 한국후지필름은 디지털 시장이 형성되던 초기부터 10% 정도의 시장점유율을 유지해 온 디지털카메라 사업을 성장주도 사업으로 육성하기로 했다. 이러한 방침에 따라 2003년부터 전문가를 통한 오프라인 판매는 물론 전자양판점, 대형할인점, 기업체 특판 등으로 판매채널을 다양화하여 시장 공략을 가속화했다. TV홈쇼핑과 인터넷쇼핑몰도 적극 활용하여 2003년 디지털카메라 분야에서 200억 원의 판매 실적을 올렸다. 대단한 실적이었다.

디지털카메라 시장은 2004년부터 젊은 층 중심으로 폭발적인 신장세를 보였다. 이에 한국후지필름은 디지털카메라 '파인픽스(Fine Pix)를 시장 주도브랜드로 육성하고자 제품라인업을 확대하고 광고 활동을 강화하는 등 브랜드 홍보에 집중했다. 2005년에는 F-10 모델을 출시하여 파인픽스의 영업을 한층 강화했다.

파인픽스 F-10은 타제품에 비해 해상도가 두 배 이상 뛰어난 고감도 제품으로, 손 떨림 보정 기능 등이 어필하며 선풍적인 인기를 끌었다. 이에 영향을 받아 후속 모델들도 판매 호조를 보이며 파인픽스의 브랜드 파워를 이끌었다.

한국후지필름은 2005년 6월 창립 25주년을 맞아 '토탈디지털솔루션 기업'을 비전으로 선포하고 미래 성장의 청사진을 제시했다. 2006년에는 기업이미지 제고를 위해 새로운 CI를 발표하면서 재도약을 위한 혁신 활동을 전사적으로 추진했다. 동시에 디지털이미징 시장 확대를 위해 기존의 FDI점포를 신개념의 포토이즈 및 FDI플러스점포로 전환해 나갔다. 한국후지필름은 2007년 서울역 롯데마트에 오픈한 직영 1호점을 시작으로 2008년까지 대형 할인점에 80개의 포토이즈 및 34개의 FDI플러스점포를 개설했다.

.27
롯데의 금융산업 진출

신격호 회장은 한국이 금융시장 개방 정책을 채택하는 시점에 맞추어 금융산업에 뛰어들었다.

1962년 정부 주도의 경제개발 계획이 시작된 이후 1990년대 중반까지 30여 년 동안 금융산업은 기업활동을 지원하는 데 중점을 두었고 고속성장의 견인차 역할을 했다. 민간자본이 형성되지 않았던 시기에 금융기관의 역할은 막대했다. 서민들에게는 은행의 문턱이 높았던 시기이기도 했다.

그런 가운데 1993년 12월 우루과이라운드(UR, Uruguay Round) 타결로 금융시장 개방이 불가피해졌다. 정부는 금산(金産)분리 규제에 묶여있던 일반 기업들에게 문호를 열어 할부금융업 진출을 허용했다. 금산분리 정책은 금융자본과 산업자본을 분리시키는 것이다.

이에 따라 롯데의 첫 금융업 진출이 이루어지게 되었다. 할부금융의 도입은 우리나라에 본격적으로 소비자금융 시대를 여는 계기가 되었다. 롯데 입장에서는 할부금융분야 진출을 통해 금융산업을 확장할 기회가 되었다. 금융이 소비자 중심으로 전환하는 상황에서 롯데의 금융업 진출은 고객서비스에 꼭 필요한 것이었다. 롯데그룹의 사업구조가 소비자들의 생활 전반에 걸쳐 있는 '생활산업'이라는 점에서 보면 소비자금융 확대는 사업다각화 차원을 넘어 소비자의 금융 편익을 증진할 수 있는 매우 긴요한 수단이기 때문이었다. 특히 유통, 관광 부문의 경우 금융업과 연계할 경우 한층 향상된 고객서비스를 실현하고 사업간 시너지 효과도 높일 수 있어 금융업에 대한 롯데의 기대감은 매우 컸다.

이에 따라 롯데는 금융사업을 중장기 성장전략의 하나로 확정하고 당시 카드 사태, 글로벌 금융위기 등으로 금융환경이 불안정한 가운데에도 금융사업의 포트폴리오를 확대해 나갔다. 할부금융에 이어 롯데카드, 롯데손해보험, 롯데캐피탈, 이비카드, 마이비 등으로 금융사업을 구체화한 것이다.

롯데카드 출범

롯데그룹은 이른바 카드대란(大亂)으로 신용카드 업계가 큰 어려움에 빠져있던 2002년 '동양크레딧트카드'를 인수하여 그해 12월 2일 '롯데카드'를 설립했다.

카드대란이란 2002년에서 2006년 사이 대한민국에서 신용카드 발급 완화와 과잉소비로 인해 신용불량자가 양산되었던 사태를 말한다.

이에 따라 롯데는 소비자금융 영역으로 한 걸음 나아가게 되었다. 본래 롯데카드의 기반이 된 것은 1979년 롯데쇼핑센터 개점과 동시에 시작한 크레디트카드 업무였다. 당시는 신용카드가 발행되기 전이어서 신용 판매에 대한 인식이 거의 없던 때였다. 그러나 롯데쇼핑센터는 신용 판매를 고정고객 창출과 판매촉진의 유력한 수단으로 생각하고 자체적으로 '롯데백화점카드' 발행을 시작하여 회원을 확보해 나갔다. 자체 신용카드를 발행하는 것은 법적으로 아무 문제가 없었다.

카드대란으로 어수선한 시기에 출범한 롯데카드는 '건실한 카드'를 지향하며 본격적인 자산건전성 확보에 나섰다. 그 일환으로 강도 높은 구조조정을 실시하여 출범 1년 만에 두 자릿수였던 연체율을 3.01%로 낮추는 데 성공했다. 이는 향후 롯데카드가 건실한 카드회사로 성장할 수 있는 토대가 되었다.

2003년 12월에는 롯데쇼핑 카드사업 부문을 통합했다. 이에 따라 롯데카드의 총자산은 9,500억 원, 조정자기자본비율은 44.4%, 연체율은 4.1%로 국내 카드사 가운데 가장 탄탄한 재무구조를 갖추게 되었다.

롯데그룹 내 각사마다 가지고 있던 카드사업을 통합한 롯데카드는 2004년까지 300만 명의 회원을 확보하고 취급액 8조 원, 연체율 5% 이하, 정상입금률 95% 이상을 유지한다는 계획을 수립했다. 이를 위해 기존의 '아메리칸익스프레스카드'와는 별도로 롯데 브랜드의 롯데카드를 출시했다.

이 무렵 국내 카드사들은 카드대란에 따른 후속 조치의 하나로 부실 회원을 대대적으로 정리하여 회원 수를 대폭 줄였다. 카드사들이 초기 회원 수 부풀리기 경쟁으로 부실화되자 질적 개선을 서둘렀던 것이다. 그러나 롯데카드는 다양한 서비스와 공격적인 마케팅으로 회원 수를 늘려 기존 선발 카드사와의 회원 수 격차를 줄여나갔다.

그뿐만 아니라 2004년 1분기에는 카드대란 이후 카드업계 최초로 분기별 흑자를 실현하기도 했다.

롯데카드는 이후에도 지속적으로 공격적인 경영 기조를 유지해 상품 출시 1년 만인 2004년 11월 마침내 400만 회원을 돌파하여 회원 수 기준 업계 3위로 뛰어올랐다. 또한, 493억 원이라는 카드 업계 최대의 흑자를 달성하는 등 신생기업으로서는 놀라운 경영성과를 거두었다.

대외신용도와 자산건선정에서도 A등급의 안정적인 평가를 받아 업계 최저금리의 자금조달 능력으로 중견 카드사로서의 기틀을 다져갔다. 이러한 실적은 신용판매 중심의 사업구조에서 이뤄진 것이라는 점에서 더욱 값진 것이었다.

롯데카드가 어려운 영업환경 속에서도 이처럼 빠르게 성장할 수 있었던 것은 롯데그룹의 막강한 유통 인프라를 바탕으로 고객의 니즈(요구)에 맞는 유익한 서비스를 개발하여 제공하고 시장의 환경 변화에 맞춰 수익성 위주의 경영에 주력했기 때문이었다. 롯데카드는 무리한 확장에 현혹되기보다는 롯데백화점카드 회원의 전환에 집중하고 여러 가지 상품을 선보이기보다는 '원카드멀티서비스(One-card Multi-service) 개념'에 입각해 대표 상품에 실질적인 혜택을 부여하는 데 초점을 맞추었던 것이다. 또 높은 연체율이 부실화를 가져오는 최대 요인임을 직시하고 현금서비스 등 부대서비스의 비율을 낮추고 수익구조 개선에 역점을 둠으로써 견실한 성장을 이루어 낼 수 있었다.

롯데멤버스 제도 도입

롯데카드는 2005년 들어 쇼핑 분야 그룹 가족사 간 통합마케팅을 전개하고 고객에게는 더 많은 혜택을 제공한다는 취지에서 '롯데멤버십제도'를 도입했다.

멤버십이란 특정 단체의 자격 또는 지위를 인정해 주는 제도다. 롯데멤버십 도입은 그룹 차원에서 2006년까지 2단계로 나눠 추진되었는데 롯데카드가 그 중심에서 핵심적 역할을 수행했다.

먼저 1단계로, 그해 9월 롯데마트와 마일리지(Mileage)를 통합하는 '롯데 마일리지포인트 제도'를 도입했다. 마일리지는 일정한 점수가 누적되면 회사에서 여러 가지 서비스나 혜택을 베풀어 주는 것을 말한다. 롯데는 적립포인트를 양사에서 고객의 편의에 따라 사용할 수 있게 했다. 이즈음 롯데백화점도 고객 맞춤형 서비스의 일환으로 멤버십을 도입했다.

2005년 4월에 시작된 이 제도는 타사 포인트와는 달리 두 가지 점에서 특히 주목을 끌었다. 첫째는 롯데가 유통 분야의 다양한 업태를 아우르는 쇼핑사업을 운영하고 있기 때문에 통합 멤버십이 본격적으로 실시되면 롯데백화점을 비롯하여 롯데마트, 롯데슈퍼, 롯데닷컴 등 롯데 가족사 간 시너지 창출이 가능하다는 점이었다. 나아가 롯데호텔, 롯데월드 등 여러 산업 분야로 멤버십 서비스를 확장할 경우 그 파급효과는 더욱 커질 것으로 예상되었다. 둘째는 롯데멤버십이 가진 방대한 정보(情報)였다. 정보란 관찰이나 측정을 통해 수집된 데이터를 실제 문제에 도움이 될 수 있도록 해석하고 정리한 것을 말한다. 방대한 회원 정보를 고객이 동의하는 범위 내에서 마케팅에 활용할 경우 일반 쇼핑상품 만이 아니라 보험상품, 관광상품 등 각종 서비스 상품의 판매까지도 가능해지고 그룹 차원에서 고객 관리도 가능해지는 것이다.

롯데마트와 포인트 통합을 이룬 롯데카드는 2006년 3월 2단계로 롯데백화점이 도입한 롯데멤버십 서비스와 통합했다. 이에 따라 사실상 롯데 가족사 전체를 아우르는 통합 롯데멤버십 제도를 본격적으로 시행하게 되었다.

롯데멤버십 회원에게 발급되는 롯데멤버십카드는 금융, 소비재, 유통, 엔터테인먼트로 이어지는 롯데만의 맞춤형 서비스를 대변하는 상징이 되었다. 롯데멤버십 제도는 기존의 마일리지 제도와는 달리 누적된 포인트를 롯데 각 사에서 마치 현금처럼 자유롭게 쓸 수 있는 점에서 고객들로부터 큰 호응을 받았다. 따라서 적립 위주의 소극적인 패턴에서 적극적인 사용 위주로 포인트 마케팅의 패러다임을 바꾸는 계기가 되었다.

통합시스템 구축에 의한 서비스 업그레이드(Upgrade)

롯데카드는 롯데백화점 카드사업부와 통합한 이후 두 가지 과제에 부딪쳤다. 첫째는 롯데카드와 아멕스카드 시스템으로 이원화되어 있어 업무 중복 및 고객관리의 비효율이 발생하고 있다는 점이었고, 둘째는 롯데백화점카드 사업부 통합에 따른 업무상의 혼란이었다. 이에 롯데카드는 프로세스 혁신위원회를 발족시켜 전사적으로 업무 프로세스를 개선하고 새로운 시스템을 구축하는 데 많은 노력을 기울였다.

2005년 하반기부터는 퍼스트카드 전략을 구사했다. 퍼스트카드 전략은 회원들 각자의 위치나 입장에 따라 니즈(Needs, 요구)가 세분화되는 특성을 반영하여 제휴카드 방식으로 카드 상품을 다양화하는 전략이다. 이미 롯데백화점을 통해 다수의 우량 고객이 확보된 상태에서 제휴카드나 특화카드를 출시하면 신규회원 확보에 탄력이 붙을 것으로 판단한 것이다.

이에 따라 코리아세븐과 제휴한 '세븐일레븐멤버십 체크카드', 우체국 현금카드와 롯데카드 서비스를 통합한 '에버리지 롯데카드', 플래티넘카드 시장에 대응한 '롯데플래티넘카드 샤롯데' 등이 이 시기에 출시되었다. 롯데카드는 이와 병행하여 기존의 이용자에게 더 많은 혜택을 제공하여 카드 이용의 로열티를 높이는 마케팅도 전개했다. 이러한 취지에서 도입한 것이 바로 '롯데 DC존'이다. 롯데 DC존은 롯데카드 회원에게 우대 혜택을 주는 제휴 가맹점으로, 롯데카드와 롯데아멕스카드로 이원화되어 있던 운영시스템을 하나로 통합하는 동시에 고객 중심의 고객 관리 체계를 구현한 첨단관리 시스템이다. 이에 따라 롯데카드는 보다 안정적이고 효율적인 시스템을 바탕으로 한층 업그레이드된 고객서비스를 제공할 수 있게 되었다.

그해 5월에는 롯데멤버십 포인트의 활용도를 극대화할 수 있도록 포인트 적립률을 기존보다 2배로 늘린 '포인트플러스카드' 시리즈를 출시했다. 이 카드는 기존 롯데카드의 부가서비스를 유지하면서도 롯데 17개 통합포인트 제휴사에서 기존보다 2배 높은 포인트를 적립할 수 있게 한 상품이었다. 대표적인 카드가 생활비 할인 혜택을 제공하는 'DC카드'였다. 이에 SK에너지와 제휴한 'SK스마트롯데카드'를 출시했다. 이 카드는 약 2,000만 명에 달하는 SK엔크린보너스카드 회원과 1,200만 명의 롯데멤버스 회원이 SK주유소와 롯데 각 사의 영업장에서 포인트 적립 및 할인 서비스를 받을 수 있는 카드로, 양사 고객들에게 더 많은 혜택을 제공하는 회원마케팅의 새로운 시도였다.

2008년에는 VIP 고객을 대상으로 슈퍼프리미엄 급 '롯데인피니트블랙카드'와 '롯데다이아몬드블랙카드'도 출시됐다.

롯데캐피탈(Capital)로의 전환

롯데할부금융이 영업 2년 차를 맞은 1997년 무렵 정부는 금융시장 개방에 대비해 할부금융사, 리스사, 신용카드사, 신기술 사업금융사로 구분되어 있던 여신금융업의 통합을 추진했다. 이에 따라 롯데할부금융은 여신전문금융업으로 사업을 확대하는 방안을 모색했다.

이러한 시기에 IMF 외환위기사태가 벌어졌다. 막 걸음마를 시작한 할부금융 업계는 외환위기에 생존의 위협을 느끼며 신규 영업을 중단하는 업체가 속출했다. 롯데할부금융은 워낙 건실한 자산구조를 유지한 탓에 퇴출까지는 가지 않았지만 심각한 타격을 피할 수는 없었다. 무엇보다도 주택할부금융과 팩토링금융에 많은 비중을 두었던 것이 화근이었다. 외환위기 상황에서 팩토링 채권은 거의 회수가 불가능했고 주택할부금융 채권도 회수가 쉽지 않았던 것이다.

할부금융의 위기 상황은 2년이 넘게 계속되었다. 그 사이에 롯데할부금융은 그동안 쌓아놓았던 사업 기반마저 상당 부분 잃어버리고 말았다. 그럼에도 불구하고 롯데할부금융은 여신전문금융회사의 꿈을 포기하지 않았다.

마침내 1998년 시행된 '여신전문금융업법'은 롯데할부금융에게 희망을 갖게 했다. 이 법의 시행으로 할부금융이 허가제에서 등록제로 바뀌고 1개 회사가 최고 4개 업종까지 사업을 할 수 있게 된 것이다. 이는 여신금융업 각 업종 간의 '칸막이'가 개방됨으로써 할부금융과 팩토링금융에 머물러 있던 할부금융업계가 새로운 영역으로 진출할 수 있음을 의미하는 것이었다.

절호의 기회라고 판단한 롯데할부금융은 1998년 자본금을 400억 원으로 증자하고 여신전문금융회사로서의 전환을 공식화했다. 그러나 안팎으로 사업 여건이 갖추어지지 않아 여신전문회사로 전환한 첫해에 롯데할부금융은 127억 원의 당기순손실을 기록하는 초라한 성적표를 받아야 했다.

롯데할부금융은 2000년 3월 14일 사명을 '롯데캐피탈'로 변경하고 새로운 활로를 모색했다. 무엇보다도 극도로 침체된 시장에 활력을 불어넣기 위해서는 획기적인 상품 개발이 필요하다고 보고 개인 대출상품인 '캐시론(Cash Loan)'을 전격 출시했다. 그리고 전국의 롯데백화점에 창구를 설치하여 시범 운영에 들어갔다. 캐시론은 외환위기 이후 가정과 개인의 금융 수요가 큰 폭으로 늘어난 데 힘입어 롯데캐피탈이 난국을 돌파하는 데 효자상품의 역할을 했다.

롯데캐피탈은 캐시론의 성공을 기반으로 잇달아 신상품을 개발하여 다양한 고객층으로 서비스를 확대했다. 2002년에는 인터넷 기반의 사이버영업 채널을 확보했다. 롯데캐피탈은 이듬해까지 전국 17개 지역에 론센터를 열어 명실상부한 전국적 금융 네트워크를 구축하게 되었다.

롯데캐피탈 외국인 CEO 영입

캐시론의 성공은 리테일(Retail)금융(소비금융)은 물론 각 사업 부문에 긍정적 영향을 끼치면서 경영성과를 개선하는 계기를 마련했다. 이에 따라 롯데캐피탈의 금융자산은 1999년을 기점으로 상승하기 시작하여 2002년에는 1조 원을 돌파하기에 이르렀다.

무엇보다 고무적인 것은 리테일금융과 기업금융을 양축으로 여신금융 전문 금융회사로서의 안정적인 사업 기반을 마련했다는 점이었다. 특히 부동산 프로젝트파이낸싱(PF)은 기업금융의 성장을 이끈 견인차 역할을 했다.

 롯데캐피탈은 2001년 죽전지구 건양아파트에 국내 최초로 부동산 PF를 시도하면서 이전까지는 전혀 생각하지 못했던 새로운 시장을 개척하는 데 성공했다. 그리고 이를 시작으로 다수의 부동산 PF에 잇달아 참여해 기대 이상의 성과를 만들어 냈다. 부동산 PF가 기업금융의 핵심상품으로 자리 잡은 것이다. 이러한 성과를 바탕으로 롯데캐피탈은 경영을 안정시키고 우수한 인력을 확보하여 보다 향상된 금융서비스를 제공할 수 있게 되었다.

 그뿐만 아니라 2002년에는 롯데쇼핑, 호텔롯데 등과 함께 약 3,000억 원의 자금을 투입해 새로 출범하는 롯데카드의 산파 역할을 담당하기도 했다. 롯데카드에 출자한 롯데캐피탈의 지분율은 45%에 달했다.

 그러나 롯데캐피탈은 캐시론이라는 리테일금융상품과 부동산 PF라는 기업금융상품을 중심으로 여신금융회사의 기반을 닦아가던 중 2002년 여름 발생한 신용카드 대란으로 또 한 번의 위기를 겪어야 했다. 금융자산은 다시 하락세로 돌아섰고 롯데카드에 지분을 출자한 것도 큰 부담이 되었다. 그 결과 캐시론 서비스는 중지되었고 론센터 조직은 동력을 잃어 2003년에는 2개소만 남긴 채 대부분 폐쇄되었다. 롯데캐피탈은 기업금융을 강화하여 반전을 모색했으나 카드대란의 여파에서 벗어나기에는 역부족이었다. 결국, 롯데캐피탈은 2003년과 2004년 2년 동안 무려 1,400억 원의 순손실을 기록했다.

 롯데캐피탈은 대규모 유상증자와 무상감자라는 강력한 처방을 통해 재무건전성을 확보함으로써 자본잠식의 위험에서 벗어났다. 이를 계기로 롯데캐피탈은 새로운 돌파구를 마련하기 위해 일본에서 리스 담당 상무를 영입, 16개월 만에 대표이사에 선임하는 파격적인 조치를 단행해 변신을 시도했다. 롯데그룹 전체를 통틀어 최초로 외국인 CEO를 선임한 것이다.

성장기반 구축 성공(해외시장 진출)

금융산업의 부침은 굴곡이 심하다. 롯데캐피탈은 2005년 들어 기업금융 부문의 성장에 힘입어 점차 안정을 찾기 시작했다. 새로운 경영 체계에서 각 사업 부문이 신규고객 확보와 신상품 개발에 노력하여 나름의 성과를 거둔 것도 안정을 찾는 데 밑거름이 되었다. 그러나 해결해야 할 과제는 여전히 많았다. 리테일 금융의 경쟁력을 시급히 해결해야 했고 각 부문의 사업 활동을 뒷받침할 수 있는 기반 시스템과 인프라도 조속히 구축해야 했다.

롯데캐피탈은 먼저 심사 및 리스크관리를 전담하는 심사부를 신설하여 심사 기능을 대폭 강화했다. 부실채권 발생을 미연에 방지하기 위한 것이었다. 부실채권이 발생하는 것은 결국 심사 기능 부재에서 비롯되는 것임을 절감했기 때문이었다. 심사부가 신설됨에 따라 영업 일선에서 이뤄지던 심사 업무가 중앙심사제로 바뀌었다. 심사 기준도 명확하게 정립되었다. 이로써 여신전문금융의 건전성은 크게 개선되었다.

동시에 120억 원의 사업비를 들여 차세대 전산시스템으로 불리는 대규모 IT시스템을 구축함으로써 심사평가제도를 고도화하였다. 구축된 개인평가시스템(CSS, Credit Scoring System)은 심사평가제도의 고도화는 물론 여신업무 전반의 체계적인 운영이 가능하도록 했다. CSS는 2년간의 작업을 거쳐 2007년에 오픈되었다.

이와 병행하여 롯데캐피탈은 영업력을 회복하는 데에도 많은 노력을 기울였다. 그리하여 2006년 직장인을 주고객으로 하는 단기소액 대출상품인 '단비론'을 출시하면서 리테일 금융을 재개하였고 폐쇄되었던 '론센터'도 다시 설치했다. 론센터 상담사들의 동기 부여를 위해 합리적인 보상제도도 마련했다. 그 결과 리테일금융의 영업조직은 2008년까지 지점 4개, 론센터 18개로 확대되었다.

기업금융 부문도 더욱 활발해졌다. 부동산 PF는 그동안 축적한 운영노하우를 바탕으로 시장을 확대하고 투자의 규모를 늘려가며 기업금융을 선도했다. 투자대상도 점차 대형건설사의 대규모 프로젝트로 옮겨감으로써 투자의 안정성과 수익성이 높아지는 선순환 구조가 만들어졌다. 여기에 팩토링금융, 할인어음 등 전통적인 금융상품과 새로 도입한 기업운영자금대출, 지급보증 등의 상품이 자리 잡으면서 기업금융의 경쟁력이 한층 튼튼해졌다. 리스금융 역시 공격적인 영업으로 오토(자동차)리스 분야에서 돌파구를 찾아 나갔다.

이처럼 리테일금융, 기업금융, 리스금융 등 전 부문이 고르게 성장함에 따라 2005년 8,927억 원이던 금융자산은 2008년 2조 1,643억 원으로 무려 3배 가까이 치솟았다. 그뿐만 아니라 각 부문의 실적이 균형을 이루면서 사업구조가 한층 견고해지는 성과도 나타났다.

한편 이 시기에 롯데캐피탈은 국내시장에서 부활한 저력을 바탕으로 일본 시장에 진출했다. 동종업계에서는 초유의 일이었다. 롯데캐피탈은 2008년 4월 도쿄지점을 설치하고 본격적인 영업을 시작했다. 그해 도쿄 지점은 영업 첫해 임에도 불구하고 1,350억 원의 금융자산을 확보하고 90억 원의 영업수익을 내는 성과를 거두었다. 특히 국내시장에서는 좀처럼 찾기 힘든 여신전문금융을 성공적으로 수행해 향후 해외 진출에도 청신호를 안겨주었다.

손해보험업에 진출 (롯데손해보험)

2008년 4월 1일 롯데그룹은 '대한화재해상보험'을 인수해 사명을 '롯데손해보험'으로 변경하고 공식출범시켰다. 이에 따라 롯데는 캐피탈 사업(롯데캐피탈), 신용카드 사업(롯데카드)에 이어 손해보험 분야로 금융사업의 범위를 확대하게 되었다.

1946년 창립된 대한화재해상보험의 성장사는 순탄하지는 않았다. 해방 직후인 1946년 부산지역의 갑부 7명이 공동으로 세운 대한화재해상보험은 창설 이후 자금난을 겪었고 창업주 하원준 사장이 군납업체 동용산업에 매각하면서 최태섭 회장(후일 한국유리 창업), 김치복 사장, 이봉익 부사장 편제로 개편되었고 1963년 한국무역화재보험을 합병 후 1973년에 증권거래소에 주식을 상장했다.

1979년 김치복 회장 사후 장남 김성두 부사장이 가업을 이어받아 1983년 사장으로 승진한 후 자동차보험 영업인가를 받아 회사가 커졌으나 국내 교통사고 횟수가 빈번하면서 손해율이 많아 위기에 봉착했다. 1993년 실적 부진으로 퇴진한 김성두 사장 대신 백은규 회장이 경영 전반에 나섰다. 1999년 아들 백일환 부회장이 회장으로 승진하면서 2세 경영체제를 확립했다.

2001년 부실 금융기관으로 지정되어 회사가 문을 닫을 위기에 처했으나 대주그룹(회장 허재호) 계열 대한시멘트에 인수된 후 2002년 보험 브랜드 '하우머치'를 시판했다. 한때 이 브랜드는 꽤 인기를 끌기도 했다. 그러나 대주그룹 역시 경영 위기에 빠졌고 롯데그룹이 대주그룹 지분 56.98%를 인수하면서 롯데 가족이 되었다.

롯데손해보험은 출범식에서 발표한 중장기 전략을 통해 '대형손해보험회사'로의 진입을 사업 목표로 삼았다. 이와 함께 '고객 마음속

1등 보험회사'를 비전으로 제시하고 3단계의 중장기 실천 계획도 마련했다.

먼저 1단계로 출범 3년 후인 2010년까지 인력, 조직, 프로세스, 시스템 등 분야별 인프라를 재구축해 도약의 기반을 마련하기로 했다. 2단계로는 출범 5년 후인 2012년까지 상품 및 판매 채널을 최적화하여 시장경쟁력을 확보하고 해외로 진출하여 시장점유율 6%, 자산 5조 원을 달성하기로 했다. 마지막 3단계로는 출범 10년 후인 2017년에 시장점유율 10%, 총자산 15조 원을 달성하여 대형 손해보험회사로 진입한다는 계획이었다.

이러한 목표를 달성하기 위해 롯데손해보험은 롯데그룹의 마케팅 채널을 적극 활용하고 신개념의 금융서비스를 지속적으로 개발하여 고객이 편리하게 보험서비스를 받을 수 있도록 노력을 기울이기로 했다. 이에 따라 롯데손해보험은 먼저 전통적인 영업조직인 대리점, 설계사 등 대면조직을 확대, 강화하고 독립 대리점을 늘리는 등 판매망을 확충했다. 또 전국에 있는 롯데백화점, 롯데마트와 연계해 매장을 방문하는 고객이 보험상품을 유형 상품처럼 편리하게 쇼핑할 수 있도록 신개념의 '보험프라자'도 개설해 나갔다.

28

롯데 커머스넷(LCN, 롯데정보통신) 진출

커머스(Commerce)는 온라인을 통해 물건을 사고파는 행위이다. 1996년 출범한 롯데정보통신은 롯데 각 사에 대한 전산관리부터 사업을 시작하여 SI(System Integration, 시스템통합) 컨설팅, 솔루션, 네트워크, 소프트웨어, 유통사업 등 다양한 분야로 사업 영역을 확대했다. 그리고 수준높은 IT서비스를 제공하면서 경쟁력 있는 IT 전문기업으로서의 면모를 갖춰나갔다.

롯데정보통신의 사업성과는 2000년대 들어 확연히 두드러졌다. 2000년에 들어서자마자 롯데정보통신은 인천공항 1, 2청사 면세점 시스템을 시작으로 한국후지필름, 호남석유화학, 롯데칠성음료의 ISP(인터넷 접속서비스), BRP(비즈니스 프로세스 재구축) 시스템을 구축하고 롯데쇼핑의 신 재무, 신 구매시스템도 완벽하게 구축 완료했다. 이어 2001년에는 전자세금계산서, 공인인증서, 전자계약서비스를 개시한 데 이어 POS(판매시점 관리정보 시스템)를 웹에서 구현한 웹포스(Web-POS) 서비스도 시작하여 SI 솔루션 제공능력을 과시했다.

롯데정보통신이 구축한 정보시스템과 솔루션은 고객사의 업무 효율성을 높이고 인력 및 비용을 절감하는 원동력이 되었다. 특히 전자계산서는 거래업체 상호 간의 협업적 업무 관계를 만드는 데 기여했고 전자계약서 서비스는 사람이 직접 수행하던 계약업무를 인터넷 환경에서 편리하게 수행할 수 있게 만들었다. 또 웹포스 서비스는 고객의 개발 및 시스템 구축 비용을 필요로 했던 기존의 시스템과는 달리 별도의 비용 없이 매월 일정 사용료만 내고도 고성능의 POS를 제공받을 수 있게 한 혁신적인 서비스로 고객사들로부터 큰 환영을 받았다.

롯데정보통신은 2002년 '롯데커머스넷(LCN, Lotte Commerce Net)사업을 개시했다. LCN은 그룹 차원의 통합시스템을 이용하여 롯데 가족사와 협력업체 간의 연계성을 확보해 줌으로써 양측의 사업 효율을 높이고자 하는 Community Network를 말한다. 좁은 의미에서는 업무 효율화를 제공하는 것이지만 넓은 의미에서는 부문별 E-마켓플레이스 구축과 이를 연계한 유통 부문의 국가 인프라 구성에 한 축을 담당하는 것이라는 점에서 매우 의미 있는 사업이었다.

한편 롯데정보통신은 2002년 부설정보기술연구소를 설립한 데 이어 2003년에는 IT 교육센터인 '롯데디지털스쿨'을 개원하여 롯데 임직원 전체의 IT 역량 강화에도 많은 도움을 주었다.

정보보호사업 진출

2005년 5월 롯데정보통신은 그룹 내에서는 처음으로 ERP 시스템과 연동가능한 기업정보포털 'MOIN'을 오픈했다. MOIN은 ERP, 전자결재 등의 기간 시스템과 연동하여 업무 효율성을 한층 더 높일 수 있는 시스템으로 뛰어난 성능과 사용 편의성을 갖추고 있다. 사용자들로부터 롯데의 정보화 수준을 한 단계 업그레이드시켰다는 평가를 받았다.

같은 해에 롯데정보통신은 새로운 시장으로 떠오르고 있는 RFID(무선주파수인식) 관련 사업을 미래성장사업으로 육성하기로 했다. 롯데는 관련 기술 및 사업 개발을 위해 한국휴렛팩커드(한국HP)와 업무 제휴를 체결했다. 그리고 그룹 내에 RFID를 시범 적용하며 운영 역량을 축적하고 이를 바탕으로 점차 시장을 확대해 나갔다. 이를 위해 정보기술연구소에 RFID 연구회를 결성하는 한편 유통, 물류를 시작으로 제조, 건설, 화학, 정보보안 등의 영역으로 대상을 확대해 RFID 및 유비쿼터스 사업모델 개발에 박차를 가했다.

2008년에는 정보보호 컨설팅 사업에도 전격 진출했다. 그해 2월 소프트웨어업체인 '이니텍'과 정보보호 컨설팅 영업양수도 계약을 체결하고 4월에는 기술심의위원회 심사를 통과해 정보보호 컨설팅 전문업체 면허를 취득했다. 이에 따라 롯데정보통신은 정보보호 관리체계 수립과 보안침해 사고 대응체계 등의 정보보호 컨설팅에서부터 통신보안 관제에 이르기까지의 토탈 보안서비스에 본격적으로 나설 수 있게 되었다.

한편 이에 앞선 2007년 6월 롯데정보통신은 그동안 각 사별로 사용하던 통신회선을 통합하여 보다 효율적으로 집중관리하기 위해 서울 가산동 디지털산업단지 내에 글로벌 통합데이터 센터인 'UBiT' 센터를 건립했다.

이에 따라 롯데 내 IT시스템 운영의 효율성을 높이고 회선 비용은 절감하는 효과는 물론 롯데 전체의 통신 속도를 향상시켜 업무생산성을 획기적으로 높일 수 있게 되었다.

또한 정보데이터를 보호하고 안전하게 관리함으로써 롯데 가족사의 안정적인 경영을 지원하고 비즈니스의 생산성을 높이는 파트너로서의 역할을 강화시킬 수 있게 되었다.

롯데종합무역상사

롯데의 수출입 업무를 총괄하는 창구 역할을 해 온 롯데상사는 2000년 11월 제37회 무역의 날 기념식에서 1억 달러 수출의 탑을 수상했다. 이어 2003년에는 매출 1조 원을 돌파하는 개가를 올렸다. 이는 롯데의 무역 창구 일원화에 따른 시너지 효과이기도 하지만 한편으로는 시장 개척을 위해 임직원들이 땀 흘려 노력한 결실이었다. 이로써 롯데상사는 무역 전문기업으로서의 면모를 갖추게 되었다.

롯데상사는 단순히 수출입 업무를 수행하는 데 그치지 않고 점차 가속도가 붙기 시작한 그룹의 글로벌경영에 보조를 맞추어 해외소싱, 간접적 투자 등 다양한 분야로 사업영역을 확대했다. 이와 함께 해외브랜드의 국내 입점을 추진해 큰 성과를 거두기도 했다.

먼저 1998년에는 영국 최고의 원목가구 생산업체인 '에콜' 사로부터 에콜가구 독점수입업체로 지정을 받아 국내에 소개하였고 최고 수준의 실버웨어 브랜드인 프랑스의 '크리스토플(Christofle)'을 도입하여 국내에 론칭했다. 2003년 11월에는 일본의 토탈라이프스타일 브랜드인 '무인양품(MUJI)과 독점 라이센스 계약을 맺고 국내 최초로 롯데백화점 영플라자점에 입점시켰다. 영플라자 지하 1층 231m²와 지상 1층 300m²를 연결한 복층 구조에 대형 숍인숍 형태로 매장을 디자인한 무인양품은 토탈브랜드의 이미지에 걸맞게 의료, 인테리어, 소품, 문구류, 기구류, 식품류 등 4,000품목 이상의 다양한 제품을 전시하여 국내시장에 선풍을 일으켰다.

2004년에는 일본의 주니어 패션 브랜드인 'Junior City'를 도입하여 롯데백화점 본점에 1호점을 오픈했다. 또 10월에는 프랑스의 보석 전문업체인 '마통(Mathon)' 사와 한국시장에서의 독점 판매계약을 체결하고 2005년 2월 롯데백화점 명품관에 마통 1호점을 입점했다. 마통은 크리스찬 디올, 부쉐론, 쇼메 등 세계적인 유명 보석 브랜드에 제품을 공급하며 품질의 우수성을 검증받은 프랑스 최고의 주얼리 브랜드이다.

한편 2004년 1월 롯데상사는 SCM(공급망 관리) 솔루션을 새로운 성장 동력으로 육성하기로 하고 그 일환으로 그룹 내 양곡 통합 구매 및 판매망을 구축했다. 새로운 유통망을 통해 롯데상사는 국내에서 수매한 양질의 양곡을 롯데마트와 롯데슈퍼에 적정한 가격으로 공급함으로써 생산자와 소비자의 만족을 실현하는 새로운 비즈니스를 구현했다. 그리고 이를 기반으로 제품의 생산과 유통 과정을 하나의 통합망으로 관리하는 시스템을 발전시켜 SCM의 성장 기틀을 다져나갔다.

해외 네트워크 확대

무역을 핵심사업으로 하는 롯데상사는 롯데의 글로벌전략이 전개되는 것과 보조를 함께하며 해외시장에서의 사업다각화를 추구했다. 이를 위해 1990년대 이후 중국 상하이를 시작으로 인도네시아 자카르타 등에 사무소를 설치하여 동남아 시장 확대를 위한 교두보를 마련했다. 2000년대 들어서는 해외 네트워크를 더욱더 확대해 나갔다.

먼저 2000년에 롯데상사는 러시아의 모스크바와 블라디보스토크에 사무소를 설치하여 러시아 시장 진출을 가시화했다. 이를 통해 롯데상사는 롯데 가족사(社)들이 호텔, 마트를 중심으로 러시아 시장을 개척하는 데 힘을 보탰다. 한편으로는 신흥시장으로 떠오르는 인도와 베트남을 겨냥하여 2003년에는 인도 뭄바이에, 2006년에는 베트남 호치민에 각각 사무소를 설치하고 교역 시장을 확대해 나갔다. 이 또한 2000년에 들어 롯데 가족사의 동남아 진출이 본격화되면서 시장을 동반 개척하기 위한 포석이었다.

한편 롯데상사 미주법인은 2006년 11월 LA지점을 개설하고 미국 서부지역의 한인들에게 롯데를 비롯한 한국기업의 제품과 서비스를 중간 거래자 없이 직접 공급함으로써 소비자들의 만족도를 높였다. LA지점은 한국제품의 공급자로서만이 아니라 미국인들에게 한국 문화를 알리는 민간사절의 역할도 담당했다. 2008년 12월에는 베트남 호치민 사무소를 법인으로 전환하여 베트남 수산물 회사인 'Seaprimex, Co.'사와 합작법인 'Lotte Vina International'을 설립했다. 이 법인은 베트남에 진출한 롯데 가족사들의 원활한 물류를 지원하기 위한 사업을 수행했다.

마케팅 커뮤니케이션 대홍기획

롯데그룹은 그룹의 사세 확장에 따라 자체 광고 물량을 소화하고 광고시장이 신장되어 하나의 산업으로 변모하자 광고대행사업에 진출했다.

롯데는 대홍기획을 설립하고 21세기 최고의 대행사를 지향했다. 하지만 대홍기획은 IMF 외환위기로 인해 심각한 위기에 빠졌다. 외환위기의 충격이 고스란히 광고산업계에 미치면서 1998년에 취급고가 전년에 훨씬 못 미치는 1,700억 원대로 급감해 창사 이래 최악의 침체상황을 맞았다. 대부분의 광고업체들이 줄줄이 문을 닫는 상황에서 대홍기획은 재무상태 안정과 수익성 중심의 경영을 최우선 과제로 삼았다. 적절한 선택이었다. 그 결과 1999년 대홍기획은 외환위기 이전 수준으로 취급고를 끌어올리는 데 성공했다.

최악의 위기를 극복한 대홍기획은 2000년을 시작하면서 '21세기 가장 창조적이고 혁신적인 토탈마케팅 커뮤니케이션 회사'를 비전으로 제시했다. 여기에는 미국의 오길비앤매더사가 롤모델이었다. 오길비앤매더사의 오너인 오길비(Ogilvy) 씨는 현대 광고의 아버지로 불리는 전설적인 인물이었고 오길비앤매더를 세계 100여 국에 지사를 둔 다국적 광고그룹으로 성장시켰다.

대홍기획은 새로운 비전 실현을 위해 임직원의 자율과 권한을 대폭 보장하면서 성과에 대한 합당한 처우와 개개인의 능력 개발에 대한 투자를 확대했다. 이와 함께 본사를 종로구 연지동에서 현재의 남대문로 세브란스빌딩 7~9층으로 이전하여 분위기를 전환했다.

이 무렵 국내 광고시장은 시장 개방으로 외국의 대형 광고회사들이 대거 국내에 진출하면서 대형 광고주의 영향력이 커지는 추이를 보이고 있었다. 삼성그룹이 제일기획을, LG그룹이 LG애드를 설립하는 시기였다. 또 광고산업이 세분화, 전문화되어 구매패턴이 다양화되고 인터넷, 모바일 등 뉴미디어 환경이 보편화되어 경쟁이 치열해졌다.

이에 대응하여 대홍기획은 2000년부터 지식경영시스템을 개발하는 등 지식경영에 기반을 두고 크리에이티브 경쟁력을 제고하는 데 역량을 집중했다. 이와 함께 인터랙티브 팀을 2000년 2월 '롯데닷컴(Lotte.com)'으로 법인 분리하고 마케팅전략연구소를 마케팅컨설팅

그룹으로, 매체본부를 미디어그룹으로 개편하여 환경 변화에 대응할 수 있도록 조직체계를 재정비했다.

또한 'Trusted Satisfying Communication Company'로 비전을 재설정하고 광고 선도그룹으로서의 위상을 높여 신뢰받는 파트너로 성장할 것을 다짐했다. 그 일환으로 광주, 대전, 포항, 울산, 창원에 추가로 지사를 설치하여 지방화 시대에 부응하는 전국적 네트워크를 구축했다.

그 결과 대홍기획은 2000년대 들어 차별화된 마케팅 전략과 뛰어난 크리에이티브 역량을 발휘하여 잇달아 '히트상품을 만드는 히트광고'를 만들어 냈다. 특히 국내 티저광고의 효시로 손꼽히는 '선영아 사랑해' 캠페인은 2001년 국제광고제인 피너클어워즈(Pinnacle Awards)에서 수상 성과를 거뒀다.

한편 대홍기획의 가동으로 대홍기획은 임직원의 지식 활동은 물론 평가, 보상, 변화관리, 학습조직 운영, 내외커뮤니케이션 등을 하나의 시스템으로 구현함으로써 보다 원활한 지식경영 추진 기반을 갖추게 되었다.

이 시기에 대홍기획은 '팀제'로 운영되던 광고본부 조직을 '셀'제로 전환해 광고시장의 변화에 탄력적으로 대응할 수 있게 했다.

해외시장 개척 선봉 대홍기획

2000년대 중반 대홍기획은 뛰어난 경쟁력을 바탕으로 역동적인 활동을 펼쳐 나갔다. 특히 광고 수주 측면에서는 프리젠테이션 성공률이 60%를 넘어설 정도로 광고주의 니즈(요구)에 부합하는 전략과 크리에이티브를 과시했다. 이는 실무를 담당하는 직원들의 역량 제고를 위해 브랜드 마케팅 교육과 해외연수를 강화하는 등 교육훈련 및 자기계발에 중점적으로 투자한 데 따른 결과였다.

또 1년 동안 임직원이 제작한 모든 광고작품을 대상으로 최고의 작품을 가려 시상하는 DCA(Daehong Creative Award) 제도를 신설하는 등 직원들이 서로 경쟁하며 치열한 자세로 작품을 제작할 수 있도록 환경을 조성한 것도 도움이 되었다. 그 결과 대홍기획은 2006년 광고학회가 제정하여 처음 시행한 '올해의 우수 광고대행사' 시상에서 지난 1년 동안 국내 광고대행사 중 가장 활발한 활동을 벌였다는 평가와 함께 첫 번째 수상기업으로 선정되는 영예를 안았다. 또 이듬해에도 한국광고학회로부터 '오천만의 돼지바' TV CM이 올해의 광고로 선정되는 등 국내외의 각종 광고제에서 뛰어난 성적을 거두기도 했다.

대홍기획은 해외로도 활발하게 진출했다. 대홍기획은 롯데 가족사들이 해외시장에서 최상의 마케팅을 펼칠 수 있도록 지원자의 역할도 톡톡히 했다. 특히 롯데쇼핑, 롯데호텔의 러시아 진출, 롯데제과, 롯데칠성음료의 중국(中國) 및 동남아 시장 진출에 맞춰 각종 광고 캠페인과 프로모션을 전개하여 해외시장 개척의 선봉자 역할을 했다.

대홍기획은 2009년 7월에는 러시아 지사를 설립하고 그해 8월에는 중국 상하이에 사무소를 개설하면서 현지 상황에 적합한 광고 캠페인을 벌였다. 또 2008년 9월에는 세계적인 브랜딩 전문회사 '브랜드이미지(Brand Image)'와 업무제휴 계약을 체결하여 글로벌 브랜드마케팅을 구현할 수 있는 역량도 확보했다. 이 밖에도 대홍기획은 2008년 1월 홍익대학교와 산학협동 협약을 체결했다. 디자인 산업 분야의 발전을 도모하고 관련 전문인력 양성의 토대를 마련하기 위한 노력의 일환이었다.

이처럼 대홍기획은 현재의 위상에 만족하지 않고 광고를 넘어 마케팅 사업 전반에 걸친 크리에이티브 역량을 증대시키기 위한 방법을 계속해서 고민하며 돌파구를 마련해 나갔다. 이는 롯데 가족사 이외에도 다양한 사업 분야의 국내외 기업 모두를 만족시키는 토탈 마케팅커뮤니케이션을 진행하는 저력으로 발휘되었다.

롯데로지스틱스 출범 (운수(運輸) 기업)

롯데그룹은 운수, 택배 산업 분야에 진출했다. 롯데는 1996년 롯데로지스틱스(Lotte Logistics)를 설립했다. 로지스틱이란 본래 병참(兵站)이라는 군사 용어이다. 병참은 전시에 무기, 식량, 의료 등의 물자 이동과 보관, 수송 등을 의미한다. 구미 지역은 한국에 비해 로지스틱스 연구가 10년은 앞서 있다. 국토가 좁고 삼면이 바다인 한국에 비해 드넓은 대륙을 가진 구미 지역은 필요에 의해 물품 수송이 발달할 수밖에 없었다.

롯데로지스틱스는 편의점 세븐일레븐(7-ELEVEN)을 시작으로 1998년에 롯데리아, 1999년에는 롯데마트의 물류를 위탁받아 서비스하면서 사업 규모를 확대했다.

세븐일레븐은 미국의 세계 최초 글로벌 편의점 브랜드이다. 1946년에 사명(社名)을 영업시간을 강조하는 뜻의 7-ELEVEN으로 쓰기 시작했으며, 1964년에는 'Speed E-Mart' 사를 인수, 프랜차이징을 시작했다. 이를 계기로 물류 부문에서 탄탄한 입지를 확보한 롯데로지스틱스는 점차 다른 사업 분야의 물류를 대행하는 사업 다변화를 추구했다.

2003년에는 의류물류업에도 진입했고 창업 10년 만인 2006년 무렵에는 롯데그룹 전 사업 부문의 물류 업무를 담당하는 종합물류기업으로 성장했다. 식품은 물론 석유화학, 일반제조 부문으로 사업 영역을 확대해 종합물류기업의 사업 기반을 구축한 것이다.

롯데로지스틱스는 2009년 11월 경기도 오산시 부산동에 대지 면적 10만 8,900m^2, 연면적 8만 5,600m^2에 이르는 동양 최대 규모의 오산물류센터를 준공하고 본격적인 운영에 들어갔다. 오산물류센터의 가동으로 롯데로지스틱스는 물류비 절감과 운송의 신속성을 확보한 것은 물론 최첨단 설비와 운영시스템을 가동하여 SCM(Supply Chain Management, 공급망 관리) 전반에 걸쳐 강력한 경쟁력을 확보하게 되었다. 더불어 국내 최초로 램프식(건물 안에 있는 주차장) 구조로 설계된 광명물류센터를 구축함으로써 물류 거점의 대형화, 자동화도 실현하게 되었다.

2008년 롯데로지스틱스는 새로운 영역인 상품벤더 서비스(여러 품목을 단위로 나누어 제품을 공급) 사업에 진출했다. 상품벤더는 납품업체와 대형 유통업체 사이에서 상품을 유통하는 중간도매상을 말하는데, 대형 유통업체와의 관계에서는 상품을 공급하는 납품업자로서 '유통업법'의 보호를 받지만 상품을 공급받는 중소납품업체와의 관계에서는 일반적인 '공정거래법'의 규제를 받지 않기 때문에 장점이 많은 사업영역이었다.

이에 앞서 2007년 11월에는 롯데의 물류사업 합리화 방침에 따라 롯데냉동이 롯데로지스틱스를 흡수합병했다.

1970년 11월 설립된 롯데냉동은 롯데삼강의 각종 유제품과 롯데축산의 육가공제품 등 주로 농축산물과 식품의 냉동 보관, 운송을 담당해왔다. 그러나 합병전 회계연도인 2006년 기준으로 33억 원의 매출과 1억 원 정도의 순익을 나타내는 데 머물러 있었다. 이에 롯데냉동이 롯데로지스틱스를 흡수하는 방식으로 합병하여 롯데 내 물류사업을 통합, 일원화했다. 이에 따라 합병의 시너지 효과를 발휘하여 보다 강한 경쟁력을 확보할 수 있게 되었다.

롯데의 물류 부문을 통합한 롯데로지스틱스는 명실상부한 종합물류기업으로 발돋움하면서 2007년 매출 3,000억 원을 돌파했다. 이를 계기로 롯데로지스틱스는 '매출액 1조 원의 종합물류회사, 국내 3PL(제3자 물류) 선두주자'를 경영목표로 설정하고 이를 달성하기 위해 물류 거점 대형화 및 자동화, 글로벌 네트워크 구축, 물류정보시스템 구축 등에 역점을 두고 물류 혁신을 추진했다. 따라서 창고관리시스템(WMS), 배송관리시스템(TMS), 그리고 물류회계시스템을 잇달아 구축하여 업무 프로세스를 표준화함으로써 업무 효율성을 크게 향상시켰다.

이러한 성과가 기반이 되어 롯데로지스틱스는 2008년 11월 국토해양부가 주최한 '2008년 한국물류대상' 시상식에서 기업물류 부문 대상인 대통령 표창을 수상했다. 또 해외시장 개척에도 박차를 가해 2008년 9월 처음으로 중국시장에 진출하는 성과도 일구어냈다. 롯데로지스틱스는 2016년 6월 현대그룹(현정은 회장)의 현대로지스틱을 인수, 국내 최대 물류, 택배회사가 되었다.

롯데중앙식품연구소

롯데중앙연구소는 설립 이후 최신 연구설비와 우수한 식품 전문가들을 지속적으로 확보하여 국내 최고의 종합식품연구소로 발돋움했다. 롯데 내 식품사들과 협업하여 신제품을 속속 개발하는 것은 물론 기초기술과 제조공정에 관한 기술을 개발하여 각 가족사가 사업 역량을 강화할 수 있도록 지원했다. 이를 위해 롯데중앙연구소는 '주제발표 세미나'를 정기적으로 개최하여 우수한 성과를 거둔 연구원들을 시상하는 등 연구원들이 연구개발에 매진하여 연구능력을 함양하는 연구소만의 조직문화 정착에 각별한 공을 들였다.

연구소장과 실장급 간부를 포함한 전 연구원이 대형할인점과 백화점을 방문하여 소비자 행동과 니즈를 조사하여 제품개발에 반영하는 등 노력도 게을리하지 않았다.

또 2005년 9월 상품시험연구소와 롯데슈퍼상품연구소를 통합하고 2007년에는 문래동 커피 실험실을 완공하여 이전하는 등 R&D의 효율성을 높이는 연구 환경을 갖추고자 노력했다.

그 결과 롯데중앙연구소는 수많은 연구성과를 창출하여 식품사업의 심장과도 같은 역할을 수행했다. 특히 2003년 개발한 '초콜릿 쉘을 내부에 포함하는 다층구조 아이스바 및 그의 제조방법'과 '항스트레스 및 뇌기능 증진 효과를 가지는 가미사군자탕 함유 의약품', 2006년 초의 '초콜릿 시트 및 절단을 활용한 코팅초콜릿의 제조방법', 그리고 2007년의 '청량감을 주는 코팅된 센터필링 츄잉껌 및 그의 제조방법' 등은 특허로도 등록되어 롯데 식품사의 상품개발에 크게 기여했다.

롯데중앙연수원

1993년 1월 개원한 롯데중앙연수원은 비약적으로 성장하는 롯데의 국내외 사업을 이끌어가는 역량 있는 인재를 육성하기 위해 다양한 교육프로그램을 개발하는데 많은 노력을 기울였다.

먼저 내부의 교육자원을 총동원하여 그룹의 교육 체계를 수립한 데 이어 과학적이고 체계적인 조사와 진단을 통해 면세점 판매사원에 대한 '판매전문 리더 양성 과정', 롯데삼강의 '유지대리점 사장단 세미나', 그리고 롯데백화점의 OJT(On the Job Training, 직장 내 교육 훈련) 체제 수립 및 매뉴얼 제작 작업 등 각 사의 실정에 맞는 교육과정을 개발하여 운영했다.

또한 연봉제 시행에 대비하여 '인사관리전략 과정'을 개설하는 등 특정 이슈와 연관된 임직원들의 업무 전문성을 제고하는 특별과정을 운영하기도 했다.

1999년에는 디지털 정보 시대에 대응하여 전자상거래, 인터넷 광고 및 마케팅, 콘텐츠 기획과 웹 마케팅 프로모션 등 인터넷을 전략적으로 활용하기 위한 '인터넷 비스니스 기업활용 과정'을 개설하여 운영했다. 이 과정은 롯데가 롯데닷컴과 같은 인터넷 비즈니스를 확대하는데 사용되었을 뿐만 아니라 직원들의 인터넷 마인드를 높이는 데도 크게 기여했다.

2000년대 들어서는 신임임원 교육, 경영혁신 교육, 승진간부 교육 등 다양한 전문교육 과정을 운영했다. 롯데중앙연수원은 롯데 각 사로부터 의뢰를 받아 직무역량 모델링과 지식교육 체계를 수립하는 용역사업을 수행하기도 했다. 이를 통해 롯데중앙연수원은 외주 용역비를 절감하는 효과도 거두었다.

한편 2007년 9월 롯데중앙연수원은 롯데인재개발원으로 명칭을 변경하여 새롭게 태어났다. 이는 단순히 연수를 받는 곳이라는 의미의 명칭에서 '인재를 발굴하고 육성하는 것'이라는 의미를 분명히 하기 위한 결정이었다. 이에 따라 롯데인재개발원은 롯데 인재들의 양성을 넘어 산실로서 그 역할이 더욱 확대되었다.

롯데경영연구소

2002년 4월 롯데그룹은 급변하는 경영환경에 효과적으로 대응하면서 롯데의 미래 사업을 위한 지식과 인사이트(Insight, 통찰)를 확보하기 위하여 '롯데경영연구소(현 롯데미래전략연구소)'를 설립했다.

설립 이후 롯데경영연구소는 그룹의 의사결정을 지원하는 창의적이고 미래지향적인 'Knowledge & Business Solution Provider'로서의 역할을 수행한다는 목표 아래 경영환경 전반에 대한 심층적인 연구에 들어갔다. 특히 롯데가 주력으로 추진하는 유통, 소비재, 유화, 호텔 등 주요 사업영역에 대한 미래 방향을 제시하고 목표를 달성할 수 있는 창조적인 솔루션을 제공하는 데 연구의 중심을 두었다.

또한 불확실성이 심화하는 무한경쟁 시대에 글로벌기업으로 발돋움할 수 있도록 중국 등 해외시장에 대한 심층연구를 진행하고 경영환경의 변화에 능동적으로 대응할 수 있는 지식과 인사이트를 확보하여 제공하는 데도 각별한 노력을 기울였다.

롯데장학재단

1996년 1월 삼남장학회에서 롯데장학재단으로 명칭을 변경하고 우수인재 육성과 대한민국 교육의 발전을 위해 다양한 장학 및 교육복지 지원 사업에 더욱 박차를 가했다. 어려운 환경 속에서도 학업에 전념하는 국내외 우수 대학생을 선발하여 매년 2회에 걸쳐 장학금을 지원하였으며 학업 성적과 재능이 우수한 초중고생에게도 지속적으로 장학금을 지원했다. 동시에 교육복지 향상을 위해 국내 초중고교에 도서를 지원하고 노후된 도서관의 신축 및 개보수 지원도 병행했다.

특히 IMF 외환위기 직후에는 가장(家長)의 실직으로 학업에 어려움을 겪고 있는 고등학생들을 위해 8억여 원의 특별장학금을 서울시 교육청을 통해 263개 고교, 1,052명에게 전달하기도 했다. 롯데장학재단은 교육 발전을 위한 방안의 하나로 Lotte Fellowship 제도를 신설하여 학생들뿐만 아니라 연구에 매진하는 대학교수들에게도 연구비를 지원했다. 이 제도는 우리나라 기초과학 분야를 튼튼히 하고 첨단과학기술 발전에 기여하기 위하여 1997년에 마련한 것이었다. 롯데장학재단은 국제적인 권위를 인정받는 전문학술지에 발표된 논문의 수와 인용도 등을 조사 평가하여 연구능력과 학문적 기여도가 탁월한 교수들을 선정, 연구비를 지원했다.

1999년에는 울산광역시에 위치한 울산자연과학고등학교에 전산교육관을 신축하여 기증했다. 이는 낙후된 지방 실업계학교의 교육환경을 개선하고 21세기 정보화 시대를 이끌어갈 인재를 육성하기 위한 것으로 7억 여 원의 사업비가 투입되었다. 이 학교의 전산교육관에는 현대적인 전산실습실 3실과 교사연구실 2실, 기자재실, 준비실 등의 시설이 갖춰졌다.

한편 2002년부터 롯데장학재단은 국내학교에는 우량도서를, 해외 한인동포 자녀들에게는 한국어 도서를 전달하는 도서제공 사업을 시작했다. 이는 21세기 글로벌 지식정보 사회의 주역이 될 꿈나무들에게 기초지식을 심어주기 위한 것으로 롯데장학재단은 매년 대량의 도서를 무상 제공했다.

롯데복지재단(외국인 노동자 지원)

신격호 창업회장의 사람에 대한 애정의 폭은 넓고 각별하다. 그는 특히 우리나라에 와 산업재해를 입고 어려운 처지에 놓여있는 외국인 근로자들에게 깊은 관심을 가졌다.

1994년 8월 설립된 롯데복지재단은 산업재해를 입은 외국인 근로자들에 대한 지원과 무료 진료소 지원 사업을 진행했다. 이어 1997년부터는 한센인 의료사업 등 의료지원 사업과 결식아동 및 북한 이탈주민 지원 사업 등으로 사업의 폭을 확대하며 복지사업을 펼쳐 나갔다. 이에 따라 롯데복지재단은 롯데장학재단과 함께 롯데가 추구하는 나눔경영의 견인차 역할을 하게 되었다.

이후 롯데복지재단은 장애인 생활시설과 직업재활시설에 대한 지원 사업, 쪽방촌과 미혼모, 독거노인 등 소외이웃 지원 사업, 소년소녀 가장 및 결식아동 지원 사업, 사회복지시설 지원 사업, 해외구호 사업 등 다양한 방면으로 나눔 사업을 확대했다.

롯데복지재단은 이밖에도 서울대 치과대학의 무료진료 봉사 활동을 지원하여 도서 벽지 주민들에게 의료 혜택을 제공하였다. 또한, 한국과 일본 양국의 시각장애 학생들의 미술활동 및 교육환경의 발전을 도모하기 위해 개최된 '제1회 한·일 시각장애 학생 작품 교류전 「우리들의 눈」을 지원하기도 했다.

한편 2007년 10월 롯데복지재단은 대한적십자사 창립 100주년 기념식에서 최고의 영예인 '적십자 박애장 금상'을 수상했다. 이는 특히 외국인 근로자에 대한 인도적 사업에 기여한 공로를 인정받은 점이라는 점에서 화제가 되었다.

제 3 부
신동빈 회장 - 글로벌화 시대

29
신동빈 회장 체제의 출범

롯데그룹은 2011년 2월 10일 신동빈 부회장을 그룹 회장으로 승격시키고 롯데의 창업자로서 풍부한 경륜과 혜안을 가진 신격호 회장을 총괄회장으로 격상했다. 신동빈 회장 56세 때다. 롯데그룹이 2세 경영체제로 세대교체가 된 것이다.

이 무렵 경영환경은 녹록지 않았다. 미국발 금융위기로 인해 세계 경제의 불확실성은 더욱 커졌고 내수시장도 장기침체의 조짐을 보이고 있었다. 글로벌경영을 가속화하여 세계로 보폭을 넓혀가려고 하는 롯데에게는 아주 예민한 환경이 조성된 것이었다.

신동빈 회장의 등장은 패기와 경륜을 조화시킨 아주 적절한 선택이었다. 경영 환경은 기민하고 역동적인 대응이 필요했다. 신동빈 회장은 이미 2004년 그룹 정책본부장을 맡아 롯데의 글로벌경영을 주도하며 경영능력과 추진력을 인정받아 온 터였다.

신동빈 회장이 정책본부장으로 취임한 이후 약 10년 동안 롯데는 매출액이 4배가량 성장하는 놀라운 성과를 이루었다. 그뿐만 아니라 정책 본부를 그룹 컨트롤타워로 안착시켜 롯데 각 사가 내수시장에서의 약진 및 해외시장에 진출할 때 시너지를 창출하도록 지원했다.

그 결과 롯데는 해외시장 진출을 가속화하여 글로벌기업으로서의 위상을 확고히 구축할 수 있었다. 우리는 앞으로 신동빈 회장이 펼치는 롯데의 제2기 성장사(史)를 보게 될 것이다.

글로벌 도약을 위한 심벌 교체

롯데는 2012년 4월 1일, 글로벌경영을 위한 브랜드 관리의 일환으로 새로운 CI(Corporate Identity)를 제정했다. 1977년부터 사용해 온 그룹 심벌을 35년 만에 새로운 심벌로 교체하고 배지와 사기(社旗)도 새로 제정한 것이다.

그동안 롯데는 지구를 뜻하는 둥근 원 안에 롯데의 영문 표기(Lotte) 머리글자인 'L'자 세 개를 겹친 이른바 쓰리엘(3L) 마크를 심벌로 사용해 왔었다. 그러나 중국에 이어 동남아시아, 유럽 등으로 해외 사업이 확대되면서 해외에서도 누구나 쉽게 롯데를 인식할 수 있는 새로운 형태의 CI가 필요하게 되었다. 이에 롯데는 경영 여건과 환경의 변화에 맞춰 글로벌시장에서 롯데의 진취적인 기업이미지와 브랜드 아이덴티티를 구축하는 데 구심적 역할을 할 새로운 CI를 제정하기로 했다.

새로운 CI를 검토하는 과정에서 롯데는 대부분의 글로벌 기업들이 심벌보다는 워드마크(Wordmark)를 사용한다는 점에 착안하여 워드마크 형태로 CI를 제정하기로 했다. 이에 따라 'Lotte'의 글자를 그대로 형상화한 워드마크가 제정되었다.

롯데의 새로운 워드마크는 글로벌 브랜드로서의 신뢰감과 안정감을 바탕으로 현대적이면서 친근한 이미지를 전달하는 데 중점을 두고 제작되었다. 색상은 새로 개발된 'Lotte Red'를 대표 색상으로 하

1990년대, 신격호 창업주와 함께한 신동빈 롯데 회장

고 서체 모양도 기존보다 부드럽게 완만한 곡선감을 살린 'Lotte체'를 개발, 적용하여 젊고 밝은 진취적인 이미지를 시각화했다.

이와 함께 롯데의 배지(Badge)도 금색 워드마크 형태로 제작되었다. 배지는 신분을 나타내기 위해 옷이나 모자 위에 붙이는 물건이다. 양복 상의 왼쪽 깃의 구멍은 배지를 달기 위한 것이다. 또 사기에도 워드마크를 사용하는 한편 실내용은 금색, 실외용은 빨간색으로 구분하여 사용하도록 했다.

롯데의 CI 변경은 글로벌 전략의 관점에서 이루어진 것이었으므로 우리나라뿐만 아니라 해외 사업이 이루어지는 모든 지역에 동일하게 적용되었다. 이를 계기로 롯데인들은 세계 어느 곳에서든지 롯데의 일원이라는 일체감과 자부심을 가지고 활동할 수 있게 되었다.

해외사업의 확대

신동빈 회장의 취임을 전후하여 롯데에는 몇 가지 의미 있는 변화가 일어났다. 사업 측면에서는 M&A와 해외사업이 강화되고 유통사업이 혁신되었으며 경영관리 측면에서는 기업공개, 인사제도 혁신, 기업문화 개선 등의 과제가 중점적으로 추진된 것이다.

그중 가장 눈에 띄는 것은 적극적인 M&A와 해외사업이었다. 이는 일찍부터 신동빈 회장이 강하게 드라이브를 걸었던 분야로 2009년 3월 롯데호텔에서 열린 '2018 비전 선포식'을 계기로 한층 가속화되었다. 2018 비전은 해외사업을 강화하고 해외사업의 비중을 높여 2018년까지 아시아를 선도하는 기업으로 하는 것이 목표였으므로 이를 실현하기 위한 전략으로 M&A와 해외사업이 탄력을 받게 된 것이다.

실제로 신동빈 회장은 승부사 스타일의 경영 감각을 바탕으로 국내외에서 잇따라 대형 M&A를 성사시켜 롯데의 가파른 성장을 이끌었다. 장기불황으로 내수시장이 벽에 부딪힌 상황에서 해외시장을 적극 공략하여 새로운 돌파구를 찾아낸 것이다. 신 회장이 정책본부장으로 취임한 2004년 이후 2015년까지 성공적으로 이루어 낸 M&A가 약 40건에 달할 정도였다. 그 중 더뉴욕팰리스호텔(현 롯데뉴욕팰리스), KT렌탈(현 롯데렌탈) 등 국내외를 넘나드는 1조 원 안팎의 대규모 M&A와 함께 삼성그룹의 한국비료 등 화학 부문 3개사를 3조 원에 인수하기도 했다.

이와 함께 신동빈 회장은 런던의 금융가에서 근무할 당시 익혔던 선진금융 기법을 활용하여 재무구조의 건전성을 높이는 데에도 주력했다. 2014년에는 백화점과 마트 12곳을 자산운용사에 매각한 후

20년간 장기 임차하는 세일앤리스백(Sale & Lease back) 기법을 도입하여 1조 원의 자금을 확보하기도 했다. 이 자금은 M&A를 통한 신사업 진출에 활용되었다.

M&A가 활발해지면서 해외사업도 공격적으로 전개되었다. 신동빈 회장은 식품, 유통, 관광, 서비스, 화학, 건설, 금융 등 전 산업 부문에 걸쳐 성장 잠재력이 큰 VRICI(베트남, 러시아, 인도, 중국, 인도네시아) 국가에 진출하도록 독려했다. 이와 함께 북미, 유럽 등 선진시장을 확대하고 파키스탄, 우즈베키스탄, 카자흐스탄, 괌, 러시아 등으로 사업 범위를 넓혀 명실상부한 글로벌기업으로서의 면모를 확고히 했다.

유통사업 혁신, 화학산업 확장

신동빈 회장은 유통사업의 미래가 시장을 점유하는 마켓셰어(Market Share)가 아니라 고객의 일상을 점유하는 라이프셰어(Life Share)에 달려있다고 강조했다. 유통사업을 보는 시각이 특별하다.

따라서 롯데가 선도하고 있는 쇼핑, 레저, 엔터테인먼트를 창의적으로 결합한 유통복합몰과 유통노하우를 '유통혁신'의 기본방향으로 잡았다. 이는 롯데몰과 롯데프리미엄아울렛, 롯데월드몰 등 다양한 니즈(요구)를 충족시키는 복합쇼핑몰로 그 모습을 드러냈고 2007년 4월 롯데월드타워 개관을 통해 마침내 그 정점이 완성되었다.

이처럼 롯데는 국내외에 대규모 쇼핑타운을 건설하는 사업에 본격적으로 나섰다. 인천의 송도 국제업무단지에 대단위 '송도롯데타운' 복합개발에 착수하는가 하면 대구 경제자유구역 수성알파시티의 복합몰 사업도 진행하고 있다. 해외에서는 2014년에 베트남의 심장인 하노이에 대형복합몰인 '롯데센터 하노이'를 준공했다. 롯데는 중국 선양에서도 쇼핑몰 개발을 진행하고 있다. 3조 원이 투입되는 이른바 '선양 롯데타운 프로젝트'는 롯데의 유통사들과 롯데건설이 함께 2020년 준공을 목표로 건설공사를 진행했다. 이처럼 롯데는 국내외에서 다양한 형태의 롯데타운 조성 사업을 활발하게 추진해 오고 있다.

한편으로는 저성장 절벽과 마주친 유통사업의 새 활로를 찾는 데 집중했다. 신동빈 회장은 2014년 3월 롯데의 유통채널을 융합한 '옴니채널(Omni Channel) 구축을 최우선 과제로 추진할 것을 주문했다.

채널이란 소비자가 온라인과 오프라인, 모바일 등 다양한 경로를 넘나들며 상품을 검색하고 구매, 수령할 수 있도록 하는 새로운 유통 비즈니스이다. 이는 다양한 유통채널을 보유한 롯데가 가장 잘할 수 있는 일이기도 하다.

롯데미래전략센터(현 미래전략연구소)의 EI 프로젝트팀 등 롯데의 헤드쿼터와 주요 각사의 임직원들은 즉각 선진 해외 유통사들의 옴니채널 케이스를 스터디하기 시작했고 그해 7월 옴니채널 추진계획을 수립했다. 그리고 곧 롯데닷컴 등 온라인으로 구매한 상품을 백화점과 마트, 하이마트 등 오프라인 매장에서 수령하는 '스마트픽 서비스', '바른서비스' 등 O2O(Online To Offline)로 구현되어 점진적으로 시행되고 있다.

호남석유화학(현 롯데케미칼) 인수로 시작한 롯데의 화학사업은 2000년대 들어서 국내외 대규모 M&A를 통해 더욱 확장되었다.

먼저 2004년 케이키케미칼과 케이피켐택, 2005년에는 현대석유화학 3단지를 인수하고 2006년에는 대산MMA(현 롯데엠시사)를 설립하는 등 연이은 사업 확대에 박차를 가했다.

해외에서도 2009년 파키스탄 PTA(현 롯데케미칼파키스탄)를 인수하고 2010년 영국 아르테니우스(현 롯데케미칼UK), 말레이시아 타이탄케미칼(현 롯데케미칼타이탄)을 인수하는 등 영역 확장과 사업 다각화에 만전을 기했다.

2012년에는 사명을 호남석유화학에서 롯데케미칼로 바꾸고 롯데의 브랜드 파워를 보다 강하게 보유하게 되었다. 그리고 2016년, 과감한 투자를 통해 삼성그룹의 화학계열사(삼성SDI 케미칼사업본부, 삼성정밀화학, 삼성비피화학)를 인수하며 국내 정상급 화학기업으로 기반을 보다 확고히 다졌다.

이러한 성장세에 힘입어 롯데케미칼은 2016년 마침내 영업이익 기준 국내 1위로 도약하게 되었다.

인재 다양성 확보와 여성 인재 육성

신동빈 회장은 인재 확보에 좋은 시각을 가졌다. 신 회장은 평소 인사의 공정성과 다양성 확보의 철학을 가지고 있었다. 신 회장은 그것이 급변하는 기업 환경에 대응하는 경쟁력의 근간이 될 것이라 판단했다.

2009년 들어 인재 다양성을 추구하는 인사정책을 강력하게 추진했다. 이에 따라 여군(女軍), 지방대 출신, 군장교 출신, 특히 경력자 등 다양한 분야의 이력과 경력을 가진 인재들이 채용되었다. 인사 혁신을 위한 이러한 노력은 롯데그룹의 인적 재산을 강화하는 기반이 되었다.

특히 여성 인재를 적극적으로 육성하기 위해 인사팀을 통해 여성 인재의 등용과 활용 방안을 강구하도록 특별히 지시했다. 단순히 여성이라서 우대하자는 것이 아니라 여성도 남성과 동등하게 경쟁하는 업무 환경을 조성하는 동시에 여성 특유의 잠재력을 끌어낼 수 있도록 하는 것이었다. 신동빈 회장은 일찍이 성차별을 없애는 안목을 가졌다.

이를 계기로 롯데그룹의 여성 인력 비중은 급속도로 증가되었다. 신입사원 채용 시 능력 있는 여성들의 비율이 늘어난 것은 물론 간부급 여성의 수도 크게 늘어났다. 그 결과 2017년에는 여성의 비율이 전체의 35%를 넘어섰고 과장급 이상 여성 간부 사원의 수도 2009년 95명에서 2017년 1,400명으로 폭증했다. 8년 만의 일이었다. 2012년 3명이었던 여성 임원의 수도 30여 명으로 늘어났다.

롯데그룹은 이와 관련하여 2012년부터 '롯데WOW(Way Of Women)포럼'을 매년 정기적으로 개최하여 여성 인재 육성을 위한 정책적 기반을 구축했다. 여성 포럼은 재계에 신선한 충격을 주었다. WOW포럼은 롯데의 여성 인재 육성 의지를 공유하고 여성 간부의 자긍심을 높여 주었다.

롯데는 2012년 9월에는 국내 재벌급 대기업 최초로 '육아휴직 의무제'를 전격 도입했다. 그동안에는 육아 휴직을 원하는 직원이 규정된 신청 절차를 거쳐 사용할 수 있도록 되어 있었으나 업무 공백 등을 이유로 신청을 꺼리는 경향이 있어 제대로 활용되지 못했었다. 그러나 육아휴직 의무제로 별도의 신청 절차 없이도 출산휴가가 끝나는 시점에 자동으로 1년간 육아휴직을 사용할 수 있게 제도화됨으로써 부담 없이 육아에 전념할 수 있게 되었다.

이듬해인 2013년부터는 휴직 이후에도 즉시 업무에 복귀하여 업무의 연속성을 이어갈 수 있도록 복직을 돕는 학습시스템을 도입했다. 경력 단절을 막기 위해서였다. 휴직 기간의 경과에 맞춰 사이버

재교육을 실시함으로써 복직 후에도 휴직으로 인해 업무 공백이 발생하거나 업무 적응에 불편이 없도록 배려한 것이다. 그뿐만 아니라 2017년에는 대기업 최초로 남성 직원에 대해서도 육아휴직을 의무화하고 여성 직원의 휴가 기간도 2년으로 연장했다. 육아휴직이 실질적인 육아 지원 효과로 이어지도록 한 것이다.

고객가치창조(Life Time Value Creator) 새비전 선포

롯데는 2017년 4월 3일 서울 잠실 롯데호텔월드에서 창립 50주년 기념식을 열고 'Life Time Value Creator'를 새로운 비전(Vision)으로 정립하여 선포했다. 롯데 성장사(史)에 한 획을 긋는 비전 선포였다.

고객평생가치(LTV)란 한 명의 고객이 고객라이프사이클 기간 동안 기업에 얼마만큼의 이익을 가져왔는가를 정량적으로 수치화하는 것이다. LTV를 한국말로 옮기면 '고객평생가치'라고 표현할 수 있다. 한 명의 고객이 기업과 거래를 시작한 이후 이를 멈출 때까지의 기간을 고객라이프사이클이라고 한다. 일반적으로 LTV가 높다는 것은 고객이 장기적으로 기업의 제품을 지속해서 선택하고 있다는 것이다.

과거 양적 성장에 집착해 기업순위, 매출액 등의 수치를 목표로 내세웠던 것과 달리 질적 성장과 기업의 사회적 책임에 주력해 100년 기업으로 나아가겠다는 의지의 표현이었다.

신동빈 회장은 비전 실현을 위해 투명경영, 핵심역량 강화, 가치경영, 현장경영을 경영방침으로 선정했다. 투명경영을 통해 '함께의 가치'를 키우는 기업으로 거듭나는 한편 핵심역량을 강화하여 지속가능한 성장틀을 확보하고자 한 것이다. 또한, 근본적인 수익구조를 강화하는 가치경영을 실현하여 경제적 부가가치를 제고하고 현장경영을 통해 변화에 민감하게 대응하여 미래가치를 창출해 나가자는 의미였다.

롯데는 이처럼 새로운 비전과 실천 전략을 수립함으로써 50주년을 맞은 2017년을 전환점으로 삼아 과거와는 다른 새로운 경영을 펼쳐나가게 되었다.

30

롯데제과의 새로운 도전 - 글로벌 네트워크 확대

롯데제과는 2002년 제과업계 최초로 매출 1조 원을 달성한 이후에도 업계 선도기업으로서의 위상을 지키면서 꾸준히 성장했다. 그리고 2009년 3월에는 '아시아 TOP 10 글로벌 그룹' 비전 선포를 계기로 '중국, 인도 시장에서의 선도적 입지 구축'을 성장 과제로 설정하고 새로운 도전을 시작했다.

그 결과 롯데제과는 2016년까지 해외 누적매출이 5조 원을 돌파할 정도로 급성장했다. 이에 따라 카자흐스탄, 벨기에, 파키스탄, 인도, 중국, 베트남, 러시아, 싱가포르 등 8개국의 현지법인과 21개 해외공장을 운영하기에 이르렀다.

롯데제과가 이처럼 비약적으로 성장한 데에는 뛰어난 제품경쟁력이 밑거름이 되었다. 특히 '초코파이'와 '빼빼로'는 글로벌시장에서 꾸준한 인기를 누리며 연평균 7%, 33%씩 각각 성장해 글로벌경쟁력의 견인차가 되었다. 또, '꼬깔콘', '자일리톨껌', '드림카카오', '마가렛트', '월드콘' 등 독자개발한 제품도 인기상품으로 자리 잡았다.

롯데제과는 세계 64개국으로 수출시장을 넓히면서 차별화된 제품과 마케팅으로 브랜드 파워를 높여 나갔다. 이 시기에 롯데제과는 새로운 시장을 잇달아 개척하며 글로벌 브랜드의 입지를 다져 나갔다.

2010년 10월에는 파키스탄의 제과업체인 '콜손(Kolson)'사를 인수하면서 인구 1억 7,000만 명의 파키스탄 시장에 진출했다. 롯데제과가 콜손사를 인수한 것은 글로벌시장에서 점유율을 높여 가려는 장기 포석에 따른 것으로 2011년부터 콜손의 경영에 참여했다.

2011년에는 동남아 시장의 전진기지 역할을 하게 될 싱가포르 법인을 설립했다. 설립 이후 싱가포르 법인은 다양한 제품군을 가지고 공격적인 마케팅을 전개하여 싱가포르는 물론 동남아 국가로 수출을 확대했다.

2013년 11월 롯데제과는 1,270억 원을 투자해 카자흐스탄 제과업계 1위인 라하트(Lakhat)사를 인수했다. 연 매출규모가 2,200억 원에 이르는 라하트는 수도 알마티에 본사를 두고 2개 공장을 가동하고 있었는데 2015년에는 라하트 제3공장도 준공하여 새로 가동을 시작했다.

이어 2015년 9월에는 중국 최대의 유통망을 가지고 있는 '화련젬백스'와 업무 협약을 체결했다. 이에 따라 롯데제과는 화련젬백스의 유통망을 통해 22개 성(省)급 도시와 75개 중도시에 빼빼로 등 주력상품을 팔 수 있게 되었다. 그해에는 미얀마에도 사무소를 설치하여 동남아 시장에 대한 공세를 강화했다.

2016년 6월에는 케냐 나이로비에 '케냐사무소'를 설치하면서 식품업계 최초로 아프리카 시장에도 진출했다. 현지업체와 연계하지 않고 자체적으로 아프리카에 사무실을 연 것은 식품업계에서 롯데제과가 처음이었다. 향후 롯데제과는 케냐사무소를 현지법인으로 전환하여 12조 원에 달하는 아프리카 제과시장을 본격적으로 개척한다는 계획을 수립했다.

초코파이 유라시아 벨트라인

롯데제과가 해외시장을 개척하는데 견인차 역할을 한 것은 초코파이였다. 롯데제과의 주력상품의 하나인 초코파이는 베트남, 인도, 러시아 등 해외시장을 넓힐 때마다 선풍적인 인기를 몰고 다니면서 해외시장을 넓혀주었다. 해를 거듭할수록 초코파이의 인기가 높아지자 롯데제과는 주요 시장에 직접 초코파이 공장을 건설하여 글로벌 생산 벨트를 구축했다. 이에 따라 2010년 무렵 해외 초코파이 공장이 집중적으로 건설되었다.

먼저 2010년 2월 롯데제과는 1,500만 달러를 투입해서 베트남에 초코파이 공장을 준공했다. 2008년 베트남 2위의 제과업체 비비카를 인수하고 롯데제과가 직접 현지에 생산공장을 건설했다. 이것은 롯데 브랜드의 제품을 생산하게 되는 의미 깊은 투자였다. 롯데제과는 공장 가동을 계기로 한류스타를 모델로 한 TV 광고 전략을 써서 베트남 제1의 종합과자업체로 기틀을 닦았다.

그해 7월에는 인도에도 초코파이 공장을 준공하여 본격적인 생산을 시작했다. 인도 첸나이에 소재한 초코파이 공장은 연간 400억 원 규모의 초코파이 생산능력을 확보함으로써 종합제과업체로 도약할 수 있는 기반을 갖추었다.

또 이해 9월에는 총 8,500만 달러를 투자해 러시아 시장에 본격적으로 뛰어들었다. 신동빈 회장의 투자 의욕은 놀라울 정도다. 러시아 모스크바 인근의 오브닌스크에 건설된 초코파이 생산공장 준공으로 러시아 시장에 본격적으로 뛰어들었다. 러시아인의 까다로운 입맛을 사로잡으려는 야심찬 것이었다. 연산 300억 원 규모의 생산능력을 갖춘 러시아 공장은 초코파이 생산을 시작으로 점차 빼빼로, 칸쵸, 자일리톨껌 등으로 생산 품목을 확대해 나갔다. 오브닌스크에 현지법인을 설립한 이후 2년 만에 초코파이 공장 가동을 시작으로 롯데제과는 베트남, 인도, 러시아로 이어지는 '유라시아 초코파이 벨트'를 완성했다.

한편 2015년 8월 롯데제과는 인도 북부의 뉴델리에도 첨단 초코파이 공장을 건설하여 이미 가동 중인 남부 첸나이 공장과 함께 인도 남북을 잇는 초코파이 벨트를 갖추었다. 이미 롯데제과는 인도 문화를 반영하여 식물성 원료를 쓰면서도 초코파이 고유의 맛을 살린 채식주의자용 식물성 초코파이를 개발하는 등 현지 맞춤형 전략으로 인도시장에서 큰 성공을 거두었다. 식물성 초코파이를 개발한 것은 롯데제과 기술진들의 빛나는 개가였다. 롯데제과는 2014년 인도시장에서 연 매출 900억 원 대로 성장하면서 인도국민들에게 친근한 브랜드로 자리 잡는 데 성공했다.

롯데제과 양평동 시대 개막

롯데제과는 2010년 2월 기존의 양평동 본사 옆 대지에 연면적 4만 5,200m^2 지상 19층, 지하 3층 규모의 롯데 양평빌딩을 준공하고 본사 사옥을 이전했다. 남영동에서 양평동 사옥으로 옮긴 지 20년 만의 일이었다.

롯데제과는 신사옥 이전을 계기로 글로벌경영을 위한 조직 경쟁력 강화에 많은 노력을 기울였다. 신 인사시스템, 전산결재시스템, 그룹웨어 MOIN 등 새로운 전산시스템을 개발하여 업무 효율성을 증진시켰다.

롯데제과는 원자재의 구매에서부터 제품의 제조, 유통에 이르는 제품 전 과정의 프로세스를 개선하고 글로벌 수준의 품질을 확보하는 데에도 전사적인 노력을 기울였다. 이러한 노력의 일환으로 2009년 2월에는 'CCMS(Corporate Citizenship Management Standard, 소비자 불만 관리 시스템) 선포식을 갖고 소비자 불만을 체계적으로 관리하는 내부통제시스템을 가동했다. 그리고 곧이어 브랜드의 신뢰도를 높일 수 있도록 품질관리시스템을 도입하여 품질관리 체계를 고도화했다. 품질관리시스템은 제품 전 과정에서 '클레임 제로화'를 달성하고 소비자의 불만사항은 즉시 처리하는 등 판매 신장을 방해하는 위험요소를 신속하게 제거하는 품질관리 체계를 말한다.

2009년에는 아이스크림 스크류바가 업계 최초로 식품의약품안전청(MFDS)으로부터 '어린이 기호식품 품질 인증'을 획득했다. 이듬해에는 '죠스바'와 '수박바'도 인증을 받아 어린이들이 안심하고 먹을 수 있는 간식거리를 확보했다. 또 업계 최초로 건과, 빙과 모든 생산라인에서 HACCP(Hazard Analysis and Critical Control Point) 인증과 ISO22000(식품안전경영시스템) 인증도 취득했다. 이 인증은 기존의 ISO9001을 넘어 식품 안전까지 추구하는 시스템으로 인증 범위가 제품의 설계, 개발, 서비스 부문까지 포함되어 있다. 2014년에는 GFSI(국제식품안전협회)로부터 FSSC22000(식품안전시스템, Food Safety System Certification 22000) 인증도 획득했다.

제빵사업 진출

롯데제과는 2000년대 중반부터 기존 사업의 수익성 강화에 주력하면서 새로운 성장 동력을 확보하기 위해 사업다각화를 추구했다. 그 일환으로 2009년 12월 양산빵, 쌀과자, 아이스크림 등을 생산하는 '기린'을 인수하여 제빵업체로 진출했다. 제빵업계도 '파리바게뜨', CJ푸드빌의 뚜레쥬르 등 강자들이 버티고 있는 만만찮은 시장이다.

'기린'은 1969년 삼립식품으로 창립하여 제빵 사업을 중심으로 성장하다가 과자류와 빙과류에도 진출해 쌀과자 '쌀로별', 아이스크림 '본젤라또' 등을 생산하고 있었다. 롯데제과는 기린을 인수하여 자회사 형태로 운영하다 제빵 부문의 경쟁력 강화와 쌀과자, 빙과사업의 시너지 효과를 위해 2013년 흡수합병했다.

2014년 8월에는 롯데브랑제리를 합병했다. 2000년 설립된 롯데브랑제리는 백화점과 대형마트에서 '보네스뻬'와 '프랑가스트'란 브랜드로 140여 개의 베이커리 매장을 운영하며 2013년 846억 원의 매출을 달성했다. 롯데제과는 기린에 이어 롯데브랑제리를 합병함으로써 사업다각화의 일환으로 추진한 제빵사업에 한층 탄력을 받게 되었다.

한편 2011년 10월에는 본격적으로 건강식품 사업 확대에 나섰다. 롯데제과는 프리미엄 아이스크림 '나뚜루' 사업 부문을 부활해 새 법인으로 독립시키고 대신에 '헬스원' 브랜드로 건강식품 사업을 추진해 온 롯데제약을 합병했다. 제과 부문과 시너지를 높여 건강식품 사업의 경쟁력을 높이기 위한 포석이었다. 이에 따라 건강식품 사업은 보다 높은 브랜드 가치를 바탕으로 롯데제과의 노하우와 유통망을 활용하면서 보다 차별화된 제품 개발과 마케팅을 펼칠 수 있게 되었다. 롯데제약을 합병한 이후 롯데제과는 헬스원 브랜드로 다양한 건강기능식품을 출시했다.

2010년에는 백병원, 롯데중앙연구소와의 공동연구를 통해 다이어트프로그램 '다이어트 마테'를 선보였다. 헬스원이 출시한 다이어트 제품군은 남미(南美)에서 재배하는 「마테(Mate, 브라질, 아르헨티나, 우루과이에서 자라는 나무)를 선보였다. 헬스원이 새롭게 출시한 다이어트 제품군은 남미에서 재배하는 마테를 주원료로 사용한 국내 최초의 다이어트 제품으로 연구의 신뢰성과 효능성이 알려지면서 선풍적인 인기를 얻었다.

헬스원은 또 기존 제품에 비해 홍삼 사포닌(RG3) 함유량이 높은 프리미엄 홍삼 '황작'을 출시한 데 이어 2013년에는 체지방 감소를 돕는 기능성 커피 '팻슬림카페'와 '시리얼바'도 출시하는 등 다양한 건강 기능성 제품들을 선보였다.

2016년에는 간편하게 섭취할 수 있는 수퍼푸드 '아마란스'를 출시해 석 달 만에 매출 10억 원을 돌파하는 성과를 내기도 했다.

한편 2011년 헬스원은 전화로 건강기능식품에 대한 상담과 구매를 돕는 통신판매 채널 '콜스토어'를 오픈했다. 또 고객과의 원활한 커뮤니케이션을 위해 '브랜드 트위터'를 개설하여 고객과의 실시간 소통도 강화했다.

기능성 제품(과자 한류) 개발

2001년 후반 제과시장이 포화상태를 보이며 위축되는 양상을 보였다. 롯데제과는 시장의 판도를 바꿀 획기적인 신제품 개발이 필요했다. 롯데제과는 시장을 선도할 프리미엄 브랜드 개발에 나섰다.

2008년 소비자 니즈(요구) 분석과 과학적인 연구를 통해 '아이디(ID)껌'을 개발했다. 아이디껌은 패키지 하나에 14개의 껌을 넣고,

껌을 꺼내면 내포지가 저절로 분리되는 간편함으로 특히 20대 여성 고객의 사랑을 받았다. 롯데제과는 아이디껌의 완제품이 나오기도 전에 전용라인을 새로 도입하는 강수를 두며 신제품의 성공에 역량을 집중했다.

2009년에는 부드러운 우유와 시원한 얼음 알갱이가 조화로운 고급 밀크바 '순수밀크', 원두커피가 담긴 지관 타입의 아이스크림 '칸타타'를 선보였다. 이 두 제품은 각각 1등급 우유와 브라질산 원두 추출 커피를 함유해 풍부한 맛과 향을 선보였다.

이어 2011년에는 국내 최초로 멕시코 요리를 응용한 또띠아스낵 '타코스'를 출시하고 여러 제품에서 K-Pop 스타들의 사진을 함께 포장하여 '과자 한류'를 이끌었다.

또 천연과즙 젤리를 넣은 무설탕껌 '트리뷰'와 풍선껌 '왓따'를 발매하여 소비자들의 호응을 얻었다. 2016년 출시한 유산균 과자 '요하이(Yo-Hi)도 한 달 만에 30만 개가 판매되며 히트상품으로서 가능성을 높였다.

롯데제과는 웰빙 바람을 타고 아이들의 건강한 먹거리에 대한 관심이 높아지자 웰빙제품 개발에도 나섰다. 과자와 아이스크림에 천연색소를 사용하고 업계 최초로 트랜스지방 제로(Zero)화를 선언하며 웰빙제품 개발에 주력해 2009년 프리미엄 어린이 전용 과자 '마더스핑거'를 출시했다.

2012년에는 이탈리아풍의 프리미엄 아이스크림 '본젤라또'를 발매했다. 본젤라또는 원래 '기린'의 브랜드였으나 롯데제과가 인수하여 식품업계 리딩컴퍼니로서의 브랜드파워를 강화해 나갔다.

31

롯데주류(酒類) BG 출범

　롯데그룹 가족사 롯데칠성음료는 2009년 3월 두산그룹의 주류 사업을 인수하여 롯데주류BG(현 롯데칠성음료 주류사업본부)를 출범시켰다. 주류산업은 뿌리가 깊고 경쟁이 치열한 분야다. 롯데주류 BG의 출범에 대해 업계에서는 '강력한 경쟁자'가 등장했다며 주류시장의 경쟁 구도가 새롭게 재편될 것이라고 전망했다.

　롯데의 일원으로 새 출발한 롯데주류 BG는 소주사업을 확대하는 방안을 고심했다. 월등하게 앞서있는 소주시장 1위 업체와의 격차를 좁히기 위해서는 혁신적인 전략이 필요했던 것이다. 그러나 당시 유일한 소주 공장인 강릉공장만으로는 그 격차를 좁히기가 불가능했다. 신규공장을 건설하는 방안을 검토하기도 했지만 제약 조건이 너무 까다로워 실현되기는 어려웠다. 딜레마였다.

　롯데주류BG는 지방의 기존 소주 업체를 인수하는 전략을 선택했다. 때마침 충북지역의 소주 업체인 '충북소주'가 매각된다는 발표가 나왔다. 충북소주는 특히 소주 제조에 청정 지하수를 사용한다는 점이 매력적이었다. 롯제주류BG는 많은 공을 들여 마침내 2011년 3월 충북소주 인수에 성공했다. 이로써 롯데주류BG는 서울 및 수도

권, 강원, 충북지역을 아우르는 소주 생산 전국화의 기반을 마련했다.

롯데주류가 주류사업을 확대하던 2011년 10월 1일 롯데칠성음료와 롯데주류BG가 통합법인 '롯데칠성음료'를 새롭게 출발했다. 롯데칠성음료는 12조 870억 원(2011년 기준)의 매출 규모를 가진 종합음료회사로 거듭나게 되었다. 통합법인은 전체조직을 음료BG와 주류BG로 구분하고 기존에 롯데칠성음료에서 수행하던 위스키 사업을 2012년 8월 주류BG로 이관하여 주류사업을 일원화했다. 이로써 '처음처럼'을 생산하는 롯데주류BG와 위스키 '스카치블루'를 생산하는 롯데칠성음료가 통합하여 규모의 경제를 실현함으로써 주류사업이 보다 강화되었다.

주류사업의 비약적 성장

롯데주류는 2009년 3월 롯데주류의 이름으로 생산된 '처음처럼'을 첫 출시한 이후 본격적인 시장 공략에 나섰다. 롯데칠성음료, 롯데마트 등 롯데 가족사들의 전국 유통망을 활용하여 대대적인 마케팅 활동을 펼치면서 인기가수 이효리를 모델로 한 새로운 광고 캠페인도 선보였다.

2010년에는 20도의 프리미엄 소주 '처음처럼 프리미엄', '16.8도의 처음처럼 쿨'을 하나의 브랜드 '처음처럼'으로 통합하고 알코올 도수에 따라 색깔(Color)로 소주를 주문하는 새로운 풍속을 만들었다. 이 무렵 '산' 소주도 새롭게 리뉴얼해 '산처럼'을 출시했다. 이를 계기로 부드러운 소주를 만들기 위한 롯데주류의 행보는 빨라졌다.

시장에서 어떤 변화가 세를 타기 시작하면 그 기세는 무섭게 힘을 얻는다. 21도가 주종을 이루던 소주시장에 20도와 19.5도의 소주를 내놓아 돌풍을 일으켰던 롯데주류가 '소주의 저도화'를 주도하기 시작한 것이다.

롯데주류는 2014년 '처음처럼 18도'를 출시하여 소주시장에서 저도 소주 바람을 일으켰다. 이때부터 소주시장에 저도화 경쟁이 치열하게 전개되어 알코올 도수가 17.5도까지 떨어졌고 부드러운 저도 소주의 인기를 등에 업은 '처음처럼'의 시장점유율은 2014년 들어 16.5%까지 상승했다.

2015년 롯데주류는 소주, 맥주로 확연히 구분되는 소비 트렌드 속에서 롯데중앙연구소와 협업하여 젊은 층에 어필할 수 있는 새로운 주류제품 개발에 착수했다. 그리하여 소주에 기반을 둔 과실 칵테일 '순하리처음처럼'을 개발하는 데 성공했다. '순하리처음처럼'은 주류시장에 하나의 신드롬을 일으키며 출시 100일 만에 4,000만 병이 팔리는 큰 성공을 거두었다.

이 무렵 롯데주류는 새로운 위스키 브랜드 '주피터'를 출시했다. 2014년에는 또 하나의 새로운 위스키 제품이 필요하다고 판단, 스코틀랜드의 원액사와 제휴하여 저도 위스키 '주피터마일드블루'를 출시했다. 동시에 독일의 '마스트예거마이스터(MAST Jagermeister AG)와 제휴하여 글로벌브랜드인 리큐르 제품 '예거마이스터' 등의 수입 판매도 시작했다.

이와 함께 와인(Wine) 사업을 확대했다. 2010년 한국 와인의 자존심으로 불리우는 '마주앙'을 대대적으로 리뉴얼했다. 마주앙은 2014년 프란치스코 교황의 방한 행사에서 공식 미사주로 봉헌돼 전 세계의 관심을 모았다. 이어 2011년에는 롯데 아사히 주류로부터 와인사업을 양수받아 와인사업을 통합했다. 이에 따라 롯데주류BG는 자체 브랜드 마주앙을 비롯하여 '카르멘', '옐로우테일' 등 700개가 넘는 제품을 보유한 대형 와인회사가 되었다.

한편 2016년 롯데주류BG는 연간 1,000만 상자의 생산능력을 추가로 확보했다. 또 소주시장 점유율을 35%까지 지속적으로 높여가기로 하고 경산공장의 라인을 증설한 데 이어 연산 890만 상자 규모의 군산공장 캔라인도 새롭게 설치했다.

맥주 클라우드 신화

롯데는 오래전부터 맥주사업에 진출하고자 했다. 그러나 진입장벽이 높았다. 많은 자금이 투입되는 맥주시장에 진출하는 것은 쉬운 일이 아니었다.

그러던 중 신동빈 회장이 취임한 2011년 2월부터 맥주사업 진출 계획은 급물살을 탔다. 신동빈 회장은 롯데주류에 소주와 맥주를 아우르는 종합음료 사업의 추진을 참모진에게 주문했다. 이에 롯데주류는 먼저 사모펀드 KKR이 인수했다가 다시 매물로 내놓은 '오비(OB)맥주' 인수를 타진했다. KKR은 롯데에 인수대금으로 6조 원 이상을 제시했다. 이는 4조 원이 넘는 엄청난 프리미엄을 요구하는 것이었다. 신동빈 회장은 '4조 원이 넘는 프리미엄을 주는 것은 국부가 유출되는 것이므로 차라리 신규 투자를 하는 것이 국가 경제나 고용 창출에 도움이 된다'며 거절했다.

롯데주류는 새로 공장을 건설해 맥주사업에 나서기로 방향을 바꾸기로 하고 2011년 충주기업도시 내에 공장 부지를 마련했다. 본격적인 사업에 앞서 이곳에 소규모 맥주공장을 가동해 노하우를 쌓자는 의도였다. 마침내 2014년 4월 충주공장을 준공하고 본 생산에 들어갔다.

관심사는 롯데가 어떤 맥주는 만드느냐였다. 후발주자로서 맥주시장을 양분하고 있는 기존 제품들과 경쟁하기 위해서는 '차별화된 맛'으로 승부를 걸어야 하기 때문이었다. 롯데주류는 '맥주다운 맥주'를 열망하는 소비자들의 니즈를 충족시키려면 맥주의 본산지 독일 맥주를 연구하는 것이 가장 현명한 길이라 판단했다.

롯데주류는 독일의 유명 양조장을 돌며 맥주 문화를 연구하고 독일의 디자인 업체와 브랜드 개발을 진행했다. 개발기간 3년을 거쳐 완성된 새 맥주는 '오리지널 그래비티(Original Gravity)' 공법을 적용하고 유럽의 엄선된 호프와 효모를 사용해 만든 '프리미엄 리얼' 맥주였다. 오리지널 그래비티 공법이란 물을 타지 않은 발효 원액 그대로를 제품으로 담아내는 제조공법으로 맥주 본연의 풍부한 거품과 맛을 내는 이른바 '물 타지 않은 맥주'였다.

맥주 어원은 '마신다'라는 의미의 라틴어 비베레(Bibire)에서 유래했다. 맥주는 기원전 3000년부터 양조되어 세계에서 가장 오래된 알코올음료이다. 다른 견해는 기원전 4000년경 메소포타미아의 수메르인들에 의해 탄생했다는 설도 있다.

롯데의 새 맥주는 100% 맥아만을 사용한 'All Malt 맥주'로 멀티호핑시스템을 채택해 기존 국내 맥주와는 완전히 차별화된 맛을 구현했다. 제품의 브랜드는 '클라우드(Kloud)'로 정했다. 한국 대표맥주란 의미의 "K"와 풍부한 맥주 거품을 연상시키는 구름(Cloud)을 결합해 만들었다. 20년 전 당시 한국 대표라는 의미의 'K'를 사용한 발상은 놀랍다.

클라우드는 출시에 앞서 실시한 롯데 각 사장단을 대상으로 한 블라인드테스트(눈을 가린 상태)와 번들(Bundle, 묶음) 테스트에서 매우 좋은 평가를 받았다.

 롯데주류는 성공을 예감하고 2014년 4월 첫 제품을 출시했다. 클라우드에 대한 소비자들의 반응은 기대 이상으로 나타났다. 물 타지 않은 맥주의 깊은 맛에 소비자들은 열광했다. 클라우드 출시 9개월 만에 판매량 1억 병을 돌파했다. 대성공이었다. 또 미국 LA를 중심으로 시작한 해외 시범 판매에도 2주 만에 초기 물량이 매진되는 기록을 세웠다. 클라우드가 미국 등 해외에서도 통한다는 의미였다.

 시판 첫해에 444억 원의 매출을 올린 클라우드는 2015년 들어 상반기에 이미 전년도 매출을 뛰어넘는 가파른 성장세를 나타냈다. 그뿐만 아니라 뛰어난 품질로 '올해의 브랜드상', '2015 국가소비자중심브랜드 대상' 등 수많은 상을 수상했고 출시 첫 해부터 '국가고객만족도 맥주 부문' 1위에 올라 명품 맥주의 이미지를 구축했다.

 롯데주류는 수요가 크게 늘어남에 따라 중국 공장의 생산능력을 기존의 2배에 이르는 10만 ㎘로 늘렸다. 이와 함께 7,000억 원을 투자해 2017년 완공한 연간 생산량 20만 ㎘ 규모의 맥주 제2공장은 8월부터 본격 생산에 들어갔다. 이에 따라 클라우드의 연간 생산능력은 30만 ㎘로 늘어나고 맥주시장에서 점유율 15% 대로 올라설 수 있게 되었다.

 롯데주류는 2017년 6월 두 번째 맥주 브랜드 '피츠수퍼클리어(Fitz Super Clear)'를 론칭했다. 피츠클리어는 알코올 도수 4.5도의 라거 맥주로 기존 클라우드에 사용한 오리지널 그래비티 공법에 잡미 없이 깔끔한 끝맛을 만들기 위해 '수퍼 이스트(Super Yeast)'를 사용했다. 수퍼 이스트는 롯데주류가 자체 개발한 고 발효 호프로 발효도를 일반 맥주보다 5~10% 높은 90%까지 끌어올려 잔당을 최소화하는 역할을 한다. 제품명인 피츠(Fitz)는 '꼭 맞다', '적합하다'

등의 뜻을 갖고 있어 언제 어디서나 누구와 함께 해도 부담 없이 즐길 수 있고 어떤 음식과도 잘 어울리는 최고의 맥주라는 의미를 담고 있다.

음료사업 부문 비약(칠성사이다의 비약)

주류사업이 소주의 비약과 맥주 분야로의 진출에 힘입어 빠르게 성장하는 동안 음료 부분에서도 새로운 역사를 속속 써 내려갔다.

특히 2010년으로 브랜드 탄생 60주년을 맞은 '칠성사이다'는 맑고 깨끗한 이미지와 젊은이들에게도 어필하는 다양한 캠페인을 펼쳐 우리나라를 대표하는 청량음료의 위상을 더욱 강화했다. 2014년에 '청춘은 별이다'를 슬로건으로 펼친 청춘캠페인은 칠성사이다를 한층 역동적인 이미지로 포지셔닝하는 계기가 되었다.

다른 청량음료도 새로운 이미지로 리뉴얼을 실시하여 제품경쟁력을 높여 나갔다. 2009년에는 주스 브랜드 트로피카나의 프리미엄 과즙 탄산음료 '트로피카나스파클링'을 출시하는 등 7종의 제품을 선보여 소비자의 선택을 받았다. 글로벌 탄산음료 브랜드인 마운틴듀와 세븐업, 플레이어 탄산음료 '미란다'도 새롭게 변신하여 매출 신장을 이끌었다. 특히 목이 긴 페트병(Long Neck Bottle)으로 용기를 개선한 '마운틴듀'는 출시 8개월 만에 판매량 1,000만 개를 돌파하여 65%의 매출 신장을 가져오기도 했다.

원두커피의 시장지배력도 강화되었다. 원두커피 칸타타의 브랜드 확산을 위해 오픈한 '카페칸타타'는 프랜차이즈 사업으로 판매량을 확장했고 캔커피의 대명사인 '레쓰비'도 제품 다양화와 리뉴얼을 통해 그 명성을 이어갔다. 외국브랜드와 제휴한 경쟁사들의 공격적인 마케팅에 대응하여 롯데리아의 커피전문점 '엔제리너스커피'와 손잡고 2009년부터 신제품을 출시하기도 했다. 그러던 중 원두커피 사업은 2014년에 롯데푸드로 이관되어 롯데푸드가 원두 공급을 맡게 되었다.

주스시장에서의 변화도 주목되었다. 2009년 무렵 주스시장이 정체 양상을 보이자 롯데칠성음료는 트로피카나의 제품과 라인업을 다양화하는 한편 강력한 브랜드 파워를 가진 '델몬트'를 대대적으로 리뉴얼하고 소비자 기호를 반영한 신제품을 출시하여 2017~2019년 연속 브랜드파워 1위를 실현했다.

소비자들이 소득수준이 높아지면서 건강과 여유를 추구하는 데 따라 생활음료 부문이 각광받게 되었다. 이에 따라 세계적인 스포츠음료인 '게토레이'가 특히 눈에 띄었다. 2011년부터 게토레이는 해마다 새로운 제품을 출시하여 대표 스포츠음료의 면모를 이어갔다. 2010년 선보인 비타민음료 '데일리C' 시리즈는 영국산 비타민C를 함유한 제품으로 큰 호평을 받았다.

생수 롯데 아이시스와 트레비

2005년 처음으로 먹는 샘물 시장에서 2위에 오른 롯데칠성음료는 1위 등극을 목표로 2008년 '아이시스'를 생산하여 공격적인 마케팅을 전개했다.

처음에 '아이시스'는 OEM(Original Equipment Manufacturing, 위탁생산)으로 생산되었으나 생수 전문업체 산장음료와 창대통상을 인수하면서 자체생산 체제를 구축했다. 그 후 롯데칠성음료는 프리미엄 생수 시장을 공략하기로 하고 청정구역인 비무장지대(DMZ) 부근에서 취수한 프리미엄 생수 '롯데아이시스 DMZ 2km'를 출시했다. 그리고 곧이어 기존의 아이시스보다 한 단계 업그레이드된 '아이시스 8.0'을 출시하여 생수 시장에 큰 변화를 불러일으켰다.

2011년 출시한 이 제품은 충주 청주시 미원면 암반수 층의 천연광천수를 수원으로 개발되었는데 출시와 동시에 프리미엄 바람을 일으키며 2014년에는 매출이 360억 원으로 급신장했다. 2011년부터는 생수 제품을 가정으로 배달하는 서비스를 시작했다. 또 국내 최초로 TV 홈쇼핑 판매를 시도하여 소비자의 큰 호응을 받기도 했다. 2014년에는 휴대하기 좋은 300ml 짜리 소용량 제품을 선보이면서 판매량이 급증했다.

한편 2011년 11월 롯데칠성음료는 중국(中國)령 백두산 인근의 중국 음료 회사를 인수해 '롯데장백음료유한공사(이하 장백공장)'를 설립했다. 그리고 2012년 12월부터 백두산 천연광천수로 만든 '백두산 하늘샘'을 프리미엄 생수 시장의 주력제품으로 운용하기 위해 장백공장의 생산설비를 대폭 늘려 연간 1억 5,000만 병의 생산능력을 확보하고 이곳을 전진기지로 삼아 2014년에는 중국 동북 3성(省)에도 공급을 시작했다.

국내 생수 시장이 성장하는 동안 소비자들 사이에 탄산수가 건강수로 인식되면서 탄산수 시장이 새롭게 형성되었다. 롯데칠성음료는 2007년 이미 로마의 트레비분수에서 이름을 딴 '탄산수 트레비'를 선보였으나 당시만 해도 너무 앞선 제품이어서 주목을 받지 못했다. 탄산수에 대한 인식 변화에 따라 다시 주목을 받기 시작한 트레비는 2014년 30%에 근접한 시장점유율로 탄산수 시장을 주도하기 시작했다.

롯데의 브랜드 작명 능력은 신격호 회장의 샤롯데 등 항상 뛰어나지만, 탄산수 브랜드에 로마의 트레비(Trevi) 분수를 차용한 것도 기발하다.

트레비란 세 개의 길이 만나는 삼거리라는 뜻인데 로마시대에 전쟁터에서 돌아온 병사들이 목이 말라 물을 찾아 헤매던 중 한 처녀가 알려준 곳을 따라가 발견된 샘으로써 처음에는 처녀의 샘(Acqua Vergine)이라고 불리다가 점점 삼거리인 트레비에 있다고 해서 오늘에 이르고 있다.

트레비 분수는 이탈리아 건축가 니콜라 살비에 의해 지어졌고 높이 26.3m, 너비는 49.15m이다. 로마에 있는 바로크 양식의 분수 중 가장 큰 규모를 자랑한다. 세계적으로도 매우 유명한 분수다. '로마의 휴일' 영화에서 오드리 헵번이 이곳에서 연기하는 장면은 압권이다. 트레비 분수에서 동전(銅錢) 던지기는 매우 유명한 전통 중 하나이다. 오른손에 동전을 쥐고 왼쪽 어깨너머로 던지면 좋은 일이 찾아온다는 전설이 내려오고 있다. 1개를 던지면 로마에 다시 올 수 있고 2개를 던지면 사랑하는 사람과 다시 올 수 있다는 것이다.

롯데칠성음료의 해외시장(러시아에서 필리핀까지) 다변화

롯데칠성음료는 제조업이 아니면서도 수출입국에 기여도가 높다. 롯데칠성은 2011년 수출의 날에 '1억 달러 수출의 탑'을 수상했다.

롯데칠성은 수출시장 개척에 '밀키스'를 주력제품으로 앞세워 성공했다. 롯데칠성음료는 1990년에 이미 밀키스로 러시아시장에 진출했다. 밀키스는 기존의 탄산음료의 재료에 우유를 첨가하여 만든 음료수다. 그러나 러시아의 모라토리엄(Moratorium, 지불유예) 선언으로 수출이 중단되는 아픔을 겪어야 했다. 수출이 재개된 2000년부터 다시 러시아시장에 진출한 롯데칠성음료는 주요제품들이 예전의 인기를 되찾으면서 시장에 안착했다. 러시아 수출의 1등 공신인 밀키스는 대 러시아 수출액의 43%에 이를 만큼 절대적인 비중을 차지했다.

2010년에는 밀키스와 함께 '레쓰비'가 엄청난 인기몰이를 했다. 특히 레쓰비는 러시아 캔커피 시장의 90%를 휩쓰는 놀라운 성적을 나타냈다.

이처럼 두 제품이 인기를 끈 가장 큰 요인은 현지인들의 기호에 맞춰 밀키스는 11가지, 레쓰비는 7가지 맛의 제품을 내놓는 등 현지화된 제품개발과 마케팅을 펼친 것이 비결이었다.

러시아 시장에서 크게 성공을 거둔 롯데칠성음료는 중국과 동남아로 시장을 다변화했다. 먼저 밀키스를 앞세워 중국시장을 공략했다. 중국시장에서도 러시아에서와 마찬가지로 밀키스의 독특한 제품 컨셉트가 어필하면서 큰 인기를 끌었다. 현지인들의 문화적 관습을 파고든 마케팅이 성공하면서 롯데칠성음료는 2015년 기준으로 중국시장에서 1,640만 달러의 판매고를 올렸다.

그러나 롯데후아방과 롯데오더리 등 중국법인들은 기대와는 달리 별다른 성과를 내지 못했다. 롯데칠성음료는 이 법인들의 경쟁력을 높이기 위해 2008년에는 롯데후아방 신공장을 건설해 고온주스와 병 제품의 겸용라인을 가동하고 2009년에는 롯데오더리의 중국 측 지분 49%를 인수하고 대대적인 정비에 나섰다. 또 장백공장은 생수사업의 활성화를 위해 '천산만수' 브랜드를 내놓았다. 그럼에도 불구하고 중국 3개 법인은 저조한 실적에서 벗어나지 못했다. 롯데는 2015년에는 중국법인에 대해 강력한 턴어라운드(구조조정, Turnaround) 작업을 실시했다.

롯데칠성음료는 2010년 9월 해외시장 다변화의 일환으로 필리핀 음료업계 2위이자 펩시콜라의 보틀링 업체인 'PCPPI(Pepsi Cola Products Philippine, Inc.)를 인수하여 필리핀 시장에 진출했다. 당시 PCPPI는 11개 공장과 106개 지점망을 갖추고 30만 개의 점포와 거래하는 상장업체였다. 롯데칠성음료는 PCPPI 주식 34.4%를 사들여 최대주주가 됨으로써 단숨에 필리핀 시장의 유력한 음료업체로 부상했다. 2013년에는 지분을 추가로 인수하여 경영권을 견고히 했다. 2014년에는 신공장을 건설해 가동했다.

PCPPI는 롯데칠성음료가 경영권을 인수한 이듬해에 6,892억 원의 매출을 올려 인수 당시보다 60% 이상 성장하는 놀라운 변화를 보였다. 필리핀에서의 경험을 바탕으로 2014년 롯데칠성음료는 글로벌 사업의 전략적 요충지로 불리는 미얀마에 처음으로 합작법인을 설립했다. 현지 음료 회사인 'MGS'와 합작하여 자본금 8,100만 달러의 'Lotte-MGS Beverage'를 설립한 것이다. 70%의 지분을 가진 롯데칠성음료는 Lotte-MGS의 생산시설을 대대적으로 업그레이드하는 동시에 펩시콜라와 손잡고 펩시콜라, 세븐업, 미란다 등의 제품을 출시해 경쟁력을 강화했다. 또 축구를 중심으로 한 스포츠마케팅도 활발하게 전개했다.

한편 주류제품도 큰 폭의 수출 신장률을 나타냈다. 수출 품목으로는 소주제품이 단연 중심이 되었는데 2014년에는 935억 원의 수출 실적을 보이면서 수출 대상국도 45개국으로 확대되었다.

롯데 아사히 주류 급성장

2008년 롯데칠성음료의 자회사에서 승격된 롯데아사히주류는 일본 맥주시장 점유율 1위인 아사히 맥주의 국내 수요가 늘어나면서 판매가 급증하기 시작했다. 2006년부터 2010년까지 연평균 54%에 달하는 폭발적인 성장세를 보였고 2010년에는 아사히 맥주 판매량이 처음으로 160만 C/S를 돌파하는 기록을 세웠다. 2000년에 처음으로 국내 판매를 시작한 아사히 맥주는 판매 신장을 위한 공격적인 영업과 다양한 프로모션 및 광고 캠페인을 전개한 결과 수입맥주 시장에서 확고한 입지를 구축하게 되었다. 특히 대형호텔과 일본음식점, 바(Bar) 등에서 아사히 맥주를 취급하는 업소가 크게 늘고 클럽 등 새로운 채널 확대를 위해 소비자층과 공감할 수 있는 프로모션을 다양하게 실시한 것이 매출 신장의 원동력이었다.

2011년 롯데아사히주류는 와인사업 부문을 롯데주류BG에 양도하고 수입맥주 판매사업에 집중하기로 했다. 이를 계기로 롯데아사히주류는 '아사히 수퍼드라이'를 중심으로 공격적인 마케팅을 전개하여 2012년에는 국내 수입맥주 가운데 최초로 200만 C/S 판매를 돌파하는 성장세를 이어갔다. 특히 팝업스토어인 '아사히 수퍼드라이 엑스트라콜드 바'를 운영하면서 '엑스트라콜드'라는 영하 온도(-2°C)의 프리미엄 맥주를 선보이기도 했다.

한편 2012년 말까지 롯데아사히주류의 지분 85%를 보유하고 있던 롯데칠성음료가 2013년 말과 2015년 6월 두 차례에 걸쳐 지분 일부를 일본 측 합작회사인 아사히홀딩스에 매각함에 따라 롯데아사히주류의 경영권은 아사히홀딩스가 보유하게 되었다. 즉 롯데칠성음료 50%-1주, 아사히홀딩스 50%+1주로 지분 비율이 조정되어 사실상 아사히홀딩스가 경영권을 갖게 된 것이다. 다만 국내법에 따라 롯데의 일원으로서 지위는 유지하게 되었다. 롯데칠성음료가 아사히홀딩스에 지분을 매각한 것은 '클라우드'와 '피츠'로 맥주 신규사업에 사업역량을 집중하기로 한 데 따른 것이다.

지배주주의 변동 이후에도 롯데아사히주류는 '클리어아사히 벚꽃축제', '클리어아사히 프라임리치' 등 특색있는 신제품을 출시하고 2017년 5월에는 오키나와생맥주의 국내 시판을 시작하는 등 수입맥주 시장 1위 업체로서 위상을 강화해 나갔다.

32

종합식품 롯데푸드(Food) 출범

롯데그룹은 이제 식품(食品)산업으로 영역을 확대해 나갔다. 제과에서도 그러했지만, 사람에게 좋은 품질을 제공하여 먹거리로서 품격을 갖추게 하겠다는 것이다. 식품산업 영역은 넓다.

롯데삼강은 2009년 영업양수도를 통해 롯데쇼핑으로부터 식품사업본부를 인수한 데 이어 2010년 10월에는 유가공회사로 소비자들의 신뢰를 쌓아온 '파스퇴르유업'을 인수하여 종합식품회사로 발돋움할 수 있는 기반을 만들었다. 이후 설비, 연구개발에 적극적인 투자를 진행해 파스퇴르 브랜드의 다양한 제품이 출시되었다.

2013년에는 건강대표브랜드 '쾌변'을 검은콩과 함께 2가지 맛의 두유로 가공하여 새로 출시했다. 또 웰빙 트렌드에 부응하여 국내 최초로 오직 우유만으로 발효한 '오직 우유100%'를 유산균으로 발효한 요구르트를 출시했다. 2014년 2월에는 무항생제 인증 목장 우유를 출시하고 2016년 8월에는 롯데중앙연구소와 협력, 김치 유래 프로바이오틱 유산균 'LB-9'을 독자개발 해 특허 출원했다. 같은 해 10월에는 롯데푸드 최초 플래그십스토어 '파스퇴르밀크 바' 1호점을 롯데백화점 평촌점에 오픈했다. 이를 통해 파스퇴르 프리미엄 우유를 활용한 다양한 디저트를 선보임으로써 파스퇴르 브랜드를 홍보하고 파스퇴르 우유의 우수성을 널리 알릴 수 있게 되었다. 2015년에는 멀티 생유산균으로 유명한 분유 '위드맘'의 업그레이드 제품을 선보였다. 이 제품은 무항생제 인증 목장의 원유를 사용하면서 유산균도 더욱 강화한 프리미엄 분유이다. 이와 함께 파스퇴르는 스마트폰 전용 '파스퇴르몰'을 오픈하여 고객의 구매 편의를 도왔다.

한편, 롯데삼강은 2012년 1월 식용유 업체 '웰가'를 흡수합병하여 유지사업을 대폭 강화했다. 이어 10월에는 간편식 즉석식품 전문업체인 '롯데후레쉬델리카'도 흡수합병하여 사업의 시너지를 발휘하도록 했다. 이해에 롯데삼강은 단체급식 사업에 진출하여 1호점을 오픈하였고 이듬해 1월에는 '웰가(Well Being과 家의 합성어)' 브랜드를 론칭하여 단체급식 사업을 본격화했다.

단체급식 부문에서는 2016년 월 매출 100억 원을 돌파했다. 2013년 1월 롯데삼강은 육가공 전문기업인 '롯데햄'과도 합병함으로써 종합식품회사로 한 걸음 더 나아갈 수 있게 되었다. 이 합병으로 롯데삼강은 임직원 2,000명 연 매출 1조 8,000억 원의 거대 식품회사로 거듭나게 되었다. 합병 이후 '롯데햄'은 프리미엄 냉장햄 '엔네이처' 3종을 출시한 데 이어 2016년 8월에는 프리미엄 육가공 브랜드 '라퀴진(La Cuisine)'을 론칭하고 함박스테이크, 로스트햄, 풀드포크 등 고급 레스토랑 메뉴를 가정에서 간편하게 즐길 수 있는 제품들을 선보였다.

롯데푸드의 새로운 CI

롯데삼강은 롯데쇼핑 식품사업본부 인수를 시작으로 웰가, 롯데후레쉬델리카, 롯데햄 등을 잇달아 합병함으로써 종합식품회사로서의 면모를 갖추게 되었다. 그러나 기존의 사명(社名)은 소비자 관점에서 빙과(氷菓) 업체의 이미지가 강했기에 종합식품회사에 걸맞은 새로운 사명이 필요했다. 이에 따라 롯데삼강은 2013년 3월 사명을 '롯데푸드'로 변경하고 새로운 CI(Corporate Identity)를 선포했다. 이를 계기로 롯데푸드는 기존 사업을 강화하고 신규사업에 진출하여 국내 최고의 종합식품회사로 거듭났다.

같은 해 7월에는 가정 간편식 사업의 확대를 위해 용인공장에 40억 원 상당의 압력밥솥 취반기를 도입했다. 또 2017년 1월에는 가정간편식 전용공장인 평택공장을 신축했으며 2월에는 가정간편식 브랜드 '쉐푸드'를 리뉴얼하고 제품군을 확대하는 등 시장을 선도할 만반의 준비를 마쳤다.

롯데푸드는 2012년 1조 750억 원의 매출 실적을 올려 처음으로 1조 원의 시대에 들어섰다. 2013년에는 중국 항저우(杭州)의 '저장농즈(浙江農資)그룹과 파스퇴르분유 '그랑노블'의 수출 계약을 체결함으로써 중국 시장에 본격 진출했다. 이 계약으로 롯데푸드는 저장농즈그룹에 5년간 2억 달러 규모의 분유를 수출할 수 있게 되었다.

롯데푸드는 분유에 이어 유가공 제품으로 수출 품목을 확대하기로 하고 커피맛, 바나나맛, 딸기맛 등 중국인의 기호에 맞는 유제품을 개발하여 중국시장에 내놓았다. 또 유가공 제품의 수출을 위해 2013년 7월 국내 최초로 TPA330(프라즈마팩) 포장법도 도입했다. 무균 종이용기인 TPA330은 실온에서 6개월까지도 보관이 가능해

유통기한이 매우 길다는 장점이 있다. 중국은 워낙 땅이 넓어 유통기한이 중요한 만큼 롯데푸드는 이를 통해 수출경쟁력을 강화할 수 있게 되었다. 동시에 용량을 키우고 윗부분에 뚜껑(드림 캡)을 달아 휴대성과 보관의 효율성을 높였다.

분유 수출도 더욱 활발해졌다. 롯데푸드는 2015년 한 해 동안 총 340억 원 규모의 분유를 중국에 수출함으로써 중국시장으로의 분유 수출량이 5년 동안 연평균 약 30% 이상 증가할 정도로 급신장했다. 이러한 성과는 이후 베트남 등 기타 국가로의 수출까지 이어져 롯데푸드의 분유가 글로벌 브랜드로 성장할 수 있는 계기를 마련해주었다.

한편 롯데푸드는 2016년 2월 B2B로 공급되는 제과, 제빵용 식용유지류 전문 브랜드로 '베테라'를 론칭했다. 그동안 식용유지들은 '롯데마가린', '롯데식용유', '롯데버터' 등으로 판매되었으나 B2B 유지전문 통합브랜드 베테라를 론칭함으로써 보다 체계적으로 브랜드를 관리할 수 있게 되었다. 이와 함께 제과, 제빵용 유지제품이 아닌 굽거나 튀김요리에 사용되는 콩식용유, 채종유 등의 정제유는 '델카' 브랜드로 통합하여 운영하기 시작했다.

롯데네슬레코리아 설립

롯데푸드는 2014년 6월 스위스의 세계적인 식품업체 네슬레(Nestle)와 50대 50으로 합작하여 롯데네슬레코리아를 설립했다. 이에 따라 롯데네슬레코리아는 한국시장에서 커피믹스 '네스카페(Nescafe) 제품과 초콜릿 맥아분말음료, 커피크리머 그리고 반려동물을 위한 펫케어(Pet Care)제품과 네슬레프로페셔널 제품을 생산

판매하게 되었다. 동시에 커피와 커피크리머를 생산하는 네슬레 청주공장 운영도 맡게 되었다.

롯데네슬레코리아의 출범은 세계 식품시장을 주도하는 네슬레의 제품 경쟁력과 롯데푸드의 강점이 시너지를 발휘하여 국내 커피시장에 새 바람을 일으킬 것으로 기대를 모았다. 네슬레 측에서도 롯데푸드와의 합작은 한국시장에서 네슬레의 경쟁력을 강화하는 데 도움이 될 것으로 전망했다.

네슬레는 스위스에 본사를 두고 있는 전 세계 1위 식품 기업이다. 2014년 이후로 소득 및 기타 통계치의 측정에 의하면 세계 최대 음식회사로서 2017년 포춘글로벌500에서 64위를, 2016년 포브스글로벌2000 최대공개 기업목록에 33위를 기록했다. 네슬레는 1866년 조지와 찰스 페이지 형제가 설립한 Anglo Swiss Milk Company와 같은 해 헨리 네슬레가 설립한 Farine Lactée Henri Nestlé가 1905년 합병하면서 설립되었다. 네슬레의 제품에는 영유아식, 의료식품, 물병, 아침식사 시리얼, 커피, 차, 과자류, 유제품, 아이스크림, 애완동물 음식, 스낵 등이다.

롯데푸드는 국내 소비자들에게 고품질의 커피를 제공함과 동시에 글로벌 종합식품회사로 도약할 수 있는 발판을 마련하게 되었다. 롯데푸드는 2014년 10월 롯데칠성음료가 경영 효율화 차원에서 양도하는 원두커피 유통사업 부문을 인수하여 원두커피 사업 부문을 강화했다. 그동안 원두커피 사업은 롯데푸드가 원두를 생산하고 롯데칠성음료가 유통을 담당하는 구조였으나 관련 사업을 인수함으로써 롯데푸드는 원두커피 생산에서부터 유통, 판매까지 일관된 사업영역을 구축하게 되었다.

롯데리아(Lotteria)의 성장

롯데리아는 2009년 창립 30주년을 맞아 국내 최대의 패밀리레스토랑 체인인 T.G.I. 프라이데이스(TGIF)를 합병해 또 하나의 성장 엔진을 확보했다.

TGIF는 1965년 미국 뉴욕에서 탄생하여 글로벌기업으로 성장한 세계적인 패밀리 레스토랑 체인으로 1992년 한국에 진출한 뒤 20개 매장에서 연 750억 원의 매출을 올려왔다. 롯데는 이미 2012년에 운영사 '푸드스타'를 인수해 롯데의 가족으로 함께 해오고 있었고 이를 2009년 롯데리아가 합병한 것이다.

2011년에는 아이스크림 전문점 나뚜루를 운영하던 '롯데나뚜루'를 합병하여 나뚜루 사업부로 개편했다. 나뚜루 사업부는 합병 이듬해에 새로운 브랜드 '나뚜루팝(Natuur Pop)'을 론칭하여 전열을 재정비했다.

그해에 롯데리아는 글로벌 도넛브랜드 크리스피크림도넛을 운영 중이던 '롯데KKD'도 합병했다. 크리스피크림도넛은 2014년 업계 최초로 드라이브스루점을 오픈하고 세계 최초로 가맹점 사업을 시작하는 등 혁신적인 시도를 잇달아 선보였다.

2014년 10월에는 새로운 외식사업의 하나로 유럽풍의 홈메이드레스토랑 '빌라드샬롯(Villa de Charlotte)을 론칭해 1호점 '잠실점'을 오픈했다. 또 푸드코트 '더푸드하우스(The Food House)'도 새로 시작했다. 이에 따라 롯데리아는 다양한 사업군을 운영하는 멀티브랜드 외식기업으로 도약하게 되었다.

한편 패스트푸드 사업을 강화하기 위해 롯데리아는 2011년 4월부터 홈서비스콜센터를 열고 배달서비스를 본격적으로 시작했다.

2015년 8월에는 롯데리아, 엔제리너스커피, TGIF, 크리스피크림도 넛, 나뚜루팝 등 전 브랜드의 모바일 웹을 구축하여 각 브랜드별로 고객에게 다양한 정보를 제공하는 채널도 마련했다.

이어 2013년에는 고용노동부의 인가를 받아 전문인력 육성 프로그램을 기업대학으로 전환하여 운영을 시작했다. 임직원과 채용예정자를 대상으로 매장관리자 육성 과정을 운영하는 기업대학은 2014년 1기생의 입학식을 가졌다. 대기업의 인력 확보의 새로운 패턴을 보여주었다.

롯데리아 해외사업 확대

국내 패스트푸드 시장의 절대 강자인 롯데리아는 2011년 11월 베트남에서도 100호 점을 오픈할 만큼 인기브랜드가 되었다. 현지 소비자들이 '하이엔드(High End, 최고품질)' 고객들이 찾는 패밀리레스토랑으로 인식할 만큼 평가도 좋았다. 이러한 인기에 힘입어 롯데리아는 매년 40% 정도의 매출 신장률을 기록했다. 그해에 롯데리아가 4개의 매장을 추가로 개점하고 엔제리너스커피도 10호 점을 오픈하여 베트남에서 총 114개 매장을 운영하는 대표적인 프랜차이즈 업체로 부상했다. 햄버거 시장에서의 점유율도 45%에 달해 단연 독보적 위치를 차지했다.

베트남에서의 성공은 철저한 현지화 전략과 한류 열풍을 적절히 접목한 것이 주효했다. 예를 들어 베트남이 새우 수출 1위국임을 감안하여 국내시장에서 판매하는 '새우버거'를 적극 홍보했다. 그 결과 새우버거는 10%의 매출 구성비를 차지할 만큼 대표적인 인기제품으로 자리를 잡았다. '불고기버거' 역시 한류 열풍을 타고 매장판매 1, 2

위를 다투는 인기제품이 되었다. 또 현지의 식생활 문화에 맞춰 밥과 국, 닭튀김 요리로 구성된 라이스 메뉴로 현지인들의 입맛을 사로잡았으며 가격도 차별화하여 패밀리레스토랑의 이미지를 심어 나갔다.

베트남에서의 성공을 기반으로 2013년 4월에는 미얀마의 '마이코(Myco)'사와 손을 잡고 미얀마 최대의 도시 양곤에 1호점인 '정션스퀘어점'을 오픈했다. 국내외식업체 중 최초로 미얀마 시장에 진출한 것이다. 롯데리아는 미얀마에 유일하게 진출한 한국의 국가대표 브랜드라는 자부심을 가지고 미얀마에 외식문화의 새로운 패러다임을 만드는 마케팅을 전개했다. 그 결과 정션스퀘어점은 개점 직후부터 뛰어난 실적을 거두면서 시장에 안착했다.

2014년 6월에는 캄보디아 시장으로 보폭을 넓혔다. 롯데리아는 캄보디아의 외식 전문업체 '잉코크(Uinkok)'사를 파트너로 맞아 캄보디아 수도 프놈펜에 1호점을 오픈했다. 메뉴는 외식을 선호하고 닭고기, 소고기의 소비량이 높은 현지의 문화를 고려하여 치킨과 소고기를 활용한 메뉴를 다양하게 운영했다. 롯데리아는 2018년까지 20개 점포를 오픈한다는 계획을 세우고 점포망을 확대해 나갔다. 이로써 롯데리아는 1998년 베트남 1호점 개점을 시작으로 인도네시아, 중국, 미얀마, 캄보디아에서 280여 개의 매장을 운영하는 글로벌 네트워크를 구축하게 되었다.

크리스피크림도넛도 2009년 12월 중국 상하이 내 최대 번화가인 난징시루(南京西路)의 대형쇼핑몰 '스지팡(西李坊)'에 중국 1호점(우장루점)을 오픈했다. '카카췐광'이라는 브랜드로 중국에 진출한 크리스피크림도넛은 현지화, 고급화를 기본 전략으로 삼아 중국 소비자들의 입맛을 사로잡으며 시장에 안착했다.

크리스피크림도넛은 중국 진출과 동시에 상하이 25개 점, 베이징과 톈진에 30개 점 등 총 55개 점을 출점한다는 계획을 수립했다. 이처럼 브랜드와 사업영역이 나날이 확장됨에 따라 롯데리아는 2017년 7월 사명을 '롯데지알에스(Lotte GRS)로 변경했다. 지알에스란 글로벌 레스토랑 서비스(Global Restaurant Service)의 약자로 외식전문 글로벌기업으로서의 아이덴티티를 강화한 것이다.

33
롯데 유통사업의 다각화

경제에 있어서 유통(流通)은 인체의 피(血)의 흐름과 같다. 롯데그룹은 사실은 유통이 특징이다. 백화점, 마트, 아울렛, 쇼핑 등 모두가 유통에 연결되어 있다.

롯데 유통사업본부는 롯데의 식품사들을 지원하기 위해 2010년대 들어서도 다양한 노력을 기울여 갔다. 특히 식품사들의 판촉을 지원하고 고객 접점에 있는 롯데의 유통 및 서비스사와의 연계를 강화하여 롯데 가족사 간 시너지 증대에 역량을 집중했다.

이러한 노력의 일환으로 롯데 유통사업본부는 매년 식품유통 업계의 흐름을 파악하는 전국 식품점 분포 조사를 실시했다. 이는 전국의 대형마트, SSM, CVS, 일반슈퍼 등 모든 식품 판매점을 대상으로 직접 조사한 다음 롯데 식품사들의 강약점을 정확히 파악하여 마케팅에 도움을 주기 위한 것이었다. 동시에 해마다 우수한 사원을 선발해 일본 연수도 실시했다. 이것은 롯데만의 장점이었다. 롯데 사원들은 시야가 넓어지는 것이다.

2010년 양평동 사옥으로 이전한 롯데 유통사업본부는 판촉전문직 PDA(Personal Digital Assistant, 개인정보단말기) 시스템을 도입해 판촉사원의 현장 활동을 지원했다. 또 2012년에는 판촉의 중요성이 부각되자 식품사들의 판촉을 지원하기 위해 롯데엔젤스를 활발하게 운영했다. 롯데엔젤스는 유통체인에서 롯데의 신제품이나 주요제품을 시식, 시음하는 등의 각종 판촉행사를 진행하는 특화된 판촉요원으로 운영돼 큰 인기를 모았다. 2012년부터는 판촉사원의 호칭이 패밀리사원으로 변경됐다. 판촉사원들도 식품사, 점주, 소비자와 함께 '가족'이라는 의식을 공유하기 위해서였다.

2013년 롯데 유통사업본부는 ERP(Enterprise Resource Planning, 전사적자원관리)를 개편하면서 모바일전산시스템을 개발해 현장 정보 및 활동 내용을 공유하는 네트워크 체계를 구축했다. 이에 따라 기존에 운영하던 PDA 방식이 스마트폰 방식으로 변경돼 체계적인 현장 정보관리가 가능하게 되었다.

또 2014년에는 소비자 입장에서 식품사의 신제품을 테스트하는 '마담슈머'를 운영하여 신제품 출시 전에 시장의 니즈(요구)를 제품에 반영하도록 했다. 또한, 전국 식품점 조사에서 나타난 식품점 정보를 지도에 표기한 전국 식품점 분포도를 출간하기도 했다. 2016년에는 식품 유통 트렌드의 변화에 부응해 유통사별 PB브랜드, 전국 매장 수, 브랜드 수, 판매량 등의 추이를 조사, 분석한 PB상품 운영현황 연구발표회도 진행했다.

롯데쇼핑의 다채널, 다점포 전략

롯데쇼핑의 다점포 전략은 2010년대에도 백화점, 마트, 아울렛, 창고형아울렛, 프리미엄아울렛 등 다양한 형태로 확산되었다.

특히 2010년 2월에는 1조 3,400억 원을 투입하여 'GS리테일'의

백화점(3개 점)과 마트(14개 점) 사업부를 인수하는 대규모 M&A를 단행하여 점포 규모를 더욱 확대했다. 이 인수로 백화점 점포 수는 29개로 늘어났고 롯데마트는 총 84개 점포로 확대되었다.

2009년 12월에는 롯데백화점 30호점인 부산광복점이 문을 열었다. 광복점은 국내 최초로 바다에 접한 '씨사이드(Seaside) 복합쇼핑몰'로 건설되었는데 백화점 본관과 신관을 비롯해 롯데마트와 롯데시네마, 108층 높이의 초고층 타워로 구성된 롯데 부산타운의 하나로 문을 열었다. 연면적 56만 2,975m^2의 롯데 부산타운은 종합 준공이 완료되면 부산지역 최대의 복합쇼핑, 문화, 생활단지로 부상하여 부산의 구도심 및 서부 상권 발전을 주도하는 랜드마크가 된다.

이 밖에도 롯데쇼핑은 2012년 5월 1,540억 원을 투입하여 경기도 수원의 '그랜드백화점(영통점)'과 인천 계양의 '그랜드마트(계양점)'를 자산양수도 방식으로 인수했다. 영통점은 매장 면적 3만 2,577m^2에 지하 7층, 지상 9층 규모로 계양점은 매장 면적 1만 7,881m^2에 지하 3층, 지상 6층 규모로 마트와 아울렛이 복합적으로 구성된 점포였다. 롯데쇼핑은 두 점포를 리뉴얼하여 2012년 9월 '롯데마트'로 다시 오픈했다.

이후에도 다점포 전략은 계속 이어졌다. 2012년에는 경기도 안양 호계동에 롯데백화점 평촌점이 문을 열었고 창원점에는 신관인 영패션이 개점했다. 연면적 20만 3,500m^2, 영업면적 4만 4,600m^2에 이르는 평촌점은 본점, 잠실점, 광복점, 부산본점에 이어 다섯 번째로 큰 대형 점포다. 또 창원점의 영패션 총 7개 층 백화점을 인수해 롯데백화점 마산점으로 편입했다. 2015년에는 경남 마산의 대우백화점을 인수해 롯데백화점 마산점으로 편입했다. 마산점을 개점함에 따라 롯데백화점의 창원지역 시장점유율은 64.2%로 상승했다.

롯데백화점은 2010년에 국내 백화점 최초로 월매출 1조 원, 연매출 10조 원을 돌파했다. 영업 첫 매출이 454억 원이던 과거와 비교하면 30년 만에 220배나 성장한 것이다. 롯데백화점의 약진에 힘입어 롯데쇼핑은 2012년 25조, 436억 원의 매출을 기록했다. 또 2013년 28조 원, 2015년 29조 원을 넘어 2016년에는 29조 5,264억 원으로 매년 신장을 거듭해 매출 30조 원 시대를 눈앞에 두었다.

문화와 패션이 공존하는 쇼핑공간

롯데는 소비 행태가 알뜰 구매로 전환되는 추세를 보이자 이에 대응하는 공간 마련에 부심했다. 롯데백화점은 기존의 아울렛을 한 단계 발전시킨 교외형 프리미엄아울렛과 도심형 아울렛, 복합몰, 팩토리아울렛 등으로 출점을 다양화해 문화와 패션이 공존하는 쇼핑공간을 열어나갔다. 아울렛(Outlet Store)은 1980년대에 미국에서 탄생한 새로운 유통업의 형태로 주로 재고품이나 이월상품을 저렴한 가격으로 판매하는 몇몇 매장을 한데 모아 하나의 몰(Outlet Mall)을 형성한 상업시설이다.

먼저 프리미엄아울렛에 쇼핑몰, 마트, 시네마 등 다양한 콘텐츠를 담은 복합쇼핑몰은 2011년 12월 '롯데 김포공항점'을 시작으로 하나 둘 문을 열었다. 1호점으로 문을 연 김포공항점은 국내 최대 규모인 약 13만㎡의 녹지 공간이 함께 조성돼 단순 쇼핑공간이 상위 휴식공간으로 소비자들의 큰 인기를 끌었다.

이어 2014년 12월에는 '롯데몰 동부산점'이 문을 열었다. 동부산점은 부산시가 관광 랜드마크로 조성하고자 개발한 동부산 관광단지의 핵심 쇼핑문화 시설로 오픈했다. 또한, 2016년에는 진주 혁신도

시에 '롯데몰 진주점'이 오픈한 것을 비롯해 총 18번째 아울렛인 '롯데아울렛 의정부점'을 오픈하여 지역의 소비자에게 다가갔다.

또다른 신개념의 아울렛인 '롯데팩토리아울렛'은 패션기업들의 상설할인매장 형태로 고객들에게 더욱 저렴한 가격의 상품을 제공하고 협력업체에게는 장기 재고를 해소할 수 있는 판로를 제공했다. 도심형 아울렛의 상품 구성이 대부분 1년 차 재고 위주라면 팩토리아울렛은 2년 이상의 장기 재고상품 구성비가 높다.

2016년에는 두 번째인 팩토리아울렛인 '가산점'도 개점했다. 도심형아울렛은 주요 도시의 지역상권을 중심으로 출점되었다.

2012년 11월에는 청주시에 '청주 롯데아울렛'이 오픈했고 2013년에는 '서울역아울렛'과 '부여 롯데아울렛'이 오픈했다. 서울역 롯데아울렛은 일반 고객은 물론 외국인 관광객들의 쇼핑을 위해 패션품목을 강화하고 부여아울렛은 향토특설관을 운영하는 등 지역의 특성을 반영하여 매장 구성을 차별화했다. 이후에도 도심형아울렛은 2014년 10월 고양터미널점을, 2015년 판교점을 오픈하는 등 지속적으로 점포망을 확대해 나갔다.

한편 2013년 12월에는 롯데백화점이 운영하는 세 번째 프리미엄아울렛인 '이천 롯데프리미엄아울렛'을 오픈했다. 이천프리미엄아울렛은 대규모 쇼핑시설뿐만 아니라 체험형 엔터테인먼트 공간을 갖춘 복합문화공간으로 조성되었다. 오픈 당시 기준으로 연면적 18만 4,000m², 영업면적 5만 3,000m²에 이르는 아시아 최대 규모였다. 이어 2014년에는 광명시에 국내 최초의 도심형 프리미엄아울렛인 '광명점'을 오픈했다. 광명점은 쇼핑몰과 같은 형태의 실내 공간에서 프리미엄아울렛의 콘텐츠를 즐길 수 있는 신개념의 아울렛으로 구성되어 있다.

롯데백화점 VRICI(베트남, 러시아, 인도, 중국, 인도네시아) 해외사업

롯데백화점은 2012년 9월 중국 톈진(天津)의 복합문화단지 중심에 '톈진 2호점'을 오픈했다. 톈진 2호점은 중국 내 두 번째 백화점이자 해외 4호 점으로 롯데백화점이 100% 자본을 투자해 단독운영하는 매장이다. 톈진 2호점은 철저한 현지화 전략과 차별화된 서비스로 빠르게 지역 상권에 안착했다.

2013년 6월에는 인도네시아의 개발업체와 손잡고 자카르타에 복합쇼핑몰 '롯데쇼핑에비뉴점(인도네시아 1호점)'을 오픈했다. 롯데백화점과 쇼핑몰, 롯데면세점, 롯데리아, 엔제리너스커피 등이 함께 입점한 롯데쇼핑에비뉴점은 롯데의 노하우가 집약된 복합쇼핑몰로 탄생했다. 특히 백화점과 쇼핑몰의 경계가 명확하면 백화점을 가지 않는 현지인들의 특성을 고려해 두 공간을 연결한 복합매장으로 꾸몄다. 또 인도네시아의 쇼핑몰 중 최초로 문화홀과 문화센터를 개설해 현지 소비자들의 주목을 받았다. 이로써 러시아, 중국에 이어 인도네시아에서도 점포를 운영하게 된 롯데백화점은 2018년까지 VRICI(베트남, 러시아, 인도, 중국, 인도네시아) 국가에 14개의 점포를 오픈한 것이다.

한편 2016년 롯데백화점은 유통사업에서 쌓은 37년간의 경험과 노하우를 인정받아 중국 현지의 대형쇼핑몰을 수탁하여 운영하는 새로운 형태의 중국 사업을 시작했다. 수탁운영은 부동산개발 리스크와 인허가 부담을 안고 중국에 직접 투자해 수년간 수익을 기다리는 사업모델과는 달리 중국에서 곧바로 이익을 낼 수 있는 사업모델이라는 점에서 매우 매력적인 사업모델이다.

이와 관련하여 롯데백화점은 2016년 10월 중국의 국영기업인 중신그룹과 합작으로 리테일 운영회사를 설립한다는 내용의 계약을 체결했다. 중신그룹이 운영하는 상하이 '타이푸광장' 쇼핑몰은 2017년 상반기부터 롯데백화점이 수탁하여 경영하고 추후 건설되는 3개 쇼핑몰의 운영권도 넘겨받는다는 내용이었다. 중신그룹은 연 60조 원의 매출을 올리는 중국 17위의 대기업이지만 수십 개의 백화점과 쇼핑몰이 난립한 상하이에서 쇼핑몰 경영에 어려움을 겪자 롯데백화점에 전략적 제휴를 요청해 온 것이다.

이에 따라 롯데백화점은 새로운 형태로 중국 현지에서 백화점을 운영하게 됨으로써 중국 사업 전반에 활력을 불어넣고 면세점, 마트 등 현지 롯데 가족사들과의 시너지도 기대할 수 있게 되었다.

중심상권 확보와 엘큐브 론칭

불황일수록 성장 상권에 집중하라는 것이 유통업계의 전략적 충고다. 2010년대 중반 백화점 업계는 경기침체로 성장이 둔화되는 모습을 보였다.

롯데는 서울의 핵심상권을 중심으로 대형 점포를 신축하거나 기존 점포를 리뉴얼하여 점포를 대형화하는 전략을 폈다. 롯데백화점은 소비자의 편익 증진과 경쟁력 강화를 위해 점포의 신축 및 점포 리뉴얼에 나섰다.

2016년 서울 대치동의 강남점에 대한 대규모 리뉴얼을 단행했다. 강남점은 본관과 연결된 주차장 1, 2층을 영업매장으로 단장해 3,236m^2 규모의 신관을 선보였다. 신관 1층에는 유명 신발 브랜드 전문관 '슈즈에비뉴', 2층에는 10대 고객을 위한 '영스트리트 전문관'을 오픈했다. 본관도 대리석으로 리뉴얼하여 2016년 8월 오픈했다. 이에 따라 강남점은 서울 강남상권의 중심으로 새롭게 부상했다.

2017년에는 서울 소공동 본점의 별관 증축에 나섰다. 소공동 본점 뒤편의 최우수고객(MVG) 전용주차장 자리에 2018년 준공 목표로 9층짜리 본관을 신축하기로 한 것이다. 별관이 완성되자 소공점의 영업 면적은 약 9만m²로 확대돼 서울시에서는 규모가 가장 큰 백화점으로 재탄생하게 되었다.

롯데백화점 잠실점은 2017년 4월 롯데월드타워가 개관하면서 강남상권의 핵으로 떠올랐다. 1,280개 브랜드가 입점한 잠실점은 소공동 본점에 이어 매출 2위(2015년 기준 1조 5,000억 원)를 기록하는 등의 점포로, 롯데월드몰, 롯데면세점월드점, 롯데타워 등과 시너지 효과를 발휘하여 잠실상권의 중심으로 부상한 것이다.

이로써 롯데백화점은 명동상권, 강남상권, 잠실상권 등 서울의 주요 상권을 주도하는 한국 유통산업의 핵심으로 자리매김하게 되었다.

한편, 롯데백화점은 장기화되고 있는 백화점 업계의 저성장 기조와 내수시장의 한계를 극복하기 위해 '전문점'이라는 새로운 형태의 유통채널로 틈새시장 공략에 나섰다. 백화점이 진출해 있지 않은 지역에 세분화된 고객을 타깃으로 전문점을 열어 신규고객을 창출한다는 전략을 수립하고 2016년 3월 홍대입구에 젊은 층을 겨냥한 영 스트리트패션 전문점 '엘큐브(Elcube)'를 선보였다. 엘큐브는 젊은 층이 선호하는 브랜드를 한데 모은 편집매장으로 국내에서 이런 형태의 콤팩트전문점은 롯데가 처음이다. 처음 시도한 홍대입구 엘큐브가 크게 성공하자 롯데백화점은 2016년 11월 이화여대 앞에, 12월에는 신사동 가로수길에 2호점과 3호점을 개점하는 등 점차 점포

수를 확대해 나갔다. 이와 동시에 상권 분석을 통해 지역맞춤형으로 리빙, 화장품 등의 전문점과 패션, 잡화, 렌탈샵의 출점도 검토하기 시작했다.

이와는 별도로 롯데백화점은 2016년 7월 본점에 업계 최초 패션 렌탈샵 '살롱드샬롯(Salon de Charlotte)'을 오픈했다. 살롱드샬롯은 한국형 패션렌탈 전문매장으로 드레스, 정장, 주얼리 등 자주 착용하지는 않지만, 가격대가 높아 구매하기 어려운 다양한 상품을 합리적인 가격에 빌려주는 매장이다. 이미 미국, 유럽, 일본 등 해외에서는 패션렌탈 시장이 급성장하고 있는 상황이다.

살롱드샬롯은 프리미엄 의류의 렌탈서비스 뿐만 아니라 고객과 어울리는 패션을 제안하는 스타일링서비스와 메이크업, 촬영스튜디오 등을 제안하는 서비스 등 차별화된 서비스로서도 주목받았다. 특히 고객이 원하는 상품을 불편함 없이 받거나 반납할 수 있도록 매장 직원이 직접 고객을 방문하는 'Door to Door' 서비스로 고객의 마음을 사로잡았다. 이어 2017년 5월에는 잠실점에 '살롱드샬롯' 1호 매장을 오픈하는 등 점진적인 출점을 모색했다.

롯데마트 도약과 변화 시동

롯데마트는 아시아시장 진출 전략을 강력히 추진한 결과 2009년을 기준으로 롯데마트의 해외 점포 수가 국내 점포 수를 능가하게 되었다. 이는 롯데마트가 그해 10월 중국의 대형마트 체인인 '타임스(Times)'의 지분 72.3%를 인수하여 65개의 점포를 확보한 것이 결정적인 계기가 되었다. 타임스는 대형마트 53개 점, 슈퍼 12개 점의 유통망을 운영하는 중국의 대형마트 체인이다.

2010년에는 인도네시아 자카르타에 '라뚜프라자'점을 오픈함으로써 인도네시아의 점포 수를 21개로 늘렸다. 또 베트남에서는 2015년 출점 6년 만에 호치민시에 10호점 '떤반점'을 오픈했다. 떤반점은 중소기업상품관 'K-Hit Plaza'도 함께 열어 우수중소기업체의 해외 판로 개척에 첨병 역할을 했다.

이와 함께 2016년 롯데마트는 현지화 전략의 일환으로 중국과 인도네시아의 법인장 5명을 모두 현지인으로 임명했다. 2015년 12월 중국 동북지역과 화중지역의 본부장을 현지인으로 임명한 데 이어 화동지역과 화북지역, 그리고 인도네시아의 법인장 등 모두 5명을 상무급 현지인으로 교체 임명했다. 그동안 현지인은 인사관리 등 특정 분야의 업무를 맡아 수행할 뿐 법인장은 관행적으로 국내에서 파견된 직원을 임명해 왔다. 그러나 현지인을 법인장으로 임명함으로써 현지인 직원들에게 더욱 강한 자부심을 심어줄 수 있게 되었다. 그뿐만 아니라 해당 지역의 시장 환경을 속속들이 파악하고 있는 현지 인맥을 전진배치함으로써 소비자 트렌드를 선도하고 상품구매선을 효율적으로 확보하는 등의 효과를 기대할 수 있게 되었다.

해외사업이 활발해지는 동안 국내에서는 GS리테일의 마트 14개 점을 인수하여 점포망을 크게 확대했다. 이에 따라 2011년 기준으로 롯데마트는 국내 90개, 해외 3국에 106개의 점포를 운영하는 거대한 체인을 형성했다. 또 2012년 6월에는 국내 최초로 도입한 회원제 할인점 '빅마켓 1호점(금천점)'을 오픈하여 유통망의 다변화를 꾀했다.

'빅마켓(Vic Market)은 Value In Customer의 첫 글자를 딴 이름으로 회원들에게 차별화된 가치와 더 큰 혜택을 제공하는 회원제 할인점을 말한다. 불특정 다수의 고객을 타깃으로 하는 대형마트와는 달리 연회비를 부담하는 유료 회원제로 운영된다는 점이 가장 큰 특징이다. 대형마트보다 저렴한 가격으로 판매하기 때문에 집기나 상품 진열도 물류창고와 같이 팔레트를 사용하고 박스 단위를 진열하는 등 상품 외의 비용을 최소화했다.

한편 2016년 5월 롯데마트는 970억 원의 사업비를 투입하여 경기도 고양시 고촌읍에 온라인 배송을 전담하는 첨단 롯데마트몰 전용 센터를 준공했다. 연면적 3만 870m²에 부지면적 1만 7,460m², 지상 5층 규모의 4세대 온라인 전용 물류센터를 가동함에 따라 롯데마트는 서울 서부지역의 당일배송체제를 구축하여 고객 편의를 증진할 수 있게 되었다.

PB(Private Brand) 상품 및 신개념 매장

롯데마트는 소비자 기호에 부응하고자 PB상품을 재정비하고 의류전문 MD(Merchandiser, 상품기획자)를 강화하는 한편 상품 변화를 추구했다. 2010년 1월에는 가격보다 품질로 승부하는 'Trust & Value' 제3세대 PB 시대를 선언하고 이듬해 '롯데라면'을 출시했다. 롯데라면은 상품기획에 각별한 공을 들인 PB상품이다.

2011년 롯데마트는 물가안정 및 동반성장에 기여한다는 뜻에서 저가의 기획상품인 '통큰'시리즈와 우수 중소기업상품인 '손큰'시리즈를 선보였다. 롯데마트는 통닭을 시작으로 넷북, 한우, 모니터, 등산배낭으로 이어져 온 '통큰'과 새로 나온 '손큰' 시리즈 제품을 매달 2~3개씩 선보여 30개까지 늘려 나갔다. 또 매출 비중이 늘고 있는 PB브랜드의 명칭을 보다 쉽게 전달하기 위해 브랜드명을 '와이즐렉'에서 '초이스엘(Choice - L)'로 변경했다. 25% 수준인 PB상품의 매출 비중을 30%로 끌어올리기 위한 마케팅 활동도 활발하게 전개되었다.

2015년에는 식생활 전반의 해결책을 제안하는 밀(Meal) 솔루션 브랜드 '요리하다'를 출시하여 소비자의 관심을 모았다. 밀 솔루션은 반조리 형태의 간편식 브랜드로 요리 재료, 조리 준비 등 식생활과 관련된 모든 문제를 해결한다는 뜻으로 '요리하다' 브랜드로 '아시아를 요리하다'라는 주제에 맞게 '왕만두' 등 21종을 선보였다. 롯데마트는 1인 가구와 맞벌이 부부가 증가함에 따라 간편가정식 시장의 규모가 2조 원에 이를 것으로 보고 2017년까지 1,500억 원 매출을 목표로 밀 솔루션 부문의 사업을 강화했다.

2016년 3월에는 기존 PB 의류의 정형화된 스타일에서 벗어나 자유롭게 세련된 감성을 담은 데일리룩 브랜드 '테(Te)'를 선보였다. 또 완구쇼핑몰 '토이저러스'에 어른들의 놀이터라고도 하는 '키덜트존(Kidult Zone)'도 오픈했다.

그해 3월에는 롯데마트 안에서 디자이너브랜드를 만날 수 있는 편집숍을 오픈했다. 편집숍이란 마트와 백화점에서는 거의 판매되지 않았던 인디 디자이너의 브랜드들이 입점한 상생매장을 말한다. 롯데마트는 안산점에 처음으로 편집매장 '어바니썸'을 개장하여 새로운 상생문화를 조성했다. 어바니썸은 의류부터 패션잡화, 식문화까지 한 곳에서 즐길 수 있는 '라이프스타일 놀이터'라는 콘셉트로 기획되었다.

이어 롯데마트는 2012년 8월 유통업계에서는 처음으로 '성과공유제 도입 기업인증'을 취득하여 중소협력업체와 성과를 나누는 상생기업으로 인정받았는데 어바니썸 역시 중소기업과의 동반성장 사례로 평가받았다.

마켓 999와 E-슈퍼 도입

2001년 첫 출점 이후 적극적인 출점과 M&A를 통해 업계 1위로 성장한 롯데슈퍼는 '신선한 상품 정다운 이웃'이라는 슬로건 아래 지역밀착형 슈퍼마켓을 지향하며 생활용품에서 농축산물에 이르는 다양한 상품을 합리적인 가격에 공급하고자 노력했다. 또 최신정보와 물류 시스템을 기반으로 도심형 소형점, 대중적 프리미엄 슈퍼마켓 등 타깃시장에 따라 프리미엄 푸드마켓, 온라인배송 전용몰, 롯데프레시 등 최신 트렌드에 맞춘 차별화된 판매망을 구축했다.

2009년 6월에는 '마켓999'라는 브랜드로 새로운 콘셉트의 '슈퍼마켓형 균일가 숍'을 론칭해 특히 여성 고객들로부터 큰 호응을 받았다. 마켓999 매장 진열대 구성은 일반 슈퍼마켓과 다를 바 없으나 대부분이 990원, 1,990원, 2,990원 등 세 가지 가격으로 구성되어 있다는 점에서 큰 차이가 있었다. 이전에도 생활용품 균일가 숍은 있었지만, 식품 위주로 구성된 균일가 숍은 마켓999가 처음이었다. 마켓999 1호점은 신촌에 처음 개설되었다.

이어서 인터넷 전용슈퍼인 'E-슈퍼'가 첫선을 보였다. E-슈퍼는 전국의 170여 개 점포망과 축적된 노하우를 바탕으로 당일주문, 당일배송 시스템을 구축해 서울 전역과 전국의 점포 인근 지역은 주문 후 3시간 내에 배송이 가능하도록 했다. 이후 롯데슈퍼는 3시간 이내 배송지역을 전국적으로 확대하고 신선식품 쇼핑몰 1위를 달성한다는 목표를 세우고 인터넷 슈퍼를 강조해 나갔다.

그뿐만 아니라 스마트 시대에 부응하여 2013년 3월에는 모바일앱을 출시하여 쇼핑의 편의를 향상시켰다. 롯데슈퍼 모바일앱은 유통업계 최초로 모바일 영수증을 구현한 것은 물론 주문 후 당일배송,

주문단계 간소화, 음성검색이 가능하도록 구성되었다. 특히 모바일이나 인터넷으로 주문한 영수증은 물론 오프라인 구매 영수증까지 앱에서 확인할 수 있도록 했다. 한편 2001년 1호점 출점 이후 지역밀착형 슈퍼로 성장한 롯데슈퍼는 2009년 들어 매출 1조 원을 달성하여 업계 1위 자리를 지켰다.

롯데 옴니채널(Omni Channel)과 롯데프레시 오픈

옴니채널은 라틴어의 '모든 것'을 뜻하는 옴니와 제품의 유통경로를 뜻하는 채널이 합성된 단어다. 2010년대 이후 유통산업계는 전통적인 장보기가 빠르게 온라인으로 대체되는 가운데 온라인 장보기는 배송 속도 경쟁으로 옮겨가는 양상을 보였다. 이에 롯데슈퍼는 2014년 12월 서울 서초구에 '롯데프레시센터'를 설치하고 신개념 옴니채널 서비스 중 하나인 '롯데프레시'를 오픈했다.

롯데프레시센터는 서초, 강남구의 롯데슈퍼 지점이 각자 해오던 온라인 서비스를 통합 처리하는 온라인전용 물류센터이다. 이곳에는 자체적으로 적정량의 재고를 보유해 주문이 들어오면 즉시 패킹, 출하, 배송이 이루어지도록 하여 배송시간을 단축했다. 롯데프레시는 공산품은 물론 친환경 야채, 생산자 인증의 한우, 간편 손질한 생선 등 온라인 매장과 동일한 종류의 각종 신선상품까지 4,200여 종의 상품을 취급했다. 따라서 서초, 강남구의 고객이 모바일과 인터넷으로 주문한 상품은 롯데프레시를 통해 배송되고 경우에 따라서는 가까운 롯데슈퍼 매장에서 교환, 반품도 할 수 있게 되었다.

롯데프레시는 롯데가 중점사업으로 추진하는 온라인과 오프라인을 융합한 옴니서비스 중 하나로 서초, 강남구에서 시범 운영 후 개선점을 보완해 서울과 경기, 인천 등 수도권에 이어 2017년 6월에는 지방 최초로 광주에 문을 여는 등 총 7개의 센터로 영역을 확대했다.

2016년 3월에는 국내 오프라인 업체 가운데 처음으로 스마트테크를 도입하여 주문속도 경쟁에서 앞서나갔다. 시기적으로 모바일 쇼핑 거래가 급증하여 사상 처음으로 오프라인 거래 규모를 앞서던 때였다. 모바일 쇼핑이 보편화 되자 롯데슈퍼는 모바일로 빠르게 쇼핑할 수 있는 온라인 주문 전용 스마트테크를 도입했다. 스마트테크를 이용하면 앱 구성과 상품검색 과정을 생략해 반복 구매 고객의 경우 장 보는 시간을 획기적으로 단축할 수 있다는 장점이 있다.

2016년 6월에는 '롯데프리미엄푸드마켓' 1호점을 서울 도곡동에 오픈해 프리미엄 시장에 전격 진출했다. 롯데프리미엄푸드마켓은 프리미엄급 상품과 함께 대중적인 상품도 판매하는 마켓이라는 특징도 지녔다. 취급상품 수는 총 7,000여 종에 달했다. 그중 30% 정도인 215개 품목은 오직 롯데프리미엄푸드마켓에서만 단독 판매하는 최상위 프리미엄 상품으로 구성하여 주목을 받았다. 같은 해 12월에는 2호점을 문정동에 오픈했다.

새 유통채널 롭스(Love Health & Beauty Store)

롯데슈퍼는 2013년 5월 신개념의 H&B(Health & Beauty) 전문 유통브랜드 '롭스(LOHB's)를 론칭하고 1호점인 홍대점을 론칭했다. 롭스는 'Love Health & Beauty Store'의 약자로 뷰티와 헬스제품을 한꺼번에 만날 수 있도록 설계된 새로운 형태의 유통채널이다. 편리하고 자유로운 셀프셀렉션 쇼핑이 가능하고 스마트한 소비자를 위해 합리적인 편집 존을 운영한다는 점이 특징이다. 또 화장품인 뷰티

제품만이 아니라 헬스, 비타민, 피트니스, 트래블, 호신용품 등 더욱 확장된 카테고리로 원스톱 쇼핑을 할 수 있다는 점도 장점으로 가지고 있다.

롭스의 사업 규모가 확대되자 롯데슈퍼는 2015년 6월 롭스를 별도의 독립적인 사업본부로 발족시켰다. 시장 상황의 변화에 유연하게 대응하면서 고객의 니즈(요구)에 신속하게 대응할 수 있도록 사업 운영의 효율성을 높이기 위해서였다.

독립사업부로 출범한 '롭스'는 빠른 속도로 점포를 확장하기 시작했다. 그 결과 출점 2년 만에 50호 점을 돌파하고 2017년에는 100호 점 개점을 목표로 하는 괄목할 만한 성장세를 보여 주었다. 그뿐만 아니라 후발주자임에도 불구하고 혁신적인 제품과 마케팅 기법으로 업계의 트렌드를 선도해 조기에 브랜드를 안착시키는 성과를 창출해냈다. 매출도 2015년 476억 원에서 2016년 약 1,000억 원으로 급신장했다.

34

롯데 CA(Cable)TV 개국과 쇼핑채널 구축

롯데그룹은 1995년 다매체, 다채널 시대를 여는 CATV시스템이 도입되는 것과 발맞춰 롯데홈쇼핑 TV를 구축했다. 롯데 CATV는 일반 뉴스나 엔터테인먼트 장르와는 달리 홈쇼핑만을 다룬다. 롯데의 유통망이 발 빠르게 적응한 것이다.

롯데홈쇼핑은 출범 이후 방송상품의 품목을 다양화하고 백화점과 연계한 마케팅을 전개했다. 또 매체확대를 통한 가격경쟁력 제고, 마케팅 서비스 강화 등 차별화된 전략을 추진하여 TV홈쇼핑에 대한 소비자들의 인식을 새롭게 하여 TV홈쇼핑 시장의 선두주자가 되었다.

2010년 4월 5일에는 양평동 신사옥 준공에 맞추어 롯데홈쇼핑 HD방송센터 개국식을 갖고 새로운 환경에서 한층 업그레이드된 방송을 실시했다. 대형스튜디오 등 5개의 스튜디오 시설을 갖춘 것은 물론 HD방송을 위한 최신 방송 장비와 시설을 완비하여 업계 최초로 풀(Full) HD방송 송출을 시작한 것은 롯데홈쇼핑의 진취성을 보여주는 것이었다. 이에 따라 쇼호스트가 상품 내부를 생생하게 보여주면서 보다 정확한 상품 정보를 보여줄 수 있게 되었고 자동차와 같은 대형상품의 소개도 가능해져 고급화된 소비자들의 입맛에 부응할 수 있게 되었다. 풀 HD방송을 계기로 명품 방송을 확대해 프리미엄 상품의 비중도 높였다.

2013년 10월에는 '스마트컨택센터(콜센터)'를 오픈하여 스마트한 상담서비스로 고객의 환영을 받았다. 스마트컨택센터는 고객 접점의 최일선에 서서 소비자에게 다양한 정책과 편의성을 제공하는 서비스로 롯데홈쇼핑의 고객만족서비스를 한 단계 진화시켰다.

1년 뒤인 2014년 3월에는 방송전용 앱(App) '바로TV'를 오픈하여 새로운 서비스를 시작했다. '바로TV'는 롯데홈쇼핑, TV홈쇼핑 고객을 위한 모바일 전용 앱으로 방송 중 고객에게 빠르고 간편한 주문 경험과 다양한 구매력을 주는 새로운 모바일 서비스다. 또 2015년 3월에는 독립형 데이터 홈서비스인 '롯데 One TV'도 업계 최초로 오픈하여 매체 구성을 다양화했다.

롯데홈쇼핑은 2015년 3월 부산 창조경제혁신센터에 부산, 경남지역 중소기업들의 동반성장을 지원하기 위한 '스마트스튜디오'를 열고 지역 중소상공인들에게 온·오프라인 콘텐츠 제작, 유통전문상품 기획컨설팅 등을 지원했다. 또 TV홈쇼핑 제품과 서비스를 체험하고 현장에서 직접 구매도 가능한 '롯데홈쇼핑 스튜디오샵'을 운영 중이다. 롯데홈쇼핑 스튜디오샵은 온·오프라인 및 모바일 간 경계를 허물고 고객이 원하는 곳 어디에서나 구입할 수 있도록 하는 옴니채널 서비스의 일환이다.

2016년 4월 이천, 파주점을 시작으로 2017년 3월 서울역점, 2017년 4월 김해점을 연이어 오픈했으며 월평균 4만 명 이상의 고객이 방문하고 있다. 또한, 롯데홈쇼핑은 서울 장지, 경기도 군포, 이천 등 3곳에서 규모 4만 3,000㎡의 콜센터를 운영 중이다. 특히 3만 5,000㎡의 군포물류센터는 월 120만 건의 상품을 입출고하며 배송 만족도 향상을 도모하고 있다. 또한 물류정보관리시스템 설비 자동화로 최적의 물류 서비스를 제공하고 있으며 반품검사 강화를 통해 반품 상세 사유를 확인하고 품질 개선에 반영하고 있다.

롯데홈쇼핑 해외 진출

롯데홈쇼핑은 개국 10년 만인 2011년 회원 수 1,600만 명을 돌파했다. 이를 기념하여 롯데홈쇼핑은 고객사은대잔치를 열고 고객중심 경영을 적극 실천할 것을 다짐했다. 또한, 지속 성장 기반 구축을 위한 전략의 하나로 지상파 방송의 디지털 전환에 대응해 T커머스, 옴니 채널, TV와 연계한 인터넷 쇼핑몰 등 다양한 유통채널 구축에도 박차를 가했다.

이와 병행하여 롯데홈쇼핑은 해외 진출에도 걸음마를 내디뎠다. 롯데홈쇼핑의 해외 진출은 현지업체를 인수합병하는 방식으로 추진되었다. 먼저 롯데홈쇼핑은 2004년 대만(臺灣, 타이베이) 최대 금융지주회사인 '푸방(富邦)그룹'과 함께 '모모닷컴'을 설립한 후 2005년 1월 '모모홈쇼핑'이라는 채널명으로 국내 유통업체 최초로 대만에 진출했다. 모모홈쇼핑은 방송 전파를 내보낸 지 2년 만에 흑자 전환에 성공했고 이어 2008년 이후 대만 내 TV홈쇼핑 1위를 유지하고 있다. 국내 홈쇼핑의 해외 진출 사례 중 가장 성공적이라는 평가를 받았다.

2014년에는 대만 증권거래소에 상장되어 기업가치가 급상승했으며 2016년에는 연 매출 1조 원을 돌파했다. 앞서 2010년 7월에는 중국시장 진출을 위해 롯데쇼핑 등과 공동출자하여 중국 홈쇼핑업체 '럭키파이(Lucky Pai)'의 지분 63.2%를 1억 3,000만 달러에 인수했다. 2012년에는 합작투자 방식으로 베트남 시장에도 진출했다.

베트남에서는 대형 미디어그룹인 '닷비엣'과 합작하여 '롯데닷비엣(Lotte Datviet)'을 설립하고 그해 2월 10일부터 하노이, 호치민 등 인근 지역 150만 시청 가구를 대상으로 방송을 시작했다. 롯데홈쇼핑은 베트남 진출을 위해 1년 전부터 직원을 현지에 파견해 시장조사, 방송기획 등 사전준비를 진행했다.

한편, 2014년 9월 롯데홈쇼핑은 기업이미지 제고를 위해서 새로운 브랜드 아이덴티티(BI)를 제정했다. 동시에 정직함과 전문성을 바탕으로 고객에게 최고의 서비스를 제공한다는 의미를 담아 새로운 브랜드 슬로건 'So Smart, So You'도 제정했다. 새 BI와 슬로건 제정을 계기로 롯데홈쇼핑은 고객중심 경영을 실현하여 아시아 1위 홈쇼핑 채널로 도약할 것을 다짐했다. 그리고 이러한 목표를 달성하기 위한 노력의 일환으로 새로운 조직문화 조성을 추구하는 '리스타트 2014' 캠페인을 전개했다. 특히 2월 7일에는 임직원이 만든 5개 항의 '윤리헌장'을 공표하고 이어 10월에는 '경영투명위원회'와 '청년옴부즈만'을 출범시키는 등 공정하고 투명한 문화를 정착시키기 위해 각별한 노력을 기울였다.

롯데홈쇼핑은 매월 하루를 '천사데이'로 정하고 당일 주문 건당 1,004원을 적립, 소외계층에 기부하는 나눔릴레이를 진행했다. 또한, 2013년 시작된 전국 문화 소외지역 친환경 학습공간 구축사업 '작은 도서관'은 롯데홈쇼핑의 대표적인 사회공헌활동으로 자리 잡았다. 특히 2017년 2월 제주도에 50호점을 완공하여 약 4년 만에 전국 모든 지역에 작은 도서관을 개관했다. 같은 해 3월에는 네팔 푸룸부에 '롯데홈쇼핑 & 엄홍길 푸룸부 휴먼스쿨'을 준공하는 등 해외에서도 나눔릴레이를 이어갔다.

35

코리아세븐 시장 선도

국내 편의점 시장은 2010년대에 접어들며 업체 간 경쟁이 더욱 치열해졌다. 2016년에는 국내 편의점이 3만 개를 돌파하는 수준까지 이르렀다. 그야말로 편의점 춘추전국 시대였다. 이 시기 코리아세븐(Korea Seven)은 편의점 세븐일레븐(7-ELEVEN)의 점포 수 확장을 추진하는 동시에 나아가야 할 방향을 '컨비니언스 푸드스토어(CFC, Convenience Food Store)에 이어 '프레쉬푸드스토어(FFS, Fresh Food Store)'로 정의하고 편의점의 질적 변화를 도모했다.

먼저 2010년 1월 코리아세븐은 '바이더웨이'의 최대주주인 미국계 사모펀드와 2,740억 원에 주식양수도계약을 체결하고 바이더웨이 점포 1,501개를 일괄 인수했다. 이로써 코리아세븐은 총 3,721개의 점포를 운영하는 편의점 업계 선두기업으로서의 든든한 기반을 갖추게 되었다.

이와 함께 코리아세븐은 매년 큰 폭의 증가세를 나타내는 편의점 도시락 상품의 비중을 확대했다. 단순한 비중 확대가 아니라 2013년 11월 롯데푸드의 지원을 받아 국내 최초로 '압력밥솥' 원리를 적용한 도시락 생산설비를 도입하고 도시락 담당 기획자(MD)에게 '밥

소믈리에' 자격을 취득하도록 하는 등 급증하는 도시락 수요에 품질 좋은 상품으로 대응할 수 있도록 준비했다.

  이러한 준비를 바탕으로 2014년 11월 세계 최초로 도시락카페 편의점 'KT 강남점'을 오픈했다. 도시락카페 1호점은 1층은 편의점, 2층은 식사 테이블과 미팅룸 등의 편의공간으로 배치하여 1, 2층 합친 면적이 기존의 편의점보다 4배 이상 큰 초대형 점포로 구성했다. 그 결과 도시락카페는 오픈 3일 만에 2,000명의 고객이 다녀갈 만큼 인기를 끌었다. 2015년 3월에는 걸스데이 혜리를 모델로 가성비를 극대화한 '혜리도시락' 브랜드를 선보이며 다양한 상품과 높은 품질로 고객들의 사랑을 받았다. 코리아세븐은 2015년 1월 고품질 원두커피 브랜드 '세븐카페(Seven Cafe)도 론칭했다. 세븐카페 판매점은 2016년 2월 4,200개 점을 돌파할 만큼 큰 인기를 끌었다. 세븐일레븐 전체 판매량 순위에서도 1위를 기록할 정도였다. 세븐카페가 이처럼 인기를 얻은 비결은 거품을 뺀 저렴한 가격과 높은 품질인 것으로 분석되었다. 세븐카페의 성공은 국내 원두커피 시장의 판로를 변화시켰고 경쟁업체들이 앞다투어 커피시장에 뛰어드는 계기가 되었다.

  한편 코리아세븐은 2015년 7월에는 서울 명동에 ICT(정보통신기술)를 바탕으로 가상현실을 즐길 수 있는 스마트편의점 '중국대사관점'을 오픈했다. 스마트편의점은 2층에 6개의 스마트 테이블을 둔 스마트 공간으로 배치하여 식사공간을 디지털 세상으로 변모시켰다는 평가를 받았다.

  2016년 11월에는 카페를 콘셉트로 한 '남대문카페'를 오픈하는 등 프레쉬푸드스토어 컨셉의 차별화된 점포를 지속적으로 선보였다. 2017년 5월에는 세계 최초로 '핸드페이'를 활용해 운영되는 무인스토어편의점 '세븐일레븐시그니처'를 론칭했다. 핸드페이는 롯데카드가 개발한 바이오페이 솔루션으로 손바닥 정맥인증 정보를 이용한 보안결제 시스템을 활용하는 첨단 기술이었다. 롯데월드타워에 입점한 세븐일레븐시그니처는 'No card, No cash, No Phone' 매장으로 입장에서 결제까지 손바닥만으로 모든 것이 가능하도록 했다.

이외에도 코리아세븐은 'PB요구르트젤리, 우유빙수설, PB동원참치라면' 등 창의적인 아이디어가 돋보이는 메가히트 상품들을 여럿 탄생시키며 고객들에게 새로운 가치를 제공했다.

2016년 7월에는 롯데닷컴, 엘롯데 등 롯데 온라인 몰과 제휴하여 '스마트픽 서비스'를 시작했다. '스마트픽 서비스'는 고객들에게 접근성이 좋은 편의점의 장점을 살린 특화된 서비스로 롯데의 옴니채널 활성화에 큰 역할을 수행하게 되었다.

가맹점주, 협력사와의 동반 성장

코리아세븐은 가맹점과의 동반성장을 사회공헌활동의 주요 과제로 설정하고 이를 효과적으로 추진할 수 있도록 2011년 11월 동반성장 웹사이트를 개설했다. 동시에 협력사의 다양한 의견을 폭넓게 수렴하면서 동반성장 자금 지원, 협력사 임직원 교육, 협력사와의 소통 공간 마련 등 다양한 프로그램을 가동시켰다. 2013년 5월에는 가맹점주 가족들을 위한 다양한 제도와 복지혜택을 담은 '가맹점 상생 프로그램'을 마련했다. 특히 '경영주 자녀 채용 우대' 제도를 시행하고 경영주 자녀 학자금 무이자대출(대학생), 경영주 자녀행복 충전캠프를 운영하는 등 가맹점주들이 본사와 함께 성장한다는 소속감을 갖도록 했다.

한편 코리아세븐은 중소협력업체들의 판로 확대를 지원하고 신제품 공동개발을 통한 성공 공유에도 적극적으로 나섰다. 이러한 노력의 일환으로 먼저 2012년 대표이사를 위원장으로 하는 동반성장추진위원회를 구성했다. 2014년 12월에는 중소협력업체들과 동반성장협약식을 갖고 롯데마트, 롯데슈퍼 등 롯데의 유통사들과 연계한 국내시장에서의 판로 확대와 해외 진출을 적극 지원했다. 또 협력업체들이 자금압박에서 벗어나 안정적으로 경영을 해나갈 수 있도록 300억 원 규모의 동반성장펀드를 추가로 조성하고 상품대금 현금 지급, 지급기일 단축, 경영컨설팅 및 설비지원 등의 지원 프로그램도 확대했다.

전자유통기업 롯데하이마트

롯데그룹은 2012년 7월 국내 1위의 전자유통전문기업 '하이마트'의 주식 65.2%를 1조 2,480억 원에 인수했다. 이로써 롯데는 전국 314개 매장에서 3조 4,105억 원의 매출을 올린 하이마트의 최대주주가 되었다. 전자유통시장에 진출한 것이다.

하이마트는 2012년 11월 상호를 '롯데하이마트'로 변경했다. 이를 통해 롯데는 기존 가전사업 부문과의 시너지를 강화하면서 다양한 제품과 우수한 서비스로 국내 가전시장을 주도할 수 있는 발판을 마련했다. 또 롯데하이마트는 기존의 자체 매장뿐 아니라 롯데가 보유하고 있는 백화점, 대형마트, 슈퍼마켓, 홈쇼핑과 같은 다양한 유통판로를 활용하여 매출을 늘리는 한편 해외시장으로의 동반 진출도 모색하는 등 시너지 효과를 극대화할 수 있게 되었다.

롯데의 유통 가족으로 합류한 롯데하이마트는 2014년 10월 롯데월드타워에 국내 최대규모의 전자제품 전문매장 '하이마트 월드타워점'을 오픈했다. 매장 면적 4,290㎡ 규모의 하이마트 월드타워점은 국내 최대의 프리미엄 가전 매장으로 쾌적한 쇼핑환경을 갖추었다. 또 업계 최대규모의 가정용 사물인터넷(홈IoT) 체험존을 개장하여 체험형 매장의 면모도 갖추었다. 홈 IoT는 집 밖에서 스마트폰으로 가전제품을 작동하는 원격제어서비스로 체험존에서는 홈케어 제품과 헬스케어 등 다양한 제품들을 체험해 볼 수 있게 했다.

그뿐만 아니라 온라인 주문 후 인근 매장에서 상품을 받는 '스마트 픽 서비스'도 시범 운영을 거쳐 2015년 4월 전국 3,438개 매장에서 동시에 시작되었다. 2016년 4월에는 하이마트 대치점을 체험형 프리미엄 전문관으로 리뉴얼하여 새롭게 오픈했다. 대치점은 프리미엄 오디오, 게임기 등을 상시 체험할 수 있는 신개념 매장으로 새 단장 하였는데 1층에는 기존 매장에는 없는 '키덜트존'을 신설하여 관심을 모았다. 그 밖에도 드론 브랜드관, 프리미엄 오디오 상품관을 배치했고 주부들에게 인기 있는 해외의 프리미엄 주방용품 브랜드도 다수 입점시켰다. 또 미래시장의 유력 상품을 선점하고 친환경 기업 이미지를 구축하기 위해 2015년에는 태양광발전기, 2016년에는 전기자동차(제주점)까지 판매하기 시작했다.

롯데 편입 후 롯데하이마트는 기존 매장을 대대적으로 리뉴얼하고 새로운 매장으로 속속 오픈하여 전국의 주요 상권에 460여 개의 매장을 운영하는 대한민국 최대의 전자제품 유통매장으로 자리 잡았다. 매장 면적도 1,000 ~ 4,500㎡의 규모를 확보함으로써 기존의 가전제품 매장보다도 훨씬 넓은 공간에서 다양한 제품을 편리하게 쇼핑할 수 있도록 했다.

또 전국적으로 11개의 물류센터와 서비스센터 자체 터미널을 그물망처럼 연결하여 서비스와 물류 효율성도 확보했다. 모든 매장과 물류센터, 서비스센터를 직영체제로 운영한다는 점도 롯데하이마트의 중요한 경쟁력 가운데 하나다.

롯데하이마트는 2016년 기준 시장점유율 47%로 가전 전문점 업계 내 독보적인 1위를 수성하고 있다. 또 회원 수도 2016년 1,800만 명을 돌파했다. 이어 롯데하이마트는 고객의 사랑과 성원에 보답하고 사회적 책임을 다하는 의미에서 전국 560여 조손(祖孫) 가정과 결연을 맺고 후원하는 '행복 3대 캠페인'을 10년 넘게 전개하는 등 소외계층을 대상으로 한 사회공헌활동을 대폭 강화했다.

롯데닷컴 '롭스(LOHB's) 매장 개설

신동빈 회장은 인터넷쇼핑몰 '롯데닷컴'의 초대 대표이사직을 맡았다. 신 회장은 인터넷쇼핑 사업의 중요성과 발전 전망을 유망하게 본 것이다. 롯데닷컴은 2000년 5억 원 대에 불과하던 매출이 불과 2년 만인 2002년에는 그보다 700배 늘어난 3,500억 원대로 급성장했다. 롯데닷컴은 인터넷쇼핑 시장의 선두기업이 되었다.

그러나 인터넷쇼핑 업계에도 오픈마켓 중개사업자를 통한 저가상품 중심의 새로운 시장이 형성되면서 롯데닷컴의 성장률이 점차 둔화되는 양상이 보이기 시작했다. 인터넷쇼핑이 활발해지고 시장의 규모가 커지면서 다양한 형태의 사업모델이 등장하기 시작했고 이러한 변화는 롯데닷컴에 적지 않은 위험요인으로 작용했다.

롯데닷컴은 2010년 앞으로 전개될 인터넷쇼핑 시장의 변화를 예측하고 온라인에서 결제하고 매장에서 수령하는 온·오프라인 연계 방식의 스마트픽 서비스를 론칭했다. 이듬해에는 휴대폰 인증만으로 결제가 가능한 '스마트페이' 서비스를 시작하여 더욱 편리하게 온라인 쇼핑을 즐길 수 있도록 했다.

2012년 기존 온라인몰과 차별화한 프리미엄 온라인쇼핑몰 '엘롯데'를 오픈한 데 이어 백화점 상품, 통합판매시스템을 구축하여 홈쇼핑관, 카메라렌탈숍 등을 오픈했다. 2014년에는 해외배송 사업을 위한 '글로벌 롯데닷컴'을 신설해 1년 만에 28개국으로 배송이 가능한 글로벌 배송체계를 구축하고 2015년에는 중국인 전용 모바일몰인 '차이나롯데닷컴'을 비롯해 '티몰글로벌롯데마트', '케이샵'을 잇달아 오픈하여 고객의 니즈와 여건에 따라 원하는 쇼핑을 할 수 있도록 온라인쇼핑몰을 다변화했다.

이와 함께 스마트픽을 '스마트픽 2.0'으로 업그레이드하여 론칭하면서 옴니채널 전략화에도 속도를 높였다. 롯데백화점, 세븐일레븐, 롯데하이마트 등 롯데의 유통사들과 연계한 유통 네트워크를 기반으로 온·오프라인 연계서비스를 본격화한 것이다. 그 결과 2016년 9월까지 스마트픽 상품군의 매출은 전년 대비 2.8배 증가했고 스마트픽 주문건수도 월평균 6.1% 증가하는 성과를 낳았다.

2016년 롯데닷컴은 스마트픽 서비스를 활용할 수 있는 롯데백화점을 전국 34개 점으로 확대했다. 또 롯데닷컴 사이트에 스마트픽 이용 가능 점포를 찾을 수 있는 '직접 찾는 스마트픽' 검색서비스 메뉴를 추가하고 온라인몰 최초로 헬스앤뷰티(Health & Beauty) 스토어 '롭스(LOHB's) 매장을 단독으로 오픈했다. 쇼핑 정보를 기반으로 한 '지능형 음성검색 서비스'도 새롭게 선보였다.

유통서비스의 혁신 옴니(Omni)채널

롯데는 글로벌유통업체들의 국내시장 진입에 대비하고 국내 유통

시장 리더로서의 입지를 강화한다는 전략에 따라 다양한 온·오프라인 채널과 ICT(정보통신기술)를 바탕으로 옴니채널을 구축했다. 옴니채널은 여러 채널들이 융합하여 하나의 플랫폼이 된 형태로, 온라인과 오프라인 채널들의 이점을 융합해 고객들에게 최선의 쇼핑서비스를 제공하기 위한 것이다.

신동빈 회장은 옴니채널을 미래 유통망 서비스의 결정판으로 보고 직접 '옴니채널 추진위원회'를 구성하는 등 강력한 추진 의지를 보였다. 특히 2014년 9월 19개 관련 롯데 가족사 대표이사들이 참석한 가운데 열린 옴니채널 추진위원회에서 신동빈 회장은 '롯데는 온·오프라인을 아우르는 유통채널을 갖추고 있어 옴니채널의 시장변화 움직임에 대응하기 좋은 조건을 가지고 있다'며 '옴니채널이 지속 성장을 좌우하는 중요한 과제이므로 철저한 준비를 해나가야 한다'고 강조했다.

롯데가 추구하고 있는 옴니채널 전략은 온라인, 오프라인, 모바일 등 소비자를 둘러싸고 있는 모든 쇼핑 채널들을 유기적으로 연결하여 고객이 마치 하나의 매장을 이용하는 것처럼 느낄 수 있도록 매장의 쇼핑 환경과 사용자의 경험을 융합한 유통서비스를 제공하는 것이다.

이를 위해 롯데는 정책본부와 롯데 미래전략센터 주관으로 옴니채널 추진계획을 면밀하게 짜나갔다. 관련 롯데 가족사 사장단은 워크숍을 통해 빅데이터활용, IT 기반 마케팅과 세일즈, 고객경험 업그레이드 등의 옴니채널 3대 전략을 수립했다. 그리고 롯데백화점이 운영 중인 픽업데스크와 위치기반 마케팅을 비롯하여 온·오프라인에 걸친 롯데통합회원제 전환, 옴니채널 진행에 중심역할을 할 롯데이노베이션랩 구축, 온라인 배송센터 구축, 모바일 결제기반 구축 등 9개의 세부 실행 과제도 추진했다.

옴니채널 구축과 새로운 쇼핑서비스

신동빈 그룹 회장은 2015년 1월 "옴니채널을 성공시킨다면 아마존 같은 글로벌 유통기업에도 지지 않는 충분한 경쟁력을 갖출 수 있을 것이다."라고 견해를 밝혔다. 아주 날카로운 시각이었다.

롯데는 옴니채널을 미래 유통사업의 주요 과제로 설정하고 이를 구축하는 데 투자를 집중했다. 롯데그룹은 2015년 2월 롯데 미래전략센터 내에 옴니채널연구실 '롯데이노베이션랩'을 설치했다. 동시에 롯데의 모든 유통망과 쇼핑채널 등을 유기적으로 연결하는 서비스 개발에 본격 착수했다.

앞서 이해 1월에는 롯데카드와 멤버십서비스 사업부 '롯데멤버스'를 별도 법인으로 독립시키고 새로운 통합포인트 제도인 '엘포인트(Lpoint)'를 론칭했다. 이에 보조를 맞춰 롯데의 주요 유통사들이 먼저 옴니버스 서비스를 속속 선보였다. 롯데백화점과 롯데닷컴은 2014년 11월 국내 최초 '롯데 온라인픽업서비스 전용데스크'를 설치해 운영하기 시작했다. 온라인(롯데닷컴)으로 구매한 상품을 가까운 롯데 라인 매장(롯데백화점)에서 수령하는 '스마트픽 서비스'의 시작이었다. 우리나라에서 이처럼 서로 다른 유통채널을 연계해 온·오프라인 픽업서비스를 선보인 것은 롯데의 스마트픽이 처음이었다.

스마트픽 서비스는 이후 롯데의 다른 온라인 몰을 비롯해 롯데홈쇼핑과 롯데마트, 하이마트, 세븐일레븐, 롯데렌터카 등 롯데의 전 유통서비스 가족사로 확대를 거듭하여 롯데가 새로운 유통 환경을 재편하고 리드해 나가는 데 기여했다. 스마트픽 서비스의 확대와 더불어 롯데는 포인트 적립 서비스 '엘포인트'와 간편결제시스템 '엘페이'를 연결하여 보다 쉽고 편리한 옴니채널 이용 방안을 마련했다. 또 위치기반 맞춤형 혜택 서비스 플랫폼인 '엘팟'도 론칭했다. 엘팟은 고객이 방문한 매장의 할인 및 포인트 적립 등 혜택 정보를 고객의 휴대전화 앱을 통해 제공하는 서비스로 근거리 통신기술인 가상 비콘(Beacon)을 활용한 새로운 쇼핑서비스다.

이처럼 유통을 바라보는 앞선 생각과 적극적인 사업 추진을 통해 옴니버스의 명사가 된 롯데는 온라인, 오프라인, 모바일이 모두 하나의 세상인 것처럼 연결된 환경을 만들었다. 이에 따라 스마트픽으로 편리하게, 엘페이로 간편하게, 엘팟으로 손쉽게, 그리고 엘포인트로 더 많은 혜택을 누리는 롯데의 옴니세상이 완성됐다.

롯데는 4차산업혁명을 대비한 유통서비스 개발에도 박차를 가했다. 롯데 유통사의 대표 격인 롯데백화점은 2016년 3월 SK텔레콤과 ICT 기반 스마트백화점 구축을 위한 양해각서를 체결했다. 이에 따라 ICT 솔루션이 매장에 적용되기 시작했다.

그리고 같은 해 10월 마음에 드는 상품의 바코드만 찍어 계산하면 집으로 배송해 주는 '스마트쇼퍼(Smart Shopper)' 서비스가 도입되었다. 스마트쇼퍼 서비스는 쇼핑할 때 카트나 바구니가 필요 없는 스마트 쇼핑의 시작으로 주목받았다. 이 밖에 옷을 입어보지 않고도 스크린을 통해 옷을 가상 피팅해 볼 수 있는 '3D 피팅 서비스'와 발 크기를 측정해 신발을 추천해주는 '3D 풋스캐너 서비스', 쇼핑 정보를 한눈에 알아볼 수 있는 쇼핑 태블릿 '스마트테이블 서비스' 등 다양한 사물인터넷(IoT) 기반 쇼핑서비스를 선보이며 미래 경쟁력을 확보해 나갔다.

36

롯데호텔 체인(Chain)화

　롯데호텔은 2009년 창립 30주년을 맞아 국내외로 확대 전략을 적극적으로 추진하여 세계적인 체인호텔로 발돋움했다. 그 일환으로 비즈니스호텔, 라이프스타일호텔 등 새로운 콘셉트의 호텔을 선보이고 호텔박물관과 호텔갤러리를 개관하는 등 부대시설도 확충했다.

　먼저 새로운 호텔브랜드 '롯데시티호텔'을 선보였다. 롯데시티호텔은 비즈니스 고객과 레저여행객 모두에게 최상의 만족을 줄 수 있는 객실 특화형 프리미엄 비즈니스호텔로 2009년 4월 서울 공덕동에 '롯데시티호텔 마포'를 개관하여 첫선을 보였다. 롯데시티호텔 마포는 5호선, 6호선, 공항철도, 경의중앙선 등 4개 전철의 환승역인 공덕역과 연결되어 있어 최적의 입지를 갖췄다는 점에서 주목을 받았다. 이를 시작으로 2011년 12월에는 '롯데시티호텔 김포공항'이, 2014년에는 '롯데시티호텔 제주'와 '롯데시티호텔 대전', '롯데시티호텔 구로', 2015년에는 '롯데시티호텔 울산'이 연이어 문을 열었다. 이에 따라 제주의 경우 롯데시티호텔 제주와 기존의 롯데호텔 제주를 연결하는 시너지를 기대할 수 있게 되었다. 500여 개의 객실을 갖춘 롯데호텔제주는 남아프리카풍의 리조트호텔로 명성을 높이고 있었는데 2016년 제주도 관광협회가 관내 호텔업체를 대상으로 실시한 등급 평가에서 '제주도 최초의 5성급 호텔'로 선정되기도 했다.

롯데호텔은 또 2016년 1월 서울 중심에 최고의 업스케일 호텔인 '롯데시티호텔 명동'과 라이프스타일 호텔인 'L7 명동'을 오픈했다. 비즈니스와 관광, 쇼핑의 명소인 명동에 두 호텔이 연달아 문을 연 것이다.

롯데호텔의 국내 7번째 호텔인 '롯데시티호텔 명동'은 지상 27층에 객실 430실의 규모를 갖추었는데 명동, 인사동, 삼청동, 동대문 등 서울 시내 주요 관광, 쇼핑 지역을 도보로 이동할 수 있어 관광객들은 물론 비즈니스 출장객들의 환영을 받았다.

서울 중구 퇴계로에 라이프스타일 호텔로 오픈한 'L7 명동'은 세련된 시설과 정감 어린 서비스를 만끽할 수 있는 호텔로 설계되었다. 라이프스타일 호텔이란 고객에게 일방적으로 서비스와 시설을 제공하는 데 그치는 것이 아니라 고객과 함께 경험하고 만들어가는 신개념의 호텔을 말한다. 롯데시티호텔의 주 고객이 합리적인 가격과 편리함을 중요시하는 비즈니스 손님이라면 라이프스타일 호텔 'L7 명동'은 감각적이고 개성있는 라이프스타일을 즐기는 20~40대의 여성 고객을 타깃으로 했다. L7 명동은 지상 21층에 객실 245실을 갖추었다.

러시아 모스크바에 해외 첫 체인호텔

롯데호텔은 2010년 9월 러시아에 해외지역의 첫 체인호텔 '롯데호텔 모스크바'를 오픈했다. 아시아 체인호텔 중에서 러시아 입성은 롯데가 처음이었다. 롯데호텔 모스크바는 7,117m^2 대지에 지상 10층, 지하 4층 규모로 총 304개의 객실과 부대시설을 갖춘 럭셔리 비즈니스호텔로 영업을 시작했다. 호텔 입지도 붉은광장, 크렘린궁전 등 유명 관광지와 세계 각국의 대사관, 다국적 기업이 밀집한 노브이아르바트(Noivy Arbat) 거리에 위치해 있어 성장 가능성이 매우 높은 지역이었다.

롯데호텔 모스크바는 개관 초부터 최고 품질의 서비스를 추구하여 2012년부터 2014년까지 3년 연속으로 여행전문지 '콘데나스트 트래블러(Condenast Traveller)가 선정한 러시아 베스트 호텔 1위에 이름을 올렸다. 이 상은 여행업계의 노벨상이라고 불릴 만큼 권위 있는 상이다. 롯데호텔 모스크바는 한국 특유의 따뜻한 정감이 묻어나는 차별화된 서비스를 펼쳐 높은 평가를 받았다. 또 한국 내에서는 국가브랜드 인지도 제고에 이바지한 공로로 금탑산업훈장을 수상하기도 했다.

베트남, 우즈벡, 미국시장 진출

러시아에서 글로벌 호텔 체인으로서의 성공적인 첫걸음을 내디딘 롯데호텔은 2013년 베트남 호치민, 2014년 베트남 하노이와 미국 괌 등 해외에 차례로 호텔을 오픈했다. 이로써 세계적인 체인호텔 브랜드로 한걸음 더 발전하였다.

롯데호텔은 2003년 베트남 호치민시의 5성급 레전드호텔을 인수하여 베트남에 진출했다. 2001년 개관한 레전드호텔은 지상 17층, 283실 규모의 호치민시를 대표하는 랜드마크호텔로 각종 국제행사와 국민 의전에도 활용된 유서 깊은 호텔이었다. 롯데호텔은 이 호텔의 이름을 '롯데레전드호텔 사이공'으로 바꿔 그해 3월 오픈했다. 롯데호텔이 직영하는 해외 5성급 특1급 호텔로는 롯데호텔 모스크바에 이어 두 번째 호텔이었다.

2014년 9월에는 베트남 수도 하노이에 5성급 호텔 '롯데호텔 하노이'를 개관했다. 최첨단 복합빌딩으로 건설된 롯데센터 하노이에 들어선 롯데호텔 하노이는 지상 272m, 최상층 65층에는 하노이 시내를 조망할 수 있는 루프탑바 '탑오브하노이(Top of Hanoi)'가 마련되어 하노이의 새 관광명소로도 주목받았다.

이에 앞서 롯데호텔은 2013년 10월 우즈베키스탄의 수도 타슈켄트에 프리미엄 비즈니스호텔인 '롯데시티호텔 타슈켄트팰리스'를 오픈했다. 롯데시티호텔 타슈켄트팰리스는 롯데호텔이 위탁경영 방식으로 해외에 진출한 첫 번째 체인호텔이었다. 이 시기 롯데호텔은 미얀마 양곤에도 2017년 9월 개관을 목표로 신규 호텔 건설을 시작했다.

한편 롯데호텔은 미국에도 진출하여 세계적인 체인호텔의 명성을 쌓아나갔다. 관광지로 유명한 괌의 대표적인 리조트 중 하나인 '올라리조트앤스파'를 임대하여 2014년 6월 '롯데호텔 괌'을 오픈한 데 이어 뉴욕 맨해튼의 특급호텔 '더뉴욕팰리스(The New York Palace)'를 인수하여 2015년 8월 '롯데뉴욕팰리스'라는 이름으로 리브랜딩 오픈했다. 롯데호텔은 롯데뉴욕팰리스를 개관함으로써 뉴욕 맨해튼 중심가에 자체 브랜드 호텔을 보유하는 국내 최초의 기업이 되었다.

세계 2번째 초고층 호텔 '시그니엘서울' 개관

롯데호텔은 2017년 4월 '한국의 랜드마크'로 건설된 123층 규모의 롯데월드타워에 최상급 호텔 '시그니엘서울(Signiel Seoul)'을 오픈했다. (독자들이여. '롯데월드타워'에 대해서는 이 책 마지막 후편에서 자세히 설명하게 될 것이다.)

롯데월드타워 76~101층에 위치해 세계에서 두 번째로 높은 초고층 호텔로 문을 연 시그니엘서울은 최고급 로열스위트룸을 비롯하여 235개의 객실을 갖추었다. 인근의 롯데월드와 석촌호수는 물론 한강과 서울이 내려다보이는 최고의 조망권, 세계에서 가장 높은 곳에 대형 연회장, 롯데호텔만의 고품격 서비스를 통해 세계 각국의 VIP 인사들이 찾는 럭셔리호텔로 그 모습을 드러냈다. 이에 따라 롯데호텔은 서울을 중심으로 전 세계의 거점 지역에 럭셔리호텔, 업스케일호텔, 리조트호텔 등을 운영하는 한국의 대표적인 체인호텔 및 리조트 브랜드로 자리를 잡았다.

롯데호텔이 운영하는 체인은 한국 내 17개 호텔 & 리조트를 비롯하여 미국 2개(뉴욕팰리스, 괌), 러시아 2개(모스크바, 상트페테르부르크), 베트남 2개(사이공, 하노이), 우즈베키스탄(타슈켄트팰리스)과 미얀마(양곤) 각 1개 등 모두 25개에 달했다. 이외에도 러시아의 사마라 등에도 호텔 개관을 추진 중이다. 롯데호텔은 앞으로 총 40여 개의 체인을 구축해 '아시아 톱3 브랜드 호텔'로 자리 잡을 계획을 세웠다. 나아가 더욱 세련되고 정교한 품질의 서비스와 시설을 바탕으로 세계 최고 수준의 글로벌호텔 & 리조트 체인으로 도약하게 된다.

롯데호텔은 또 부산 해운대 관광리조트에 들어서는 6성급 호텔에 대한 운영을 맡기로 했다. 이를 위해 롯데호텔은 2016년 5월 해운대 관광리조트 '엘시티' 개발사업 시행사인 '엘시티 PFV'와 계약을 체결하고 2019년 11월 완공 예정인 해운대 엘시티 101층 랜드마크타워의 특급호텔에 롯데호텔이 입점하여 운영하기로 했다. 이에 따라 롯데호텔은 부산에 최초로 건설되는 럭셔리 특급호텔의 운영자로서 지역 관광 활성화에도 일익을 담당하게 되었다. 한편 기존 부산에서 운영 중이던 5성급 호텔 부산 롯데호텔은 2012년 6월 민간 봉사단체 행사로는 세계 최대규모인 라이온스부산 세계대회의 본부 호텔로 선정되었으며 2017년 4월에는 벡스코(Bexco, Busan Exhibition & Convention Center)의 새로운 케이터링 사업자로 선정되는 등 그 위상을 이어갔다.

롯데면세점(Duty-free shop) 글로벌 면세점으로 아시아 1위 등극

롯데면세점은 세계적인 면세점으로 성장했다. 롯데면세점은 관광산업 발전에도 크게 기여했다.

롯데면세점은 주요 공항점의 사업권을 획득하여 사업경쟁력을 강화했다. 제주공항점의 경우 1기 사업을 종료하고 2009년 11월 2기 사업을 시작하였는데 그 규모가 3.3배 확장된 신청사 2기 사업권 입찰에서 롯데면세점은 1기 운영의 성과를 인정받아 사업권 방어에 성공했다. 또 인천공항점도 2008년부터 시작된 2기 사업권을 획득해 사업의 연속성을 확보했다.

2기 사업에서는 사업권이 구역별에서 품목별로 바뀌면서 향수, 화장품 사업권을 내주고 매출 비중이 큰 양주, 담배와 부티크, 전자, 토산품 사업자가 되었다. 그러나 국내 면세점 시장은 장기적인 경기침체의 영향으로 정체상황을 벗어나지 못했다. 이에 롯데면세점은 세계시장으로의 진출을 서두르기로 했다. 신동빈 회장 특유의 감각에서 비롯된 아주 적절한 방향의 선택이었다. 규모의 경제를 실현해 볼륨 디스카운트의 저가 정책으로 승부를 걸겠다는 전략이었다.

롯데면세점은 호주의 시드니공항과 싱가포르의 창이공항 진출을 시도하면서 러시아 진출도 타진했다. 러시아는 롯데의 가족사들이 이미 진출한 상태여서 시너지 효과를 기대할 수 있는 곳이기도 했다. 롯데면세점의 해외 진출을 위한 시도는 러시아에서 먼저 결실을 맺었다. 2007년 6월 모스크바 셰레메티예보공항 면세점 입점을 확정 짓고 2008년 2월 오픈한 것이다. 비록 글로벌면세점 업체인 '듀프리(Dufry)가 낙찰받아 재임차한 것이기는 하지만 롯데면세점은 이를 기회로 삼아 듀프리의 노하우를 습득할 수 있다는 판단을 했다. 듀프리는 스위스에 기반을 둔 여행소매업체로 60개국에 걸쳐 1,700개 이상의 공항매장을 운영하는 글로벌 면세기업이다. 그러나 러시아 면세점 시장이 초보적인 단계인 데다 재임차 형식이어서 사업 운영의 한계가 드러났고 결국 개점 1년 만에 셰레메티예보 공항에서 철수했다.

롯데면세점은 해외 진출의 꿈에 계속 매달렸다. 롯데면세점의 그런 꿈은 2012년 1월 인도네시아 자카르타공항에서 빛을 보았다. 롯데면세점 자카르타공항점은 매장 면적이 전체 면세점 공간의 20%에 불과했지만, 운영 1년 만에 전체 매출의 40%를 기록해 매출 1위를 달리는 황금알을 낳는 거위였다.

롯데면세점은 이듬해인 2013년 4월 치열한 입찰 경쟁을 뚫고 미국 괌공항점의 면세사업권을 획득하는 데 성공했다. 이는 해외 진출을 시도한 지 1년 만에 이룬 쾌거이자 국내 최초의 해외공항 면세점 사업권 획득기록으로 남게 되었다. 괌공항점은 1년간의 리뉴얼을 마치고 2014년 7월 오픈했다.

이어 2014년 9월에는 국내면세점 업계 최초로 일본면세점 도큐긴자점을 오픈했다. 이를 계기로 롯데면세점은 일본에 총 4~5개의 면세점을 오픈해 10년 이내에 일본에서만 매출 1조 원을 달성할 수 있는 가능성을 열었다.

이처럼 롯데면세점은 글로벌 면세점시장에서 브랜드경쟁력을 지속적으로 강화함으로써 아시아를 넘어 세계 1등 면세점으로의 도약을 준비하게 되었다.

한편 국내에서는 2016년에 인천공항 탑승동 매장을 오픈하여 인천공항에서의 사업 범위를 확대했다. 인천공항 탑승동은 외국 항공사와 저가 항공사가 취항하는 곳이다.

문화공간 '스타에비뉴 개관'

롯데면세점은 2009년 6월 스토리텔링을 접목한 새로운 패러다임을 창출한다는 목표 아래 외국인 관광객들에게 한류 문화를 전파하는 문화공간 '스타에비뉴'를 개관했다.

먼저 잠실점에 조성된 스타에비뉴는 스타쇼케이스, 드라마스타, 뮤직스타, 위드스타, 스타센터 등 5개 존(Zone)으로 구성하여 관광객들이 직접 스타가 되어보는 경험과 다양한 볼거리를 선사하는 체험형 콘텐츠를 마련했다. 예상대로 스타에비뉴는 곧바로 관광명소 중 하나가 되었다.

롯데면세점은 잠실점의 성공에 힘입어 소공동 본점에도 스타에비뉴를 조성했다. 2009년 12월 개장한 소공동 본점 스타에비뉴는 체험의 영역을 넘어 제품과 브랜드를 깊이 있게 들여다볼 수 있도록 구성한 것이 특징이었다. 또 엔터테인먼트 요소를 강화하고 공감적 스토리텔링 기법을 가미한 차원 높은 관광 스토리텔링을 제공함으로써 관광산업의 새로운 트렌드를 제시했다.

또한 롯데면세점은 2010년 5월 공정거래위원회의 승인을 받아

'AK면세점'을 인수, 시내면세점(코엑스점)과 출국장면세점(김포공항점, 인천공항점)의 운영권을 획득하게 되었다. 이로써 롯데면세점은 국내 총 5곳의 시내면세점(소공동 본점, 잠실점, 부산점, 제주점, 코엑스점)과 3곳의 출국장면세점(인천공항점, 김포공항점, 제주공항점)을 갖추게 되었다.

AK면세점 인수와 병행하여 2009년 롯데면세점은 소공동 본점과 잠실점의 매장 환경을 대대적으로 개선하는 리뉴얼을 실시했다. 소공동 본점은 국내 최고 면세점의 명성을 이어갈 수 있도록 9층의 레이아웃을 변경하고 신규 브랜드를 대거 유치하여 상품 구색을 강화했다. 잠실점도 매장 환경을 개선하여 최고 수준의 면세점으로서의 이미지를 높였다.

2016년에는 다시 한번 소공동 본점을 확장하는 리뉴얼 작업에 착수했다. 소공동 본점은 2014년에 단일 매장 기준으로 세계 1위에 오르기도 했다. 기존 식당가로 사용해 온 롯데백화점 12층을 면세점으로 확장하는 리뉴얼을 단행한 것이다. 이로써 2016년 9월 리뉴얼 오픈한 소공동 본점은 매장 규모가 1만 3,355m^2에서 1만 6,115m^2로 확장되었다.

이해에 롯데면세점은 서울 성수동 서울숲에 복합문화공간 '언더스탠드에비뉴'를 개장했다. 언더스탠드에비뉴는 롯데면세점이 사회공헌프로젝트의 일환으로 1백 30억 원의 사회공헌기금을 기부하여 조성했는데, 청소년, 예술가, 사회적 기업가의 꿈을 지원하여 성장과 자립을 돕는 소통의 공간으로 마련되었다. 연면적 4,126m^2 규모의 열린 공간으로 지속가능한 공유가치를 만드는 새로운 나눔과 문화 트렌드를 제시했다.

월드타워점의 위기와 부활

롯데면세점은 한국의 대표 면세점으로 글로벌 랭킹에 들면서 승승장구 성장 가도를 달려오다 2015년 월드타워점이 사업권 재심사에서 탈락하면서 위기를 맞았다. 그 위기는 관세법 개정으로 모든 면세점 사업권을 5년마다 원점에서 재심사하도록 규정한 이른바 '5년 한시법'에 따라 입찰에 참가했지만 탈락한 것이다. 이로써 1989년 롯데월드점(잠실점)으로 개장한 이후 2014년 10월 롯데월드타워로 이전하며 27년간 성공적으로 이어온 월드타워점의 영업이 초유의 위기를 맞이한 것이다. 2015년 기준으로 월드타워점은 6,112억 원의 매출을 기록해 단일 매장으로는 국내 3위였다. 3위 면세점의 탈락은 국내 면세점 시장에도 충격적이었고 롯데에게도 타격을 주었다.

2012년까지 3,000억 원을 넘지 못하던 매출이 월드타워점 이전 오픈을 계기로 중국 관광객들이 몰려들면서 최고의 성장세를 구가하던 중이었기 때문에 타격은 더욱 심각했다. 재심사에서 탈락한 월드타워점은 재고상품의 처리와 직원들의 고용문제를 처리하기 위해 3개월씩 두 차례 영업을 연장했으나 2016년 6월 26일 영업을 종료하고 문을 닫았다. 월드타워점의 영업 중단은 적지 않은 후유증을 낳았다. 1,300여 명의 직원들이 일터를 잃게 되었고 재개장까지 6개월 동안 최소 3,000억 원 매출 손실을 입었다. 그뿐만 아니라 면세점과 롯데월드 어드벤처를 연계한 원스톱 투어 프로모션 상품을 운영하던 중국여행사들은 대거 도쿄 디즈니랜드와 오사카 유니버셜스튜디오 등으로 빠져나갈 조짐을 보였다. 롯데는 폐점 후유증을 최소화하기 위해 롯데면세점, 롯데호텔, 롯데월드, 롯데물산 등 4개사 합동으로 중국 상하이에서 '차이나로드쇼'를 개최하여 '올 12월 반드시

사업권을 따낼 것'을 약속했다.

롯데면세점은 모든 역량을 기울여 정부의 면세점 추가 허가 방침에 따른 재입찰에 참여해 2016년 12월 '월드타워점'의 재탈환에 성공했다. 롯데면세점은 월드타워점의 재개장을 추진하면서 '2017년 월드타워점 매출 1조 2,000억 원'이라는 야심찬 계획을 세웠다. 개점 이래 첫 1조 원 매출을 돌파하는 원년으로 삼겠다는 것이다. 이를 위해 월드타워점의 매장 면적은 1만 4,600m^2에서 국내 최대규모인 1만 7,300m^2로 확장하고 입점 브랜드도 500개에서 700개 이상으로 늘리기로 했다.

2006년 매출 1조 원을 돌파한 롯데면세점은 그로부터 4년 만인 2010년 매출 2조 원을 달성했다. 또 그로부터 4년 만인 2014년에는 연 매출 4조 원을 돌파하면서 한국을 넘어서 아시아 1위, 세계 3위의 면세점으로 올라섰으며 2016년에는 6조 원을 돌파했다.

세계적 테마파크(Theme Park) 롯데월드(Lotte World)

테마파크란 특정한 주제를 정해놓고 그에 맞는 오락시설을 조성한 대규모 위락단지를 말한다. 롯데월드는 2019년으로 개원 30주년을 맞았다. 최초의 복합관광 단지로 출발한 롯데월드는 30년 동안 국내 관광, 레저문화 전반에 많은 영향을 끼치며 대한민국 대표 관광자원으로 성장했다. 기존의 놀이동산과는 달리 전체공간을 '작은 지구마을'이라는 일관된 테마로 구성하고 환상적인 체험을 제공해 해외에서도 찾고 싶은 테마파크로 명성을 날렸다.

2007년에는 대대적인 리노베이션을 마치고 '롯데월드 시즌2'를 선보이며 누적 입장객 1억 명을 돌파하는 전무한 기록을 세웠다. 롯데월드는 2009년에 개원 20주년 기념 '20주년 페스티벌'을 펼쳐 축제의 즐거움을 국내외 방문객들과 나누었다. 이를 계기로 롯데월드는 '패밀리 엔터테인먼트 공간'으로서 더욱 사랑받기 위해 어드벤처에 유아 전용 어트랙션 존 '키디존'을 오픈했다. 키디존에는 2011년까지 연간 200억 원을 투입해 6개 존, 12개 라이드가 새로 배치되었다.

2014년 7월에는 처음으로 월간 입장객 70만 명을 돌파했다. 이처럼 입장객이 급증한 것은 25주년을 맞아 선보인 세계 최초의 나이트 멀티미디어 퍼레이드 '렛츠드림' 프로그램이 큰 역할을 했다. 렛츠드림은 150억 원을 투입하여 2년에 걸쳐 제작한 프로그램으로 세계 최초의 멀티미디어 쇼와 퍼레이드를 접목한 신개념 엔터테인먼트 프로그램이다. 이에 힘입어 롯데월드 입장객은 2015년 12월 1억 5,000만 명을 돌파했다. 2007년 1억 명을 돌파한 지 8년 만에 이룬 기록이었다.

또 2015년 9월에는 엄청난 인기를 모은 시즌 축제 '호러 할로윈 좀비 아일랜드'가 오픈하면서 3년 연속 외국인 입장객 수 100만 명을 돌파하는 기록도 세웠다.

롯데월드, 워터파크, 아쿠아리움 개장

롯데월드는 가족과 함께하는 놀이문화의 새 장을 열었다. 롯데월드는 2010년대 중반 새로운 놀이공간을 잇달아 오픈하여 놀이문화의 흐름을 바꿨다.

롯데월드는 2014년 5월 경상남도 김해시의 김해관광유통단지에 대지 12만 2,777㎡, 연면적 4만 793㎡의 '롯데워터파크'를 개장했다. 4,000억 원의 사업비가 투입된 롯데워터파크는 2만 명을 동시에 수용할 수 있는 대형 워터파크로 남태평양 폴리네시아를 테마로 꾸몄다. 롯데워터파크는 롯데월드가 처음으로 오픈하는 새로운 테마파크로 실내외 파도풀, 워터슬라이드, 실내 슬라이드를 포함한 종합놀이시설을 갖춘 국내 최초, 최대 규모의 워터파크이다. 특히 38m 높이에 이르는 세계 3위 규모의 파도풀을 비롯하여 온 가족이 함께 즐길 수 있는 11종 24개 어트랙션(타고 노는 기구)이 들어서 있어 모험과 낭만을 함께 경험할 수 있다는 장점을 가지고 있다.

 2015년에는 6종 19개 어트랙션이 추가로 설치돼 더 많은 해외 관광객을 유치하는 데에도 한 몫을 달성할 수 있게 되었다. 이를 통해 롯데워터파크는 8,800억 원의 유발 효과와 총 2만여 명의 고용 창출 효과도 가져오는 등 지역경제 활성화에도 기여하는 김해지역의 명소가 되었다.

 2014년 10월에는 롯데월드몰 오픈과 동시에 '롯데월드 아쿠아리움'도 개관했다. 지하 1~2층에 자리한 롯데월드 아쿠아리움은 축구장 1.5배 크기의 넓은 공간에 전 세계 650종 5만 5,000여 마리의 해양 생물을 전시한 도심 최대규모의 수중 테마파크다. 관람 동선이 840m에 이르고 전체 공간을 생태 흐름에 따라 13개 테마로 설계하여 교육적 효과도 불러올 수 있게 구성했다. 특히 가로 25m의 메인 수조와 85m에 이르는 수중 터널은 압도적인 스케일로 개관 직후부터 관람객의 시선을 끌었다.

 롯데월드는 2016년 12월 서울 롯데몰 은평점 3~4층에 국내 최대 규모의 '롯데월드 키즈파크'를 오픈하여 어린이 놀이문화의 새로운 지평을 열었다. 약 6,600m^2 규모의 공간에 '신비로운 해저왕국' 콘셉트로 꾸며진 롯데월드 키즈파크는 12세 이하 어린이들을 위한 고품격 어트랙션을 대거 구비하고 키즈 뮤지컬쇼 등 다양한 공연도 함께 구성하여 어린이들에게 꿈과 추억을 선사하는 또 하나의 명소로 탄생했다.

한편 2017년 4월에는 롯데월드타워의 개관과 함께 지상 500m 높이의 세계에서 가장 높은 유리전망대 '서울스카이(Seoul Sky)'를 오픈하여 운영을 시작했다. 롯데월드타워 지하 1~2층과 지상 117~123층 등 총 9개 층으로 구성된 서울스카이는 '한국의 미(美)와 자부심'이라는 콘셉트로 꾸며진 세계적인 랜드마크로서 개장과 동시에 국내외 관광객들의 관심이 집중되었다.

서울스카이는 화창한 날에는 가시거리가 40km에 이르는 빼어난 전망으로 호평을 받는다. 또 곳곳에 완성도 높은 첨단미디어 콘텐츠를 배치하여 관광객들을 감동하게 했다.

이로써 롯데월드는 어드벤처에 이어 워터파크, 아쿠아리움, 키즈파크, 전망대 등 가족과 함께 즐길 수 있는 다양한 성격의 관광인프라를 구축하고 고객의 삶의 질을 높이며 관광산업의 활성화도 선도하는 세계적인 테마파크 사업자로 발돋움하게 되었다.

37

복합쇼핑몰(Shopping Mall) 개발 시대 전개

롯데자산개발은 2007년 설립 이후 롯데부여리조트(2010년), 롯데제주리조트(2012년), 롯데몰 김포공항(2011년)과 롯데몰 수원(2014년), 롯데피트인 Lotte Fit in) 동대문(2013년), 롯데피트인 산본(2016년), 롯데몰 은평(2016년) 등을 오픈하여 왕성한 사업역량을 과시했다.

몰(Mall)은 쇼핑센터(Shopping Center)와 같은 뜻으로 여러 상점이 몰려있는 상가를 의미한다. 그중에서도 쇼핑과 여가시설을 한 곳에 모아놓은 롯데몰 김포공항은 공항 청사 앞 19만 5,000m² 부지에 백화점, 마트, 쇼핑몰, 호텔, 시네마, 녹지공간을 갖춘 국내 최대의 친환경 몰링파크로 조성돼 대한민국 관문의 랜드마크라는 평가를 받고 있다.

롯데자산개발이 개발하는 사업 가운데 특히 눈에 띄는 것은 신개념의 라이프스타일 복합공간으로 세워진 롯데피트인(Lotte Fit in)이었다. 피트인이란 고객에게 '꼭 맞는', 상권의 지역적 특성에 '잘 들어맞는', 패션 트렌드로 '조화를 이루는' 등의 의미를 갖고 있다.

동대문에 첫선을 보인 1호점은 오픈하자마자 동대문에 잘 어울리는 젊은 감성의 콘텐츠로 채워졌다는 평가를 받았으며 젊은 층의 큰 인기를 끌었다. 10층 건물에 영업 면적 2만 4,500m²의 규모로 조성한 2호점 '롯데피트인 산본'은 자연친화적인 쇼핑공간으로 꾸며졌는데 오픈 한 달 만에 방문객이 50만 명에 이를 만큼 쇼핑 명소로 자리를 잡았다. 이어 서울 은평 뉴타운 중심 상업지에 문을 연 '롯데몰 은평'도 쇼핑몰, 마트, 시네마 외에 새로운 시설인 롯데월드 키즈파크를 선보여 개장 초기부터 높은 인기를 구가했다.

한편 2011년 롯데자산개발은 인천 송도 국제업무단지 내에 총 8만 4,500m² 규모의 부지를 매입하여 롯데쇼핑타운 건설 프로젝트에 착수했다. 롯데자산개발이 1,450억 원을 들여 매입한 이 부지는 송도 국제업무단지 상업 시설 중에서도 핵심으로 꼽히는 지역으로 전체 시설 면적의 10%에 해당하는 엄청난 규모였다. 롯데자산개발은 이곳에 백화점, 대형마트, 영화관, 쇼핑몰, 푸드코트, 아이스링크 등의 상업시설과 오피스텔 등이 복합된 연면적 44만 3,000m² 규모의 롯데타운을 건설하기도 했다. 롯데가 1980년대에 잠실의 모래벌판을 우리나라 최대의 상권으로 만들었듯이 송도 개발에서 또 한 번의 새 역사를 창조할 기회를 갖게 된 것이다.

이 프로젝트는 당초 2012년에 착공하여 2015년 하반기에 완공할 계획이었으나 글로벌 금융위기의 여파와 부동산 경기 위축 등의 영향으로 사업 추진이 계획보다 지연되었다. 이에 따라 2013년 12월 오픈한 롯데마트가 먼저 운영을 시작하였고 2017년 2월 분양 완료된 오피스텔 '롯데몰 송도캐슬파크'를 포함한 나머지 시설들은 단계적으로 공사를 진행시켰다.

롯데자산개발은 대구에서 서울의 소공동 롯데타운(백화점, 에비뉴엘, 영플라자 포함)의 2배에 이르는 복합쇼핑몰 '롯데몰 대구' 건설에 착수했다. 대구·경북 경제자유구역 수성알파시티에 마련된 부지는 면적이 7만 7,049㎡로 대구의 마지막 남은 대규모 유통 사업지구로 불리며 각광을 받은 지구였다. 롯데자산개발은 2014년 12월 대구도시공사로부터 이 부지를 1,256억 원에 매입해 복합쇼핑몰을 조성하여 대구지역의 쇼핑명소로 자리매김하고 있다.

베트남 하노이(Hà Nội) 롯데타운

롯데는 베트남 수도 하노이에 지상 65층, 지하 5층, 연면적 25만 3,000㎡ 규모의 롯데센터 하노이를 건설했다. 하노이는 베트남 수도이다. 역대 왕조가 왕도로 정했던 도시로 홍강 삼각주 오른쪽 편에 위치한다. 베트남 최대 도시인 호치민에서는 북쪽으로 1,720km, 항구도시 하이퐁에서 서쪽으로 105km 떨어져 있다. 인구는 8백30만, 광역 인구는 1,610만 명이다. 오랜 역사를 지닌 도시로 AD201년부터 기록에 등장한다. 일개 도시였으나 1,010년 전 레 왕조의 수도가 되면서 베트남의 역대 왕조는 이곳 하노이를 수도로 삼았다.

우리는 이 장에서 신동빈 회장의 사업구상 스케일과 글로벌그룹으로의 지향 의욕이 얼마나 강렬한가를 엿볼 수 있다. 하노이 롯데타운은 신동빈 그룹 회장이 역점을 두고 추진한 해외사업이다. 롯데센터 하노이는 최첨단 복합빌딩으로 건설됐다. 롯데쇼핑은 2016년 사드(THAAD, 고고도미사일방어체제) 배치에 따른 중국 측 보복으로 사실상 중국에서 철수한 뒤 해외사업 중심을 베트남으로 옮기는 연장선상에 놓여있다. 신동빈 회장은 최근 열린 사장단 회의에서 '인구 감소로 국내 경제 저성장 기조가 지속될 것'이라며 '해외사업은 이젠 불가피한 선택'이라고 강조했다.

롯데쇼핑은 2023년 7월 28일 베트남 하노이 떠이호 신도시에 롯데몰 웨스트레이크를 사전 개장한다고 밝혔다. 정식개장은 2개월 이후인 9월 22일에 했다. 떠이호는 하노이 최대호수로 시민들이 즐겨 찾는 명소다. 호수 인근에 위치한 롯데몰 웨스트레이크는 서울 석촌호수를 끼고 롯데월드몰과 백화점, 호텔을 배치해 집객 효율을 높인 잠실 롯데타운과 비슷한 구조다. 서울 잠실 일대를 '롯데타운'으로 육성한 '유통 DNA를 베트남에 본격적으로 이식하겠다는 의도가 읽히는 것이다. 전체 면적은 약 35만 4,000m²(약 10만 7,000평)으로 축구장 50개를 합친 크기다. 베트남 전체 쇼핑 시설 가운데 최대 규모다. 롯데쇼핑 관계자는 '롯데몰 웨스트레이크는 서울 석촌호수, 롯데월드몰과 같이 자연과 쇼핑, 문화체험을 함께 즐길 수 있는 대표 랜드마크가 될 것'이라고 전망했다. 실제로 롯데몰 웨스트레이크에는 쇼핑몰과 마트는 물론 호텔, 영화관, 아쿠아리움까지 들어선다. 메인 시설인 쇼핑몰은 지하 2층부터 지상 5층까지 모두 7개 층으로 이뤄져있다. 샤넬, 디올 같은 명품 브랜드는 물론 나이키, 아디다스, 뉴발란스 등 스포츠 브랜드 매장도 입점한다. 또한 쇼핑몰에 인기 맛집을 모은 푸드홀과 함께 한식 전문 식당가가 배치됐고 문화시설과 엔터테인먼트 공간까지 배치된다. 쇼핑몰 연면적만 약 22만 2,000m²(약 6만 7천 평)로 전체 면적의 60%를 차지하며 모두 233개 매장이 들어선다. 롯데쇼핑 관계자는 '자연 채광을 극대화하는 초대형 유리 천장과 옥상 야외정원 등 다양한 시설이 들어선다'면서 '이동 동선을 확장해 쾌적한 쇼핑이 가능할 것'이라고 말했다. 경제성장으로 소득수준이 높아지고 있는 하노이 시민들의 수준 높은 소비가 가능하게 되었다. 쇼핑몰 지하 2층에는 롯데마트가 들어선다. 식료품 비중을 90%까지 늘렸는데 떡볶이, 김밥, 양념치킨 등 한국 대표 먹거리가 입점해 눈길을 끌게 한다. 특히 롯데마트가 운영하는 와인 전문점 '보틀벙커'가 약 800㎡(약 210평) 규모로 입점하는데 와인 숍으로는 베트남 최대규모를 자랑한다.

쇼핑몰 양쪽으로는 각각 23층 높이의 호텔과 오피스텔이 들어선다. 롯데호텔이 세운 'L7 바이롯데 웨스트레이크 하노이'는 23층 타워 두 동이 결합된 형태로 호텔 264실과 레지던스 192실로 구성된다. 이는 롯데호텔이 해외에서 처음 건설한 L7호텔로, 5성급 시설과 서비스를 제공한다.

롯데월드는 해외에서 처음으로 아쿠아리움을 열었는데 3,400여 톤(t)의 수조를 배치하면서 베트남 도심 아쿠아리움 가운데 최대규모로 조성된다. 롯데는 향후 아쿠아리움은 물론 테마파크도 해외 진출에 적극 나설 전망이다. 롯데컬처웍스는 9개 관 1,007석 규모의 영화관을 개관한다.

이에 앞서 롯데는 2008년부터 중국 선양에 '선양 롯데타운'을 건설하는 프로젝트를 추진했다. 3조 원이 투입된 이 프로젝트는 복합쇼핑몰과 호텔, 마트, 테마파크(롯데월드), 그리고 아파트 등 주거시설을 조성하는 사업으로 부지 16만㎡, 건축면적 15만㎡, 지상 100층 규모의 대단위 사업이었다. 롯데는 먼저 2014년 1단계로 백화점, 영플라자, 영화관을, 2016년에는 2단계로 마트를 각각 오픈했다.

롯데시네마 멀티플렉스(Multiplex) 세계화

롯데는 대중들의 다양한 소비 욕구를 충족시키기 위해 영화관 사업 분야에도 진출했다. 멀티플렉스는 다수의 영상관이 한 건물에 몰려있는 형태의 영화관이다. 세계 최초의 다중 영화관은 1963년 2개의 스크린으로 미국 캔자스시티에 개관한 AMC가 시초이다.

롯데시네마는 한국형 멀티플렉스영화관을 지향하며 영상산업을 개척해 오면서 2008년 3월 해외시장 진출에 나섰다. 베트남 호치민 시에 있는 현지 영화관 사업자의 지분을 인수하여 베트남 1호관인 '다이아몬드'를 오픈한 것이 멀티플렉스 사업의 시작이었다. 이를 시작으로 그해 12월에는 호치민 시의 롯데마트 1호점에 '롯데시네마 남사이공관', 2011년 12월에는 하노이에 프리미엄 급의 '롯데시네마 하노이 랜드마크관'을 개관했다.

롯데시네마는 2010년 11월 중국으로 진출했다. 동북 삼성의 중심지 선양에 '선양송산관'을 개관한 것을 시작으로 우한, 웨이하이, 톈진, 쑤저우 등에 잇달아 영화관을 개관한 것이다. 그중에서도 2014년 9월 오픈한 '선양 롯데월드관'은 16개 상영관에 총 3,191석을 갖추고 있어 인근 지역에서 가장 큰 멀티플렉스영화관으로 관심을 모았다. 롯데시네마는 몰링(Malling)이라는 아시아 영화시장의 트렌드를 반영하여 선양 최대규모의 롯데 복합쇼핑몰 안에 선양 롯데월드관을 배치했다.

한편 국내시장에서는 2014년 10월 아시아 최대규모의 멀티플렉스 '롯데시네마 월드타워관'을 개관하여 멀티플렉스형 영화관의 새로운 시대를 열었다. 롯데월드몰에 문을 연 월드타워관은 총 21개 영화관, 4,000여 석의 좌석을 갖춘 엄청난 규모로 화제가 되었다. 월드타워관은 영상미와 사운드 효과를 극대화하는 첨단산업이 집합해 있다는 점에서도 관심을 모았다. 초대형 상영관 '수퍼플렉스 G(Superplex G)는 세계 최대의 스크린(가로 34m, 세로 13.8m)으로 기네스북에 등재되기도 했다. 또한 월드타워관 7층에 배치한 '시네파크(Cine Park)'는 공연이 가능한 무대가 설치되어 있어 각종 제작발표회, 소규모 공연 등에 적합하도록 설계되어 눈길을 끌었다. 철저한 시장조사와 기술력을 바탕으로 한국형 멀티플렉스의 세계화를 추구한 롯데시네마는 2016년 11월 기준으로 전국에 109개 영화관, 770개 스크린을 보유한 대형 멀티플렉스로 성장했다. 해외에서는 중국 12개 관, 91개 스크린, 베트남 31개 관, 141개 스크린이 진출해 멀티플렉스 사업의 세계화를 주도했다.

롯데엔터테인먼트(Entertainment)의 성장

롯데는 2004년 롯데엔터테인먼트를 설립했다. 양질의 영화 콘텐츠를 안정적으로 확보하기 위해서였다. 롯데엔터테인먼트는 영화 제작, 투자, 배급 및 해외수출 사업을 꾸준히 확대했다. 그리고 2010년부터는 뮤지컬 전용 극장인 '샤롯데씨어터'를 관리 운영하면서 뮤지컬 사업 분야의 공연, 투자를 유치하기도 했다. 특히 '과속스캔들'로 2008년 개봉영화 흥행 1위를 기록했고 2014년에는 '해적, 바다로 간 산적'으로 863만 명의 관객을 동원하는 성과를 거두었다.

2015년 롯데엔터테인먼트는 영화 '미션임파서블' 등으로 유명한 헐리우드 '파라마운트픽처스'와 국내배급 계약을 맺는 데 성공했다. 이 계약으로 롯데엔터테인먼트는 '미션임파서블 5'를 비롯하여 파라마운트 영화의 국내 공급을 진행했다. 파라마운트와 손잡으면서 롯데엔터테인먼트는 국내시장에서 1, 2위를 다투는 업계 톱 수준의 투자 배급사로 성장했다.

위상이 높아진 롯데엔터테인먼트는 강한 책임감을 가지고 한국영화의 질적 향상을 위해 2012년부터 '롯데 시나리오공모대전'을 실시했다. 제1회 공모대전에는 시나리오 1,417편이 응모해 '관능의 법칙

(이수아 작)'이 대상으로 선정되었다. 상금 1억 원의 대상 작품은 롯데엔터테인먼트에 의해 최우선적으로 제작 투자되는 기회를 갖게 되었다.

2016년 5월에는 부산시와 롯데, 부산은행이 주축이 되고 펀드 운용사 타임와이즈가 운용하는 210억 원 규모의 '부산 - 롯데 창조영화펀드'의 출범식을 갖고 가동을 시작했다. 부산 창조경제센터 설립으로 추진된 영화제작펀드는 부산을 중심으로 새로운 영화창작 생태계를 조성하자는 취지에서 설립되었는데 롯데엔터테인먼트 출자총액의 절반에 가까운 100억 원을 출자했다.

또한 롯데엔터테인먼트는 '글로벌게이트 지적재산권 컨소시엄'에 참여하며 새로운 사업기회를 모색하게 되었다. 글로벌게이트 컨소시엄은 세계 유수의 제작사와 배급사가 서로 지적재산권을 교환해 자국에서 영화화 기회를 확보하려는, 말하자면 2차 제작물 제작을 위한 모임을 말한다. 이를 통해 롯데엔터테인먼트는 파트너사들의 지적재산권을 활용하여 국내에서의 영화제작과 배급 기회를 확보하고 한편으로는 기존에 보유한 지적재산권의 해외 수출도 가능하게 되었다.

한편 롯데시네마는 사업의 확대와 규모의 성장을 바탕으로 독립법인 출범을 시작했다. 현재 롯데쇼핑 소속 시네마 사업부로 사업을 영위하는 롯데시네마는 분할 및 독립법인 출범을 통해 경영 효율화와 해외시장 진출에 박차를 가할 수 있는 추동력을 가질 수 있게 됐다.

프리미엄 골프, 레저, 여행서비스 전개

롯데는 2010년 9월 국내 최초의 역사, 문화 복합테마 리조트인 롯데부여리조트의 첫 완성작, 부여콘도미니엄을 오픈했다. 충남 부여군

규암면 합정리에 자리를 잡은 롯데부여리조트는 충청남도의 '백제문화단지 조성사업' 민자 부문으로 추진된 사업으로 총 3,117억 원의 사업비가 책정되었다. 충청남도의 역점 사업의 하나인 백제문화단지 조성사업은 '시공을 초월한 문화, 곳곳에 느껴지는 백제의 숨결'을 콘셉트로 하여 개발이 시작되었다.

약 330만㎡의 방대한 대지에 쇼핑, 레저, 문화 등 다양한 콘텐츠가 역사테마와 유기적으로 연결되는 세계적인 테마 리조트를 조성하겠다는 계획이었다. 말하자면 한반도 동쪽의 경주 보문단지를 모델로 하여 서쪽에는 롯데부여리조트를 건설하겠다고 구상한 것이다. 부여리조트 시설 중 가장 먼저 오픈한 부여콘도미니엄은 3만 1,700㎡ 부지에 지하 1층, 지상 10층으로 건설되어 총 322개의 객실을 보유했다. 역사 테마, 한옥을 모티브로 반영하여 설계한 만큼 부여콘도미니엄은 2011년 한국건축문화대상 우수상을 수상한 데 이어 '대한민국 최대, 최초의 원형 한옥회랑'으로 기네스북에도 등재되었다. 롯데부여리조트는 국내의 관광 문화 수요를 충족시키는 시설과 프로그램을 개발하고 폭넓은 문화콘텐츠로 온 가족이 누릴 수 있는 한국 최초의 역사테마 복합리조트로 운영을 시작했다.

한편 롯데제주리조트는 2012년 3월 제주도 서귀포시 관광휴양개발진흥지구 일원에 VVIP 고객을 겨냥한 명품 부티크빌라 '제주아트빌라스'를 오픈했다. 대지면적 8만 3,842㎡에 건축면적 1만 6,493㎡로 조성된 제주아트빌라스는 지하 2층, 지상 2층에 73실 규모의 최고급 빌라형 콘도미니엄으로 전체를 5개 블록으로 나누고 각각의 블록은 국내외의 저명한 건축가 5인이 자연을 테마로 각각 디자인하여 5인 5색의 건축예술을 선보였다. 한마디로 제주아트빌라스는 예술가의 혼이 대자연과 조화를 이룬 것은 물론 롯데의 브랜드

가치와 롯데호텔의 경영 노하우가 더해진 고품격의 명품빌라로 세워진 것이다.

향후 롯데부여리조트는 부여콘도미니엄 외에 프리미엄아울렛, 자연친화적인 골프장, 부여 선화호, 어린이월드, 백제테마정원 등이 들어서는 복합개발을 추진하고 롯데제주리조트는 실내 동·식물원, 실내외 워터파크, 분양형 숙박시설 등을 신사업으로 추진해 나갈 계획이다. 롯데는 상호출자제한 해소를 위해 2013년 10월 두 리조트 회사를 호텔롯데와 합병해 '호텔롯데 리조트 사업본부'로 재편했다.

명문골프장 롯데스카이힐 CC

롯데의 골프장 사업자인 롯데스카이힐 CC는 2005년 4월 제주 CC를 오픈한 데 이어 2008년 11월 김해 CC, 2009년 성주 CC를 오픈했다. 2012년 10월에는 백제의 역사와 문화가 살아 숨쉬는 부여에 부여 CC를 오픈했다.

착공 2년 만에 문을 연 부여 CC는 95만m^2 부지에 18홀 퍼블릭코스로 백마강, 낙화암, 사비성 등 백제의 유적지를 배경으로 삼은 것이 특징이다. 코스는 자연과 인간의 조화를 담아 친환경적으로 설계되었다. 특히 아웃코스 6번 홀의 경우 황산벌 전투를 모티브로 하여 백제 깃발을 상징하는 나무를 식재함으로써 백제의 역사와 자연 속에서 플레이하는 느낌을 주게 했다. 또 백마강과 낙화암이 원경으로 조망되는 아웃코스 8번 홀은 바람에 흩날리는 왕벚나무 꽃잎이 3천 궁녀의 모습을 연상케 하고 있다. 또한 코스 내에는 사비천도 행렬을 묘사한 백제 전통의 상상 속 첨경물이 배치돼 백제의 숨결을 느낄 수 있게 배려했다.

부여 CC는 국내 최초의 역사문화복합 테마 리조트인 롯데부여 리조트(부여콘도미니엄), 롯데아울렛 등 롯데 브랜드와 연계해 시너지를 높이면서 부여를 관광명소로 거듭나게 하는 데 기여했다. 부여 CC가 개장하면서 롯데스카이힐 CC는 총 4개 CC 90홀 규모의 골프장을 운영하는 대한민국 대표 골프 & 리조트 기업으로서 위상을 확보했다. 각 CC는 '한국의 10대 코스' 등 매년 다양한 수상 실적을 기록하고 있으며 깨끗한 시설과 친절한 서비스로 고객 감동을 실현하고 있다. 특히 제주 CC는 아름다운 코스와 풍광을 자랑하며 국내외 크고 작은 골프대회 개최지로서 골프 스타들이 찾는 명소로 자리 잡고 있다.

롯데제이티비 여행사

2007년 설립된 여행사로 롯데제이티비는 국내 지방자치단체들과 업무 협약을 체결하며 관광객 유치 및 지역사회의 관광 활성화를 지원했다. 먼저 2009년 3월 울진군과 관광업무 협약을 체결하고 울진 지역의 맑고 푸른 바다와 온천, 석류굴 등 자연 자원을 연계한 연중 테마상품을 개발했다. 7월에는 '2009년 울진 세계 친환경 농업 엑스포'의 주관 여행사로 선정돼 울진군과 함께 관광객 모집 등 지역 관광 활성화를 위한 활동을 전개했다. 같은 해 7월 롯데제이티비는 전라북도와 전북 관광 활성화를 위한 업무 협약을 체결하고 제이티비 관광 인프라와 노하우를 전라북도의 관광자원과 접목시켜 해외 관광객 유치에 활용했다. 특히 전라북도와 함께 일본인 관광객 유치를 위한 '관음성지 연계 체험상품', 중국 산동성의 노인층을 겨냥한 '한·중 노인교류 관광'을 기획하여 공동으로 판촉 활동을 전개했다.

이러한 노력으로 롯데제이티비는 설립 1년 만에 일본인 관광객 2만 명을 유치한 데 이어 2009년에는 4만 명을 유치하는 놀라운 성과를 거두었다. 그 결과 롯데제이티비는 2010년 문화체육관광부로부터 '2010년도 외국인 관광객 유치 우수 여행사' 35개 사 가운데 하나로 선정되기도 했다.

2013년 1월에는 강릉 관광개발공사와 업무 협약을 체결했다. 이를 통해 양측은 강릉시의 관광 활성화 및 동반 성장을 위해 노력하는 것은 물론 특히 평창 동계올림픽 관련 홍보와 관광객 유치, 여행상품 공동 개발을 위해 협력을 강화하기로 했다. 이에 따라 롯데제이티비는 자사의 대표 사은행사인 '만원의 행복' 프로그램으로 강릉시를 찾았다. 롯데제이티비는 정동진코스와 경포코스로 구성된 만원의 프로그램을 강릉 관광개발공사와 함께 진행하여 민관협력 관광 활성화의 성공적인 사례를 남겼다.

2015년에는 중국 닝샤후이족 자치구 여유국과 여행사 협력 기본협정(MOU)을 체결하고 닝샤후이족 자치구와 함께 인촨(銀川) 지역의 관광 활성화에 상호협력하기로 했다. 인촨 지역은 이슬람 문명과 미지의 왕국이었던 서하 왕조의 독특한 문화가 공존하는 곳으로 사막과 초원이 아름답게 어우러져 새로운 관광 포인트로 주목되는 곳이다.

롯데제이티비는 2012년부터 롯데 VIP 전담 프리미엄 브랜드인 '샤롯데 로얄'을 론칭, 다른 여행사와 차별화되는 고품격 관광 서비스를 제공했다. 또 2017년에는 자사 브랜드인 '롯데 홀리데이'의 모바일 웹버전을 제공하여 고객들이 보다 더 편리하게 관광 프로그램을 이용할 수 있도록 지원했다.

한편 롯데는 2013년 2월 세계 최대 여행관광협회 WTTC(World

Travel & Tourism Council) 아시아총회의 한국 유치에 성공했다. 당시 한국 방문의 해 위원회 위원장을 맡고 있던 신동빈 회장은 2012년 10월 일본에서 세계총회를 유치, 개최했던 JTB 타카와 히로미 대표와 MOU를 맺고 총회 개최를 위해 노력해 왔다. WTTC는 세계여행, 관광업계를 선도하는 글로벌기업의 최고경영자(CEO)로 구성되었으며 롯데는 그해 9월 WTTC 아시아총회 개최를 통해 대한민국 관광산업의 위상을 높이는 데 기여했다.

38

롯데렌탈(Rental) 출범

롯데그룹은 2015년 6월 렌터카 1위 업체인 'KT렌탈'을 인수함으로써 렌탈업에 진출했다.

렌탈은 리스(Lease)와 구별된다. 렌탈은 리스와 비슷하게 정해진 기간 동안 돈을 주고 물건을 빌려서 사용하는 것이다. 그러나 법적으로 리스는 금융업으로 분류되고 렌탈은 임대업 혹은 대여업이다.

현대는 렌탈의 시대라고 할 수 있다. 우리 생활에서 필요한 물건이 렌탈되지 않는 것이 거의 없을 정도다. TV, 냉장고 등 가전제품에서 피아노, 정수기, 행사용 텐트, 의자, 의류 등 렌탈되지 않는 것이 없다.

종합렌탈회사 KT렌탈과 렌터카 브랜드 'KT금호렌터카'가 '롯데렌탈'과 '롯데렌터카'로 사명과 브랜드명을 변경해 새롭게 태어났다. KT렌탈은 1986년 설립 이후 국내 렌탈사업을 선도하면서 국내 1위, 아시아 2위, 글로벌 7위로 성장한 국내 유일의 종합렌탈회사였다. 전국에 170여 개의 영업망과 12만 대가 넘는 차량을 보유하여 뛰어난 경쟁력도 갖추고 있다. 이 때문에 새롭게 출범한 롯데렌탈은 그 자체로 이미 강력한 경쟁력을 가진 기업이었고 롯데렌탈의 브랜드인 롯데렌터카도 대한민국 대표 렌터카의 브랜드 파워를 확보했다.

새롭게 출발한 롯데렌탈은 10분 단위의 초단기 렌터카 서비스인 '카셰어링 그린카'에서부터 단기렌터카, 월장기렌터카, 장기렌터카, 기사포함 렌터카 등의 다양한 서비스를 제공했다. 또한 개인 중고차 매입 서비스를 제공하는 국내 최대 자동차 경매장 '롯데렌탈 오토옥션', 전원 자격증을 보유한 차량관리 전문회사 '롯데오토케어', 자동차 금융전문회사 '롯데오토리스' 등 자동차의 모든 것을 해결해 주는 'Total Life Solution'을 제공했다. 그뿐만 아니라 롯데렌탈은 오토렌탈 서비스 외에도 OA기기, 스마트 TV, 웰빙가전, 의료기기, 3D 프린터 등의 전문장비와 '할리데이비슨'같은 명품으로 렌탈서비스 범위를 확대하여 고객의 성공적인 비즈니스와 삶의 질 향상을 지원했다.

롯데렌탈과 롯데렌터카는 고객의 삶을 풍요롭게 만들기 위한 다양하면서도 차별화된 서비스 개발에 박차를 가했다. 특히 롯데의 성장 동력인 옴니채널 서비스와 공유경제 분야에 더욱 적극적으로 나섰다. 롯데멤버스와 손잡고 주요 지점에 스마트 비콘을 설치하여 할인 쿠폰 등의 혜택을 주는 프로모션을 펼치고 2015년 11월 제주를 시작으로 스마트픽 서비스를 론칭, 확대하여 다양한 옴니채널 서비스를 진행했다. 또 공유경제의 대표주자인 카셰어링그린카의 경우 롯데의 전국망과 연계해 서비스 지역을 확대함으로써 성장동력을 크게 끌어올렸다.

롯데렌탈 아시아 1위로

롯데의 가족으로 새 출발한 2015년은 롯데렌탈에 새로운 도약의 발판이 되었다. 국내 3대 신용평가기관들도 일제히 신용등급을 상향조정하여 롯데렌탈의 성장에 큰 힘이 되어주었다. 그 결과 2015

년 롯데렌탈은 전년 대비 20% 성장한 1조 2,877억 원의 역대 최고 매출을 달성했다. 렌터카 시장에서의 점유율도 2012년 22.4%에서 2015년에는 25.3%로 올라 대한민국 1위 사업자의 위상을 굳건히 했다. 국내에서의 성장을 기반으로 롯데렌터카는 2016년 '아시아 No.1 렌터카 브랜드'로 도약했다. 2015년 말 기준으로 기존 등록 차량 1위 기업인 일본의 도요타렌터카를 앞지른 것이다.

2016년 3월에는 그룹 차원의 지원으로 2,000억 원 규모의 유상증자를 실시하여 렌터카 사업에 필요한 자금을 확보함으로써 재도약의 채비도 마쳤다. 롯데렌탈은 친환경 전기차(그린카) 카셰어링과 전기차 장단기렌터카를 출시하여 국내 전기차 이용 활성화에도 앞장섰다.

현대자동차와 제주도 내 전기차 보급에 관한 업무협약을 체결하고 업계 최초로 현대자동차의 전기차 '볼트(Volt)' 17대를 제주 오토하우스에 도입했다. 또 전기차 렌터카의 원활한 운영을 위해 국내 최대의 유료전기차 충전 인프라 서비스 제공업체와도 업무협약을 체결하고 공용 충전 서비스 구축 및 충전 인프라 기반의 신규서비스 개발에 적극 나섰다.

2016년 기준 전국에 220여 개의 영업망과 네트워크를 구축하고 차량 14만 대를 보유한 롯데렌탈은 아시아 1위, 글로벌 6위의 지위에 올라섰다. 해외에는 2008년부터 베트남에 진출해 호치민, 하노이, 다낭 등 3개 지역에 지사를 운영하고 있었으나 2016년 들어 태국에도 지사를 설치해 동남아 지역으로 확대 진출할 수 있는 기반을 조성했다. 이에 따라 롯데렌탈은 롯데 각 사와 함께 해외사업의 동반 확대와 성장을 기대할 수 있게 되었다.

39

롯데케미칼(Chemical)의 글로벌화

화학의 세계는 넓고 깊다. 우리는 신격호 창업회장이 함경도 명천 종양장에서 일할 때 어느 탄광 액화공장을 견학하면서 앞으로 세상은 화공(化工)이 지배할 것이란 말을 듣고 이를 머릿속에 깊이 각인해 두고 일본유학 시절 와세다 고등공에서 화공과를 선택 공부했던 것을 떠올려 볼 필요가 있다. 그리고 신격호 회장이 조국 대한민국에서 맨 처음 제조업 투자로 선택한 것이 호남석유화학이다.

롯데그룹에 있어 케미칼 분야는 뿌리가 깊다. 호남석유화학은 중국(中國) 시장의 성장 둔화에 대비하여 동아시아(East Asia) 시장으로 시장을 다변화한다는 글로벌 전략을 수립했다. 이에 따라 2010년 7월 말레이시아 최대규모의 석유화학사인 '타이탄케미칼(Titan Chemical Corp.)'을 인수했다. 현 롯데케미칼타이탄이다. 인수금액은 1조 5,000억 원으로 이 시기에 이루어진 국내 기업의 해외 M&A 중 최대규모였다. 신동빈 회장의 과단성이 드러나는 대목이다.

동남아 시장에서 강력한 사업 기반을 구축한 타이탄케미칼은 말레이시아 PO시장의 40%, 인도네시아 PE시장의 30%를 점유하며 16억 달러의 매출을 기록했다. 72만 톤의 납사 및 LPG크래커를 보유한 것은 물론 말레이시아 조호바루공장이 HDPE/LDPE 56만 5,000 톤, OCU 11만 5,000톤, PP 48만 톤, BD 10만 톤, 아로마틱 20만 톤의 생산능력을 보유하고 있었고 인도네시아의 메락공장은 HDPE/LDPE 45만 톤의 공급능력을 확보하고 있었다. 이에 따라 호남석유의 생산능력은 크게 확대되었다.

타이탄케미칼 인수는 생산능력의 확대뿐 아니라 동남아 시장 진출의 교두보를 확보한 것이라는 점에서 의미 있는 일이었다. 호남석유화학의 제품 포트폴리오와 유사한 사업구조를 가지고 동남아 시장에서 강한 경쟁력을 확보하고 있는 타이탄은 케미칼과 시너지를 발휘하면서 해외시장 진출에 속도를 높일 수 있게 된 것이다. 타이탄케미칼 인수를 계기로 해외사업 역량을 강화한 호남석유화학은 다양한 신산업들을 과감하게 추진하여 아시아 최고 석유화학 회사로서의 면모를 갖추어 나갔다. 동시에 타이탄케미칼의 잠재력을 이끌어 내 더 강한 경쟁력을 발휘할 수 있도록 업무 프로세스를 개선하고 생산능력을 확대하는 작업을 진행했다.

이에 따라 타이탄케미칼은 2013년 4월 연산 11만 톤 규모의 TBA(Tertiary Butyl Alcohol)공장을 건설하여 상업 생산을 시작했다. TBA는 MMA의 원료가 되는 화학물질로 롯데케미칼(2012년 사명 변경)은 타이탄케미칼이 생산한 TBA를 전량 국내로 들여와 롯데엠알시 대산공장에서 원료로 사용했다. 2015년 롯데케미칼이 창사 이래 최대의 실적을 기록한 것은 이러한 원료 수급 체계 구축이 큰 밑거름이 되었다.

글로벌 합작사업 전개

호남석유화학은 타이탄케미칼 인수를 계기로 해외 진출에 자신감을 갖게 되었고 수년째 지연되어 온 우즈베키스탄의 수르길 석유화학단지 합작사업도 다시 본격적으로 추진했다. 그리하여 2012년 우즈베키스탄 국영 석유가스공사와 국내 기업들이 참여한 합작법인 'Uz-Kor Gas Chemical'을 정식으로 설립했다. 그리고 우즈베키스탄 자원 개발을 위한 단위 공장을 순차적으로 준공하여 2016년 5월 준공식을 거행했다. 사업 추진 10년 만에 이룬 개가였다.

호남석유화학이 주도해 추진한 이 합작사업은 우리나라의 화학, 건설기술을 적용한 첫 해외자원 패키지 개발사업으로서 호남석유화학만이 아니라 국가적 차원에서도 매우 중요하고 의미 있는 프로젝트였다.

호남석유화학은 중국시장 공략도 가속화했다. 중국 저장성(浙江省) 자싱시(嘉興市)에 설립한 '가흥호석공정소료유한공사(자싱공장)'를 기능성 합성수지 생산기지로 육성하기로 하고 생산시설을 증설하여 PP복합수지 생산능력을 연간 3만 2,000톤으로 대폭 늘렸다. 마침 중국의 자동차 시장이 급격히 팽창하면서 자싱공장을 통한 호남석유화학의 중국 매출은 급격히 증가했다.

2010년에는 중국시장에서의 고부가가치 사업을 강화하기 위해 자싱시에 EO 생산법인 '삼강호석(현 LC삼강)'을 설립하고 연산 10만 톤 능력의 EO공장과 EOD공장을 건설했다. 베이징에는 고기능성 플라스틱컴파운딩공장을 설립하고 안후이성(安徽省) 허페이(合肥)에도 합작법인 '허페이호남석유플라스틱(현 LC합비EP)'을 설립하여 2012년부터 PET공장을 가동했다.

한편 2014년 2월 롯데케미칼은 미국 액시올(Axiall Coporation)사와 루이지애나주에 세계적인 규모의 에탄크래커플랜트를 건설하기로 하는 합작사업의 기본 계약을 체결했다. 이 합작사업은 북미 셰일가스 기반의 저가 에탄올을 활용해 원가 경쟁력이 있는 에틸렌을 연간 100만 톤가량 생산한다는 것이 핵심이었다. 이에 따라 롯데케미칼은 연간 50만 톤의 에틸렌을 확보할 수 있게 되었다. 에탄크래커플랜트는 2018년 상업 생산에 들어갔다.

신사업 PP촉매(觸媒, Catalyst) 및 LFT 분야

호남석유화학은 신산업 분야에 대한 탐색과 진출에도 활발한 행보를 보였다. 2011년 호남석유화학은 일본 미쓰비시화학과 50대 50 지분으로 합작해 '호남미쓰이화학'을 설립하고 PP공장 건설에 착수하여 PP촉매 분야로 사업을 확장했다.

PP촉매는 석유화학 산업의 기초화합물인 폴리프로필렌 제품을 제조할 때 반응을 촉진시키는 필수 물질이다. 세계적으로도 일본의 미쓰이화학, 독일의 바스프, 미국의 바젤 등 소수의 기업만이 핵심기술을 보유하고 있어 국내기업들은 소요 물량을 수입에 의존하는 형편이었다.

호남미쓰이화학은 2013년 롯데케미칼 여수 3공장에 PP촉매공장을 준공했다. 이로써 롯데케미칼은 국내 최초로 PP촉매를 상업생산하며 폴리프로필렌 생산의 수직계열화를 실현하게 되었다. 꿈의 체계를 이룩한 것이다.

또한 PP촉매를 자체 조달함으로써 연간 120만 톤에 이르는 PP제품의 경쟁력을 확보해 시장지배력을 강화할 수 있게 되었다. 나아가

석유화학 기업의 기술력을 대변하는 촉매기술을 확보함에 따라 우즈베키스탄, 말레이시아 등으로 확대하고 있는 폴리프로필렌 사업에 고난도의 폴리프로필렌 생산공정 운전기술을 적용할 수 있게 됨으로써 라이센스 사업의 선두주자로 입지를 굳히게 되었다.

한편 환경보전 문제가 국제사회의 뜨거운 이슈로 부상하면서 플라스틱 소재 분야에도 친환경제품에 대한 관심이 높아졌다. 이에 호남석유화학은 친환경 경량화소재 사업의 중요성이 커지고 있다고 판단하고 친환경 기능성 소재 분야를 신산업의 하나로 적극 추진하기로 했다. 그리고 기능성 소재 연구에 대대적인 투자를 단행하는 동시에 이 분야에서 뛰어난 기술력을 가진 중소업체들을 인수해 기능성 소재산업을 강화했다.

이에 대한 가시적인 성과는 2009년부터 나타났다. 자동차 경량화 소재 업체인 '삼박'과 '삼박 LFT'를 인수한 후 자동차 금속부품을 대체할 수 있는 기능성 소재 제품을 개발하여 현대·기아차에 공급하기 시작한 것이다. 삼박 LFT는 금속 대체 신소재로 떠오른 LFT(장섬유강화플라스틱) 복합체 제조 분야에서 독보적인 기술을 가진 회사였다. 이를 발판으로 2012년 호남석유화학은 자동차 및 부품업체가 밀집된 미국 앨라배마주 어번(Urban)시에 LFT를 생산하는 현지법인 'HPM Alabama(현 LG앨라배마)'를 설립했다. 호남석유화학이 100% 투자하여 설립한 HPM앨라배마공장은 연산 1만 5,000톤 규모의 복합수지와 LFT를 주력으로 생산하면서 미주시장 진출의 교두보 역할을 담당했다.

유화 3사 합병, '롯데케미칼' 사명 변경

호남석유화학은 2006년 롯데대산유화와의 합병을 추진했다. 이를 위해 해외 영업조직 단일화를 시작으로 각 부문별로 중복인력을 전환배치하는 등 합병 수순에 들어갔다. 그리고 마침내 2009년 1월 1일 롯데대산유화를 합병하여 하나의 법인으로 통합했다. 이에 따라 호남석유화학은 에틸렌 기준 연산 175만 톤의 생산능력을 보유하는 국내 2위의 석유화학 기업으로 부상했다.

호남석유화학은 또 2012년 8월 케이피케미칼을 흡수합병했다. 롯데대산유화에 이어 케이피케미칼을 합병함으로써 호남석유화학은 롯데의 '유화 3사'라고 불렸는데 3사가 뭉친 통합법인으로 재탄생하게 되었다. 이를 계기로 호남석유화학은 사명을 '롯데케미칼'로 변경하고 창립 36년 만에 역사 속으로 사라졌다. 그동안 호남석유화학은 사명 때문에 롯데그룹사가 아닌 것으로 일반에게 인식을 주어 혼란을 주는 면이 있었다. 롯데케미칼은 롯데그룹의 주력 기업의 위상을 갖게 되었고 대한민국의 대표적 석유화학기업으로 떠올랐다.

케이피(KP)케미칼은 합병에 앞서 2010년 1월 영국 '아르테니우스(Artenius UK Limited)사의 PTA / 고순도 테레프탈산 및 PET 생산설비를 260억 원에 인수하면서 영국시장에 진출한 상태였으므로 롯데케미칼은 자연스럽게 영국으로도 진출한 셈이었다. 롯데케미칼은 내부적으로는 화학 부문의 경영합리화와 업무 효율화, 규모의 경제를 동시에 실현하면서 글로벌 경쟁력을 한층 강화하게 되었다.

통합연구소로 자리잡은 롯데대덕연구소는 롯데케미칼이 아시아 최고의 화학기업으로 성장할 수 있도록 지원하는 중추적인 역할을 수행했다. 전 세계가 이산화탄소 저감 문제로 고민이 커지면서 자동차 산업의 부품 경량화가 화두가 되었을 때 대덕연구소는 국내 최초로 압출발포 소재를 개발하여 자동차 에어덕트용 소재로 적용해 부품 무게의 25%를 감량하는 데 성공했다. 또 국내 최초로 기존 소재보다 25% 감량화한 사출발포 소재 'FT-365'를 개발해 2016년 생산된 친환경 전기차 '아이오닉'의 내장부품에 적용했다.

이에 앞서 대덕연구소는 2011년 연구 역량을 제고하기 위한 방안의 하나로 전문연구원(연구위원) 제도를 도입하는 등 연구지원 시스템을 개선했다. 풍부한 경험과 경륜을 가진 연구원이 임원급이 된 후에도 해당 분야 최고 전문가로서 연구 역량을 발휘할 수 있게 한 것이다. 기술 교류의 장도 넓혀 2011년부터 미쓰비시케미칼과의 기술 교류 회의를 정례화했다.

롯데케미칼, 아시아 1위, 세계 7위로

롯데케미칼은 몇 차례의 성공적인 M&A와 해외 사업의 적극적인 전개에 힘입어 대한민국을 대표하는 종합화학 회사로 성장했다. 롯데케미칼은 현대석유화학 대산공장을 비롯해 케이피케미칼, 타이탄케미칼, 삼성그룹의 화학 부문 등을 성공적으로 인수하여 사업역량을 강화했다. 또 우즈베키스탄 가스전 프로젝트, 미국 셰일가스 사업을 위한 에탄크래커 합작사업 등 굵직한 해외 사업을 추진하여 글로벌시장에서의 위상도 크게 높아졌다.

2016년 기준으로 롯데케미칼은 여수, 울산, 대산 등 국내 3대 석유화학단지 모두에 생산시설을 갖춘 석유화학기업이 되었다. 에틸렌 연산 321만 톤으로 생산능력 국내 1위, HDPE, PP, PET 제품 국내 생산능력 1위 등 국내 최대규모의 생산능력도 보유하고 있다. 그뿐만 아니라 900개가 넘는 특허를 보유한 것은 물론 매년 약 100건의 특허를 출원하여 특허 등록에 따른 매출액이 4,000억 원에 이를 정도로 뛰어난 기술력도 확보했다.

롯데케미칼은 2013년 '60억 달러 수출의 탑'을 수상했고 이듬해에는 8조 5,000억 원을 수출하여 롯데 가족사 중 매출 1위를 차지했다. 매출액도 2015년 기준으로 16조 4,000억 원을 기록했다. 2016년에는 우리나라의 주력산업 대부분이 극심한 부진을 보이는 상황에서도 역대 최고이자 업계 1위인 영업이익 2조 5,899억 원의 실적을 달성하는 등 고성장 추세를 이어갔다.

지금도 롯데케미칼은 규모의 경제를 실현하기 위해 대규모의 설비 투자를 지속하고 있다. 여수와 말레이시아 공장을 증설하는 데 각각 3,000억 원을 투입하는 동시에 셰일가스를 활용하기 위해 신설하는 미국공장에 31억 달러(약 3조 7,000억 원)를 투입하는 등 총 4조 3,000억 원 규모의 설비투자가 진행 중이다. 안정적인 가격의 가스를 사용해 원가 경쟁력을 확보하기 위한 전략이다. 따라서 투자가 완료된 2018년에는 주력제품인 에틸렌의 생산량이 450만 톤에 달해 롯데케미칼은 한층 강력해진 원가 경쟁력을 바탕으로 아시아 1위, 세계 7위의 지속가능한 기업으로 발전하게 된다.

롯데엠시시(Lotte MCC) 글로벌 경쟁력 강화

호남석유화학과 일본 미쓰비시레이온의 합작회사인 대산 MMA는 2008년 PMMA여수공장을 가동한 데 이어 2009년 대산공장을 준공하며 PMMA 양산 체제 및 수직계열화를 구축했다. 이에 따라 호남석유화학은 아크릴 제품 분야에서 커다란 시너지를 창출하며 또 하나의 성장 동력을 확보할 수 있게 되었다. 더구나 2012년부터는 PMMA의 수요가 급증하고 가격이 상승하는 호황이 이어져 호남석유화학의 투자는 시기적으로 매우 적절한 것이었다는 평가를 받았다. 호황 국면이 계속되면서 PMMA의 공급이 달리는 상황이 벌어지자 2013년 대산MMA는 여수 석유화학단지 내에 제2공장을 추가로 건설했다. 이로써 대산 MMA의 연간생산능력은 MMA 21만 톤, PMMA 11만 톤으로 확대되었고 2020년에는 매출 8,000억 원을 넘어설 수 있을 것으로 전망되었다.

PMMA 여수 제2공장이 건설된 것과 같은 해인 2013년, 대산공장에서는 자동차용 도료, 접착제의 주원료로 사용되는 2-HEMA(2-Hydroxy Ethyl Methacrylate) 생산공장을 준공했다. 당시 2-HEMA는 아시아는 물론 미국, EU 등의 선진시장에서도 수요가 크게 증가하는 추세였다. 이러한 상황에서 대산 MMA는 연산 1만 1천 톤 규모의 공장을 완공하고 원료(MMA 모노머)까지도 자체 공급체계를 구축함으로써 글로벌 경쟁력을 갖춘 HEMA를 생산하게 되었다. PMMA와 HEMA의 생산 체계를 확보함에 따라 호남석유화학은 정밀화학 분야에서의 사업을 확대하며 고부가가치 제품 위주의 포트폴리오를 갖추게 되었다. 그뿐만 아니라 MMA 분야에서 국내 1위, 세계 6위의 생산능력을 보유하게 되었다.

한편 2015년 1월 대산MMA는 '롯데엠알시(Lotte MRC)'로 사명을 변경했다. 기존 사명은 '대산'이라는 특정 지역의 이름을 사용하고 있어 글로벌 비즈니스를 하기에는 부적절하다고 판단한 것이다. 적절한 선택이었다. 사명 변경으로 롯데엠알시는 롯데의 일원임을 명확히 하고 글로벌시장에서 잘 알려진 롯데 브랜드로 해외시장을 한층 활발하게 개척할 수 있게 되었다. 그리고 2017년 6월 본사를 롯데월드타워로 이전함과 동시에 7월 사명을 롯데엠시시(Lotte MCC)로 다시 한번 변경했다.

삼성그룹 화학 부문 3개사 인수

롯데는 2015년 10월 삼성의 화학계열사 3개 사(삼성정밀화학(구 한국비료), 삼성비피화학, 삼성SDI케미칼 사업 부문)를 인수하는 이른바 빅딜(Big Deal) 계약을 체결했다. 신동빈 회장의 통 큰 선택이었다. 이는 화학산업을 육성하겠다는 롯데와 IT 및 바이오 분야를 전문화하려는 삼성의 입장이 일치함에 따라 이루어진 교환으로 인수금액은 3조 원대에 달하는 거래였다. 그로부터 6개월 후인 2016년 4월 롯데는 인수대금을 모두 납입하고 3개사의 인수 절차를 마무리 지었다.

이에 앞서 삼성정밀화학은 2016년 2월 정기주주총회를 열고 회사명을 '롯데정밀화학'으로 변경했다. 삼성정밀화학이 대주주로 있는 삼성비피화학도 이사회를 거쳐 '롯데비피화학'으로 사명을 변경했고 삼성SDI케미칼 사업 부문은 SDI케미칼로 분사되는 과정을 거친 뒤 '롯데첨단소재'로 새롭게 출범했다. 다만 롯데첨단소재는 90%만 인수, 2019년 삼성SDI로부터 나머지 10%를 양도받기로 했다.

삼성SDI는 가전 및 전기제품, 자동차, 내외장 등에 사용되는 고부가합성수지(ABS, PS)를 주로 생산해 온 첨단소재 화학사로, 1989년 ABS, PS 공장을 가동하며 출발했다. ABS 생산능력 기준으로 국내 2위, 세계 5위의 점유율을 가지고 있으며 고충격, 고강성 내외장재로 사용되는 PC 부문에서는 국내 1위에 오르는 등 해당 사업영역에서 최고의 경쟁력을 갖추고 있다.

여수공장을 비롯해 중국, 헝가리, 멕시코, 미국, 독일 등 해외에서도 9곳에 생산법인 및 판매법인을 두고 있다. 삼성정밀화학은 1964년 '한국비료공업'으로 설립되어 50년 넘는 역사를 이어오고 있는 전통의 화학회사이다. 우리나라를 대표하는 정밀, 화학사로서 '유로스'로 대표되는 요소수를 비롯하여 건축, 화장품 등 다양한 산업에 활용되는 기능성 첨가제와 의약 및 IT소재 등 정밀화학제품을 생산하고 있다. 공장은 울산과 인천에 자리하고 있다.

1989년 4월 영국 BP사와 삼성이 합작하여 설립한 삼성비피화학은 주력 제품인 초산이 압도적인 점유율로 시장을 지배하고 있는 화학회사이다. 고부가가치 정밀화학제품인 초산과 그 유도체인 초산비닐을 생산하는 국내 유일의 기업으로 울산 석유화학단지에 본사 및 공장을 두고 있다. 이러한 삼성의 화학계열사 3사 인수를 성공적으로 마무리함에 따라 롯데케미칼은 명실상부한 글로벌 종합화학회사로 도약했다. 특히 롯데케미칼은 3사 인수를 통해 석유화학 부문의 수직계열화를 완성하고 고부가가치 제품의 라인업을 확대하는 효과를 얻게 되었다. 나아가 롯데의 화학 부문은 롯데케미칼을 중심으로 규모의 경제를 실현하며 더욱 강한 경쟁력을 확보할 수 있게 되었다. 이로써 롯데는 유통 중심으로 인식되던 기업 이미지를 전환하고 화학 부문과 유통 부문을 양대 축으로 하는 사업구조를 더욱 튼튼히 만들었다. 롯데를 창업할 당시 신격호 창업회장이 구상했던 중화학 사업의 꿈을 마침내 구현하게 된 것이다. 롯데는 창업 50여 년 만에 마침내 한국 화학공업의 주역으로 우뚝 서게 되었다.

40

롯데알미늄(Aluminium)의 진화

알미늄은 백색으로 가벼운 금속이다. 찰흙 속의 은이라는 이명을 갖고 있다. 알미늄은 제조업계의 필수요소다. 금형공장이든 부품공장이든 알미늄 가공을 전제하지 않는 기계를 찾는 것은 거의 불가능할 정도로 널리 쓰이며 오래 쓰여왔다. 신격호 창업회장이 국내 제조업에 투자할 때 제1호 제조업이 알미늄이었다. 롯데와 알미늄은 분리해 생각할 수 없다. 껌 포장지나 Can 및 PET병이 없으면 롯데는 성장이 불가능하다.

롯데알미늄은 1966년 창립한 이후 알미늄박(薄, 껌 포장지)을 비롯해 연포장재, 골판지상자, Can(양철깡통) 및 PET병 등을 생산하는 국내 최대의 전문기업으로 성장했다. 1990년대 후반 대외적인 경제불황에도 불구하고 기술력을 바탕으로 내실을 다져온 롯데알미늄은 혁신적인 자구 노력으로 이를 극복하여 2008년 6,000억 원, 2011년 1조 원대의 매출을 올리는 약진을 이루었다. 이 과정에서 롯데알미늄은 2011년 NB Can라인을 증설하고 2014년에는 안산공장에 신공장을 증축하여 생산능력을 확충했다. 또한, 신공장 증축과 동시에 첨단연구소를 설립했다. 이 분야에서는 국내 최초였다. 이로써 식품용 포장회사에서 첨단산업용 소재 전문회사로 도약하는 전환점을 마련했다.

롯데알미늄은 지속 성장을 위한 성장 동력을 발굴한다는 차원에서 기존산업의 핵심역량과 축적된 기술력을 기반으로 인접 영역의 신규사업을 발굴하는 데 많은 노력을 기울였다. 먼저 2011년 태양광 모듈 보호필름 'Solar Sheet'를 개발했다. 연구소의 개발역량이 빛나는 'Solar Sheet'는 외부의 극한 환경에도 태양광 모듈이 장기간 안정적으로 태양광에너지를 수급할 수 있도록 보호하는 역할을 한다. 이로써 롯데알미늄은 친환경에너지 산업으로의 진출에 한 걸음 더 다가섰다. 한편 오랜 기간 알미늄박을 다루며 쌓아온 롯데알미늄만의 기술은 '투명증착필름'과 '알미늄양극박' 개발로 이어졌다. 증착기술과 코팅기술 노하우를 접목한 투명증착 필름은 식품용, 산업용, 의료용에 이르기까지 광범위한 분야에 사용 가능하고 특히 소각 시 유해물질이 나오지 않는 친환경 소재로 주목받았다. 전자제품과 하이브리드 자동차에 쓰이는 2차전지의 필수소재 '알루미늄양극박'은 외부의 전기에너지를 화학에너지 형태로 저장해 두었다가 필요할 때 전기를 발생시키는 것이 특징이다.

이처럼 롯데알미늄은 포장재 회사에서 신소재 전문기업으로 변신했다. 롯데알미늄은 해외시장 진출에도 박차를 가했다. 2009년 중국 베이징에 있는 '희까리인쇄'를 인수하여 '낙천포장(북경)유한공사'를 설립하면서 중국시장에 진출했다. 중국법인은 종이 케이스와 연포장재, 껌과 초콜릿 용기를 제조, 판매하는 회사로 생산품을 중국 전역에 판매하는 동시에 태국, 인도네시아, 베트남, 러시아에 수출했다.

2011년 11월에는 인도네시아의 현지 포장재 생산업체를 인수해

'롯데패키징(PT, Lotte Packaging, 약칭 인도네시아 법인)을 설립하고 2017년 3월 신규 OPP 라인을 증설했다. 인도네시아 법인은 3개의 생산라인에서 연포장 프린트용 필름, 의류 포장용 필름, 무광필름 등을 생산하여 한국과 동남아 각국으로 수출했다.

롯데기공, 업소용 냉장고 미국에 수출

롯데기공은 2009년 4월 롯데알미늄에 합병돼 롯데알미늄 기공사업본부로 개편되었다. 롯데기공은 가스보일러, 자동판매기, 쇼케이스 등 다양한 영역에서 사업 기반을 다져왔다. 롯데기공이 알미늄에 합병되었다고 해서 사업 내용이 달라지지는 않았다. 오히려 2003년부터 신사업으로 시작한 점포통합 유지보수사업이 시장에서 기대 이상의 호응을 얻으며 신규사업 규모가 확대되었다. 또 점포 인테리어 사업에 새로 진출하고 롯데칠성음료의 판매장비도 인수하면서 유지보수 사업을 더욱 강화하는 계기가 되었다.

통합유지보수란 장비 및 설비는 물론 인테리어를 제공하고 정기적인 MT용역을 제공하는 토탈솔루션 사업이다. 계약자가 자체적으로 유지, 보스를 관리할 때보다 비용이 절감되고 장비의 이상 유무를 사전에 감지하여 최적의 점포 상황을 유지할 수 있다는 장점이 있다. 통합유지보수 사업은 관리대상이 편의점, 패스트푸드점, 커피전문점, 패밀리 레스토랑, 베이커리, 할인점으로 확산되면서 2011년 롯데기공이 관리하는 점포 수가 9,000여 개로 늘어났다. 관리대상 점포 수가 급증함에 따라 롯데기공은 전국에 5개 직영 센터를 설치해 관할지역 점포를 365일 철저히 관리하도록 했다. 이는 롯데기공에 대한 고객의 신뢰도가 두터워지는 배경이 되었다.

기존사업 분야에서도 지속적으로 신제품을 개발하여 고유의 사업 영역으로 발전시켰다. 2009년에는 고효율 PET & Can 자동판매기와 업소용 냉장고를 출시하고자 자동환기시스템(ESV)도 자체생산하기 시작했다. 2011년에는 아이스크림 냉동고, 700㎖ 350잔 용량의 원두커피 자판기 등을 선보였고 2012년에는 멀티자판기, 주류 쇼케이스도 출시했다. 이후에도 롯데기공은 프리미엄 원두 아이스 자판기, 자유낙하 냉·비냉 파이프 멀티자판기 등을 새로 개발했다. 2014년에는 제습 바람이 두 곳에서 나오는 필립스 제습기도 선보였다.

지속적인 기술혁신으로 최고의 품질을 자랑하는 가스보일러 부문에서는 2011년 하이큐가스보일러와 2012년 오케이콘덴싱보일러를 출시했다. 오케이콘덴싱보일러는 스테인리스스틸 잠열 교환기와 순동열 교환기를 적용해 에너지 소비율이 1등급이라는 게 큰 장점이었다. 2015년 롯데기공은 '가스보일러 비전 선포식'을 갖고 보일러셀(Cell) 생산방식을 도입하는 등 지속적으로 생산성 및 품질 혁신을 추구했다. 그해 10월에는 업계 최초로 창고형 할인점 VIC 마켓 5곳에 입점해 '롯데보일러'의 이름으로 가스보일러 판매를 시작했다.

수출도 꾸준히 계속되었다. 2009년에는 미국의 업소용냉장고 메이커 업체인 'Standex International'과 2012년까지 업소용냉장고 약 3만 대를 수출하는 계약을 체결했다. 이에 따라 2010년 4월 처음으로 상업용 냉장고, 냉동고를 미국시장에 수출했고 이 한 건의 계약으로 롯데기공은 3,000만 달러의 수출 실적을 올렸다. 그해 일본에는 아이스자판기를 수출하는 등 수출시장 확보와 활성화를 위한 노력을 기울였다.

캐논코리아 복합기(Multi-Function Printer) 생산 1,000만 대

캐논코리아비즈니스솔루션은 설립 이후 롯데의 폭넓은 유통망을 기반으로 캐논의 기술력을 시장에 제공하면서 사무기기 토탈솔루션 전문기업으로 역량을 쌓아왔다.

캐논이란 원래 17세기 이전 구식 대포를 분류하는 여러 기준 중 하나에 속하는 명칭이다. 이것이 사무기기 산업에서 하나의 브랜드로 정착되었다. 상업용 고속 인쇄기에서부터 디지털복합기, 잉크젯, 레이저프린터, 스캐너, 프로젝터, 계산기에 이르기까지 업계에서 유일하게 풀(Full) 라인업을 갖추고 업무 효율을 높이는 솔루션을 제공했다.

2000년대 들어서는 사무기기를 넘어 의료기기, 미니 프로젝터, 3D 프린터, 네트워크카메라, 산업설비(자동차 2차전지 생산설비, OLED 디스플레이 생산설비) 등으로 사업영역을 확장했다. 미래시장을 선점할 사업역량을 확보하기 위해 기술연구소를 증축하고 신제품 개발에도 나섰다.

기술연구소는 2010년 복합기의 심장이라 할 수 있는 컨트롤러를 자체개발하는 성과를 내놓았다. 또 디지털인쇄기, Zuus 컨트롤러 탑재 복사기, A4 복합기 4000시리즈 등을 개발한 데 이어 2004년에는 3D 프린터를 자체개발하는 기술력을 과시했다. 이러한 기술력은 고도의 기술을 요하는 A3 복합기 개발을 촉진하는 밑거름이 되었다.

신산업으로는 의료기 사업에 진출해 안과기기, 디지털방사선촬영장비 등을 출시했고 상업인쇄에도 진출해 사업구조를 다변화했다. 이와 함께 설비증설에도 착수하여 2013년 5월 시화 MTV신공장을 준공했다. 안산공장은 지속적인 생산혁신활동을 펼쳐 많은 국내기업들의 벤치마킹 대상이 되었다. 이처럼 지속적인 사업 확장 노력과 연구개발 성과를 기반으로 판매증진에 노력한 결과 캐논코리아 비즈니스 솔루션은 눈에 띄는 성과를 만들어 냈다.

2008년에는 '2억 달러 수출의 탑'을 수상하여 수출 기업으로서의 면모를 과시했고 2009년에는 사무기기 시장에서 점유율 28.9%를 차지하며 업계 1위로 올라섰다. 사무기기 시장은 어느 업계보다 경쟁이 치열하다. 대표상품인 복합기의 누적 수출량은 2010년 300만 대, 2011년 500만 대를 넘어서더니 2015년에는 복합기 생산 1,000만 대를 돌파하는 기록을 세웠다. 복합기(Multi-Function Printer)는 컴퓨터 및 모바일 디바이스에서 사진, 문서 등을 출력할 수 있음과 동시에 스캔, 팩스, 기능까지 포함된 출력장치이다. 1990년대 후반에 업무용 디지털복사기에 프린터와 네트워크 기능을 복합하여 등장했다.

이 시기 캐논코리아비즈니스솔루션이 주도한 혁신 성과 중 가장 눈길을 끄는 것은 R&D의 거점으로 변신한 것이다. 2000년 이후 트렌드가 변화하면서 아날로그 복사기의 물량이 급격히 줄어든 데다 디지털복사기의 생산기지가 중국으로 결정된 것이 계기가 되었다. 캐논코리아비즈니스솔루션은 A4 복합기의 개발, 생산을 타개책으로 마련하고 일본 캐논에 제안하여 승인을 받아냈다. 당시 R&D는 일본을 중심으로 이루어졌기 때문에 제안은 쉽게 받아들여지지 않았고 모든 경영진이 이를 설득하는 데 총력을 다하였다. 이에 따라 캐논코리아비즈니스솔루션은 2004년부터 2006년까지 약 2년에 걸친 기술(설계) 연수를 바탕으로 디바이스와 시스템을 아우르는 개발형 공장, 새로운 R&D 거점으로 새롭게 태어났다.

캐논코리아비즈니스솔루션은 세계 최고를 추구하며 도전과 혁신의 노력을 계속했다. 그리하여 2015년에는 정보보호관리체계(ISMS) 인증을 획득함으로써 사업의 신뢰도를 높였다. 또한 자회사로 표준사업장을 설립하는 등 사회적 기업으로도 모범을 보였다.

한국후지필름 포토테인먼트(Phototainment) 시대 열어

한국후지필름은 1980년 설립 이후 여가생활에 감성을 덧입히는 사진(寫眞) 문화의 새로운 트렌드를 선도했다. 디지털 산업의 급속한 발전으로 그 어느 산업보다 변화무쌍한 사업 환경에 놓여 있지만 한국후지필름은 필름 판매를 시작으로 즉석카메라, 필름, 사진 및 감광재료 판매, RFID 제조 및 판매 그리고 온라인쇼핑몰에 이르기까지 변화하는 환경에 유연하게 대응하는 사업전략을 구사하며 발전을 계속했다.

2000년대 후반부터는 급변하는 디지털 환경 속에서는 고객의 라이프스타일에 맞춰 다양한 서비스를 개발하는 데 주력했다. 특히 고객감성과의 공감은 한국후지필름의 중요한 전략 가운데 하나였다. 전 세계에서 유일하게 필름에 기반을 둔 즉석카메라를 생산, 판매한 것도 사진의 감성적인 가치를 고객과 교감하려는 의도였다. 그 결과 즉석카메라 '인스탁스' 시리즈는 세계적으로 사랑받는 필름카메라로 각광을 받았다. 또 세계시장 1위의 은염사진 인화지도 생산, 판매하여 고객의 소중한 추억을 오래도록 간직할 수 있게 했다. 손쉽고 간편하게 제작이 가능한 포토북 등 사진 콘텐츠 솔루션을 개발하는 것도 이 같은 이유에서였다. 그뿐만 아니라 사진 촬영과 촬영된 사진의 합성, 인화까지 한 번에 제공하는 기술인 크로마키(Chromakey) 및 종합사진솔루션을 자체 개발, 선보임으로써 포토테인먼트의 장을 열었다.

한편으로는 기존 사업에서의 기술과 노하우를 바탕으로 RFID(Radio Frequency Identification), 반도체 현상액 등 신산업을 개척하는 노력도 빠뜨리지 않았다. RFID란 사물에 고유카드가 기록된 전자태그를 부착하고 무선신호를 이용하여 해당 사물의 정보를 인식, 식별하는 기술로 '무선식별', '스마트 태그', '전자라벨' 등으로 불린다.

한국후지필름이 디지털 시대로 진화하는 전환기에 내놓은 상품 가운데 눈에 띄는 대표상품은 단연 '인스탁스 즉석카메라'였다. 인스탁스 즉석카메라는 2008년 판매 대수 70만 대를 넘어섰고 2017년에는 250만 대를 넘어섰다. 필름은 무려 6억 장이 판매되었다. 한국후지필름은 소비자가 자신의 취향에 따라 선택의 폭을 가질 수 있도록 다양한 즉석카메라 제품을 선보였다.

2012년에는 '인스탁스 미니8'을 세계에서 가장 먼저 한국에서 출시했고 이듬해에는 플래그십 즉석카메라 '인스탁스 미니90'을 론칭했다. 또 2015년에는 셀의 기능이 강화된 '인스탁스 스퀘어 SQ-10'을 출시했다. 포토프린터도 다양하게 출시해 생활의 즐거움을 선사했다. 2010년에는 휴대용 포토프린터 'Pivi300'을, 2014년에는 스마트폰용 포토프린터 '인스탁스쉐어 SP-1' 과 'Pickit'을 출시했다. 또 2016년에는 한층 업그레이드된 스마트폰용 포토프린터 '인스탁스 쉐어 SP-2'를 출시하면서 '인스탁스 미니 모노크롬(흑백) 필름'도 함께 론칭했다. 그 외에도 한국후지필름은 다양한 제품과 서비스로 고객의 라이프스타일을 이끌었다. 5분 만에 완성되는 포토북 '이어앨범'도 사진정리 툴(Tool)로써 화제가 되었다. 2015년에는 온라인

쇼핑몰을 오픈하고 이듬해에는 포토북에 이어 앨범스마트폰 애플리케이션도 출시했다. 2014년 오픈한 새로운 개념의 감성사진관 '헬로그래피'는 2016년까지 3호점을 개점했다.

한편 한국후지필름은 사진을 매개로 고객과의 소통을 넓히고 사회적 책임을 다하기 위해 해외봉사단 나누미셔터, 청소년 사진교실을 개최했다. 2017년 1월에는 '빛나는 기록. 인스탁스 2017년'을 주제로 사진전을 개최해 인스탁스 사진 문화를 새롭게 조명하며 관람객들과 소통하는 장을 만들기도 했다.

41

롯데그룹의 카드·보험·여신 전문 금융사

롯데카드 혁신적 카드 서비스

서울 숭례문(남대문) 인근의 롯데손해보험빌딩으로 본사를 이전한 롯데카드는 신사옥에서 첫 시무식을 갖고 롯데카드의 '숭례문 시대'를 선언했다. 이는 롯데카드가 새로운 도약의 시대를 열어갈 것임을 예고하는 것이었다. 본사 이전에 따라 그동안 다른 건물에 흩어져 있던 부서들도 본사로 통합돼 업무의 효율성이 크게 높아지게 되었다. 신규사업을 개발하고 추진하는 데에도 탄력을 받게 되었다. 그뿐만 아니라 같은 금융 부문 회사인 롯데손해보험과의 업무제휴나 공동마케팅도 원활하게 추진할 수 있어 시너지 효과도 기대할 수 있게 되었다.

롯데카드는 2013년 12월 통합롯데카드로 정식 출발한 이래 'No.1 생활금융서비스네트워크'를 비전으로 선포하고 국내 최대의 네트워크를 보유한 대한민국 대표 유통계 신용카드로 성장했다. 소비자들이 일상생활에서 자주 이용하는 백화점, 마트, 슈퍼, 편의점, 영화관, 커피전문점 등 롯데의 인프라 전체를 아우르는 서비스네트워크를 가지고 신용카드의 대표 서비스인 '할인'과 '포인트'에서 다양한 혜택을 제공하며 빠르게 성장한 것이다. 특히 전국의 롯데매장 어디서나 현금처럼 사용할 수 있는 '롯데멤버십서비스(현 L Point)'는 롯데카드로만 체감할 수 있는 혜택이다.

이를 발판으로 롯데카드는 고객들의 다양해진 라이프스타일에 맞춰 경쟁력 있는 서비스 개발에 최선을 다했다. 최대가 아닌 최고를 지향하며 안정된 경영기반과 실속 있고 편리한 혜택, 정성을 다하는 서비스로 고객 마음속에 1등 카드사로 자리매김하는 데 목표를 둔 것이다. 그 결과 롯데카드는 2004년부터 흑자로 전환하여 취급고와 순이익이 가파르게 상승해 2015년에는 시장점유율도 9%를 넘어섰다. 자산건전성 측면에서도 업계 최저 수준의 연체율을 기록하고 신용판매와 금융서비스 비중을 7대 3으로 유지하는 등 안정적인 사업구조를 확립했다.

카드의 포인트 유효기간 폐지(평생사용제)

롯데카드는 2009년 6월 롯데 20개 가족사(社) 전 매장에서 최대 7%의 할인 혜택을 받을 수 있는 'DC플러스카드'를 출시했다. 이를 시작으로 필수생활비 지출업종 할인 혜택을 담은 '롯데DC스마트카드'와 '롯데DC슈프림카드', 인터넷쇼핑 할인카드인 '롯데DC클릭카드'를 잇달아 출시하면서 카드 시장에 돌풍을 일으켰다. 여기에는 성씨(姓氏) 마케팅이 큰 힘으로 작용했다. 성씨 마케팅은 우리나라 사람들의 뿌리 깊은 성씨 의식을 포착해 'DC'를 '대한민국 디氏'로 의인화하여 카드마케팅에 활용한 것으로 많은 사람들의 폭발적인 관심을 모으면서 마케팅의 성공 사례로 기록되었다.

롯데카드는 DC플러스카드 출시 1년 만에 업계 7위에서 3위로 올라섰고 2011년에는 회원 수도 1,000만 명을 돌파했다. 롯데카드는 2011년 포인트 적립 한도와 적립 장소에 제한이 없는 'Veex카드', 중국에서 수수료 없이 이용가능한 '포인트플러스펜타카드' 등을 선보이면서 고객 니즈에 맞는 상품개발에 속도를 냈다. 한창 상승 국면을 타고 있던 2014년개인정보 유출 사태가 발생해 큰 위기를 맞기도 했지만 이를 전화위복의 계기로 삼아 개인정보 관리를 강화하고 더 좋은 서비스 개발에 주력하는 성숙함을 보였다.

2014년에는 제1기 고객체험단을 구성해 고객의 소리를 직접 듣는 동시에 이와 연계한 광고 캠페인 '듣다, 바꾸다'를 전개하여 좋은 반향을 일으켰다. 롯데카드는 2014년 획기적인 조치를 내놓았다. 5년으로 되어있는 신용카드 포인트 유효기간을 그해 4월 1일부터 전격적으로 폐지한 것이다. 국내에서는 처음의 일로 우리카드 시장 성장사에 하나의 발전의 계기를 만든 일이었다. 이에 따라 1,000만 명의 롯데카드 고객들은 자신의 포인트를 평생 사용할 수 있게 되었다. 이러한 획기적인 조치는 '듣다, 바꾸다' 캠페인에서 나타난 고객 의견을 반영한 것이다.

롯데카드의 포인트 유효기간 폐지는 업계의 카드포인트 영업방식에 큰 영향을 주었다. 당시 카드업계 전체적으로 유효기간으로 인해 소멸되는 포인트만 줄잡아 한 해 1,500억 원에 달했기 때문이다. 롯데카드는 2015년 7월 국내로만 한정했던 포인트 사용을 전 세계로 확대하는 글로벌 포인트 서비스도 시행했다.

2014년 12월에는 업계 최초로 '원클릭 간편결제'를 도입했다. 국내 대형 온라인몰에서 로그인만 하면 클릭 한 번으로 결제가 가능하도록 한 것이다. 롯데카드는 '온라인 부정 사용 방지 시스템(EFDS)'을 고도화해 보안에도 만전을 기했다. 과거 범죄 이력이 있는 IP 정보와 부정 사용 거래 패턴을 활용하여 부정 사용 징후가 보이면 ARS 추가인증을 하도록 시스템을 구축한 것이다.

2015년에는 아이행복카드에 생활 혜택까지 한 장의 카드에 담은 '롯데아이행복카드'와 모든 쇼핑업종에서 할인되는 '롯데올마이쇼핑카드', 개인화 추진기능이 탑재된 '고객맞춤형카드 추천서비스 토핑'을 출시했다. 나아가 2016년에는 국내 최초로 붙여 쓰는 후불 교통카드인 '롯데스티커카드'를 출시하는 등 다양한 기능의 카드와 앱을 연이어 선보임으로써 고객의 입장에서 혁신하는 기업의 이미지를 정착해 나갔다.

2017년 3월 롯데카드는 새로운 결제방식인 '핸드페이(Hand Pay)'를 선보였다. 핸드페이는 손바닥 정맥 정보를 사전에 등록하고 결제 시 전용 단말기에 손바닥을 잠시 올려놓으면 카드 결제가 완료되는 바이오페이(Bio Pay) 시스템으로 롯데카드가 세계 최초로 구현한 것이다. 같은 해 무인편의점으로 개설된 세븐일레븐시그니처, 롯데월드타워스마트점에 처음 상용되었으며 앞으로 다가올 4차산업을 선도할 가장 안전한 결제시스템이 될 것으로 전망되고 있다.

롯데금융센터 오픈

2008년 롯데의 금융 가족으로 새 출발한 롯데손해보험은 이듬해인 2009년 9월 롯데카드, 롯데캐피탈과 함께 롯데백화점 잠실점, 롯데마트 서울역점에 '롯데금융센터'를 오픈했다. 고객에게 한 발 더 다가가려는 노력의 일환으로 새롭게 선보인 롯데금융센터는 고객에게 보험업무와 쇼핑을 진행할 수 있도록 편리함을 제공하는 롯데의 금융 브랜드로서 많은 고객들로부터 고객 중심의 서비스라는 좋은 평가를 받았다.

롯데금융센터에 대한 호평이 이어지자 롯데손해보험은 롯데금융센터를 점진적으로 확대하기로 하고 2012년까지 18개 센터로 확대했다. 2011년 12월에는 특정 분야에 전문성을 갖춘 주택대출센터를 오픈하여 다양한 수요자들을 대상으로 고객 상담과 최적의 맞춤 서비스를 제공하기 시작했다.

2013년 9월 롯데손해보험은 본사에서 가치관 선포식을 갖고 '최선의 금융서비스, 사람들의 행복한 삶을 디자인한다.'는 미션을 선포했다. 지속성장하는 기업으로 거듭나기 위해 제정한 새 미션은 고객의 미래의 위험과 재정적 불안을 미리 파악해 고객이 행복한 삶을 누릴 수 있도록 최고의 금융서비스를 제공하겠다는 의지를 담았다.

미션 선포와 동시에 롯데손해보험은 임직원 모두가 공유하고 실천해야 할 가치 판단과 행동의 기준으로 고객중심, 책임감, 신뢰, 전문성 등 4개 핵심가치를 정립하여 사내 행동규범에 반영했다. 미션 선포식을 시작으로 롯데손해보험 임직원들은 지속적으로 미션과 핵심가치에 맞는 정책을 운영하여 보다 내실 있는 회사를 만드는 데 힘을 모았다.

건강한 손보사로의 발전

고객의 입장에서 새로운 상품을 지속적으로 개발하여 진취적인 금융서비스를 펼친 결과는 경영실적으로 나타났다. 2014년 롯데손해보험의 퇴직연금 적립금은 1조 원을 돌파했다. 저성장, 저금리 기조의 장기화로 인해 투자수익을 얻기 어려워진 일부 손해보험사들이 사업을 축소해 가는 것과는 상반된 성과였다.

롯데손해보험은 2014년 11월 퇴직연금 적립금이 1조 270억 원을 돌파해 삼성화재, 현대해상화재에 이어 세 번째로 손해보험사 퇴직연금 '1조 클럽'에 가입했다. 내용적으로도 롯데 가족사 물건은 5,015억 원으로 타사 비중이 50% 이상을 차지했다. 2011년 롯데 내부비중이 50%에 달했던 것과 비교하면 놀라운 변화였다.

롯데손해보험은 저금리 기조가 이어지는 어려운 환경 속에서도 꾸준한 성장을 이어갔다. 특히 자산의 증가가 두드러졌다. 롯데손해보험은 연간 20% 이상의 자산증가율을 기록하며 2016년 총자산이 11조 원을 돌파했다. 원수보험료도 2조 2,503억 원(취급액 기준)을 달성하는 등 모두 두 자릿수의 성장세를 유지했다. 사업기회의 적극적인 포착과 투자, 적절한 리스크관리, 상품 및 서비스 개발, 고객유치 다변화 등의 운영 전략이 가져온 성과다.

롯데손해보험은 2016년 1월 '롯데하우머치다이렉트모바일' 사이트를 오픈했다. 이어 2016년 11월에는 이용자의 결제 편의를 높이기 위해 간편결제 수단인 '엘페이'를 도입했다. 이와 함께 신상품 개발에도 노력하여 2017년 '롯데하우머치다이렉트마이펫보험'과 '롯데노후걱정타파상해보험' 등 각종 다이렉트 전용 전문보험과 특화보험들을 다양하게 선보였다.

롯데캐피탈 톱클래스 금융사로

롯데캐피탈은 2005년을 전환점으로 성장의 도약대에 올라섰다. 그리하여 불과 4년 만인 2009년에는 금융자산을 3배로, 시장점유율은 2.6%에서 4.5%로 늘어나 국내 여신전문금융사 가운데 4위로 올라섰다. 리테일금융, 기업금융, 리스금융으로 연결되는 안정적인 여신전문금융의 포트폴리오를 구축한 것도 큰 성과였다.

롯데캐피탈의 성장은 업계를 놀라게 했다. 특히 롯데캐피탈이 미국발 세계금융위기에도 흔들리지 않는 모습은 업계에서 화제가 되었다. 특히 2010년 말에는 세계금융위기로 인해 금융업계의 실적이 뒷걸음치는 상황에서도 전년 대비 12%의 신장된 실적을 올려 또 한 번 업계를 놀라게 했다. 이에 따라 롯데캐피탈은 여신전문금융 업계 순위에서 1년 만에 한 단계 뛰어오른 3위로 올라섰다.

사세가 커진 롯데캐피탈은 2011년 7월 서울테헤란로의 캐피탈타워 본사를 확장이전했다. 동시에 론센터, 오토센터, 리스센터, 금융센터, 채권센터 등 지역지원 조직도 크게 확대했다. 이에 따라 한층 고도화된 여신전문금융서비스도 가능하게 되었다. 특히 개인대출상품은 2010년을 전후해 우량 개인사업자를 대상으로 한 소호론, 여성전용 상품인 레이디론, 고령층 대상의 캡론실버 등의 전문상품으로 진화하면서 고객층이 더욱 두터워졌다.

2013년 9월에는 수입차 리스시장의 규모가 확대됨에 따라 오토리스 시장에도 진입했다. 롯데캐피탈은 리테일금융과 상승효과를 기대하면서 적극적으로 오토센터를 개설해 2015년에는 전국 10곳에서 오토센터를 운영했다. 또 3개 지역에 채권센터를 운영해 오토리스에 대한 채권관리를 강화했다.

중국, 인도네시아 시장 진출

롯데캐피탈은 2011년 성장성이 매우 높은 중국시장에 진출했다. 이미 중국에는 13개의 롯데 가족사가 진출하여 2개의 법인을 운용하고 있는 상태였다. 롯데캐피탈은 2011년 7월 중국에 '낙천융자조

임(중국)유한공사(약칭 중국법인)'을 설립해 9월부터 영업을 시작했다. 중국법인은 영업 개시 첫해부터 'Sale & Lease back' 기법으로 설비리스를 유치하여 180억 원의 금융자산을 확보하는 데 성공했다. 중국 현지기업, 특히 한국기업들의 현지법인에 대한 금융수요 확보에 영업력을 집중하여 순조롭게 시장에 안착했다. 2015년 4월에는 상하이 자유무역 시험구 확대 조치로 여신금융 외에 팩토링금융도 가능해짐에 따라 영업 범위를 확대했다.

중국시장에 성공적으로 진출하여 자신감을 얻은 롯데캐피탈은 곧바로 인도네시아 시장에도 진출했다. 당시 인도네시아에는 6개 롯데 가족사가 11개 법인을 운영 중이어서 중국처럼 캡티브 마켓을 형성할 수 있을 것으로 기대되었다. 롯데캐피탈은 2012년 11월 65%의 지분을 가지고 롯데리아 등과 함께 '롯데캐피탈 인도네시아(PT, Lotte Capital Indonesia, 약칭 인도네시아법인)을 설립했다. 설립 이후 인도네시아법인은 리스로 시작해 차츰 오토할부로도 영업을 확장하는 한편 2014년부터는 현지의 롯데마트 내에 부스를 설치하고 가전할부금융을 중심으로 영업활동을 펼치는 등 적극적으로 시장을 개척해 나갔다.

이 같은 노력으로 2014년 롯데캐피탈 해외법인의 금융자산은 연결자산을 포함하여 총 4조 7,800억 원에 달할 만큼 성장했다. 이에 따라 국내 여신전문금융업계에서 롯데캐피탈의 위상은 2위로 상승했다. 2015년에는 금융자산이 창립 초기에 비해 33배 성장한 5조 원을 돌파하여 여신전문금융회사의 입지를 더욱 강화했다.

롯데정보통신 IT(Information Technology) 서비스 개발

롯데정보통신은 2009년 들어 신산업으로 급부상하고 있는 전자태그(RFID), 지능형빌딩시스템(IBS), 스마트카드 등 첨단산업의 경쟁력을 확보하기 위해 IT융합 분야 사업에 전사적 역량을 집중했다. 그 결과 롯데정보통신은 LED사업, U캠퍼스솔루션서비스, 생활IT 등 여러 분야에서 적지 않은 성과를 거두었다.

2017년에는 IT 역량을 강화한다는 방침에 따라 380억 원을 투입해 '현대정보기술'을 인수했다. 그리고 이듬해에는 현대정보기술과 함께 새로운 비전 선포식을 갖고 양사의 시너지를 창출하여 새롭게 도약할 것을 다짐했다. 이를 계기로 롯데정보통신은 해외 진출 기업의 IT시스템 구축 및 안정적인 운영을 지원하고 글로벌 ICT를 지향한다는 방침 아래 2009년 중국 베이징에서 처음으로 해외지사를 설립, 운영했다. 이를 시작으로 중국 상하이, 베트남 하노이, 인도네시아 자카르타에도 지사를 설립했고 2012년에는 러시아 모스크바에도 사무소를 개설해 모두 4개국, 8개 도시에 거점을 확보했다.

모스크바 사무소는 오픈과 동시에 롯데쇼핑, 롯데제과에 이어 IT 서비스를 제공하였고 하노이 지사와 중국 지사는 롯데센터 하노이와 선양 롯데월드에 초고층 IBS 기술을 적용한 최첨단 IT시스템을 구축했다. 특히 베트남에서는 통합 증권업무 시스템인 T-Solution을 보급해 단박에 베트남 시장점유율 1위로 부상하며 시장 선도기업의 위상을 확보했다.

롯데정보통신은 해외사업 강화전략의 일환으로 그룹 차원의 IT 셰어드서비스 전략을 추진했다. 이 서비스는 보안을 강화하고 업무 효율성을 높일 수 있을 뿐 아니라 비용을 절감하는 효과를 제공하는 것이었다. 이에 롯데정보통신은 IT셰어드서비스 '엘클라우드(L-Cloud)'를 개발하고 2012년부터 롯데 각 사가 진출한 중국, 동남아, 인도, 러시아 순으로 서비스를 개시했다.

한편 롯데정보통신은 그룹 차원의 데이터센터인 'UBiT센터'와 재해복구센터의 클라우드 컴퓨팅 및 가상화를 통해 고객에게 새로운 부가가치를 제공하는 기회도 확대했다.

'현대정보기술' 인수와 베트남 진출

롯데는 1993년 설립된 현대정보기술을 새 가족으로 편입시켜 롯데정보통신과 함께 쌍두마차가 되어 롯데의 ICT사업을 이끌게 했다 이미 현대정보기술은 공공SOC금융, 헬스케어, IT아웃소싱 등의 사업영역에서 독보적인 기술력과 노하우를 쌓아 대형 국가사업도 성공적으로 수행한 경험을 가지고 있었다. 또 용인에 위치한 데이터센터를 통해 24시간 365일 무중단 IT서비스를 제공하는 체제도 구축하고 있었다.

현대정보기술의 경쟁력은 특히 헬스케어 분야에서 두드러졌다. 국립중앙의료원 등 50여 대형병원의 통합의료정보시스템을 구축해 헬스케어 분야의 경쟁력을 인정받고 있었기 때문이다.

철도 분야에서도 현대정보기술의 경쟁력은 남달랐다. 부산 도시철도의 역무자동화시스템을 비롯해 대구 지하철 1·2호선의 신호 시스템 등 전국에서 다양한 사업을 수행했다. 이를 통해 축적한 기술과 노하우를 바탕으로 현대정보기술은 철도·교통 분야의 시스템 통합기술의 선도업체로 위상을 굳건히 했다.

그뿐만 아니라 현대정보기술은 금융사업 분야에서도 많은 성과를 쌓았다. 1999년 베트남 중앙은행의 자금결제시스템을 구축하여 '금융시스템통합수출 1호'를 기록한 이후 베트남의 농협은행과 수출입은행, 파키스탄의 중앙은행의 전산시스템을 구축하는 등 다양한 금융IT 사업으로 내공을 쌓았다. 국위를 선양한 것이다.

이처럼 많은 실적을 쌓으며 축적한 기술과 노하우를 바탕으로 현대정보기술은 롯데 가족이 된 이후에도 2014년 인천공항공사 운항정보통신시스템 구축사업을 수행하는 등 여러 분야에서 빛나는 성과를 만들어 냈다. 특히 해외진출에 많은 노력을 기울였다.

2014년에는 고성장을 계속하고 있는 베트남에 대한 투자를 확대하고자 베트남 증권솔루션 3위 업체인 'TYHPT'를 인수하여 'Lotte-TYHPT'를 설립했다. 이를 계기로 현대정보기술은 베트남에서의 사업을 더욱더 확대했다. 호치민 증권거래소 인프라와 하노이시 포털시스템 등 다수의 사업을 수주하는 성과를 거두었다. 2015년 6월 베트남에서 헬스케어 로드쇼를 진행하여 의료IT 분야에도 역점을 두었다. 이 로드쇼에서는 65개 대형병원이 관심을 보여 향후 사업 전망을 밝게 했다. 같은 해 9월에는 베트남 하노이에서 두 번째 로드쇼인 '금융솔루션 로드쇼'를 개최했다. 성황이었다. 이렇듯 현대정보기술은 해외에서도 사업 범위를 확대해 나갔다.

IT 시장 패러다임 전환

롯데정보통신과 현대정보기술은 2016년 11월 창립 20주년을 기념하여 새로운 비전을 선포했다. 새로운 비전인 'Design the Future, Enjoy New Experience'는 언제나 새로운 기술과 경험으로 창의적인 미래를 디자인한다는 의미로 전 임직원들이 6개월에 걸친 수업 과정에 참여하고 논의를 거쳐 만들어진 것이다. 이에 따라 지향점도 단순히 IT시스템을 구축, 운영하던 IT서비스 중심에서 벗어나 고객가치 제고를 위해 비즈니스를 직접 디자인하고 개발하는 '비즈니스 디자이너'로 전환했다.

한편 롯데정보통신과 현대정보기술은 4차산업혁명에 대비하고 새로운 IT산업을 주도하기 위한 R&D 강화를 통해 인공지능(AI), U-Health, FMS, LOT 등 다양한 사업을 육성하기 시작했다. 이미 정보기술연구소는 신기술 개발을 통해 핸드페이, 음파결제 등 롯데 각 사와 협업한 IT솔루션을 구축, 세계시장을 선도하고 있다. 또 우수 IT벤처에 대한 투자 및 협업을 확대, 강화함으로써 해외자본의 대규모 투자유치로 이어지는 성과를 거두는 등 상생의 비전도 함께 제시하고 있다.

42

빅데이터 허브(Hub) 롯데멤버스

롯데는 2015년 1월 옴니채널 환경에서의 고객 경험 개선을 위해 롯데카드의 통합멤버스 사업부를 분할시켜 '롯데멤버스'를 설립했다. 이와 함께 기존의 롯데포인트를 개방형 멤버십 플랫폼인 '엘포인트(L. Point)'로 브랜드 변경하고 4월에는 2,800만 명의 롯데멤버스 회원과 600만 명의 롯데패밀리 회원을 통합했다. 엄청난 규모의 회원이다. 이에 따라 엘포인트는 롯데의 빅데이터 허브로써 고객분석과 마케팅에 유용한 자료로 활용될 수 있게 되었다.

새로 출범한 롯데멤버스는 고객의 구매패턴이 모바일 중심으로 이동하는 추이를 반영하여 모바일에 있는 '엘포인트 앱'을 롯데의 모바일 허브로 성장시켜야 하는 사명을 안게 되었다. 이는 혁명적인 발상이었다. 이에 롯데멤버스는 제휴사의 현장 마케터들이 엘포인트를 보다 쉽게 활용할 수 있도록 'G-GRM(Geographal-GRM 엘포인트파트너스'라는 현장지원시스템을 오픈했다. 그리고 이를 통해 상권분석, 가맹점 특성 정보 등을 제공하고 엘포인트 모바일 앱과 엘팟(L. Pot)등으로 원활한 마케팅을 진행할 수 있도록 지원했다.

2015년 12월에는 소비자의 의견을 신속하게 반영해 효과적인 마케팅 전략을 수립할 수 있도록 리서치패널서비스 '라임(Lime)'을 오픈했다. 또 2016년 9월에는 통계청과 MOU를 체결하고 전문화된 분석 역량을 토대로 '엘포인트소비지수'를 개발하기도 했다.

엘포인트소비지수는 빅데이터를 토대로 가계소비를 관찰할 수 있게 개발한 것으로 국가 통계청의 공공데이터와 연계해 공동연구를 진행하거나 민간에서 공익 목적으로 활용할 수도 있는 새로운 개념의 사회지표이다. 롯데멤버스는 2013년 인도네시아, 2014년 중국, 2016년 베트남에 각각 진출해 해외에서도 엘포인트서비스를 시작했다. 이를 통해 현지의 통신, 금융, 항공 등 다양한 업체들과 제휴한 마케팅 사업자로서의 위상을 다지면서 엘포인트 글로벌 멤버십제도로 발전시켜 나가고 있다.

모바일 간편결제시스템 '엘페이(Lpay)'

2010년대 중반 들어 IT기술과 결제서비스가 융합된 O2O(Online to Offline)서비스가 잇달아 출시되면서 많은 오프라인 기업들이 온라인서비스와 결합한 옴니채널 전략을 적극적으로 추진하고 나섰다. 이에 따라 국내 핀테크(Fin Tech, 금융과 기술이 결합한 서비스) 시장이 급성장하고 핀테크 시장 선점을 위해 금융기업과 IT기업 간의 경쟁 또는 제휴도 활발해졌다. 이에 롯데는 2015년 9월 옴니채널 유통전략과 ICT기술을 결합해 고객들에게 온·오프라인 어디에서나 일관된 서비스를 제공하는 모바일 간편결제시스템 '엘페이(Lpay)'를 선보였다.

엘페이는 당초 교통카드 사업자인 마이비에서 담당하였으나 엘포인트와의 연계를 강화한다는 취지에서 2016년 7월 롯데멤버스로 이

관되었다. 이에 따라 롯데멤버스는 신동빈 회장이 강조한 '엘포인트-엘페이 생태계'를 더욱 활발하게 구축할 수 있게 되었다.

이에 앞서 신동빈 회장은 '엘페이는 롯데의 중요한 자산'이라며 '고객들이 엘페이의 편리함을 생활 어디서나 경험해 볼 수 있도록 서비스의 규모와 질을 확대하라'고 주문한 바 있다.

이후 롯데멤버스는 엘페이를 통해 고객의 모든 결제수단을 지원하는 결제플랫폼, 유통과 연결된 금융플랫폼, 가맹점의 마케팅플랫폼을 하나하나 구축해 나갔다. 그리고 엘페이 이용을 활성화하기 위해 다양한 마케팅 프로모션도 전개했다. 롯데멤버스는 회원들이 모바일 앱에서 포인트 적립과 사용은 물론 엘페이 결제까지 편리하게 사용할 수 있도록 운영체계를 대대적으로 개편했다. 이와 함께 모바일 앱을 보다 편리하게 이용할 수 있도록 'My L', 'Wallet' 등을 새롭게 선보였고 엘포인트 앱에서 바로 엘페이를 이용할 수 있게 메뉴를 업데이트했다. 또 유통업계 최초로 휴대폰 바탕화면에 엘페이 모바일 위젯을 탑재하여 오프라인 가맹점에서 즉시 결제할 수 있도록 고객 편의성을 높였고 NFC 기반의 교통카드인 모바일 캐시비 기능을 부여해 앱 구동 없이도 전국의 버스, 지하철, 택시 등의 단말기에 스마트폰 접속만으로 대중교통을 이용할 수 있도록 했다.

교통카드 시장 2위 강자로 등장

롯데는 2009년 11월 교통카드 및 전자금융 사업자인 '마이비'를 인수하고 2010년 9월에는 마이비와 경쟁 관계에 있던 '이비카드'도 인수했다. 교통카드 시장점유율 21%인 이비카드와 16%인 마이비가 계열회사로 편입됨에 따라 롯데는 37%의 점유율을 확보해 업계 2위에 올랐다.

2000년 7월에 설립된 이비카드는 교통카드 시스템 구축과 도시철도공사 RF무인충전기 공급사업을 전개했다. 또 통합 교통카드시스템, 무인충전기, 통합형 요금징수시스템 등을 제공하며 사업을 확장했다. 한편으로는 에콰도르 키토, 카자흐스탄 알마티에 'AFC & BMS'를 구축하는 등 해외시장을 활발하게 개척해 나갔다.

2000년 9월 설립된 마이비는 국내 최초로 교통카드시스템을 구축한 '부산하나로카드'를 자회사로 두고 있다. 부산에서 '디지털 부산카드' 상용서비스를 비롯하여 광주 도시철도시스템 구축, 한·일 전자화폐 호환을 위한 도쿄 공동협약 체결, 교통카드로 기부하는 '구세군 디지털 자선냄비' 등으로 사업을 확대했다. 특히 교통카드를 활용한 디지털 기부방식은 마이비가 세계 최초로 선보인 것으로 2023년 기준으로 20년째 운영되고 있다.

롯데의 우산속 한 가족이 된 이비카드와 마이비는 2010년 12월 교통과 유통을 결합한 롯데 선불카드 '캐시비'를 새롭게 론칭했다. '캐시비'는 선불 결제시장을 선도하는 브랜드로 빠르게 자리를 잡았고 2013년 12월 국내 최초의 전국 호환 교통카드로 발전했다.

2014년 6월에는 일본의 이동통신사인 '소프트뱅크' 모바일과 제휴하여 캐시비의 모바일 결제 글로벌 로밍서비스도 개시했다. 마이비는 2015년 9월 '엘페이(Lpay)'를 출시한 데 이어 국내 최초로 손목시계형 교통카드 '캐시비 교통시계'를 출시하기도 했다.

롯데 ATM(Automated Teller Machine) 서비스 개시

롯데는 2008년 7월 LCN 사업을 본격적으로 전개하기 위해 ATM

회사 '케이아이뱅크(현 롯데피에스넷)'를 인수했다. 향후 인터넷 전문 은행 사업으로의 확장도 염두에 둔 것이었다.

인수된 케이아이뱅크는 유통과 금융이 결합된 신개념의 금융자동화기기 브랜드 '롯데 ATM(Lotte ATM)'을 개발해 롯데백화점, 롯데마트, 세븐일레븐 등 롯데의 주요 유통점포에 롯데 ATM을 설치했다. 이와 함께 2009년부터 국내 최초로 신한은행, 기업은행, 부산은행, 시티은행, 경남은행, 제주은행, 삼성증권, SK증권, 유안타증권, KB증권, 롯데카드, 씨티카드, 롯데캐피탈 등의 금융기관과 업무제휴 협약도 체결했다. 이에 따라 세븐일레븐을 포함한 롯데백화점, 롯데마트, 롯데슈퍼 등 전국의 롯데 유통점과 고속도로 휴게소, 주요 터미널 등에 설치된 5,600여 대의 롯데 ATM기를 통해 제휴 금융기관을 대상으로 무료 입출금과 이체 등의 금융서비스를 제공할 수 있게 되었다.

2012년 1월 케이아이뱅크는 사명을 '롯데피에스넷'으로 변경했다. 대외 인지도를 높이고 브랜드 가치를 높여 고객의 생활 속으로 한 발 더 다가가기 위한 선택이었다. 이후 롯데피에스넷은 현금 자동입출금 및 매출자금 수납대행 서비스를 기반으로 고객에게 보다 편리하고 안전한 금융서비스를 제공하게 되었다. 또한 이를 위해 다양한 상품을 개발하고 운영체계 고도화에 전사적인 노력을 기울였다. 이와 함께 전 금융기관으로 제휴대상을 확대하여 전자금융 분야에서의 입지를 확고히 다져나갔다.

2014년에는 '웹캐시(Web Cash)'의 해외사업 부문인 '웹캐시글로벌'과 제휴를 맺고 글로벌 ATM 서비스 'WeATM'을 국내에 론칭했다. 이에 따라 제2 금융권 금융사들도 롯데피에스넷의 전국적인 ATM 인프라를 WeATM과 연계하여 유용하게 이용할 수 있게 되었다. 이는 금융시장이 새로운 질서로 재편되는 신호라는 점에서 업계의 주목을 받았다. WeATM은 기존 ATM 기기의 성능에 증권거래, 보험 등 다양한 금융서비스를 추가해 고객의 편의를 크게 높인 새로운 서비스인 것이다.

롯데피에스넷은 2016년 말 기준으로 ATM 4,500대를 포함하여 전국에 약 6,000대의 CD 및 ATM을 보유함으로써 전체 운영기기의 75%를 점하는 ATM 인프라(은행 점포 제외) 운영기업이 되었다. 그뿐만 아니라 핀테크의 진화 속도에 맞춰 교통카드 충전 및 환불, 포인트 충전 및 환불, 모바일 상품권 판매, 선불폰 충전 등 다양한 부가서비스도 도입하여 업계 선도기업으로서의 위상도 확고히 했다. 최근에는 첨단 성능의 정산 자동화시스템을 도입해 롯데마트를 비롯한 전국의 주요 휴게소, 터미널 등에 정산 자동화기기를 설치하는 등 보다 나은 금융서비스 개발에 힘을 쏟고 있다. 또한 인터넷 전문은행 카카오뱅크와의 전략적 업무제휴를 통해 금융시장의 새로운 패러다임을 만들어 나가고 있다.

43

롯데 로지스틱스 진화와 해외진출

 롯데로지스틱스(Logistics, 물류유통)는 2010년을 3PL(Third Party Logistics, 3자물류) 활성화의 원년으로 선포하고 혁신적인 성장전략을 마련하여 과거와는 다른 새로운 차원의 물류사업을 전개하기로 했다.

 이러한 전략에 따라 2011년 이천물류센터와 '본길로지스'를 인수하고 포워딩(Forwarding, 운송대행) 업무를 개시했다. 포워딩 업무는 화주로부터 위탁받은 수출입 화물의 국제 운송을 대리하는 국제물류의 한 형태이다. 2012년에는 '고객의 행복을 추구하는 친환경 물류기업'을 미션으로 수립하고 2020년까지 대한민국을 대표하는 'No.1 글로벌 물류전문 기업'으로 도약하겠다는 목표를 세웠다. 이를 위해 롯데로지스틱스는 이천물류센터에 4만 9,700m²에 이르는 대규모의 물류창고를 신축하여 2013년 9월 오픈했다. 연면적 10만 4,000m²에 이르는 이천물류센터는 롯데 내 최대규모의 물류센터로서 롯데 각 사와 파트너사에 효율적이고 안정된 물류 서비스를 제공하고 3PL 매출 확대를 이끄는 기반이 되었다.

 2016년 5월에는 서울 수도권의 유통 경쟁에서 우위를 점하기 위해 새로운 물류 거점으로 김포에 첨단물류설비를 갖춘 '롯데마트몰 김포물류센터'를 오픈했다. 롯데마트몰 김포물류센터는 연면적 3만 869m² 규모로 롯데마트몰의 성장에 따라 온라인 배송을 전담하기 위해 준공되었다. 이로써 롯데로지스틱스는 배송물량 확대 및 배송의 최적화를 실현하게 되었다.

롯데로지스틱스는 상품 벤더 서비스도 지속적으로 강화하여 콜드체인시스템을 비롯 업계 최고수준의 배송서비스 품질을 확립했다. 대량구매를 통해 경쟁력있는 가격으로 양질의 제품을 납품하고 개별구매가 힘든 상품을 공동구매하여 소규모 유통점도 상품 구색을 갖출 수 있게 하는 등 고객가치 창출에 앞장섰다.

한편 롯데로지스틱스는 LLP(Lead Logistics Provider)로서 한국물류 유통의 새로운 기준을 제시하여 국내에서 닦은 탄탄한 물류역량을 기반으로 글로벌 물류전문 기업으로 도약하기 위한 행보를 시작했다. 이는 롯데 각 사와 관계사의 활발한 해외 진출을 적극적으로 지원함은 물론 포화 상태에 이른 국내시장을 넘어 글로벌시장에서 지속적인 성장동력을 확보하기 위한 것이기도 했다.

롯데로지스틱스는 2009년 중국에 법인을 설립하여 중국시장에 거점을 구축했다. 그리고 이듬해인 2010년에는 인도네시아 법인을, 2013년에는 홍콩법인을, 2015년 8월에는 베트남법인을 설립한 데 이어 2016년 7월에는 카자흐스탄에도 법인을 설립했다. 이로써 롯데로지스틱스는 풍부한 물류 인프라와 운영 노하우를 바탕으로 중국, 인도네시아, 베트남, 카자흐스탄 등 아시아 5개 국가에 물류 네트워크를 구축하여 본격적인 시장 개척에 나설 수 있게 되었다.

2016년 기준 롯데로지스틱스는 롯데 가족사들의 물류 업무를 수행하는 동시에 1,500여 업체에 물류서비스를 제공하고 있다. 또한 국내

182개, 해외 22개 등 국내외에 203개의 물류 거점을 확보하고 3,886대의 차량, 첨단 IT기술을 접목한 물류시스템 등 풍부한 인프라를 구축하여 최적의 물류서비스를 제공할 수 있는 기반을 확립했다.

현대그룹 현대로지스틱스 인수

롯데는 유통의 파이널 채널인 물류사업을 강화하기 위해 2016년 12월 현대그룹 계열의 물류회사 '현대로지스틱스'를 인수했다. 현대그룹이 재무구조 개선 작업의 일환으로 매각에 나선 현대로지스틱스의 경영권을 롯데케미칼 등 롯데 8개 사가 공동으로 5,000억 원을 투입해 확보한 것이다.

1988년 설립된 현대로지스틱스는 택배, 항공, 해운, 인터모달(복합운송), 3PL(3자물류) 등의 분야에서 활발하게 활동해 온 국내 대표 종합물류기업 중 하나로 국내 택배시장에서 '현대택배' 브랜드로 시장점유율 2위를 차지할 만큼 탄탄한 기반을 구축하고 있었다. 또한, 2016년 기준으로 1조 6,325억 원의 매출(연간 기준)과 115억 원의 영업이익을 달성했으며 해외 13개국에 17개 법인을 운영하는 글로벌 네트워크도 갖추고 있었다.

이로써 롯데는 롯데로지스틱스의 육상 운송망과 현대로지스틱스의 택배, 해운, 항공, 물류망을 통합해 보다 높은 시너지 효과를 기대할 수 있게 되었다.

한편 2016년 12월 현대로지스틱스는 서울 종로구 연지동 본사에서 사명을 '롯데글로벌로지스'로 바꾸는 신 사명 선포식을 갖고 새로운 CI와 BI를 발표하며 신규 택배사업 브랜드 '롯데택배'를 공식 론칭했다. 직원들의 유니폼과 택배 차량도 붉은색으로 교체되었다.

현재 롯데글로벌로지스는 택배와 SCM(Supply Chain Management), 국제물류사업 부문에서 두각을 나타내고 있고 롯데로지스틱스는 롯데 각 사의 대규모 화물을 취급하며 냉장, 보통창고업과 물류관리업, 벤더유통업을 영위하고 있어 앞으로 두 물류회사가 연합할 경우 국내는 물론 해외 물류시장에서도 강력한 경쟁력을 발휘할 전망이다.

대홍기획, 마케팅솔루션컴퍼니로

대홍기획은 롯데그룹의 크리에이티브 창구이다. 대한민국의 대표적인 마케팅솔루션컴퍼니 중 하나로 성장했다. 대홍기획은 국내 최초로 마케팅전략 연구소를 설립해 다양한 마케팅전략 모델을 개발하고 국내 처음으로 크리에이티브 디렉터 제도를 도입해 크리에이티브를 주도해 왔다. 또한 업계 최초로 인터랙티브팀과 소셜마케팅팀을 신설하는 등 디지털 커뮤니케이션 분야에서도 한발 앞선 행보를 보여 주었다.

2010년대 들어 대홍기획은 활발하게 해외로 진출하는 롯데 가족사들의 글로벌마케팅을 지원하면서 지속적인 미래 성장동력을 확보하기 위해 해외시장 진출을 가속화 했다. 이에 따라 2012년 중국 상하이에 현지법인 '대홍차이나', 인도네시아 자카르타에 '대홍인도네시아'를 각각 설립하였고 2015년에는 롯데 가족사들이 대거 진출한 베트남에도 '대홍베트남'을 설립했다.

국내시장에서도 대홍기획은 탁월한 크리에이티브 역량을 바탕으로 광고주의 니즈(요구)를 뛰어넘는 광고 및 마케팅솔루션을 제시하여 성장세를 이어갔다. 그 결과 대홍기획은 광고대행사의 역량과 성과를 평가하는 각종 광고제에서 우수한 성적을 일구어냈다.

대홍기획이 2010년 진행한 롯데칠성음료의 '2% 부족할 때' 캠페인의 경우 컬러코드를 활용한 양방향 마케팅으로 '대한민국 광고대상' 3관왕(TV 부문, SP 부문 금상, 양방향 부문 특별상)과 '올해의 광고상'을 수상했고 이듬해 뉴욕 페스티발에서도 마케팅효과 부문 은상, 통합마케팅 부문 동상, 디자인 부문 파이널리스트로 선정되는 등 국내외 광고계에서 수많은 수상 기록을 세웠다.

또 2016년 하반기에 선보인 '옴니로 산다' 캠페인은 롯데 22개 가족사가 최초로 합작한 광고로서 다소 추상적일 수 있는 옴니채널의 개념을 브랜드 콘텐츠를 활용해 쉽고 재미있게 풀어냈다는 평가를 받았다. 영화를 보듯이 재미있는 연출과 빅모델들의 열연으로 SNS에서도 큰 인기를 얻으며 롯데의 브랜드 가치를 높이고 옴니채널(Omni-Channel, 고객중심 접근방식)의 의미를 널리 알리는 효과를 얻어냈다.

2015년 3월 대홍기획은 디지털 시대의 마케팅을 테마로 한 '제1회 이노베이티브 & 크리에이티브쇼(ICS, Innovative & Creative Show)'를 개최했다. 이는 옴니채널의 환경에 맞춰 디지털 크리에이티브 허브로의 도약을 선포한 것으로, 디지털 마케팅을 주도하겠다는 의지의 표현이었다. 대홍기획은 ICS를 통해 디지털과 마케팅커뮤니케이션의 통합을 통한 아이디어를 선보이면서 언론의 조명을 받았다.

2016년에는 빅데이터를 관리, 분석하는 솔루션 '디빅스(D-BICS)'를 개발하여 관심을 모았다. 디빅스는 브랜드, 모델, 소셜미디어 채널에 대한 데이터를 수집, 분석하는 모니터링, 마케팅인사이트 도출, 디지털 평판관리 등의 역할을 수행하는 빅데이터 관리, 분석 솔루션이다. 디빅스솔루션은 향후 롯데 가족사의 여러 빅데이터 고객분석시스템과 상호보완적인 관계를 맺으며 시너지를 낼 수 있는 전망을 낳고 있다.

　대홍기획은 브랜드컨설팅, 미디어, 디자인, 옥외광고, 모바일마케팅, 이벤트, 디지털 등의 여러 분야에서 우수한 인적자원의 유기적인 협력 속에서 최고의 성과를 도출해 왔다. 대홍기획은 앞으로도 지속적으로 최고의 마케팅커뮤니케이션 캠페인을 선보여 진정한 의미의 마케팅솔루션컴퍼니로 도약할 전망이다.

44

아시아 Top-3 글로벌 식품기업 지향
- 마곡 중앙연구소 신축 이전

롯데는 2009년 4월 아시아 톱3의 글로벌 식품기업(Global Food Frontier For Asia Top3)을 지향하는 새로운 비전을 선포했다. 야심 차고 신선한 포부를 내비친 것이다. 롯데는 이 비전을 달성하기 위해서는 연구개발에서도 이를 뒷받침해야 한다고 판단했다. 그즈음 국내외에서는 대형식품 안전사고가 잇달아 발생하여 소비자들의 불안감이 높아졌다. 이에 롯데중앙연구소는 제품 연구개발 외에도 품질점검 및 식품 안정성 검사 기능을 강화하기 위해 국제공인시험인증기관(KOLAS)인 안전센터를 신설했다. 이를 통해 롯데중앙연구소는 롯데에서 생산되는 가공식품과 유통점에서 판매되고 있는 모든 식품의 안전을 더욱 철저히 관리하게 되었다. 중앙연구소는 다양한 분야에서 기술을 축적하고 특허를 취득하여 롯데 가족사들이 사업경쟁력을 높일 수 있도록 기술적 지원을 계속했다.

중앙연구소는 연구개발 환경의 변화에 맞춰 조직을 재정비했다. 2010년 9월에는 두산에서 인수한 롯데주류BG의 주류연구팀을 연구소 조직으로 편입시켰고 2011년 1월에는 파스퇴르유업 인수에 맞춰 유가공팀을 신설했다. 이에 따라 연구소는 서울지방관세청과 수

입식품 분석 업무에 관한 양해각서(MOU)를 체결하고 신물질 및 신기술 정보를 공유하면서 수산과학원과 협력관계를 맺고 수산과학원으로부터 수산물 및 수산가공품의 원산지 판별을 위한 유전자 판별기술을 협조 받아 롯데백화점, 롯데마트, 롯데슈퍼 등에서 판매하는 수산물의 판별에 활용했다.

이와 함께 롯데중앙연구소는 활발해진 롯데의 글로벌경영에 부응할 수 있도록 글로벌 롯데의 베이스캠프 역할을 다한다는 취지에서 해외의 주요 전략시장에 연구소를 설립했다.

가장 먼저 2010년에는 중국 베이징연구소를 설립하였고, 2016년에는 인도네시아, 2017년에는 베트남에 R&D 센터를 각각 설립하여 글로벌 R&D네트워크를 구축했다. 나아가 2015년 5월에는 서울 마곡지구에 신축 연구소를 착공했다.

2017년 6월 마곡에 들어선 마곡 롯데중앙연구소는 지하 3층, 지상 8층 건물에 연면적 8만 3,102㎡로 기존 연구소보다 5배 이상 큰 규모를 갖췄다. 롯데는 아시아 최고 수준의 식품종합연구소를 건설하여 롯데 식품사들이 세계로 도약할 수 있도록 전진기지 역할을 담당한다는 목표 아래 총 2,240억 원을 투입하여 새 연구소를 준공했다. 마곡 롯데중앙연구소는 최첨단 연구시스템은 물론 국가연구기관, 대학 등의 외부기관과의 협업을 위한 연구공간, 식품조리법과 활용법 등을 교육할 수 있는 식품문화센터, 고객을 대상으로 블라인드 테스트를 할 수 있는 소비자 감성센터 등을 갖추었다.

롯데는 식품사들이 연간 21조 원의 매출 실적을 올려 아시아 톱3 글로벌식품사로 도약할 수 있도록 연구개발 및 지원 활동을 더욱 강화했다.

롯데 인재개발원

롯데 인재개발원은 2010년 6월 롯데 임직원의 교육 편의성과 접근성을 높이기 위해 도심 내 교육시설로 운영되고 있는 서울연구소를 롯데 양평빌딩 10층으로 확장 이전했다. 새 연구소는 990m²의 여유있는 공간에 최신식 강의실과 세미나실, 휴게실 등을 갖추었다. 이와 함께 특화교육을 더욱더 강화한다는 취지에서 명칭도 '리더십 아카데미'로 바꾸었다. 아울러 오산의 인재개발원에서는 어학전문 강의장인 '글로벌어학관'을 신설해 어학 교육의 비중을 확대했다. 서울캠퍼스 이전에 이어 2012년 8월에는 경기도 용인에 용인캠퍼스를 새로 개원했다. 용인캠퍼스는 대강당을 비롯, 강의동, 숙소동, 다목적룸, 분임토의실, 식당 및 부대시설 등을 갖추었다.

이로써 롯데 인재개발원은 지역과 특성을 달리한 3캠퍼스(오산, 서울, 용인) 체제로 운영하게 되었다. 교통환경이 개선된 만큼 롯데 인재개발원은 우수한 전문인력을 양성할 수 있도록 교육과정도 다양하게 구비했다. 특히 2009년에는 롯데의 핵심가치 전파를 위해 Way Book, Story Book을 제작, 배포하고 그룹 PMI 과정, 그룹 HA인스트럭터 양성과정, 그룹 개인정보 및 안전관리 심화과정 등의 전문과정을 신설했다.

또 2010년 12월에는 롯데 인재개발원에 '롯데 동반성장 아카데미'를 개원하여 협력사에 대한 교육 지원과 기술전수 등의 동반성장 프로그램을 시작했다. 글로벌 인재 양성을 위해서는 2010년에 글로벌 공채 입문과정을 신설하였고 2011년부터는 핵심인재 사후과정, 경력사원 입문과정, 주재원 어학과정, 그룹팀장 자격과정 등을 개설했다. 그뿐만 아니라 온라인 평생교육시설 인가를 받아 온라인 교육도 본격적으로 실시했다.

또한 다양한 실무지식을 교육하는 등 영상강의 사이트 '아크로폴리스'를 오픈하고 이를 모바일로도 이용할 수 있는 '앱'을 개발하여 교육의 편의성을 높였다. 그 밖에도 '롯데 식품 아카데미'를 개설하여 식품 분야의 전문 교육과정으로 운영하고 2014년에는 '롯데 혁신 아카데미'를 신설해 개별 및 팀별 활동을 통해 혁신의식을 높이고 과제해결 능력을 강화하도록 했다.

한편 2011년 4월 롯데는 롯데 인재개발원 오산캠퍼스 내에 '롯데역사관'을 개관했다. 면적 825m²의 롯데역사관은 기업이념 존(Zone), 역사 존, 사업분야 존, 사회공헌 존, 비전 존 등 모두 5개 공간으로 구성되었다. 신격호 창업회장의 경영철학을 중심으로 창업이래 식품, 유통, 관광서비스, 석유화학, 건설, 금융 등 각 분야에서 한국을 대표하는 기업으로 성장한 롯데의 발자취와 비전 등을 전시하고 있다.

롯데 미래전략연구소의 기능 전환

롯데는 2012년 롯데경영연구소의 명칭을 '롯데미래전략센터'로 바꾸었다. 신동빈 회장이 연구소의 운영 방향과 관련하여 '그룹 중장기 전략업무 외에도 보다 창의적인 업무에 집중하라'고 지시함에 따라 명칭 변경과 함께 혁신적인 업무에 역량을 집중하기로 한 것이다. 그 이후 롯데 미래전략센터는 롯데의 성장동력 발굴에 역점을 두고 옴니채널 과제 진단 및 혁신 강화를 위한 롯데이노베이션랩 설립, 스타트업 발굴 및 투자를 위한 롯데 엑세러레터 설립 추진, 롯데 가족사 협력 및 지원 등의 사업을 펼쳤다. 동시에 프리미엄 제과, 요양, 렌탈, 핀테크, 헬스 & 뷰티 사업 진출을 지원하기 위해 각 사들과의 협력 사업도 진행했다.

2015년에는 센터 내에 '롯데이노베이션랩'을 설립하여 롯데의 전략사업 중 하나인 옴니채널의 개발과 연구를 지원했다. 옴니채널은 신동빈 회장이 직접 '옴니채널추진운영위원회'를 열고 진행 상황과 방향을 직접 챙길 정도로 역점을 두고 있는 사업이다.

2016년 롯데미래전략센터는 중국인 관광객의 쇼핑, 관광 편의를 돕기 위해 종합관광 안내서비스 앱인 '티엔티엔러티엔(天天乐添, 매일매일 더해지는 즐거움)'을 출시했다. 이는 15개 롯데 가족사의 유통, 관광, 서비스를 망라한 애플리케이션으로, 콘텐츠는 롯데면세점을 비롯해 롯데멤버스, 롯데백화점, 롯데호텔, 롯데월드 등 롯데 각 사에서 제공하는 쇼핑과 이벤트 정보는 물론 맛집, 여행지, 한류스타 콘텐츠, 중국어 지도 등을 담았다.

한편 롯데미래전략센터는 2017년 3월 '롯데미래전략연구소'로 다시 명칭을 변경했다. 롯데의 경영전략을 연구하는 본연의 기능은 물론 미래사회의 변화와 이에 대한 대응전략을 탐색하는 연구기능을 더욱 강화할 수 있도록 조직의 역할을 더욱 분명히 하는 방향으로 조직 명칭을 변경한 것이다.

롯데장학재단. 개발도상국 지원

롯데그룹은 그룹의 성장과 규모 팽창에 걸맞은 장학, 복지, 문화, 스포츠 분야에 대한 지원을 아끼지 않았다. 롯데장학재단은 국내는 물론 필리핀, 베트남 등 개발도상국으로까지 지원 대상을 확대해 글로벌 기업으로서의 본분을 다하려는 모습을 보였다.

롯데장학재단은 설립 이후 지속적으로 장학사업을 펼치며 우수인재 양성에 기여했다. 롯데장학재단은 처음부터 이공계 대학생에 대한 지원을 확대해 왔는데 이는 한국 경제의 발전을 위해서는 기초 과학의 발전과 기술 인재의 육성이 중요하다는 설립자 신격호 창업회장의 뜻에 따른 것이었다.

2008년 롯데장학재단은 해외로도 그 대상을 확대했다. 국내 대기업 장학재단으로는 초유의 사업 전개였다. 베트남 4개 대학과 인도네시아 3개 대학을 중심으로 장학금 지원을 시작한 것이다. 롯데의 주요 해외사업 지역을 대상으로 삼은 것은 해당 지역 롯데 고객에 대한 감사의 뜻이 반영된 것이기도 하지만 글로벌기업으로 해외에서도 사회적 책임을 다한다는 철학에 따른 것이다.

이 밖에도 롯데장학재단은 필리핀 빈민촌 지원 및 아동급식 지원, 인도네시아 빈민지역 컴퓨터교실 지원, 베트남전 피해 가정 지원 등 개발도상국의 소외지역에 대한 지원사업도 병행했다. 또 중국 지린성(吉林省), 헤이룽장성(黑龍江省)의 조선족 7개 학교에 도서 6,400권을 지원한 것을 비롯해 해외 26개 학교에 2만여 권의 도서와 교육기자재를 지원했다.

2017년 현재 롯데장학재단은 34년째 장학사업을 이어오며 자본금(기본재산) 1,497억 8,200만 원의 대형장학재단으로 발전했다. 1983년부터 2015년까지 32년간 집행한 장학금 집행금만 해도 총 982억 원이 넘어섰다. 이러한 실적을 인정받아 2016년 롯데장학재단은 전국경제인연합회(전경련)가 발간한 '기업 및 기업재단 사회공헌 백서(2003~2015)'에서 사업비 집행기준 대한민국 10대 재단에 이름을 올렸다.

서울대에 롯데국제교육관, 울산에 울산과학관 기증

롯데장학재단은 2008년 3월 서울대학교와 '롯데국제교육관' 건립을 위한 발전기금 출연 협약을 체결하고 서울대학교가 추진하는 롯데국제교육관 건립 기금 70억 원을 전액 출연했다. 롯데국제교육관은 국제화 사업에 박차를 가하고 대외교류의 중추적 역할을 할 교육시설로 2008년 6월 착공하여 1년 후인 2009년 6월 개관했다. 개관식에는 신동빈 회장과 서울대학교 이장무 총장 등 관계자 80여 명이 참석했다. 지하 2층, 지상 7층 연면적 5,280m^2 규모로 세워진 롯데국제교육관에는 WCU(세계수준의 연구중심 대학) 추진사업 사무실과 외국인 교수 연구실, 외국대학 분소, 아시아 리서치센터 등이 입주했다. 서울대는 롯데국제교육관 개관이 국제교류의 중추적 역할을 담당할 것이라고 기대를 나타냈다.

그 외에도 롯데장학재단은 자라나는 향토 학생들에게 체험학습을 통해 과학의 가치를 이해할 수 있도록 돕는다는 취지에서 울산시 연구단지 내에 울산과학관을 지어 울산시 교육청에 기증했다. 신격호 창업회장이 사재 240억 원을 출연하여 2009년 착공한 울산과학관은 지하 2층, 지상 6층, 야외전시장 등 1만 7,000m^2 규모의 과학체험 교육시설로 1층에서 5층까지 전시체험관, 천체체험관, 과학실험실과 강의실, 발명교육센터 시청각실(빅뱅홀), 전시장(코스모스갤러리) 등을 갖췄다.

우리는 신격호 창업회장이 과학관 인근지역에서 14~15세 때 울산농업실수학교(중학교)에서 공부하며 처음으로 학생 제복을 입고 사람들로부터 학생 대접을 받으며 매우 흐뭇해했고 면학의 꿈을 키웠던 것을 기억해 볼 수 있고 신 회장의 이 지역에 대한 애착을 짐작해

볼 수 있다.

울산과학관은 2011년 3월 개관식을 갖고 일반에 공개되었는데 개관 이후 매년 연간 50만 명의 관람객이 방문하여 울산의 명소로 떠올랐다.

소외 계층을 지원하는 롯데복지재단

1994년 설립된 롯데복지재단은 설립 이후 사회복지시설 및 소외계층에 대한 지원은 물론 한국에 나와 있는 외국인 근로자들에게 특별한 관심을 갖고 이들에 대한 인도적 지원을 확대해 왔다. 특히 산업재해를 입고도 정당한 보상이나 치료조차 받지 못하는 외국인 근로자를 지원하고 이들의 인권 보호와 인식개선을 위한 사업을 꾸준히 전개해왔다. 이는 타국땅에서 땀 흘리는 외국인 노동자들에게 커다란 희망을 전하는 사회공헌 사업이 되었다.

재단의 규모가 점차 커지면서 롯데복지재단은 어려운 이웃을 위해 봉사하는 사회복지시설과 소외계층의 자활, 자립을 돕는 지원사업으로 사업 영역을 넓혔다. 최근에는 해외 빈민지역의 생활 환경을 개선하는 사업도 전개하는 등 해외복지 지원사업에도 각별한 관심을 기울였다.

롯데복지재단은 피상적이거나 일회성 행사가 아닌 실질적으로 필요한 곳에 필요한 지원을 하는 방식으로 사업을 전개했다. 지원이 필요한 곳에는 먼저 찾아가 실효성 있는 방식으로 지원하는 데 역점을 두어 실천한 것이다. 그 결과 롯데복지재단은 수혜 기관으로부터 좋은 평가를 받으며, 특히 외국인 근로자 지원, 장애인 지원 분야에서 두드러진 사업성과를 창출했다.

최근에는 그룹 차원의 사회공헌 활동에 발맞추어 조손가정 아동을 돕기 위한 '플레저 박스(Pleasure Box)', '희망 가꾸기' 등의 사업을 대표 프로그램으로 운영하며 활동의 폭을 넓혀가고 있다.

롯데복지재단은 설립 이후 2015년까지 소외계층 및 사회복지시설에 총 123억 원의 기금을 지원했다. 이 중 소외계층지원 사업에 65억 원, 장애인 지원사업에 31억 원, 의료지원 사업 22억 원, 그리고 해외 및 긴급구호에 5억 원이 집행되었다. 이를 통해 수혜를 받은 사회복지 시설은 1,400개소, 소외계층은 5만 3,000명인 것으로 나타났다.

롯데삼동복지재단의 지역사회 공헌

2009년 12월 롯데의 세 번째 공익법인인 '롯데삼동복지재단'이 공식 출범했다. 롯데삼동복지재단은 신격호 창업회장이 고향인 울산지역의 발전과 복지사업에 기여하고 싶다는 철학에 따라 사재 570억 원을 출연해 설립되었다. 재단 이름이 '삼동'인 것은 신 회장이 졸업한 초등학교 교명이 삼동고등소학교인데에서 비롯됐다.

신격호 회장의 고향 사랑은 남다르다. 이러한 설립 취지에 맞춰 롯데삼동복지재단은 울산지역을 중심으로 농어촌 지역 문화 수준 향상, 공평한 교육기회 제공, 사회복지 관련 시설 확충, 주민 문화복지 등을 기본 사업으로 전개했다. 이에 따라 2010년 2월 저소득층 중·고등학교 신입생 교복 지원을 위해 1억 2,000만 원을 기탁하는 등 소외계층 물품 지원 사업, 소외계층 푸드마켓 지원, 경로당 지원, 청소년 문화행사 지원, 장애인 시설 지원, 소외시설 지원 등 다양한 지원사업이 펼쳐졌다.

롯데삼동복지재단의 지원사업은 해를 거듭할수록 다양한 영역으로 확대되었다. 농어촌 경로잔치 기념품 지원, 저소득층의 동절기 난방비 지원 및 푸드마켓 물품 지원, 장애인 나들이행사 지원, 장애인 복지시설 및 김해 롯데워터파크 나들이 지원, 군부대 위문, 부산지역 소외아동 및 청소년 야구장 행사 등 다양한 사업이 연중 계속 추진되었다.

롯데삼동복지재단은 2010년부터 2015년까지 287개 시설과 기관, 단체를 대상으로 총 8만 7,400명에게 76억 원의 사업비를 집행했다. 롯데삼동재단의 자본금은 2016년 기준으로 550억 원이다.

롯데 동반성장펀드

롯데는 중소협력업체가 경쟁력을 강화할 수 있도록 지원하여 동반성장하기 위한 활동을 본격화했다. 롯데는 저성장, 저고용, 소득 양극화 등으로 어려움에 빠진 한국경제를 살리는 방안의 하나로 대기업의 기술력, 자본력, 글로벌 네트워크와 중소기업의 유연성, 벤처의 창의성 등을 접목하는 노력이 필요하다는 정책 판단을 했다.

롯데는 먼저 동반성장위원회를 설치하여 전사적인 동반성장정책과 방향을 정립하는 한편 각 사(社)로 동반성장 조직을 확산해 체계적인 활동을 펼쳐나가도록 했다. 그리고 이러한 활동의 일환으로 2010년 12월에는 롯데 인재개발원에 '롯데 동반성장아카데미'를 개원하고 협력사의 실질적 역량을 강화하기 위한 교육프로그램 운영과 경영 컨설팅을 진행했다.

이에 앞서 롯데는 2010년 4월 기업은행과 1,500억 원 규모의 동반성장 펀드를 조성한다는 내용의 협력을 체결했다. 동반성장펀드는 롯데와 거래하는 협력업체들의 원활한 자금 지원을 위한 특별펀드로, 롯데가 750억 원을 출자하고 나머지 금액을 기업은행이 지원하는 형태로 조성했다. 이에 따라 롯데의 협력업체들은 시중금리보다 2% 낮게 운영자금을 대출받을 수 있게 되었다. 대단한 혜택이었다.

2012년에는 국내기업 최초로 '동반성장보고서'를 발간했다. 공개보고서로 발간된 '롯데 동반성장보고서 2011'에는 롯데가 중점적으로 추진하고 있는 5대 과제(현금결제율 제고, 동반성장펀드 활성화, 동반성장 아카데미 정착, 협력사 교류, 일자리 창출)을 중심으로 각사의 동반성장 활동을 빠짐없이 수록해 이해관계자에게 배포했다. 보고서에는 가족사별 '공정거래 및 동반성장 협력' 이행 현황과 특화된 동반성장 프로그램도 소개했다.

롯데는 또 2012년 3월 중소기업과의 동반성장에 기여하기 위해 중소기업에게 비계열 독립기업에 대한 참여 기회를 개방했다. 여기에는 경쟁입찰 기회 확대와 더불어 중소기업에 대한 직접 발주 확대, 내부거래 통제강화 등의 조치가 포함되었다. 이에 따라 공정거래법상 계열화에 속하지 않은 롯데 관계사에 대해서도 중소기업의 공정한 입찰 참여가 가능해졌다. 롯데는 이러한 조치가 성실하게 이루어질 수 있도록 관리하기 위해 외부 인사가 참여하는 '내부거래위원회'도 설치했다. 내부거래위원회는 내부거래를 감시하고 경쟁입찰 및 독립기업에 대한 발주 활성화를 촉진하는 역할을 맡았다.

2015년 1월에도 롯데는 동반성장위원회와 중소협력회사 간 동반성장 및 공유가치 창출을 선언하는 협약을 체결하고 동반성장펀드에 800억 원을 추가로 출연했다.

그리고 점차 동반성장펀드의 규모를 확대하여 6,000억 원의 규모로 운영하기로 하는 동시에 상생결제시스템 도입, 100% 현금결제,

대금기일 단축 등 중소협력업체에 실질적으로 도움이 되는 동반성장 정책을 펴나가기로 했다. 또한 중소협력사의 해외 진출을 촉진하기 위해 해외에 진출한 해외 유통사들과 함께 '한국 중소기업상품 특별전'을 개최하는 등 중소협력사의 제품을 해외에 소개하는 활동을 확대하기도 했다.

청년 창업을 위한 롯데액셀러레이터 설립

롯데는 2016년 2월 청년창업 활성화를 지원하기 위해 창업보육 전문법인 '롯데액셀러레이터(Lotte Accelerator)를 설립했다. 그리고 2016년 4월 개소식과 함께 본격적인 스타트업(Start-up, 신생 벤처기업) 지원 활동에 나섰다.

롯데액셀러레이터는 '엘캠프(L-Camp)', '데모데이(Demo Day)' 행사 등을 기획, 지원함으로써 유망한 스타트업 기업들이 다양한 기회와 여건을 활용할 수 있도록 했다. 필요한 재원은 먼저 신동빈 회장이 사재 100억 원을 출연하고 롯데쇼핑 등 주요 가족사에서 200억 원을 출연해 자본금 300억 원을 조성하기로 했다.

롯데액셀러레이터의 대표적인 스타트업 지원 프로그램인 엘캠프는 초기 벤처기업을 대상으로 36개월간 창업지원금 2천만 원 ~ 5천만 원을 비롯해 사무공간, 전문가 자문 등을 제공하는 프로그램이다. 세부적으로는 사무공간과 법률 및 회계컨설팅을 지원하고 사업제휴 및 홍보마케팅, 투자유치를 돕는 등 인프라 제공부터 사업 육성, 후속지원까지 사업 전 영역에 걸쳐 효과적이고 실질적인 종합지원을 진행했다. 엘캠프는 2016년부터 2017년 6월까지 1기 13개사, 2기 16개 사의 진행을 완료했으며 2017년 6월부터 3기 14개사에 대한 지원이 시작되었다.

롯데액셀러레이터는 또한 선발 스타트업과 관련 사업을 영위하는 롯데 가족사의 협력 루트를 제공함으로써 사업시너지를 창출해 나가고 있다. 또 국내의 벤처캐피탈 및 롯데 신산업 담당 임직원들을 대상으로 한 '데모데이(Demo Day)'를 개최하는 등 후속 투자유치를 적극 지원하고 있다. 롯데액셀러레이터는 앞으로는 유망 스타트업을 발굴하고 지원함으로써 롯데와 스타트업이 상호발전할 수 있는 장을 마련하려고 노력하고 있다.

한편 2015년 롯데는 청년희망펀드를 기탁했다. 신동빈 회장이 먼저 사재 70억 원을 출연했고 롯데 임직원들이 30억 원을 모금해 총 100억 원이 기탁되었다. 청년희망펀드는 청년 일자리 창출을 지원하기 위해 조성된 펀드로 기탁된 기부금은 청년취업 기회 확대, 구직 애로원인 해소, 민간 일자리 창출 지원 등의 사업에 쓰이고 있다. 신동빈 회장은 대한민국 청년들이 미래에 대한 희망과 열정을 가지고 도전할 수 있도록 앞장서 돕겠다는 포부를 밝혔다.

정부와 함께한 공공협력 사업과 미소금융재단

롯데는 기업의 사회적 책임을 다하기 위한 다양한 활동을 펼치면서 정부 각 부처에서 추진하는 사업 중 추구하는 가치가 동일한 사업에 적극 참여했다.

저탄소 녹색성장을 위해 2009년 6월 환경부와 '녹색구매 자발적 협약 및 탄소성적표지 제도' 양해각서를 체결했다. 녹색구매 자발적 협약은 환경부가 민간 부분의 자율적인 친환경상품 생산 및 구매를 촉진하기 위해 추진한 사업이다. 이 사업에는 롯데백화점, 롯데마트,

롯데홈쇼핑, 롯데슈퍼 등 유통 6개사가 참여하여 제품의 생산, 유통, 소비 등 전 과정에서 발생하는 온실가스 매출량을 제품에 표시했다.

2011년 9월에는 외교통상부와 글로벌 강국 실현을 위한 '문화외교협약'을 체결하고 외교통상부와 국내외 문화외교 사업에 적극 참여했다. 또 교육과학기술부와도 '교육기부 활성화 업무협약'을 체결하여 특성화고, 마이스터고 학생들을 대상으로 현장체험 프로그램을 운영했다.

2012년에는 서울시와 에너지 수요 절감과 신재생에너지 생산 확대를 위한 양해각서를 체결했다. 이에 따라 롯데는 LED조명 교체, 신재생에너지 및 에너지 고효율 시설 설비에 총 900억 원을 투자해 2만 8,000TEO(석유환산톤)의 에너지를 절감했다.

또 2014년에는 산업통상자원부와 손잡고 중소기업 우수제품을 발굴해 세계적인 명품으로 육성하는 '글로벌 생활명품 육성 프로젝트'를 진행하기도 했다. 2013년 7월 롯데는 국방부와 한국전쟁 해외 참전용사 보은 활동을 위한 기본협약을 체결하고 약 5년 동안 사업비를 지원하게 되었다. 한국전쟁 참여용사 보은 활동은 국방부가 정전협정 60주년을 맞아 전개한 기념사업이었다. 2013년 8월 태국에서의 첫 사업을 시작해 7억 원을 지원했고 이듬해 3월 첫 참전용사회관이 준공되었다. 이에 2017년 9월에는 콜롬비아 보고타, 2018년 8월에는 에티오피아 아디스아바바에 참전용사회관이 준공되었다.

한편 롯데는 2009년 12월 금융 소외계층의 경제적 자립을 지원하는 '롯데미소금융재단'을 설립하고 개소식을 가졌다. 롯데미소금융재단은 롯데제과, 롯데칠성음료, 롯데쇼핑, 롯데케미칼(당시 호남석유화학), 롯데미도파(현 롯데쇼핑) 등 5개 사가 각각 10억 원을 출연하여 설립했다. 미소금융은 정부가 주도한 서민지원 사업으로 금융소외 계층의 자활을 돕기 위해 소액대출을 실시하는 사업이다. 롯데미소금융재단은 출범 후 10년 동안 매해 50억 원씩 총 500억 원의 출연금을 마련하여 이를 재원으로 저소득층 대출 및 경제적 자활 지원사업을 진행했다.

롯데 「자이언츠」 구단 부활

2017년 창단 32주년을 맞은 롯데자이언츠는 한국 프로야구 원년 멤버로서 한국프로야구의 성장을 이끌어 온 주역이다.(롯데자이언츠의 역사는 화려하고 화제성도 풍부하다. 그러나 이 책에서는 시즌별 성적 등 자세한 것들은 다루지 않는다. 이 책은 롯데그룹의 성장사만을 다루기 때문이다. 독자들의 이해를 구하는 바이다.)

롯데자이언츠는 두 차례 한국시리즈 우승을 거뒀으며 1991년 한국 프로야구 최초로 100만 관중 입장 기록을 수립했다. 2009년에는 단일시즌 역대 최다 관중인 138만 명이 야구장을 찾았다. 최고의 열정을 자랑하는 롯데자이언츠 팬들은 한국 프로야구 응원문화를 선도함으로써 선수들의 자부심이 되어 주었다.

롯데자이언츠는 한국 프로야구사(史)에 적지 않은 기록을 남겼다. 2009년 9월 한 시즌 역대 최다관중 입장을 세운 데 이어 2010년에는 이대호 선수가 9경기 연속 홈런을 날리며 세계 신기록을 세웠다. 2011년에는 프로야구 통산 한 경기 팀 최다 안타(29안타) 기록도 갈아 치웠다.

경제전문지 '포브스코리아'가 실시한 '국내 프로야구 구단에 대한 경제적 가치평가'에서 롯데자이언츠는 2008년과 2009년 2년 연속 1위(1,279억 원)을 기록했다. 또 2016년 국민체육진흥공단에서 조사한 '국내 스포츠 구단의 경제적 파급효과'에서 롯데자이언츠는 단연 1위를 차지했다. 특히 2,313억 원으로 추산된 롯데자이언츠의 경제적 파급효과는 프로야구를 포함해 국내 모든 스포츠 종목 구단을 통틀어 기록된 것으로 주목받았다.

팬들의 성원에도 불구하고 한동안 눈에 띄는 성적을 내지 못하던 롯데자이언츠는 2017년 부활의 기지개를 켰다. 롯데자이언츠의 빅 보이 이대호가 6년 만에 복귀하면서 전력에 힘을 실어 주었기 때문이다. 이에 따라 롯데자이언츠는 인기와 성적을 회복하면서 과거의 영광을 넘어서는 여정을 이어가고 있다.

LPGA 롯데챔피언스 신설

롯데는 2017년 여자 프로골프 발전에 기여하기 위해 LPGA(미국여자프로골프 협회)와 타이틀 스폰서 계약을 체결하고 LPGA투어 'LPGA 롯데챔피언십' 대회를 신설했다. 이에 따라 그해 4월 15일부터 21일까지 하와이 코올리나 골프클럽에서 '제1회 LPGA 롯데챔피언십'이 개최되었다. 제1회 LPGA 롯데챔피언십에서는 미국의 크리스티 커가 우승, 세계랭킹 1위 리디아고와 전인지가 공동 준우승을 차지하는 짜릿한 명승부를 펼쳤다. 이 대회는 총상금 200만 달러의 LPGA투어 대회로 운영되고 있다. 신설된 LPGA 롯데챔피언십은 하와이에서 개최되는 유일한 LPGA로서 회를 거듭할수록 세계적인 선수들의 참여가 늘어나 골프팬들의 이목이 집중되는 대회로 발전했다.

롯데문화재단 설립

신동빈 회장은 문화예술을 통한 국민의 행복한 삶을 추구하고 보다 풍요로운 사회를 만드는데 각별한 애정을 갖고 있다. 롯데는 2015년 10월 문화예술 분야의 공익재단으로 '롯데문화재단'을 설립했다. 재단 출연금은 총 200억 원으로 그중 100억 원은 신동빈 회장이 사재로 출연하고 나머지 100억 원은 롯데물산, 롯데호텔, 롯데쇼핑 등 3사가 조성했다.

이와 함께 2016년 8월 롯데는 신축한 롯데월드몰 8~10층에 '롯데콘서트' 홀을 개관했다. 그동안 서울에는 1988년에 개관한 예술의 전당을 제외하면 2,000석 이상의 규모를 갖춘 클래식 전용 공연장이 사실상 전무했다. 이 때문에 정통 클래식 공연을 관람할 수 있는 콘서트홀은 음악인들뿐만 아니라 많은 클래식 팬들의 염원이었다. 이 때문에 롯데콘서트홀의 개관 소식은 일반 시민들 사이에서도 큰 환영을 받았다.

롯데콘서트홀은 2016년 8월 19일 세계 정상의 지휘자 정명훈이 지휘하고 서울시립교향악단이 연주한 기념 공연을 시작으로 고품격의 공연들을 잇달아 선보였다. 그 결과 롯데콘서트홀은 최고의 공연장이라는 음악 애호가들의 찬사를 받으며 우리나라 클래식 공연문화의 중심지로 빠르게 자리를 잡았다. 이처럼 롯데문화재단은 롯데콘서트홀 개관을 통해 문화예술의 진흥에 일익을 담당하게 되었다. 앞으로는 수준 높은 문화예술 서비스는 물론 장기적인 관심과 지원이 필요한 예술 인재를 발굴하여 문화계가 성장, 발전할 수 있는 토양을 마련하는 데 힘을 쏟고 있다.

한편 롯데는 지역사회 문화예술 진흥과 세계적 수준의 부산 오페

라하우스 건립을 지원하기 위해 부산시에 문화진흥기금으로 1,000억 원을 기부했다. 부산시 북항 재개발, 지구해양문화지구에 세워지는 부산 오페라하우스는 부산시가 부산지역의 취약한 문화예술 인프라를 확충하기 위한 사업으로 롯데는 사업 추진 경과에 맞춰 2015년부터 2016년까지 세 차례에 걸쳐 1,000억 원을 지원했다. 부산 오페라하우스는 2024년 개관 예정으로 부산 권역의 문화예술 진흥에 큰 몫을 담당할 전망이다. 앞으로 롯데는 문화예술은 물론 다양한 스포츠 분야에 대한 지원도 확대하여 건강한 시민사회 문화 발전에 기여할 것으로 보인다.

45

신동빈 회장 잠실시대 개막

신동빈 회장은 집무실을 롯데월드타워로 집무실을 이전했다. 이에 따라 롯데는 창립 70주년을 맞는 기점으로 본격적인 '잠실 시대'를 열게 되었다. 롯데그룹의 성장사에서 새로운 장이 열린 것이다. 롯데는 1967년 롯데제과를 시발점으로 본다면 용산구 남영동의 '남영동 시대', 롯데호텔의 '소공동 시대'로 연결된다. 신격호 창업회장은 소공동의 롯데호텔을 오랫동안 집무실로 삼았다.

2011년 신동빈 회장 체제 출범 이후 더욱 적극적으로 글로벌전략을 펼쳐온 롯데는 2008년 미국금융시장에서 시작된 세계금융위기에도 흔들림 없이 비약적인 성장세를 이어갔다. 금융위기가 유럽으로 확대되고 그 여파가 실물경제로 파급되면서 2010년대 초반기까지도 세계경제는 1929년의 '대공황'에 비견될 만큼 심각한 위기상황으로 빠져들었지만, 롯데는 별다른 어려움 없이 그룹의 전략에 따라 글로벌경영을 펼쳐나간 것이다. 그 결과 롯데는 2016년 말 기준으로 92조의 매출 실적을 거두면서 100조 원 시대를 눈앞에 두게 되었다. 창립 첫해에 6억 원에 불과하던 매출이 50년 사이에 무려 10만 배가 넘게 성장한 것이다. 그뿐만 아니라 직접 고용인원은 국내 약 13

만 명, 해외에 약 6만 명에 달하고 있고 롯데의 브랜드 가치도 아시아 10위권에 근접했다. 2017년 4월에 개관한 지상 123층, 높이 555m의 롯데월드타워는 롯데의 비약적인 성장을 상징하는 구조물이라 할 수 있다.

롯데는 2017년 6월 30일 롯데경영의 컨트롤타워 역할을 하는 경영혁신실의 가치경영팀, HR혁신팀을 시작으로, 7월에는 경영혁신실의 나머지팀과 유통, 식품, 화학, 호텔 & 서비스 등 4개 BU(Business Unit, 비즈니스유닛 / 사업단위), 컴플라이언스위원회(Compliance, 준법준수), 사회공헌위원회 등을 차례로 롯데월드타워에 입주하도록 했다.

새경영 체제 구축과 지주회사 전환

잠실시대의 개막에 앞서 롯데는 2017년 2월 새로운 개혁에 시동을 걸었다. 개혁의 핵심과제는 글로벌기업의 위상에 걸맞도록 경영구조를 개선하여 각 사업부문의 시너지를 극대화하는 것으로 귀결되었다. 이에 롯데는 경영본부의 경영혁신실 개편과 지주회사 체제 수립, 4대 BU(Business Unit)과 컴플라이언스위원회 신설 등 지속가능한 성장의 기반을 구축하는 데 중점을 두었다. 체제 전환경영혁신실은 기존 7실 17팀 200여 명에서 4개 팀(가치경영팀, 재무혁신팀, 커뮤니케이션팀, HR혁신팀) 140여 명으로 축소, 개편되었으며 이들이 롯데의 질적 성장을 이끌어가게 되었다. 조직의 정예화를 이룬 것이다.

또한 법무, 감사 기능이 컴플라이언스위원회로 이관, 신설되면서 컴플라이언스 관련 규칙과 정책을 세우고 전사적인 준법경영 실행을 주도하게 되었다. 이와 함께 롯데는 금융사와 해외법인을 제외한 전 가족사(社)를 유통, 식품, 화학, 호텔 & 서비스 등 4개 부문으로 구분해 4대 BU를 신설, 개편했다. 이를 통해 각 사업부문의 회사들 간 상호 시너지를 극대화하는 동시에 책임경영을 강화했다.

롯데는 지주회사 체제 전환을 위한 계획도 수립했다. 먼저 롯데제과, 롯데쇼핑, 롯데칠성음료, 롯데푸드 등 4개 사가 각각 투자부문과 사업부문으로 분할해 지주회사 체제를 수립하는 방식이 가시화되어 2017년 10월이면 완료되게 했다. 이는 롯데가 2015년부터 공표해 왔던 지배구조 투명성 제고를 위한 노력의 일환이자 2016년 10월 신동빈 회장이 직접 약속한 지배구조 개선안을 이행하기 위한 것이었다.

신동빈 회장은 2016년 10월 "롯데의 향후 성장전략은 양적성장 방식에서 질적성장으로 전환하고 가족사 스스로 판단하고 실행하는 책임경영을 강화하겠다."고 선언했다. 다른 한편으로는 조직 개편을 통해 순환출자 고리를 해소하고 지배구조를 단순화함으로써 저평가되었던 기업 및 주주가치를 제고하고 새로운 변화를 가속화하는 등 대한민국을 대표하는 기업으로써 사회적 책임과 역할을 다하고자 했다.

롯데는 2017년 이처럼 새로운 경영체제를 기반으로 대대적인 개혁에 시동을 걸었다. 일시적인 퍼포먼스가 아니었다. 진정성 있는 자세로 재도약의 동력을 확보했다.

제4부
반도호텔에서 롯데월드타워로

46

주일(駐日)대사 이후락 후배, 반도호텔을 맡아주시오!

독자들이여. 우리는 롯데의 대 팽창기 성장사를 보았지만 이제 시간을 조금 뒤로 돌려 신격호 창업회장의 조국에서의 창업기 이야기를 볼 차례가 되었다.

이후락 대통령 비서실장이 1970년 2월 주일대사로 부임했다. 그는 박정희 대통령에 대한 충성심이 지극하고 온 국민이 다 알만큼 권력 실세로 유명했다. 그러나 재일동포 기업인들은 이후락 대사의 그런 위치를 굳이 의식할 필요가 없었다. 더욱이 신 회장은 그와 어린 시절 고향 동네에서부터 알던 사이라 격의 없이 지낼 수 있었다. 물론 그가 일본에서는 한국을 대표하는 외교관인 만큼 신 회장은 공식 석상에서는 경어를 썼다. 이에 버릇이 되어 사석에서도 경어를 쓸 때가 있었는데 그럴 때마다 그는 손사래를 쳤다. "행님, 여서는 말씀 낮추이소."

이 대사와 가끔 주일 대사관 부근에 있는 '이즈미(泉)'라는 소박한 초밥집에서 만나곤 했다. 화제는 주로 어릴 때 살던 고향 울주, 울산에 관한 이야기였다. 울산 공업단지가 들어서면서 울산이 한국경제의 심장이 된 사실에도 두 사람은 무척 고무되기도 했다.

언젠가 이즈미에서 저녁 식사를 하고 심심풀이로 화투놀이를 했는데 한 사람이 모자라자 이 대사는 초밥집 주인을 방에 들어오라 해서 함께 놀았다. 이 대사는 그런 소탈한 면모를 지닌 인물이기도 했다.

1970년 11월 초 어느 날 이 대사가 대사관으로 신 회장을 불렀다. 일과가 끝날 무렵이어서 이즈미 일식집에서 초밥 도시락을 주문하여 저녁을 먹었다. 도시락을 먹은 후 이 대사가 말문을 열었다.

"며칠 후 잠시 귀국합니더. 제가 귀국할 때 행님도 함께 서울에 가입시더."

"뭐라꼬? 내가 와(왜) 가노?"

"각하께서 뵙자고 하심더."

대통령이 보자고 한다니 뭔가 중요한 얘기가 있는 것 같았다. 아마도 투자 건이 아닌가 짐작되었지만, 그 이상은 알 도리가 없었다.

1970년 11월 13일 신 회장은 영문도 모르고 이 대사의 귀국 비행기에 함께 동승했다. 김포공항에서 청와대로 직행해 박정희 대통령을 만났다. 대통령은 어색한 분위기를 누그러뜨리려 신 회장에게 담배를 권했다.

"청자 담배인데 맛이 그런대로 괜찮을 겁니다."

"담뱃갑 디자인이 멋집니다. 황금빛 바탕에 청자 그림이 잘 어울립니다."

"요즘 인기가 좋아 품귀현상까지 빚어진다고 합니다."

대통령은 이런저런 일상 이야기도 하고 일본에서 사업하기가 어떤지도 묻고 하더니 기다리던 본론을 꺼냈다.

"긴히 부탁드릴 일이 있습니다. 반도호텔... 아시지요?"

"예? 예, 알지요. 오늘 저녁에도 거기서 묵을 예정입니다만..."

"지금 관광공사에서 맡고 있는데 적자 때문에 골칫거립니다. 신 회장이 반도호텔을 맡아 주시지요."

"...."

대통령의 이 제안은 우리 관광산업사(史)에 하나의 전기를 마련하는 것이었고 롯데그룹의 성장사에도 기록할 만한 의미깊은 것이었다.

"건물이 너무 낡아서 이왕이면 최신식으로 새로 지으면 좋겠습니다. 외국 손님이 한국에 몰려오는데 새로 지은 조선호텔 하나만으로는 모자랍니다. 옆에 있는 국립도서관도 불하해 줄 터이니 도서관 터를 포함해서 세계 어디에 내놓아도 손색 없는 관광호텔을 지어주시오. 정부에서 할 수 있는 모든 지원을 해드리겠습니다."

신 회장은 그저 듣기만 했다. 대통령은 머릿속에 그림을 다 그려 놓은 듯 술술 이야기를 이어 나갔다. 최고 권력자가 직접 불러 투자를 제안했는데 거절하기가 곤란했다. 그렇다고 선뜻 수용하기도 난감했다. 호텔업은 전혀 생각해 본 적이 없는 생소한 분야였기 때문이다. 호텔에 투숙하는 일이야 익숙하지만, 호텔 이용과 투자는 별개이다. 잠시 생각에 잠기느라 묵묵부답으로 있었더니 배석한 이후락 이사가 눈을 껌벅거리며 얼른 '오케이' 대답을 하라고 신호를 보냈다.

"예, 알겠습니다."

신 회장은 엉겁결에 대답을 했다. 대통령 면전에서 이렇게 대답했으니 꼼짝없이 이 호텔 사업을 벌이게 되었다. 신 회장은 숙소인 반도호텔로 돌아오는 내내 심경이 복잡했다. 호텔에 도착해서도 한참이나 호텔 안팎을 천천히 걸으며 고심했다. 예전엔 그렇게 호화롭게 보이던 호텔이 이제 와서 살펴보니 무척이나 낡아 보였다. 선진국의 특급호텔에 비하면 부끄러울 정도였다. 반면에 1914년 완공되어 반도호텔과 쌍벽을 이루던 조선호텔은 옛 건물을 허물고 1970년 3월에 새로 개관해 꽤 화려해 보였다. 대통령은 반도호텔에서도 그런 환골탈태를 기대하는 모양이었다.

근·현대사의 현장 반도호텔

특급호텔 이용객들은 대체로 숙박료나 식음료 값이 꽤 비싸다고 생각한다. 하지만 호텔 운영자 시각에서는 좀 다르다. 우선 호텔 건축비와 유지비가 엄청나다. 하지만 대규모 투자에 비해 수입은 미미하다. 그 때문에 투자분을 모두 회수하려면 수십 년의 기간이 필요하다. 영업이 잘되지 않으면 투자분을 회수하지 못할 위험성도 있다. 그러니 오래 버틸 수 있는 자본력이 없거나 저리의 차입금으로 버티지 못하면 호텔사업에서 성공하기 어렵다. 공실률이 높으면 유지관리비조차 벌지 못한다. 투숙객이 1명뿐이라도 호텔종업원 수백 명이 근무해야 하는 최악의 경우도 발생하게 된다. 호텔업은 리스크가 크다.

신 회장은 그렇기 때문에 호텔업은 일종의 장치산업으로 생각했다. 시중에서는 신격호 회장이 호텔업을 시작한다고 하자 정권으로부터 특혜를 받지 않았나 하는 의혹의 눈길로 바라보기도 했다. 호텔업의 특성을 모르는 시각인 것이다. 당시 롯데의 사세로는 사운(社運)을 걸어야 할 만큼 규모가 큰 사업이었다. 사업 전망도 불투명했다.

신격호 회장은 호텔사업을 하게 된 이상 제대로 해야겠다고 다짐했다. 열정도 불타올랐다. 신 회장의 본성이 나타나기 시작한 것이다. 대통령의 말대로 번듯한 호텔 하나 없는 서울의 현실이 안타깝기도 했다. 서울 제일이라고 하는 반도호텔만 해도 누추해 보일 정도니, 국정 최고책임자가 직접 나서 호텔 건립을 제안한 것도 이해가 되었다. 외국의 저명인사나 관광객들이 모국을 방문했다가 숙소가 마땅치 않아 실망하고 돌아간다는 생각을 하니 자존심이 상했다. 신격호 회장은 이왕 호텔을 건립한다면 세계 정상급으로 세우고 싶었다. 그러는 것이 나라의 자존심도 세우고 롯데의 이름도 높일 수 있는 길이다.

신격호 회장은 문화유산처럼 오래도록 남을 수 있는 명문 호텔을 짓기로 결심했다. 신격호 회장은 이때부터 호텔에 몰입했다. '호텔이란 무엇인가?'라는 기본적인 개념부터 호텔의 역사와 사회 경제적 역할까지도 공부했다. 호텔의 어원은 여행자들을 위한 숙소라는 뜻의 'Hospital'에서 유래하지 않았던가. 호텔은 숙박시설이라는 뜻 외에도 저택, 관저라는 뜻도 있다. 우리는 호텔이 단순한 숙박시설 그 이상의 미묘한 의미를 알 수 있다. 신격호 회장은 미국 아이비리그 명문 코넬대학에는 이미 1922년에 호텔경영학과가 있다는 사실도 알게 되었다.

반도(半島)호텔은 1938년 4월 1일 개관했다. 지하 1층, 지상 8층에 111실을 갖추었다. 개관 당시에는 국내 최대이자 아시아에서 4번째로 큰 건물이었다. 주인은 일본인 노구치 시다가후(野口遵)로 조선 땅에서는 당대 최고 부자였다. 그는 흥남에 있는 세계 최대의 질소비료 공장과 압록강의 수풍댐 수력발전소를 지어 관리하는 회사의 소유주였다. 비료산업과 전력사업을 독점했던 그의 재력이 어떠했던가는 쉽게 짐작할 수 있다.

노구치씨가 반도호텔을 짓게 된 일화도 흥미롭다. 노구치 씨가 어느 날 철도국에서 운영하던 최고급 호텔인 조선호텔에 허름한 작업복 차림으로 들어가려다 문전에서 쫓겨났고 이에 화가 나서 반도호텔을 지었다는 것이다.

반도호텔의 개관 당시 인테리어는 세계 최고 수준이었다. 미국에서 유행하던 시카고파(派)의 루이스 설리번(Louis Henry Sullivan) 양식을 본떠 창을 배치하고 조선식 기와를 얹어 개성을 살렸다. 건물의 활용도를 높일 수 있게 1~5층은 사무실, 6~8층은 호텔 객실로 사용했다. 결혼식장, 위스키바, 사교실, 레스토랑 등을 갖추어 고급 문화공간으로도 주목을 끌었다.

1945년 8월 15일 이후 미군정청 최고책임자로 부임한 미 24군단 사령관인 존 하지(John Reed Hodge) 중장은 반도호텔을 집무실 겸 숙소로 이용했다. 미국 24군단 사령부도 이곳을 사령부 사무실 겸 장교 숙소로 썼다. 이승만, 김구, 김규식 등 수많은 정치 지도자들은 반도호텔에서 하지 사령관을 만나 해방정국의 정치 현안을 논의했다.

1948년 대한민국 정부 수립을 준비하던 여러 회의도 반도호텔에서 진행되었다. 1950년 6월 25일 한국전쟁이 발발했을 때는 25일부터 3일간 반도호텔에 뉴스센터가 설치돼 세계에 시시각각 전황을 알리면서 유엔군의 참전을 촉구하는 임시 방송국 역할을 했다. 인천상륙작전에 성공한 유엔군과 국군이 1950년 9월 28일 서울을 수복하고 태극기를 건 곳도 중앙청, 서울역, 그리고 반도호텔이었다. 반도호텔의 상징성을 말해주는 것이다.

1960년 자유당 정권의 제2인자인 이기붕 부통령은 반도호텔 809호 실을 전용 사무실로 사용했고 1960년 4.19혁명 직후 장면(張勉) 총리도 808호와 809호를 집무실로 사용했다. 이병철 삼성그룹 창업회장도 창업기에 반도호텔 5층 전 층을 사무실로 썼으며 구인회 LG그룹 창업회장도 무역 부문 반도상사 504호를 사무실로 썼다. 1956

년 호텔 안에 문을 연 반도화랑은 최초의 상업화랑이다. 박수근과 이중섭이 자주 드나들었다. 반도호텔은 우리나라 근·현대사에서 중요한 역사적 현장이었다.

한국관광공사가 정부로부터 반도호텔을 사들인 것은 1963년 8월 5일이었다. 한국광광공사는 외화획득과 관광산업 활성화를 목표삼아 반도호텔 경영에 애를 많이 썼다. 그러나 반도호텔은 별다른 수익을 내지 못하고 적자경영에서 벗어나지 못했다. 정부는 고심 끝에 반도호텔을 민영화하기로 하고 신격호 회장을 인수자로 정했던 것이다.

비원(祕苑) 프로젝트

비원 프로젝트는 롯데호텔을 짓는 롯데그룹의 사업 명칭이다. 신격호 회장은 어느 날 갑자기 호텔산업에 진출하게 되었고 반도호텔을 허물고 그 자리에 새로운 호텔을 짓는 '역사적 과업'을 짊어지게 되었다.

반도호텔의 위치는 중구 소공동이다. 청와대와 중앙정부 관청, 광화문과 가까운 거리에 있고 고궁과도 멀지 않다. 정치, 문화, 예술의 중심 요지다. 신격호 회장은 젊었을 때 함경도 명천으로 공부를 위해 가는 여정에서 보았던 그 호텔과 이렇게 '재회'를 하니 어쩌면 이것은 자신의 숙명인지도 모르겠다는 생각이 들었다.

신격호 회장은 1973년 1월 2일 반도호텔 회의실에서 몇 분의 건축가를 모시고 호텔 건립에 대해 논의하는 킥오프(Kick Off) 회의를 가졌다. 그의 나이 52세 때의 일이다. 회의에 참석한 건축가들은 일본 도쿄 신주쿠 게이오플라자호텔을 설계한 카지마 건설의 에이스 무네나카 씨, 롯데 우라와공장의 사무동을 설계한 청년 건축가 오쿠노쇼 씨 등이었다.

"지금 우리가 회의하고 있는 이 반도호텔을 허물고 이 자리에 새 호텔을 지을 계획이오. 단순히 호텔 하나를 신축하는 게 아니고 백화점, 오피스까지 함께 건설하는 복합개발로 진행할 생각이오. 호텔 객실 수는 1,000실, 높이는 40층이오."

신 회장이 밝힌 새 호텔의 구상이다. 여기서 우리는 신 회장이 밝힌 '복합개발' 방식을 주목해야 한다. 호텔 + 백화점 + 오피스 복합체는 당시까지는 국내에 존재하지 않는 전혀 새로운 개념인 것이다. 회의 자리에 있던 건축전문가들의 눈이 휘둥그레졌다. 그들은 토론 과정에서 신 회장의 구상에 대해 반론을 쏟아냈다.

"한국의 경제 규모를 감안하면 객실은 500객실이 적정합니다."
"복합개발은 무리예요. 세계적으로도 사례가 별로 없습니다."
"복합개발을 하면 호텔 투숙객은 쇼핑객이 붐비는 백화점을 싫어하지 않을까요? 쇼핑객은 호텔이 필요없을 것이고요."

대체로 이러한 의견들이 쏟아져 나왔다. 나름대로 타당성 있는 지적이었지만 신격호 회장은 확신을 가지고 대답했다.

"서로 다른 업종이라도 한데 모이면 손님을 더욱 끌어모으는 집객력(集客力)이 생길 것이오. 그게 바로 시너지 효과요. 호텔 투숙객은 백화점에서 쇼핑을 즐기고 쇼핑객은 호텔 레스토랑이나 커피숍을 이용할 것이오."

신 회장의 호텔사업을 바라보는 시각이 한 수 높았다. 회의는 결국 신 회장의 뜻에 따라 결론이 났고 무네나카 씨와 오쿠노 씨는 사흘 밤낮을 꼬박 매달려 기본적인 얼개를 만들어 냈다. 신격호 회장은 이들이 만든 얼개 그림을 본 다음 2주일 안에 더욱 구체적인 그림을 만들어 달라고 부탁했다. 그 그림은 대통령에게 보고하게 될 것이라고 했더니 전혀 그럴 가능성을 예측 못 했던 그들은 놀라워했다.

그들은 얼마 후 기본 스케치를 만들어 왔다. 호텔 앞면이 약간 곡면을 이룬 모양이었다. 신격호 회장은 그 스케치를 들고 청와대를 방문, 박정희 대통령에게 보여주며 복합개발의 의미를 설명했다. 박 대통령은 호텔 스케치를 유심히 본 다음 말문을 열었다.

"새로 지은 조선호텔과 모양이 흡사하네요."

신 회장은 아무 대답도 못 했다. 대통령의 관찰력은 대단했다. 만들어진 스케치를 기준으로 해서 보면 독자적인 특색이 없다는 지적인 것이다. 신 회장은 새삼 다시 보니 자신의 눈에도 그렇게 보였다. 굳이 곡면(曲面, Surface / 공, 달걀 등의 표면처럼 곡선으로 이루어진 면)으로 만들 이유가 없었다. 공법만 복잡해질 뿐이었다.

"디자인을 고치겠습니다."

신격호 회장은 다시 숙제를 받아든 기분으로 청와대를 나왔다.

다시 밑그림을 그리다

신격호 회장은 곧바로 호텔 프로젝트를 '비원 프로젝트'로 이름을 정하고 이 프로젝트를 담당할 인재 20명을 뽑아 팀을 구성했다. 비원 프로젝트팀은 신 회장이 생각하는 호텔 건립 의도를 반영해 작업을 시작했다. 그리고 21,460m² 면적의 대지에 지상 33층, 지하 3층, 객실 1,205실 규모의 건물을 세우는 것으로 기본 구상을 정리했다. 투자금액은 4,800만 달러, 공사기간은 32개월로 잡았다.

1973년 2월 26일 호텔설립 추진위원회를 발족시켰다. 호텔 건립에 소요되는 자금은 일본에서 차관(借款)으로 들여오기로 했다. 이를 추진하면서 법인명을 '주식회사 비원'에서 '(주)호텔롯데'로 변경,

확정했다. 건설부는 1973년 8월 1일 반도호텔 일대를 '반도특정가구(街區)정비지구'로 지정했다. 반도호텔과 동국제강, 산업은행 본점, 중화요리점 아서원, 반도조선 아케이드, 소공동 일대 일부 사유지 등이 그 대상이었다. 국립중앙도서관은 남산으로 이전할 계획이라고 했다.

그 무렵 김종필 총리도 대통령의 특명을 받아 롯데호텔에 관심을 갖기 시작했다. 어느 날 총리실에서 신 회장을 부른다기에 호텔 건립 기본 구상을 가지고 총리실을 방문했다. 김 총리는 구상안을 훑어본 다음 격려의 말을 해주었다. 양택식 서울시장에게 롯데에 대한 지원을 아끼지 말라고 지시해 놓겠다는 말도 했다. 그러더니 불쑥 새로운 의견을 내놓았다.

"이왕이면 45층 쯤으로 지으면 어떻겠습니까? 1971년에 준공된 일본 신주쿠 게이오플라자호텔이 47층이지유?"

"예."

"거기 가 보니 최상층에 전망대를 만들어 놓고 대단하데유. 우리도 그런 걸로…"

신 회장은 "검토해 보겠습니다."는 말을 남기고 총리실에서 나왔다. 그 후에도 김 총리는 몇 차례 45층 건설안을 제안했다. 아마도 기왕 짓는 것이라면 세계적인 명물을 만들어 보자는 뜻이었을 것이다.

영문 이니셜 JP로 통하는 김종필 총리는 재임 중 도쿄에도 몇 번 들렀다. 일정에 약간이라도 여유가 생기면 숙소인 데이코구호텔에서 바둑을 두는 경우가 많았다. 아마 5단인 그의 바둑은 속기 스타일이었다. 한 판을 두는 데 20분도 걸리지 않았다. 바둑만이 아니었다. 아마추어 화가이기도 한 그는 미술 분야에도 조예가 깊었다. 작품을 보는 눈썰미가 좋았고 색채와 조형 감각도 뛰어났다. 세계적인 유명

호텔의 인테리어나 건축디자인에 대해서도 장단점을 지적할 정도였다. 덕분에 새로 호텔을 지으려는 신 회장은 유익한 조언을 종종 들을 수 있었다.

1974년 6월 8일 롯데는 한국관광공사로부터 반도호텔을 정식으로 인수했다. 하지만 민영화 계획발표 이후부터 정식 인수에 이르기까지의 과정이 순탄치만은 않았다. 반도조선아케이드 상인들이 반대시위를 벌이고 호텔 종업원들도 거세게 반발했기 때문이다. 한국관광공사도 묘안을 찾지 못했다. 결국은 신격호 회장이 결단해야 했다. 모국의 경제발전을 위한 투자라고는 하지만 서민들에게 피해를 주어서는 안 될 터였다.

신격호 회장은 호텔 종업원에게 적지 않은 수준의 퇴직금을 주기로 했다. 반도조선아케이드철거 상인들에게는 이주비 명목으로 5천만 원을 지급하고 호텔 건립 후 상가를 우선 분양한다는 조건을 제시했다. 당시 5천만 원은 거금이었다. 당시 서울 동작구의 92㎡ 아파트 분양가가 820만 원이었으니 무려 6채 가격에 해당하는 금액이었다. 통 큰 결단이었다. 우리는 신격호 회장이 일본에서 사업 초기에 경리과 직원이 과로로 쓰러져 사망했을 때 그의 유족들에게 연립주택 한 동(棟)을 통째로 주어 사람들을 감동시켰던 것을 기억해 볼 수 있다. 강제철거라는 무리수를 두지 않고 충분한 보상을 제공하면서 일을 추진했더니 호텔 완공 후에 '롯데 1번가'에 입주한 상인들은 호텔롯데 측에 감사패를 증정했다.

세계 명문호텔 답사 여행

신격호 회장은 오로지 최고의 호텔을 짓겠다는 열망에 휩싸였다.

그는 수시로 세계 유수의 호텔을 답사했다. 뉴욕, 파리, 런던, 로마, 베네치아, 빈, 애틀랜타, 라스베이거스, 로스앤젤레스 등지를 돌며 호텔의 외관을 살피고 직접 투숙해 서비스를 체험해 보았다.

대부분의 답사여행에 건축가 오쿠노쇼 씨가 동행했다. 일본 리카대학을 졸업하고 1969년 오쿠노쇼 건축연구소를 설립한 그는 그 후에도 오랫동안 롯데의 여러 프로젝트에 참여하며 건축 분야에서 신 회장의 사부 역할을 했다.

답사 여행 중에 신 회장의 눈길이 머문 곳은 뉴욕 파크애비뉴에 우뚝 솟아 있는 월도프아스토리아호텔이었다. 객실이 무려 2,200실로 세계 최다 객실을 보유한 이 호텔은 규모뿐 아니라 인테리어와 서비스 측면에서도 단연 최고 수준이었다.

파리에서는 리츠호텔에 묵으며 안팎을 살폈다. 전설적인 호텔 경영인 세자르 리츠(Cesar Ritz)의 정신이 밴 곳이었다. '손님은 왕!'이라는 명언을 남겼다.

1898년 319실 규모로 개관한 런던의 사보이호텔은 영국 사교계의 본산이다. 호화로운 연회가 줄지어 열리고 숱한 명사들이 초대된다. 개관 초기에는 명 셰프인 오귀스트 에스코피에(Auguste Escufier)가 품격 높은 요리로 손님을 사로잡았다. 키가 작은 그는 기다란 모자를 썼는데 오늘날 요리사의 상징인 긴 모자는 여기서 비롯된 것으로 알려져 있다.

신 회장이 런던의 트래펄가(Trafalgar Square) 광장에 나가보니 수많은 시민들이 모여들어 한가로운 시간을 보내고 있는 것을 보았다. 트래펄가광장은 영국 코벤트가든에 있는 광장으로 1805년 트래펄가 해전을 기념하여 만든 곳이다. 처음엔 윌리엄 4세 광장이란 이름으로 불렸으나 건축가였던 조지 리드웰 테일러의 제안으로 트래펄가광장이 되었다. 이 광장은 에드워드 1세 시대에는 왕가의 정원이 되었다. 서울 시내에는 이런 공간이 거의 없다는 생각이 들었다. 신 회장은 롯데호텔 주변에 이런 광장을 만들고 싶어졌다. 우리는 신 회장의 이때의 소망을 기억해 둘 필요가 있다.

신격호 회장은 런던에 간 김에 맞춤 양복 가게가 즐비한 새빌로(Savile Row) 거리에서 양복 한 벌을 맞췄다. 신 회장이 새빌로의 어느 테일러샵에서 양복을 맞추었는지는 그의 회고록에 기록을 남기지 않았다.

영국의 유명한 세빌로 거리 역사는 1780년도부터 영국 왕실의 대관복, 군복을 제작하면서 시작되었다. 당시 버킹엄 궁전에 인접한 세인트 제임스(St. James) 지역에는 일명 '젠틀맨 클럽'이라는 것이 생겨나기 시작하면서 젠틀맨의 시대가 열렸다. 소위 젠트리들은 귀족 다음의 지주 계급이었다. 이들은 멋지게 입는 것을 중요시했고 테일러샵이 생겨났다. 신 회장은 고급 호텔을 짓기 위한 마음의 준비라고 생각하면서 양복을 맞추기는 했지만 본질적으로는 호사를 좋아하지 않는 체질이었다. 남자가 명품양복, 시계, 와이셔츠, 구두, 벨트 등에 사치를 부리기 시작하면 적지 않은 돈이 들어가게 마련이다.

1980년대쯤 미국의 경영전문잡지 '포브스(Forbes)'는 세계 5위권 부호 중 한 명으로 신격호 회장을 꼽은 적이 있다. 그렇지만 신격호 회장은 휴지로 코를 풀 때도 한 장을 반으로 나눠 두 번 쓴다. 이 점은 현대그룹 정주영 창업회장과 닮았다. 와이셔츠도 소매 끝이 닳을 때까지 입는다. 신 회장은 물자가 부족한 시대에 자라서인지 근검절약이 몸에 배었다.

경부고속도로 건설비와 맞먹는 호텔 투자비

비원 프로젝트팀의 구상을 좀 더 다듬어서 롯데호텔 건설 최종안이 마련됐다. 호텔의 규모는 지상 37층, 지하 3층, 옥탑 4층으로 짓기로 했다. 객실 수는 976실(유닛 수로는 1,019실), 레스토랑과 음료바는 18개, 쇼핑 아케이드는 120개 점포로 구성했다. 부속건물은 지상 25층, 지하 3층, 옥탑 2층으로 잡았다. 어마어마한 규모임에 틀림없었다. 하지만 한국경제의 성장 속도를 보면 이 정도 규모는 되어야 한다는 게 신격호 회장의 판단이었다. 먼 앞날을 보는 옳은 판단이었다.

처음 설계를 맡은 회사는 일본 굴지의 설계사인 카지마건설이었다. 창업자 카지마는 1840년 도쿄에서 이름을 떨친 목수로 1930년에 그의 이름을 딴 법인이 만들어졌다. 카지마 건설은 김수근(金壽根) 건축가가 대표로 있는 공간설계사무소와 제휴를 맺고 설계에 착수했다. 김수근은 김중업과 쌍벽을 이루는 한국 대표 설계사였다.

신격호 회장은 세계 유명호텔을 답사하고 얻은 아이디어를 설계회사에 제시했다. 그러나 카지마 건설은 신 회장의 의견을 '아마추어 의견'으로 치부하며 제대로 받아주지 않았다. 신 회장이 비록 아마추어이기는 하지만 이런 경우가 반복되다 보니 신 회장이 생각했던 기본 구상마저 흔들릴 것 같았다.

신격호 회장과 카지마 건설과의 의견 충돌은 건설공법(工法)을 둘러싼 본질적인 중요한 것이었다. 신 회장은 철골구조 공법을 원했고 카지마건설은 철근콘크리트 공법을 주장했다. 철골구조란 수직의 강철 기둥과 수평의 형강으로 골격을 짜 건물의 하중을 떠받게 하고 내장재와 외장재 등은 커튼월 형식으로 장착하는 건축기술이다. 이 기술의 발달로 마천루 건설이 가능해졌다. 철근콘크리트 공법은 철근과 콘크리트를 일체로 하여 만들어진 구조이며 두 재료의 단점이 상호보완되어 우수한 기능을 발휘한다. 구조물 건설에서 공법을 어떤 것으로 하느냐는 아주 중요하고 미묘하다. 우리는 여기서 소양강댐(昭陽江 dam) 건설 과정에서 벌어진 공법 싸움을 떠올려 보면 문제의 본질을 쉽게 이해할 수 있다.

소양강댐은 춘천시 신북읍과 동면의 소양강에 위치한 북한강 유역의 유일한 다목적 댐이다. 소양강댐 높이는 123m, 만수위는 198m, 총 가용저수량은 29억 톤이다. 이 댐의 최초 설계사는 일본의 일본공영(日本工營)이었다.

일본공영은 댐 공사에 관한한 일본 제1의 기술력을 가졌고 세계적으로 명성이 높았다. 북한에 있는 수풍댐도 시공했다. 일본공영은 소양강댐의 공법을 중력댐 공법으로 결정했고 건설부 장관 결재까지 받았다. 중력(重力)댐은 시멘트콘크리트로 구조물을 만든다. 그런데 이 댐의 건설사로 현대건설이 선정되었다. 정주영 현대그룹 창업회장은 이 댐 공법을 중력댐 방식보다는 사력(砂力)댐 공법으로 하는 것이 합리적이라고 생각했다. 사력댐이란 자갈과 흙으로 댐을 쌓고 외부만 시멘트콘크리트로 처리하는 것이다. 사력댐은 공사비가 30%나 절감된다. 이때부터 현대건설과 일본공영은 공법을 두고 싸움을 벌였다. 이 싸움은 결국 박정희 대통령이 사력댐 공법을 선호함으로써 정주영 회장의 승리로 돌아갔다. 정주영 회장은 추후 롯데호텔 건설 현장을 수차례 직접 방문, 자문을 아끼지 않았다.

신 회장은 자신의 구상을 발전적으로 반영해 줄 수 있는 설계회사가 필요하다고 판단하고 설계 회사를 일본의 토다건설로 바꾸어 실시 설계계약을 맺었다. 대단한 변화였다. 건축 과정에서 발주 오너와 설계사 사이에 의견이 상충되는 것은 종종 일어나는 일이지만 아예 설계사 자체를 바꾸는 것은 흔치 않은 일이다. 신격호 회장의 신념의 단호함을 볼 수 있는 장면이다. 또한 한국의 엄덕문 건축설계사무소를 파트너로 삼아 설계작업을 함께 하도록 했다. 건축가 엄덕문(嚴德紋) 소장은 카지마건설에 들어가 경험을 쌓았으며 훗날 광화문 세종문화회관을 설계하기도 했다.

새 설계회사의 실시설계 단계에서는 신격호 회장의 의견이 많이 반영되었다. 무엇보다도 철근콘크리트 방식 대신에 철골구조 공법을 채택한 것은 다행스런 일이었다. 철골구조 공법은 지진과 태풍에도 대비할 수 있어 일본에서는 모든 건물에 적용되는 방식이었다. 비싸기는 하지만 안전이 우선이라는 게 신격호 회장의 철학이었다. 한국에서 철골구조 공법을 택한 것은 여의도 국회의사당에 이어 롯데호텔이 두 번째이다.

1,500일간 계속된 롯데호텔 건설 과정은 말 그대로 파란만장했다. 반도호텔 철거에 이어 굴토공사를 벌일 때는 조선호텔과 삼화빌딩 사이에 있는 토지의 지질조사에만 2개월 이상 소요되었다. 굴토 과정에서 조선호텔 땅이 일부 붕괴되면서 조선호텔 변전실이 손상돼 단전소동이 일어나기도 했다.

1973년 제1차 오일쇼크도 큰 악재였다. 원자재 가격이 폭등하는 바람에 건축자재 구입비용이 예상보다 훨씬 증가되었다. 건설비는 계속해서 올라갔고 그때마다 정부의 외자도입법에 따라 일일이 허가를 받아야 했다. 호텔 건설이 끝난 후 총투자액을 정산해 보니 무려 1억 4,500만 달러나 되었다. 처음 구상할 때의 4,800만 달러보다 3배 이상 달하는 금액으로 경부고속도로 건설 비용과 비슷한 규모였다. 또 이전 10년 동안 외국인이 한국에 투자한 총투자금 9,500만 달러를 훌쩍 넘어서는 금액이었다.

인력난에도 시달렸다. 건설사들의 중동진출 붐이 일어나 대형건설사와 건설 인력이 중동으로 몰려갔기 때문이다. 그 바람에 호텔롯데는 종합건설회사와 일괄시공계약을 맺지 못하고 수많은 중소업체들과 부문별로 계약을 체결하는 애로를 겪어야 했다. 그런 업체가 300여 곳이나 되었으니 관리책임과 감리 책임에서 신경 써야 할 일들이 한두 가지가 아니었다.

청와대 경호실 돌발변수

롯데호텔 건설 프로젝트가 한창 진행되던 그 무렵 서울 시청 맞은편에는 현 프라자호텔이 서서히 제 모습을 갖춰가고 있었다. 한국화약그룹(현 한화그룹)이 일본 마루베니(丸紅) 종합상사와 합작해 1973년 착공한 호텔이었다. 프라자호텔은 1976년 가을 준공을 목표로 공사에 속도를 내면서 22층 빌딩의 위용을 드러내기 시작했다. 그곳에서 가까운 롯데호텔 공사장에서도 1975년 12월 23일 국내 최대의 타워크레인 1호기가 설치되면서 점차 건물의 모양을 갖추어 갔다. 1976년 12월 30일엔 철골 상량식을 가졌다. 롯데호텔과 플라자호텔이라는 대형공사가 동시에 진행되면서 서울 도심의 모습은 빠르게 변화했다.

그런데 전혀 예상하지 못한 돌발변수가 생겼다. 신격호 회장과는 아무런 연관성이 없는 청와대 경호실에서 신 회장을 부른 것이다.

"누구 맘대로 38층을 짓는 거요?"

경호실장은 시커먼 눈썹을 움찔거리며 대뜸 고함을 쳤다. 신 회장은 건축허가를 받고 절차에 따라 짓고 있다고 설명했지만 그는 막무가내였다.

"거기서 청와대가 내려다보이잖소! 경호상 도저히 안 되오."

"애초에 안 된다고 했어야지요. 지금 와서 어쩌란 말입니까?"

"무조건 안 되오. 18층으로 낮추시오."

어처구니가 없었다. 느닷없이 38층 건물을 18층으로 20층이나 낮추라는 것은 말도 안 되는 억지였다. 그 지시를 따랐다가는 호텔은 개관도 하기 전에 실패하고 말 것이다. 롯데그룹의 존망과도 직결되는 중대사안이었다. 대통령에게 하소연하는 수밖에 없다는 생각도 들었지만 경호실에서 훼방을 놓으면 대통령 면담도 어려울 것이 뻔했다. 할 수 있는 것이라고는 공식문서로 청와대와 국무총리실에 진정을 넣는 것 정도였다.

'38층 건물을 반토막으로 내리라는 요구는 설계상으로나 기술적으로 불가능하다'고 호소하는 내용일 것이다. 신격호 회장은 '내 목숨을 버릴지라도 기업은 살리겠다'는 비장한 각오로 '38층 원안 고수'를 다짐했다.

이병철 회장과의 동병상련 ①

그 무렵 신격호 회장은 이병철 삼성그룹 창업회장과 자주 만났다. 삼성도 정부로부터 특급호텔을 지으라는 강권을 받아 신라호텔을 짓고 있던 중이었다. 롯데가 반도호텔을 떠맡아 호텔을 짓듯이 삼성은 장충동 언덕에 있는 영빈관(迎賓館)을 떠안았다.

영빈관은 외국의 국가원수나 정부의 장 등 국빈을 맞이했을 때 회식이나 숙박 등의 대접을 하는 시설이다. 원래 영빈관 자리는 조선시대 한양도성의 남소문 일대를 지키던 남소영터였는데 1959년 이승만 대통령의 지시로 이곳에 국빈을 맞이하는 영빈관이 들어서게 되었다. 그 후 불안정한 정치 정세로 인해 공사가 중단되기도 했지만 1965년 2월 박정희 대통령의 지시로 총무처가 국책사업으로 공사를 재개해 1967년 2월 준공되었다. 그러나 이용률이 떨어지고 유지, 관리에 예산이 많이 들어가자 1973년 7월 정부가 이를 삼성그룹에 넘긴 것이다.

신 회장이 이병철 회장을 만나면 주로 호텔 건립 문제가 화제의 중심이었다. 이 회장과 함께 신라호텔 건설 현장을 둘러보고 이 회장의 장충동 자택에서 오찬을 나눌 때도 있었다. 롯데호텔 건설 현장을 둘러보는 날에는 롯데호텔 맞은편에 있는 이탈리아레스토랑 '라칸티나(La Cantina)에서 점심을 했다. 라칸티나는 한국 제1호 이탈리아 레스토랑으로 유명하다. 이병철 회장은 봉골레 파스타와 안심스테이크를 즐기는데 워낙 소식(小食)인 것이 놀라웠다. 이병철 회장은 가끔 이렇게 농담했다.

"내가 부자라고 하루에 다섯 끼, 여섯 끼 묵지(먹지) 않아요. 보시다시피 보통사램(사람) 보다 덜 묵지요. 치아가 좋지 않아 질긴 고기는 씹지도 못해요."

이 회장의 영향인지는 모르지만, 신격호 회장도 후일 소식주의자가 되어 밥 한 공기에 녹차를 붓고 고명으로 명란을 올린 '오차즈케(쌀밥에 따뜻한 녹차를 부어 고명을 얹어 먹는 일본의 식문화)'로 간단하게 먹는 날이 많아졌다.

레스토랑에서 밥값을 신 회장이 지불하려고 하면 이 회장은 놀라는 듯 손사래를 쳤다.

"신 회장이 큰 고객인데 내가 모셔야지!"

당시 롯데제과는 삼성의 제일제당으로부터 설탕과 밀가루를 원료로 구매하고 있었다. 이 때문에 언젠가 롯데가 제당공장(설탕 제조공장)을 차린다는 루머가 돌 때 이 회장이 정색을 하고 신 회장에게 그 진위를 물어본 적이 있었다. 그 루머의 경위는 다음과 같았다.

신 회장이 어느 행사장에 참석한 일이 있었는데 연회에서 제공된 각설탕이 시원찮았다. 각(角) 부분이 단단하지 않아 뭉그러지는 것이었다. 뭔가 아쉽다는 생각이 들어 설탕의 물성(物性)에 호기심이 생겼다. 신 회장은 권익부(權益夫) 당시 롯데중앙연구소장에게 "일본에 가서 한 달 동안 설탕 공부를 하고 오시오."라고 지시했다. 대단한 호기심이었다. 이 발언이 와전돼 이병철 회장의 귀에 들어간 모양이었다. 그즈음 신 회장은 눈에 원인 모를 염증이 생겨 병원에 입원해 있었는데 이병철 회장이 뜻밖에도 직접 병원으로 문병을 왔다.

"바쁜 양반이 이리 누워 있으모 어떡하노? 빨리 쾌차해야제! 그라고... 롯데가 제당업 진출한다는 소문이 들리던데 사실이오?"

"아이구, 아닙니더. 수하에게 설탕 공부 좀 하라고 지시한 기 전부입니더."

이 회장은 이 소문에 신경이 많이 쓰였던 모양이었다. 신 회장은 웃으면서 별일 아니라고 가볍게 대답했다. 재벌총수들의 자기 영역 지키려는 의식은 상상을 초월하는 것이다. 그랬더니 이 회장은 아주 흥미 있는 카드를 하나 꺼냈다.

"제일제당에서 좋은 조건으로 계속 롯데에 공급하도록 하겠소. 그라고 말이 나온 김에 양평동 제일제당 미풍(조미료) 공장 땅도 롯데에 넘기겠소."

결과적으로 롯데는 잘못된 소문 덕분에 좋은 공장부지 하나를 장만한 꼴이 되었다. 이때 제일제당에서 양도받은 땅은 롯데제과 공장을 증설하는 데 사용되었다.

이병철 회장과의 동병상련 ② - (롯데와 삼성 맞적수)

 롯데가 제과업만 할 때는 삼성그룹과 겹치는 사업이 없었다. 그런데 호텔에 이어 훗날 롯데백화점 사업을 시작하면서 삼성의 신라호텔, 신세계백화점과 라이벌이 되었다. 잠실 롯데월드도 삼성에버랜드와 테마파크 분야에서 맞붙는 형국이 되었고 프로야구에서는 삼성라이온스와 롯데자이언츠가 격돌하게 되었다. 대기업들이 사업 분야를 다각화하다 보면 피치 못하게 경쟁 관계가 형성되지만, 롯데와 삼성은 호텔을 지을 때까지는 경쟁 관계이기보다는 상호보완의 입장이 더 강했다.
 신 회장은 이 회장과 함께 오일쇼크 때문에 치솟은 공사비용과 완공 이후 호텔의 경영 전망이 매우 불투명하다는 점 등을 서로 토론하며 함께 걱정하곤 했다.
 삼성은 애초에 일본의 초일류급 호텔인 오쿠라(Okura, 大倉) 호텔과 제휴하기로 했다. 일본의 수출입은행도 신라호텔에 500만 달러의 차관을 제공하기로 했고 종합무역상사인 닛쇼이와이 역시 200만 달러를 투자하고 이 사업을 주도하기로 했다. 그러나 1973년 8월 8일 도쿄의 그랜드팔래스호텔에 투숙 중이던 김대중(金大中) 당시 야당지도자가 괴한에 납치되는 사건이 터지면서 일본의 한국에 대한 차관이 전면 중단되었다. 그는 1972년 10월 발표된 '10월 유신(維新)'에 반발, 한국을 떠나 일본, 미국에서 망명생활을 하면서 반 유신투쟁을 벌이고 있었다. 정치적 격랑의 여파로 일본으로부터의 차관도입이 무산된 삼성은 미국에서 차관을 도입해 1973년 말에 호텔신라 공사를 시작했다.
 이병철 회장은 한국 전통문화재에 대한 애정이 깊고 전문가 이상의 식견도 갖춘 분이어서 영빈관의 의미를 살려 호텔신라도 한국 전통문화를 바탕으로 꾸미겠다고 했다. 한국 전통문화에 관심이 많은 점은 신격호 회장도 마찬가지였다. 이 회장의 전문성에 비하면 족탈불급이겠지만 신 회장의 애정과 관심도 결코 가벼운 것은 아니었다. 하지만 그렇다고 해서 호텔신라를 좇아 롯데호텔에 전통문화를 심을 수는 없었다. 신격호 회장은 롯데호텔의 기본적인 성격을 호텔신라와는 달리 모던(Modern)한 스타일을 지향하기로 했다.

이병철 회장과 호텔에 관한 이런저런 얘기를 나누다가 청와대 경호실에서 롯데호텔 높이를 절반으로 낮추라고 압박하더라는 이야기를 했더니

"너무 걱정마시오. 사필귀정이니 뭔가 해결책이 나올거요."

동업자라기보다는 대형(大兄) 같은 심경으로 말해주어 고마움을 느꼈다. 이병철 회장은 정초에는 도쿄에 와서 사업 구상에 몰두했다. 이 회장 특유의 경영스타일이었다. 도쿄에서는 톱클라스 재계 대표 및 학계 인사들과 환담을 나누거나 식사, 골프 등을 함께 하며 끊임없이 새로운 사업방향을 모색하고자 했다. 그때 신격호 회장도 동석해서 함께 고민을 나누곤 했다.

18층 축소 소동 해결

1973년부터 정주영 현대그룹 회장이 전경련(전국경제인연합회) 회장직을 맡았다. 흔히 '재계 총리'라 불리는 자리이지만 재계의 목소리를 정부에 전달하는 역할이 쉬운 일이 아니어서 더러 정부와 부딪치는 경우도 있었다. 정주영 회장은 리더십과 친화력이 탁월해 다들 어려워하는 전경련 회장 업무를 잘 처리했다.

현대와 롯데는 사업상 별다른 거래 관계가 없지만 정 회장과 신 회

1986년 7월 골프모임 - (왼쪽부터) 풍산 류찬우회장, 현대 정주영회장, 포스코 박태준회장, 롯데 신격호 창업주

장은 각별한 친분을 유지했다. 청년 시절에 큰 꿈을 안고 홀연히 고향을 떠나 자수성가한 점이 공감대를 형성했는지 모르겠다. 인물은 인물을 알아본다고 하지 않던가. 두 분은 우연이지만 고향을 떠난 나이가 19살로 같다. 한때 통신강의록으로 공부한 사실도 공통분모다. 정주영 회장은 일본을 방문하면 그때마다 신 회장을 만나 일본 재계의 동향을 묻곤 했다. 신격호 회장은 롯데제과를 설립한 이후 한국과 일본에 한 달씩 번갈아 체류했는데 한국에 머물 때면 정주영 회장과 자주 회동했다.

골프도 종종 함께 했는데 단골 파트너는 정주영, 류찬우, 박태준 등이었다. 신격호 회장팀은 가급적 카트를 타지 않고 페어웨이(Fairway)를 걸었다. 정주영 회장은 최연장자이지만 체력은 제일 좋앉다. 신 회장도 체력이 뒤지지 않는 편이어서 공이 경사가 심한 비탈진 곳에 떨어져도 힘차게 잘 올라갔다. 청년 시절에 함경도 명천종양장에서 일하면서 비탈진 풀밭을 자주 오르내리면서 다져진 체력 덕분이었다. 골프를 마치고 클럽하우스에서 식사를 할 때는 서로 아호를 부르곤 했다. 아산(정주영), 학록(유찬우), 청암(박태준), 상전(象殿, 신격호)이다.

1977년 초 골프모임을 갖고 만찬 중에 정주영 회장이 롯데호텔 공사현황을 묻기에 청와대 경호실 얘기를 했다. 아산은 물론 학록, 청암 모두가 상식 밖의 처사라며 분통을 터뜨렸다. 이분들이 함께 분노해 주는 게 조금이나마 위안이 되었다.

며칠 후 JP(김종필)가 바둑을 두자고 해서 만났다. 하지만 머릿속에 온통 롯데호텔 걱정이 가득해서 바둑에 집중이 되지 않았다. 당연하게도 신 회장이 불계패했다. 당시 총리에서 퇴임해 국회의원 신분이었던 JP는 빙그레 웃으며 뜻밖의 이야기를 꺼냈다.

"호텔 건설 현안 이야기 들었습니다."

아마도 골프모임에서 신 회장이 했던 하소연이 어떤 경로를 통해서 JP의 귀에 들어간 모양이었다. JP가 먼저 이야기를 꺼냈으니 신 회장도 솔직히 털어놓지 않을 수가 없었다.

"사실 지금 와서 축소한다는 게 불가능합니다."

"잘 압니다. 제가 각하께 말씀드려 원안대로 하도록 하겠습니다. 경호실에서 과잉 경호를 하려는 게 아닌가 싶네유."

실제로 JP가 청와대에 가서 대통령에게 자초지종을 설명한 모양이었다. 며칠 후 청와대로부터 연락이 와서 대통령을 만났다. 대통령은 "당초 설계한 대로 지으시오."라고 말했다. 경호실 반응이 걱정돼서 물었더니 경호실장이 무리를 했다며 해결되었으니 걱정하지 말라고 했다.

"감사합니다."

"아닙니다. 조국에 투자하는 신 회장께 제가 더 감사해야 할 일이지요."

박정희 대통령은 투자 건을 이야기할 때마다 '조국에 투자'라는 점을 상기시켰다. 그날 대통령은 호텔 건립공사 진척 상황, 완공 후 경영계획 등을 세세히 질문했다. 쉐라톤, 힐튼 등 세계적인 호텔체인과 제휴를 맺을 것인지도 물었다. 신 회장은 깜짝 놀랐다. 그런 부분에까지 관심을 가졌다는 게 놀라웠다. 대통령은 '디테일(Detail, 세부적인 사실)'에도 강했다.

"검토는 했습니다만…'롯데호텔'이라는 독자적인 상호로 시작하려고 합니다. 비록 지금은 브랜드 가치가 낮지만, 세계 일류호텔로 키워 보겠습니다."

"좋은 얘깁니다. 공사를 잘 마무리해서 개관하길 기대합니다."

대통령은 자신의 권유에 따라 명운을 걸고 지은 호텔이 경영난에 빠질까 봐 걱정했다. 일부 무책임한 인사들이 '호텔이 망해도 신 회장이 빌딩을 뜯어서 일본으로 들고 갈 것도 아니고 고스란히 한국 땅에 남을 것이니 우리가 상관할 바 아니다'라고 말하는 것과는 사뭇 달랐다. 사실 일부의 사람들은 재일동포 기업인들을 '봉'으로 여기는 경향이 있었다. 봉이란 바보의 다른 말이다. 재일동포가 돈을 한국으로 많이 빼 오는 것이 애국이라고 믿는 사람도 있다. 삐뚤어진 애국관이다. 재일동포들에게도 돈은 중요하다. 더욱이 재일동포들은 갖은 핍박과 모욕을 견디며 번 돈이어서 더욱 소중할 수도 있다.

대통령을 비롯해서 여러 사람들이 각별한 관심을 기울여 준 덕분에 '18층 소동'은 막을 내렸다. 신 회장은 큰 강을 하나 건넌 기분이었다.

47

서울 한복판에 세계 톱(Top) 수준 호텔

호텔을 짓는 동안 세계 유수의 호텔 체인들이 자기네 체인에 가입하라고 손을 내밀었다. 그들은 '체인 브랜드를 믿고 투숙하는 손님들이 많고 호텔 경영에는 고유의 노하우가 필요하다'며 접근했다. 신격호 회장도 모르는 바는 아니었다. 대통령까지도 걱정하며 조언할 만큼 '체인'이 아닌 독자 브랜드로 성공적인 경영을 할 수 있는지는 미지수였다.

하지만 체인 가입 조건을 보니 독소조항이 너무 많았다. 예컨대 매출액의 3%를 로열티로 지불하고 영업이익의 20% 정도를 별도로 내는 것이었다. 땅 내고 건물 지어 남 장사시켜 주는 것과 같았다. 신격호 회장은 이럴 바에는 독자적인 브랜드를 갖는 게 낫겠다는 생각이 들었다. 신 회장은 체인은 가입하지 않기로 했다. 토종호텔로 키우는 것이다.

독자 브랜드로 경영하기로 함에 따라 준비할 게 많아졌다. 무엇보다 전문인력이 많이 필요했다. 여기서도 신 회장 특유의 경영기법이 나타나는 것이다. 전문가를 초빙하는 것이다. 수소문 끝에 스위스의 취리히 부근에서 성장한 클로스테르만(Klosterman) 씨를 총지배인으로 영입했다. 그는 유럽의 여러 특급호텔에서 풍부한 경험을 쌓은 최고 수준의 호텔 경영 전문가였다.

그리고 슈타이겐베르거(Steigenberger)호텔 체인과 업무 협정을 맺고 간부직원들은 유럽, 동남아 등지의 슈타이겐베르거 체인호텔에서 연수를 받도록 했다. 조리와 서비스 분야의 임직원들은 홍콩 만다라 호텔에서 6개월간 연수를 받도록 했고 기존 간부사원들도 도쿄의 게이오플라자호텔에서 1개월간 OJT(On the Job Training, 현장훈련) 교육을 받도록 했다. 남녀요리사들도 경희호텔전문학교에서 위탁교육을 받도록 했으며 9명의 외국인 지배인들에게도 직원 교육을 직접 담당하도록 업무를 주었다.

개관에 앞서 이토록 공을 들인 것은 독자 브랜드로 사업을 시작하는 만큼 우리 스스로 운영 노하우를 만들어 내자는 의도가 깔려있는 것이었다. 롯데 브랜드 고유의 호텔 문화를 만들자는 취지였다.

롯데호텔 PATA(Pacific Asia Travel Association) 총회 본부 선정

1976년 4월 20일 하와이의 쉐라톤와이키키호텔에서 태평양 연안국의 관광 사업자 단체인 PATA 총회가 열렸다. PATA 총회는 '관광 올림픽'이라고도 불리는데 태평양 지역의 관광산업 증진을 위해 설립된 조직이다. 비영리조직으로 지역 내 국가 관광조직이 정회원이며 항공업, 여행업, 호텔업 등 다양한 업종의 기업 및 단체들이 준회원으로 참여한다. 1952년 1월 12일 창립되었으며 국제기구의 유형으로 준정부조직과 민간이 공동으로 참여한다.

이날 참석자들은 1979년 PATA 총회를 한국에서 열기로 결정했다. 한국전쟁 이후 온 나라가 피폐해져 변변한 국제행사 한 번 치르지 못했던 빈곤한 나라에서 PATA 총회를 유치한 것은 놀라운 일이었다. 신격호 회장은 나라가 그만큼 발전한 것이라 생각하니 국민의 한 사람으로서 매우 기뻤다.

하와이 총회 참석자들은 PATA 한국총회 본부로 롯데호텔을 선정했다. 호텔부지의 굴토공사도 끝나지 않은 시점이었는데 호텔롯데의 사업부 조직은 판촉활동을 벌이고 있었던 것이다. 신 회장으로서는 기쁜 일이기도 했지만, 부담도 컸다. 호텔을 빨리 완공해야 하는 것이다. 그 부담이 나중에는 스트레스가 되기도 했다. 유수한 국제행사가 호텔이 준공되지 않아 차질이 생긴다면 나라의 국제적 위상에 상처를 주기 때문이다.

한국은 1970년 제6회 아시안게임을 서울에서 열기로 유치해 놓고도 준비가 부족해 개최권을 태국 방콕으로 넘긴 적이 있다. 국가 위신이 엄청나게 손상됐고 위약금으로 25만 달러를 지불해야 했다. 당시 한국의 국력은 그런 수준이었다.

1970년 초반이 되어서야 북한과 1인당 국민소득이 비슷하게 되었다. PATA 총회라는 대규모 국제행사를 유치했으니 당연히 행사 전에 호텔을 완공해야 하는 것이다. 그러나 기술인력이 모자라고 부속건물인 백화점 공사와 병행하는 바람에 호텔 공사는 계획한 일정보다 조금씩 늦어졌다. 신 회장은 속이 타들어 갈 수밖에 없었다.

신 회장은 현장을 챙겨보기로 하고 어느 날 오후 2시에 관계자들의 회의를 소집했다. 공사 점검을 위한 이 회의는 생각했던 것보다 길어졌다. 오후 7시쯤 도시락을 배달해 먹고 회의를 계속했다. 회의는 자정을 넘기고 새벽 1시쯤이 되어서야 끝났다. 참석자들은 녹초가 된 표정이었다. 신 회장은 회의에서 제기된 문제점들을 직접 살피기 위해 곧바로 당직 반장을 대동하고 호텔 38층에서 지하 3층까지 계단으로 걸어 내려가며 하나하나 점검했다. 어느 층 계단에서 야간작업자가 빈 페인트통에 버린 담배꽁초가 눈에 띄었다. 화재 위험이 있는 일이기에 호되게 나무랐다. 야간 점검을 마치니 새벽 3시였다.

신 회장은 며칠 후에는 공사 중인 호텔룸에 들어가 천장을 뜯어보라고 지시했다. 겉보기로는 그럴듯하게 마감해 놓았는데 내부의 전기 배선이나 급수관, 배수관은 어떻게 설치되었는지 확인하고 싶었다. 천장을 뜯어보니 스프링클러관이 연결되지 않은 것이 발견되었다. 신 회장은 당장 건물 전체의 천장 안쪽 스프링클러 배관을 모두 점검하라고 지시했다. 대단한 결함을 시정한 것이다. 그렇게 꼼꼼히 챙기니 공사 일정은 더 늦어졌다.

롯데개관과 PATA 총회 성공적 개최

1978년이 저물어 가는 무렵이었다. 눈이 내리는 날이었는데 평소 눈길 걷기를 좋아하는 신격호 회장은 그날도 광화문 앞에서 출발해 소공동 롯데호텔 공사장까지 눈을 밟으며 걸어갔다. 공사 현장에 도착하니 현장소장이 울상이 된 채 보고했다.

"회장님, 아무래도 개관이 늦어질 수밖에 없습니다. 최선을 다했습니다만…"

그랬을 것이다. 최선 정도가 아니라 사력을 다했을 것이다. 최고의 호텔을 짓는다고 자부심을 내세우던 롯데 임직원들이니 어려했겠는가. 더구나 회장이 직접 나서서 공사 현장 이곳저곳을 헤집고 다니는데 게으르게 하지는 않았을 것이다. 하지만 약속 준수와 신용을 철칙으로 삼고 살아온 신 회장으로서는 날짜를 맞추지 못한다는 사실이 몹시 치욕적이었다. 그렇다고 공사를 대충 할 수도 없었다.

"그러면 부분 개관이라도 해야지…"

신 회장은 그렇게 결론을 내려주었다. 사실 신격호 회장은 호텔 공사가 진행되는 동안 해외 관광객이 가득 들어찬 롯데호텔을 상상했고 외국인들이 북적거리는 명동을 꿈꿨다. 미래에 대한 투자 가운데 관광 분야가 매우 중요했기에 롯데호텔의 역할이 더없이 크다고 생각했다. 그러기에 어쩔 수 없이 부분 개관이라는 차선책이라도 선택했던 것이다.

1978년 12월 22일 롯데호텔은 일부만을 개관했다. 비록 부분 개관이지만 217실 규모에 로비, 라운지 등이 갖춰져 특급호텔로서의 면모에는 손색이 없었다. 전관 개관은 몇 달 후로 미뤄졌지만 그나마 다행이라는 생각이 들었다.

그로부터 3달 정도가 지난 1979년 3월 10일, 마침내 국내외 귀빈 3천여 명이 참석한 가운데 롯데호텔 개관식이 성대하게 열렸다. 대지 7천여m², 연건축면적 13만 2,500m²에 지하 3층, 지상 38층으로 당시로서는 국내 최고층의 건축물이었다. 1,020개의 객실을 비롯해 부속 쇼핑센터, 18개의 레스토랑과 바, 실내수영장, 21개의 대소연회장, 한 번에 1,500여 명을 동시에 수용할 수 있는 국제회의장 등의 부대시설도 문을 열었다. 39층의 스카이전망대는 서울 시가지를 한눈에 내려다볼 수 있는 최고의 관광시설이었다.

이처럼 멋진 건물을 짓는 과정에서 건설, 인테리어, 건설기술, 호텔 매니지먼트, 백화점 사업 등 여러 분야가 함께 성장했다. 그것은 국가 차원에서 적지 않은 소득이었다.

개관식이 끝난 뒤 2층 크리스탈볼룸에서 축하연이 열렸다. 신격호 회장은 이 자리에서 다음과 같은 인사말을 했다.

"지금까지는 하나의 훌륭한 예술작품을 조국에 남기고 싶었던 평소의 간절한 소망과 서울의 심장부에 세계에 자랑할 만한 명소를 건설해 보겠다는 일념으로 롯데호텔 건설을 주도했습니다. 우리 기술로 건립하여 우리 손으로 경영하는 롯데호텔이 앞으로 우리 국민 모두의 자랑거리가 되고 관광 한국의 초석을 다지는 데 한몫하기를 기원합니다."

그렇게 롯데호텔이 탄생했다. 물론 1979년 4월 16일부터 3일간 서울에서 열린 PATA 총회도 성공적으로 치러냈다. 신격호 회장은 국제행사까지 마치고 나니 지난 5년 동안의 악전고투가 끝나고 포연이 자욱한 전장을 빠져나온 듯한 기분이었다.

그런데 그 상쾌한 기분도 잠시, 청와대 경호실 때문에 또 한 번 곤욕을 치렀다. 청와대 경호실은 이번에는 청와대 방향의 고층 객실 창문을 가림막으로 덮어서 바깥을 내다보지 못하게 하라는 것이었다. 너무 어이없고 당황스러운 요구였다. 외국 손님들이 이 사실을 알면 한국을 얼마나 우습게 볼까 걱정이었다. 마침 JP(김종필) 의원이 구경차 호텔을 방문했기에 창문 가림막 건을 하소연했다. JP는 그 말을 듣고 어이없어하면서도 청와대로 달려갔다. JP는 대통령에게 강력히 건의하여 가림막을 제거하도록 했다. '18층 소동'에 이은 두 번째 수고였다. JP는 롯데호텔에서 청와대를 향해 총이나 포를 쏜다 해도 사정거리가 멀어 아무 염려가 없다고 설득했다는 것이다. 신격호 회장은 JP에게 감사의 마음을 느끼면서도 가림막 하나 때문에 청와대에까지 민원을 넣어야 하는 상황이 답답하기도 했다.

사라진 오벨리스크(Obelisk) 타워

롯데호텔은 단순한 호텔이 아니다. 호텔과 백화점, 오피스 등으로 이루어진 복합공간이다. 신격호 회장은 이 복합공간을 롯데타운이라 부르면서 이곳이 쇼핑과 문화, 관광의 명소가 되기를 원했다. 그래서 신 회장은 롯데타운을 추진할 때 여러 건물 사이에 개성 있는 광장을 조성하고자 했다.

이 아이디어를 제시했을 때 건축가 김수근(金壽根) 선생을 쌍수를 들어 호응했다. 그러나 롯데 내부 임원들은 반대했다. "그 아까운 금싸라기 땅을 공간으로 남긴다고요? 그러느니 건물을 더 크게 짓는 게 낫지 않을까요?"

대단히 경제적인 이야기였다. 기업을 하는 입장에서는 그렇게 판단하는 것이 자연스러운 것이다. 하지만 신 회장의 생각을 달랐다. 딱히 호텔 투숙객이나 백화점 쇼핑객이 아니더라도 지나는 시민들이 쉴 수 있는 공간을 만들어 놓으면 이것 자체가 명소(名所)가 될 것이라는 게 신 회장의 생각이었다.

명소란 널리 알려진 곳을 말한다. 신 회장은 그곳에서 생기는 활기는 호텔과 백화점에도 긍정적인 효과를 미칠 것으로 확신했다. 평범한 사람들의 생각을 한 단계 뛰어넘는 것이었다. 신 회장은 오쿠노 건축가에게 당부했다. "런던 트래펄가 광장처럼 조성하되 한가운데는 파리 콩코르드 광장의 오벨리스크 같은 조형물을 세워주시오."

오쿠노쇼 건축가는 롯데타운 중심부에 이 광장을 멋지게 설계해서 1983년 '오벨리스크타워'라는 이름으로 완성했다. 오벨리스크는 전승을 기념하거나 왕의 위엄을 과시하는 문장이나 모양을 새겼는데 태양 숭배, 즉 태양신 혹은 호루스와도 관계가 있다고 한다. 고대 이집트의 태양 숭배의 상징으로 세워진 기념비다. 하나의 거대한 석재(石材)로 만들며 단면은 사각형이고 위로 올라갈수록 가늘어져 끝은 피라미드 꼴이다. 신격호 회장이 오쿠노쇼 건축가에게 오벨리스크 조각을 부탁할 때 파리 콩코드광장 오벨리스크를 말했는데 콩코드광장의 오벨리스크는 이집트의 총독이 프랑스의 루이 필리프 1세에게 증정한 것으로 본래 이집트 룩소르에 3,200년 전부터 있던 것이었다. 오스만 제국 하의 이집트 총독인 무하마드 알리가 선물한 것이다. 제국주의자들이 약탈해 온 것은 아니다.

가로, 세로가 각각 6.5m인 정사각형의 바탕 위에 높이 38m로 세운 금빛의 롯데 오벨리스크는 기대했던 대로 서울 도심의 명물이 되었다. 저녁 시간이 되면 오벨리스크광장 주변에 청춘남녀들이 몰려들어 낭만을 구가했다. 오벨리스크 내부에는 지구의 자전을 증명하고자 고안된 '푸코의 진자'를 설치해 행인들의 눈길을 끌었다. 푸코의 진자는 프랑스의 과학자 레옹 푸코가 지구의 자전을 증명하기 위해 고안해 낸 장치이다. 지구가 자전한다는 사실은 오래전부터 알려진 사실이지만 그것을 눈으로 볼 수 있는 실험으로 증명한 첫 사례인 것이다. 진자가 24시간 움직이는 궤적이 360도이다.

하지만 당국으로부터 건축법에 따른 주차장 면적이 부족하다는 지적을 받는 바람에 안타깝게도 이 광장을 없애야 했다. 심혈을 기울여 지은 오벨리스크는 결국 사라지고 말았다. 시민들의 정서적 자산의 상실이었다. 아쉽고 아까운 일이었다.

그래도 유서 깊은 옛 반도호텔의 흔적을 일부 보존한 것은 그나마 다행스러운 일이었다. 대표적인 것이 '페닌슐라(Penninsula, 半島)'라는 이름이다. 페닌슐라는 반도호텔의 영어 명칭으로 역사적 공간인 반도호텔의 그림자라도 남겨두고 싶다는 신격호 회장의 뜻에 따라 그 이름을 남겨두게 되었다. 이탈리안레스토랑과 뷔페를 거쳐 현재는 로비라운지 이름으로 이어져 오고 있다.

롯데호텔을 찾은 저명인사들

초특급 호텔 롯데가 개관함에 따라 국제행사가 원활해져 국가적으로 외교 공간이 넓어졌다. 국력이 그만큼 성장하게 된 것이다. 종전에는 외국에서 국빈이 오면 숙소가 마땅치 않아 나라 체면이 구기기도 했다. 롯데호텔의 로열스위트룸은 국가 원수를 모시기에 손색이 없을 만큼 화려하고 기능적으로도 훌륭하다. 한꺼번에 1천 명 이상을 수용할 수 있는 국제회의장 덕분에 대규모 국제회의도 유치할 수 있게 되었다.

개관 이후 롯데호텔에 처음 투숙한 국빈급 인사는 세네갈의 레오폴 세다르 상고르(Leopold Sedar Senghor) 전 대통령이었다. 불어권의 저명한 시인이며 아카데미 프랑세즈 정회원으로 '대통령이 되지 않았더라면 노벨문학상을 받았을 분'이라는 평가를 받는 문인이었다. 그 이후 세계적인 거물급 인사들의 발길이 끊이지 않았다. 쿠르트 발트하임(Kurt Valdhaim) 전 유엔 사무총장, 헨리 키신저(Henry Alfred Kissinger) 전 미국 국무장관, 보리스 옐친(Boris Nikolayevich Yeltsin) 전 러시아 대통령, 마거릿 대처(Margaret Thatcher) 전 영국 총리, 헬쿠트 콜(Helmut Kohl) 전 독일 총리 등 20세기의 세계사의 주역들이 연이어 롯데호텔의 고객이 되었다.

1972년에 한국을 찾은 외국인 관광객은 37만 명이었으나 1978년에는 107만 명으로 크게 늘어났다. 국제무대에서 한국의 위상이 높아진 결과이지만 고품격의 숙소를 가지고 있다는 점도 한몫했다.

실질적인 영업 첫해라 할 수 있는 1979년에 롯데호텔은 131억 원의 매출을 올렸다. 서울 시내 13개 특급호텔의 연간 총매출액 가운데 20.5%에 해당하는 수치다. 객실판매율은 다른 특급호텔의 평균 객실판매율 50%보다 훨씬 높은 74%로 나타났다. 사회적 혼란과 2차 오일쇼크가 겹쳐 우리 경제가 처음으로 마이너스 성장을 했던 1980년에도 롯데호텔의 객실판매율은 78%에 달했다.

롯데호텔 체인화

신격호 회장은 소공동 롯데호텔이 안정적으로 자리를 잡자 전국 곳곳에 롯데호텔을 세우고 싶어졌다. 처음부터 외국계 유명호텔과의 제휴를 거부하고 독자적인 브랜드를 추구했던 만큼 장차 롯데호텔을 체인으로 발전시키고 싶었던 것이다.

체인(Chain)이란 우리말로는 '사슬'을 의미한다. 신 회장이 구상하는 호텔 사슬은 무엇인가를 짐작하기는 어렵지 않다. 처음에는 그런 계획을 심중에만 간직하고 있었는데 어느 날 경남 마산 장군동에 있는 크리스탈호텔을 인수하겠냐는 제의가 들어왔다. 이 호텔은 마산에 수출자유지역(輸出自由地域)이 설치되자 고급호텔에 대한 수요가 많을 것으로 예상하고 다수의 일본 기업인들이 자금을 모아 1974년 10월 설립한 호텔인데 내내 적자에 시달리고 있었다.

수출자유지역이란 수출진흥을 위해 특례와 지원을 통해 자유로운 무역활동을 보장해 주는 지역이다. 마산 수출자유지역에는 일본인 기업들이 많이 입주해 있었다. 크리스탈 일본 대주주들은 여러 경로를 통해 롯데가 맡아주기를 간청했다.

신 회장은 마산(馬山)이란 말을 듣고 가슴이 울렁거렸다. 신 회장이 코흘리개 때 가끔 아버지께서 하얀 모시 두루마기를 입으시고 "마산 댕겨(다녀) 오꾸마."하고 휑하니 집을 나가셨던 기억이 떠올랐기 때문이다. 농업학교를 졸업하고 경남 종축장에 근무할 때는 신 회장도 마산에 자주 출장을 갔었다. 그래서인지 마산이 낯설지 않게 느껴지고 관심도 커졌다.

신 회장은 곧바로 마산으로 달려가 호텔을 둘러봤다. 8,113m²의 터에 지하 3층, 지상 10층, 객실 115실과 부대시설을 갖춘 아담한 호텔이었다. 10층 객실에서 내다보니 마산 앞바다의 다도해가 절경이었다. 이런 조건을 갖고도 적자를 낸다는 게 의아할 정도였다.

1979년 8월 신격호 회장은 크리스탈호텔을 인수했다. 호텔은 롯데가 인수한 첫해부터 흑자를 기록하는 반전을 이루어 냈다. 그뿐만 아니라 1980년대 들어서도 객실이 모자랄 정도로 호황을 누렸다. 그러나 1990년대 들어 수출자유지역 입주 기업들이 본국으로 하나둘 철수하고 경남도청이 신흥도시인 창원으로 옮기면서 마산경제가 급격히 위축되었다. 결국 2001년 6월 호텔을 폐업했고 건물은 한동안 빈 채로 방치되었다. 아쉬운 일이었다.

그런데 관계 당국으로부터 형편이 어려운 도민들을 위해 설립한 마산의료원을 확장해야 하는데 부지가 모자란다며 크리스탈호텔 부지를 기증해 달라는 뜻이 전해져 왔다. 신 회장은 이를 들은 즉시 오래 생각하지 않고 제안을 받아들였다. 신 회장은 지방도시일수록 충분한 의료시설이 필요하다는 신념을 가지고 있었다. 신 회장은 마산 시민들의 열악한 의료 환경을 개선하는 데 조금이라도 도움이 된 것 같아 뿌듯함을 느꼈다. 얼마 후 마산·창원 시민들이 부지를 기증해 준 덕분에 부족한 병상을 해결하게 되었다며 감사의 뜻을 전해오기도 했다.

부산 서면에 첫 체인호텔

마산 크리스탈호텔이 롯데호텔을 전국적인 체인호텔로 확산하는 데 시금석이 되었다면 실질적으로 첫 체인호텔이 된 곳은 부산이었다. 신격호 회장이 19세의 나이에 청운의 꿈을 안고 집을 나와 일본으로 갈 때 부관연락선을 탔던 그곳이었다. 신 회장은 자신의 인생의 꿈의 출발지였던 부산에 뭔가 뜻깊은 일을 벌이고 싶었다. 그래서 이런저런 구상을 하고 있는 즈음에 창학 100년 전통의 부산상고가 이전한다는 소식이 들려왔다. 신 회장은 이 소식을 듣자마자 '바로 이곳!'이라고 단정했다. 부산 중심부 서면에 위치한 이 학교가 이전한다니 그 유서 깊은 자리에 호텔을 짓고 싶었다. 그것이 신 회장이 부산에 어떤 흔적을 남기고자 하는 것과 딱 맞는 것이었다.

당시 부산에는 호텔이 20여 개밖에 없었다. 호텔당 객실 수도 평균 132실에 불과했고 국제적인 대형호텔은 전무했다. 1984년 5월 11일 '부산롯데호텔(주)'를 설립하고 지하 2층, 지상 30층 규모의 호텔을 짓기로 결정했다. 그것만으로도 부산 최대의 호텔이 되는 것인데 1988년 1월 지하 5층, 지상 45층에 객실 1,750실을 갖추는 매머드급 호텔을 건설하는 것으로 건설 계획이 수정되었다. 서울 소공동 롯데호텔 규모를 넘는 것이었다. 인근에 테마파크도 조성하기로 했다.

그러나 정부와 부산시는 차일피일 미루며 건축 허가를 내주지 않았다. '교통 영향 평가가 나지 않았다'라거나 '서면의 도시계획이 확정되지 않았다'는 등의 이유를 들었다. 그즈음 정부가 호텔 신축을 억제하는 정책을 편 것도 한 요인이었다.

정부와 부산시는 옥외 주차장 확보, 이면도로 확보, 지하보도 설치 등이 포함된 보완책을 요구했다. 그것은 도시교통 인프라까지 롯데가 짓도록 요구하는 것이었다. 그 요구사항을 수용하려면 대략 600억 원의 비용이 추가로 들어야 했다. 신격호 회장은 부담이 되었지만 대승적 차원에서 그 조건을 받아들였다. 법인 설립 후 7년이 지난 1991년 12월 26일의 일이었다. 신 회장 70세 때의 일이다.

신격호 회장이 부산에 지으려고 하는 건축물은 호텔, 백화점, 면세점, 스카이플라자 등이 모두 포함된 복합공간이었다. 서울 소공동 롯데호텔과 동일한 개념이다. 그래서 이름도 '부산 롯데월드'로 정했다. 호텔 이름은 '롯데호텔'로 했는데 건물 높이가 당시 한강 이남에서 가장 높은 172m에 달했다. 우리는 여기서 신 회장이 항상 높은 공간 확보에 관심을 가지고 있다는 점을 기억해 둘 필요가 있다.

신 회장은 서울 롯데호텔을 지을 때처럼 설계, 시공에서 세계 최고 수준의 업체를 선정했다. 호텔 인테리어 설계는 세계적 호텔의 인테리어를 담당했던 허쉬 베드너(Hirsh Bedner), 백화점 설계는 일본 다카시마야백화점 설계팀과 국내 13개 업체, 스카이플라자 설계는 미국 디즈니랜드를 설계한 바타글리아(Battaglia) 사에 맡겼다.

1997년 2월 마침내 '롯데호텔 부산'이 웅장한 모습을 드러냈다. 부산의 중심 서면에 객실 888실과 한꺼번에 2,500명을 수용할 수 있는 대연회장 등을 갖춘 43층짜리 매머드 호텔이 탄생한 것이다. 누가 봐도 부산의 명소이고 랜드마크가 아닐 수 없다.

제주와 울산에도 롯데호텔

'롯데호텔 부산' 개관 이후 롯데호텔의 체인사업은 속도가 빨라졌다. 2000년 3월 25일에는 '롯데호텔 제주'를 개관했고 2002년 2월 28일에는 '롯데호텔 울산'이 그랜드오프닝 했다.

'롯데호텔 제주'는 국내 최초의 본격 리조트호텔이라는 점이 특징이다. 남아프리카공화국의 팰리스오브더로스트시티(Palace of the Lost City) 호텔을 벤치마킹해서 지었다. 남아프리카공화국 최대의 도시 요하네스버그와 수도 프리토리아 사이에 있는 이 호텔은 신 회장이 직접 가 보고 감명을 받았던 호텔이기도 하다. '잃어버린 도시의 왕궁'이란 호텔 이름이 암시하듯 오래된 전설이 깃들어 있다.

신 회장은 1996년에 이 호텔을 설계한 회사의 대표였던 엘리슨 회장과 수석 설계자 에스텔라 루를 초청해 '롯데호텔 제주'의 설계를 의뢰했다. 호텔부지가 제주 중문이어서 제주 설화에 나오는 자청비(自請妃)의 이야기가 호텔에 스며들게 해 달라고 요청했다. 자청비는 제주도의 설화 중 하나다. 옥황상제로부터 오곡 종자를 얻어 남편인 문 도령과 함께 땅에 내려온 자청비는 사람들에게 씨앗을 나누어 주고 밭도 갈아주어 제주를 풍요롭게 했다는 곡물신(穀物神)이다.

롯데호텔 울산에도 특별한 의미가 있다. 울산에 호텔을 세운 데는 이곳이 신 회장의 고향이라는 점도 작용했지만, 더 큰 이유는 많은 인구가 모여 사는 대규모 산업단지인데도 변변한 호텔이 없다는 게 안타까웠기 때문이다. 때마침 1990년대 후반 울산시가 호텔 건립을 신 회장에게 강력하게 요청해 왔다. 당시 울산시는 상권의 중심지 중구에 비해 상대적으로 낙후된 남구 일대를 개발하려고 애를 쓰고 있었다. 하지만 특1급 호텔이 들어서기에는 입지가 좋지 않고 외환위기로 인해 경기가 극도로 침체한 상황이라 호텔 건립을 반대하는 사람이 많았다. 신격호 회장은 반대에도 불구하고 외환위기 이후의 먼 미래를 내다보고 투자를 결심했다.

'롯데호텔 울산'은 남구 삼산동 일대 5만 3천여m² 부지에 연면적 16만 7천여m²로 지어져 2002년 2월에 개관했다. 지하 5층, 지상 24

층, 객실 211실 규모를 갖췄다. '롯데호텔 울산'도 호텔 시설뿐 아니라 백화점, 멀티플라자, 테마파크, 시외버스터미널, 고속버스터미널 등 6개 시설이 함께 어우러진 복합공간으로 건설되었다. 이 호텔에 설치한 정글플라자는 4층 높이의 공간을 트고 야자수를 갖다 놓아 진짜 정글처럼 보이는 매력을 갖고 있다.

신격호 회장은 '롯데호텔 울산'에 갈 때면 울산 중동에 있는 한글학자 외솔 최현배(崔鉉培) 선생의 기념관과 외솔 생가에도 들르곤 한다. 순수한 존경심에서 우러난 일이다.

48

롯데건설의 중동(中東) 사업 위기

신격호 회장은 사업을 경영하면서 대기업이 여러 업종에 진출한 것을 흔히 '문어발'이라고 비판하는 것을 수긍한다. 하지만 수긍하기 어려운 측면도 엄연히 있다고 생각한다. 예컨대 제과, 식품, 호텔, 유통 분야를 전문으로 하는 롯데가 건설업체를 갖는 것은 문어발인가? 수많은 공장과 백화점을, 호텔을 지어야 하는데 그룹 내 건설 기능을 가지고 있다면 더 효율적이다. 신 회장이 건설업 진출을 결심한 것도 그런 경영철학에서 비롯된 것이다.

1970년대만 해도 건설업체가 뇌물을 주고받으며 부실공사를 하는 경우가 많았다. 신 회장으로서는 이런 관행을 도저히 용납할 수 없었다. 또 건설업체를 선정하는 과정과 행정업무를 처리할 때 드는 비용도 많고 절차도 복잡해 비효율적이라 생각했다. 이러한 문제를 해결하고 각종 공사를 효율적으로 신속하게 진행하는 방법을 찾다 보니 자체 건설업체가 필요해졌다. 신설보다는 기존 업체를 흡수하는 것이 효과적이었다. 그때 인수한 회사가 평화건업(주)이다.

1952년에 설립된 평화건업은 한국전쟁으로 폐허가 된 서울의 시가지를 재건하는 관급공사로 재력을 쌓았다. 1948년에 창립된 현대

건설(정주영)과 동시대 건설업체였다. 1970년대 초에는 도급 순위 상위 5위에 랭크될 만큼 탄탄한 업체로 성장했다. 신탄진 담배공장도 지었고 포항제철 2기 코크스플랜트 공사에도 참여해 실력을 인정받았다. 1975년 이후 한국 건설업체들이 중동진출 러시(Rush)를 이룰 때 평화건업도 사우디아라비아에 진출했다. 61-B 도로공사를 비롯해 주베일공단 조성, 리야드 공군본부 지하 작전사령부 공사 등을 맡았다. 그러나 터무니없는 낮은 가격으로 수주한 데다 원자재 가격이 뛰는 바람에 완공도 하기 전에 회사가 파산할 지경이었다. 롯데는 롯데호텔을 건설할 때부터 평화건업과 인연을 맺었다. 그것이 인연이 되어 1978년 9월 부실에 빠진 평화건업을 인수했다. 인수 후에는 회사명을 '롯데평화건설(주)'로 바꾸고 기존 공사를 계속했다.

해외 건설사업이 불러온 위기

신격호 회장은 평화건업을 인수하고 얼마 지나지 않은 1980년에 풍산그룹 유찬우 회장의 추천을 받아 이낙선(李洛善) 전 건설부 장관을 롯데그룹 부회장으로 영입했다. 이낙선 장관은 1961년 5.16 군사정변 당시 육군 소령 신분으로 참여했으며 초대 국세청장으로 취임해 내국세 700억 원을 징수하는 기록을 세워 뛰어난 능력을 보였으며 상공부 장관과 건설부 장관을 거친 유능한 경제 각료였다. 그는 국내 건설업계 동향에 정통하고 건설산업 전반에 밝은 혜안을 갖고 있었다. 그의 탁월함을 보여주는 대표적인 사례가 바로 롯데평화건설 해외사업 관련 건이다.

롯데평화건설의 사우디아라비아 건설 현장에서 여러 가지 우려의 소리가 들리기 시작한 때였다. 롯데평화건설의 부실 규모가 예상보다

크다는 풍문이 돌고 있었다. 어느 날 신 회장이 이 장관과 차를 마시던 중 이 장관이 롯데평화건설의 사우디 현장에 관한 충격적인 실상을 전해 주었다.

"부실이 엄청나서 걱정입니다."

"그렇게 심각한 수준인가요?"

"건설회사 하나 도산하는 게 문제가 아닙니다. 자칫 잘못하다간 롯데 전체가 날아갈 우려가 있습니다."

엄청난 이야기였다. 신격호 회장은 눈앞이 캄캄했다. '그룹 전체가 날아갈지 모른다니…"

이낙선 부회장의 식견이나 경력으로 봤을 때 허언이나 과장은 아닐 것이다.

신 회장이 부랴부랴 점검해 보니 어떤 공사 현장은 2천만 달러 공사가 4천만 달러가 들어갔는데도 공사가 끝나지 않았다고 했다. 더 많은 돈이 들어가게 되어있다는 것이다. 다른 공사 현장도 사정은 엇비슷했다. 더욱 답답한 것은 점검 채널마다 수치가 달라 부실 규모가 얼마나 되는지 종잡을 수 없다는 점이었다.

신격호 회장은 임승남 사장을 불렀다. 임 사장은 롯데가 대졸자를 뽑을 때 일본 현지에 입사시킨 여섯 사람 중 하나로 롯데 공채 1기생이었다. 능력이 뛰어난 인재였다. 임승남 사장은 마산 크리스탈호텔을 적자에서 흑자로 바꾼 주역이어서 믿을만한 사람이다. 신 회장은 평소 습관대로 '임 군'이라고 불렀다.

"임 군! 아무래도 임 군이 사우디 현장에 가서 해결해야겠다."

하지만 그는 건설이나 토목에는 경험이 없다며 고사했다. 롯데공장 지을 때 감독했던 경험을 살려보라고 간청했지만 어지간한 일에는 물불 안 가리는 그도 이번에는 완강했다. 며칠 후 다시 불러 설득했지만 마찬가지였다. 임 사장조차 이렇게 피하고 싶어 할 정도라면 보통 일이 아니었다. 이러다간 정말로 큰일 나겠다 싶었다. 이제 회장 권한으로 할 수 있는 마지막 수단밖에 남아있지 않았다.

"임 군! 최고경영자는 전공이 없어. 토목건설 기술자가 아니라고 두려워할 거 없다는 거지. 상식선에서 문제를 파악하고 해결책을 찾는 게 최고경영자의 역할이야."

신 회장의 지시에 따라 사우디아라비아로 날아간 임 사장은 결국 현지로 부임해 공사를 마무리하는 임무를 맡았다. 그렇게 현장을 지휘하던 임 사장은 1983년 일본으로 와서 공사현장 상황을 보고했다.

"사우디에서는 더 이상 수주하지 말아야 합니다. 공사를 할수록 손해이니 현장을 수습하고 철수해야 합니다. 그러려면 정리자금을 투입해야 합니다."

"액수가 얼마나 필요할 것 같나?"

"4천만 달러 정도 됩니다."

신격호 회장은 적잖게 놀랐다. 4천만 달러는 너무도 큰 금액이었다. 임 사장에게 그 이유를 꼬치꼬치 물었다. 대여섯 시간이 훌쩍 지나갔다. 신 회장은 집요하게 질문했고 그는 성실하게 답변했다.

이때뿐 아니라 평소에도 중요한 사안이다 싶으면 담당자가 진이 빠지도록 질문한다. 신 회장 특유의 경영기법이다. 질문을 많이 한다는 것은 본질에 접근하는 첩경일 수 있다. 이병철 삼성그룹 회장과는 반대다. 이 회장은 임원의 설명이 끝나면 질문 없이 "됐다. 나가봐라."로 유명하다. 신 회장은 이 방식이 임원 스스로가 답변을 통해 가장 적절한 해결책을 찾도록 유도한다고 생각한다. 신 회장의 진의를 모르는 상대방은 아마 골탕을 먹이려고 쓸데없는 질문을 퍼붓는다고 생각할 수도 있다. 이 방식에 압박감을 느끼는 임원도 많을 것이다. 그러나 대부분은 용케 견뎌냈다. 그 정도 내공이 있으니 경영자(CEO)가 된 것일 게다. 롯데그룹의 규모가 커지면서 신격호 회장은 그룹을 경영한다기보다는 사장(社長)을 경영한다는 표현이 어울릴 정도로 계열사장들과 긴밀하게 접촉했다. 사장에게 거의 전권을 맡기고 회장은 수시로 경영현황을 보고받는 방식이었는데 '보고를 받는다'고 하지만 사실상 경청하는 편이다.

신 회장은 임 사장 앞에서 '4천만 달러'를 부담하겠다는 말을 전혀 하지 않았다. 그 때문에 임 사장은 사우디아라비아로 떠날 때 발걸음은 무거웠을 것이다. 그런데 사우디아라비아에 도착하자마자 그에게서 전화가 왔다. 임 사장 목소리는 흥분되어 있었다.

"회장님! 4천만 달러 입금하셨군요! 각골난망입니다. 마무리 잘하겠습니다."

신 회장은 임 사장을 믿고 그의 의견에 따라 4천만 달러를 내주었다. 사업을 하다 보면 항상 이익을 낼 수는 없다. 하지만 평화건업을 인수한 데 따른 대가는 너무나 혹독했다. 평화건업이 수주한 중동 공사 가운데 어느 현장에서는 지하에 거대한 암반층이 발견돼 이를 제거하는 데만 엄청난 비용이 들기도 했다. 제대로 지질조사도 하지 않고 성급하게 수주한 탓이었다. 거액의 공사대금을 떼여 파산한 업체도 수두룩했다.

임승남 사장은 중동에서 돌아온 후 롯데잠실 사업 본부장, 부산 롯데월드 건설 본부장, 롯데건설 사장 등을 역임했다. 대학에서 화학공학을 전공했지만, 사우디아라비아에 다녀온 이후 대부분 '건설인'으로 일했다.

공사현장에서 박태준 회장 만나

평화건업이 국내에서 진행하던 공사는 롯데평화건설이 이어받아 대부분 순조롭게 진행되었다. 공사현장도 포항제철 코크스공장 제3기 확장공사, 서울시 지하철 3호선 3-2공구 공사, 여천석유화학단지 공사 등 무려 20여 개나 되었다.

1979년 1월 포항제철 코크스공장 제3기 확장공사를 마무리할 때쯤 현장에서 박태준 회장을 만났다. 박 회장은 신격호 회장이 제철사업을 준비할 때 만났던 기억을 떠올리며 다시 만나게 된 것을 반가워했다. 우리는 신격호 회장이 정부 제안으로 한·일 국교정상화 이후 국내 제철사업을 맡기로 하고 청와대 김학렬 경제수석이 동경대학교 제철학과 김철우 교수를 소개해 주어 제철사업 청사진을 거의 마무리했을 때 박태준 회장이 신 회장을 찾아와 제철사업(포항제철)은 국영(國營)으로 하게 되었다고 통보해 허탈해 했던 것을 기억할 수 있다. 신 회장도 이렇게 제철사업 현장에서 다시 만나게 된 것도 인연이라고 생각되어 활짝 웃어 주었다.

롯데평화건설이 맡은 대형공사 가운데 삽교천 방조제 공사가 있었다. 정부가 추진하는 사업으로 방조제가 완성되면 인공 담수호가 생기고 이를 농수(農水)로 활용하는 대규모 공사였다. 바다를 가로막아 만든 방조제 길이만도 3.36km에 달했다.

1979년 10월 26일 오전 11시 충남 당진 현장에서 삽교천 방조제 공사 준공식이 박정희 대통령이 참석한 가운데 열렸다. 그러나 이 준공식은 역사적 대사건이 발생하는 운명의 행사이기도 했다. 이 행사가 끝나고 상경한 박 대통령은 그날 저녁 청와대 부근 안가에서 김재규 중앙정보부장이 쏜 총에 맞아 서거했다. 결과적으로 롯데평화건설이 완성한 삽교천 방조제 공사 준공식이 박 대통령 생전의 마지막 행사가 된 것이다. 롯데호텔 건설에 설계도까지 보면서 관심을 가졌던 박 대통령이 롯데가 시행한 공사 준공식이 생전의 마지막 행사가 된 것은 역사의 우연성으로 볼 때 신비하기만 한 것이다.

1981년 3월 롯데평화건설은 사명을 '롯데건설(주)'로 바꿨다. 1984년에는 부실이 가득했던 해외 건설현장에서 철수하고 이때부터 국내 사업에만 집중했다. 광양제철소, 호남정유공장 등 대형 플랜트 공사를 비롯해 롯데호텔 신관, 잠실 롯데월드, 올림픽타운 등 여러 건설공사에 참여해 입지를 굳혔다. 그 이후 도급 순위도 껑충 뛰었다. 1982년 35위에서 1985년 22위, 1987년 13위, 1988년 9위, 1989년 6위에 올라섰다. 창사 40주년을 맞은 1999년에는 아파트 사업에도 본격적으로 뛰어들어 '롯데캐슬'이란 브랜드를 정착시켰다. 그 결과 이제 롯데건설은 우리나라를 대표하는 굴지의 건설사 가운데 하나로 자리를 굳건히 했다. 그야말로 역경을 딛고 이룬 대성공이라고 할 수 있다.

49

프로레슬링과 복싱영웅들

　신격호 회장은 이윤을 추구하는 사업가이면서도 사업 이외 분야 특히 조국과 고향에 대한 애착이 유달리 많은 덕목을 가지고 있다.
　스모(相撲, 일본 전통격투기) 선수로 출발했다가 프로레슬러로 전향한 역도산(力道山)은 본명이 김신락(金信洛)이다. 그는 1924년 12월 함경남도에서 태어났다. 그는 일본으로 귀화한 데다 스스로 한국인이라 밝힌 적이 없어 대부분의 일본인은 그가 일본인인 줄 알고 있다.
　1953년부터 일본 TV에서 프로레슬링 중계를 시작했는데 역도산은 잘생긴 외모에 탁월한 경기력으로 최고의 인기를 누렸다. 일본인들은 거구의 서양인 프로레슬러들을 때려눕히는 역도산의 활약에 열광했다. 역도산을 통해 제2차 세계대전에서 미국에 패배한 콤플렉스에서 벗어났다는 말이 나올 정도였다. 신격호 회장은 가끔 그와 만나 맥주를 마시곤 했는데 서울에 스포츠센터를 짓겠다는 포부를 밝히기도 했다.
　그는 굳이 내색하지는 않았지만 한국인 제자들을 많이 아꼈다. 김일(金一) 선수를 '박치기왕'으로 키운 사람도 바로 그였다. 김일 선수는 전라남도 고흥 출신으로 한국 프로레슬링에서 가장 인지도가 높은 인물이다. 김일 선수는 역도산을 스승으로 깍듯이 모시면서 그 앞에서는 반주도 마시지 않았다. 신격호 회장은 김일 선수가 수련생일 때부터 한국 식당에서 그에게 불고기를 자주 대접했다. 1961년 시부야에 스포츠센터를 오픈한 역도산은 야구 시즌이 끝나면 재일 동포 장훈(張勳) 선수에게 체력단련을 하라며 스포츠센터를 훈련장으로 제공했다. 또 복싱의 김기수(金基洙) 선수가 일본에 왔을 때도 훈련장으로 그의 스포츠센터를 제공했다. 역도산은 함경북도 출신의 김기수 선수를 고향 후배라며 몹시 아꼈다. 역도산은 장소뿐만 아니라 스파링 파트너도 구해주었다.

그 무렵 신 회장은 가끔 역도산, 김일, 김기수 등 당대 정상급 역사들과 저녁식사를 함께하는 호사를 누리기도 했다. 모두가 조국 출신인 것이다.

역도산은 1963년 12월 도쿄에서 야쿠자 청년의 칼에 찔려 사망하고 말았다. 신 회장은 그 소식을 듣고 몹시 비통한 심정이었다.

신 회장이 즐겨보는 스포츠 종목은 복싱이다. 신 회장은 특히 홍수환(洪秀煥) 선수의 열성팬이다. 그의 모든 경기를 챙겨보기는 어려웠지만 그가 1974년 7월 남아프리카공화국 더반에서 아놀드 테일러(Arnold Taylor)에게서 밴텀급 세계챔피언 타이틀을 획득한 경기와 이 타이틀을 멕시코의 사모라(Zmora)에게 뺏긴 경기 등 주요 경기는 TV를 통해 시청했다.

1975년 10월에는 김기수가 사모라에게 도전했다가 다시 패배하는 안타까운 경기가 있었다. 신 회장은 경기를 보고 나니 낙담해 있을 홍 선수를 돕고 싶었다. 그래서 1976~1977년에 그를 후원했다. 그런데 1977년 11월 홍 선수는 신설된 페더급 세계챔피언 결정전에서 헥토르 카라스키야(Hector Carasquilla)와 맞붙어 4전 5기의 신화를 이루며 챔피언 벨트를 따는 쾌거를 이루어 냈다. 신격호 회장은 얼마나 통쾌한지 그 장면을 수십 번 되풀이해서 봤다. 세컨드 2명이 입은 트레이닝복의 등에 '롯데' 로고가 붙어 있었는데 신 회장은 그것만 봐도 감격스러웠다.

1978년 2월 1일 일본에서 카사하라유 선수를 상대로 홍수환 선수의 1차 방어전이 벌어졌다. 신 회장은 TV 중계로 시청했는데 홍 선수가 열심히 싸워 15회 판정승했다. 홍 선수가 경기 때 입은 트렁크에 '롯데'라는 한글 로고가 붙어 있어 더욱 반가웠다. 신격호 회장은 경기 직후 직접 만나 격려해 주고 싶어 집무실에서 그를 만났다. 얼굴이 붓고 피멍이 들어 있어 만나는 게 적절치 않겠다며 조심스러워 했지만, 그는 유머가 풍부하고 표정이 밝은 복서여서 그를 만나는 내내 즐거웠다. 신 회장은 홍 선수의 승리가 너무 기뻐서 1978년 2월 각 신문에 홍 선수가 화환을 목에 걸고 환호하는 모습의 사진을 담은 기업이미지 광고를 게재하기도 했다.

신격호 회장은 장정구 선수의 팬이기도 하다. '짱구'라는 별명으로 불리는 그의 지칠 줄 모르는 파이팅에 매료되었다. 1988년 6월 27일 도쿄 고라쿠엔에서 벌어진 15라운드 방어전에서 장 선수는 도전자를 무려 7번이나 다운시킨 끝에 8회 TKO로 승리하고 챔피언 타이틀을 지켰다. 신격호 회장은 이튿날 장 선수를 집무실로 초청해 차를 함께 하며 격려했다. 신 회장이 권투경기를 좋아한 것은 도전정신과 불굴의 의지를 높이샀기 때문이다.

신격호 회장이 좋아한 영화배우들

신격호 회장은 일본에 온 초기인 1946년대만 해도 전차나 버스를 탈 때마다 공연히 신경이 많이 쓰였다. 유난히 키가 커서 서 있는 승객 사이에서도 머리만 우뚝 솟아 보였기 때문이다. 신 회장은 174cm의 장신이고 미남이다.

신 회장이 남의 눈에 잘 띈 또 하나의 이유는 당시 일본의 유명한 영화배우이자 수필가인 '이케베 료'를 닮았다는 데 있다. 신 회장은 길거리에서, 식당에서, 전차 안에서 수시로 "이케베 료 사마 아니냐..."는 질문을 받는다. 그때까지만 해도 신 회장은 그가 누구인지, 자신이 누구와 닮았는지에 대해 별 관심이 없었다.

그런데 어느 날 긴자거리의 영화관 앞을 지나다 영화 간판 그림을 보고 깜짝 놀랐다. 주연 남자배우가 신 회장이 봐도 자신과 꽤 닮은 얼굴이었다. 그가 바로 이케베 료(池部良)였다. 영화 '설국(雪國)의 주연을 맡은 그는 얼굴뿐 아니라 키도 신 회장과 비슷했다. 신 회장이 174cm인데 그는 175cm였다.

영화관 간판을 보자마자 신 회장은 입장권을 사서 영화관으로 들어갔다. 영화 첫 장면에 '일본 문학 불멸의 명작'이란 자막이 나왔다. 영화를 보는 내내 신 회장은 주인공 '시마무라'로 빙의되는 느낌을 받았다. 도요다 시로(豊田四郎)의 연출 솜씨도 탁월했다. 그날 이후 신 회장은 그의 팬이 되었다. 그가 출연한 영화들을 두루 관람했다. 그가 수필가로도 꽤 유명하다는 사실을 뒤늦게 알고 그의 수필집 '바람이 불면'을 구입 해 읽기도 했다.

신 회장이 좋아하는 외국 여자배우는 에바 가드너와 잉그리드 버그만이다. 에바 가드너는 어니스트 헤밍웨이의 소설 '킬리만자로의 눈', '태양은 다시 떠오른다'를 영화로 만들 때 주연으로 발탁된 여배우이다. 또 스웨덴 태생인 잉그리드 버그만은 어려서 부모를 잃고 숙부 슬하에서 자란 배우로 아카데미 여우주연상을 두 번이나 받을 만큼 뛰어난 연기력이 매력적이다.

좋아하는 남자배우는 프랑스의 알랭 들롱(Alain Delon)과 미국의 찰스 브론슨(Charles Bronson)이다. 알랭 들롱은 불세출의 미남 배우로 알려져 있지만, 신 회장은 그의 외모보다는 날카로운 눈빛 연기에 매료되었다.

신 회장은 1964년 6월 알랭 들롱이 '태양은 가득히' 개봉을 앞두고 일본을 찾는다는 소식을 듣고 그에게 롯데 방문을 요청했다. 신 회장의 순발력은 대단하다. 그는 흔쾌히 롯데의 우라와공장을 방문해 주었는데 실제로 만나보니 세계적인 스타인데도 겸손했다. 롯데 가나초콜릿을 먹어보고는 '프랑스에도 이렇게 맛있는 초콜릿은 드물다'며 극찬을 해주었다. 방송 프로그램 '롯데 음악앨범' 무대에 출연해 롯데 홍보에 도움을 주기도 했다. 그 후 신 회장은 그가 출연한 영화를 꾸준히 챙겨 보았는데 그 중 찰스 브론슨과 함께 출연한 '아듀 라미(Adieu! L'Ami!)라는 작품이 특히 기억에 남았다. 찰스 브론슨의 치열한 내면 연기가 압권인 작품이었다.

언젠가 어느 영화잡지에서 찰스 브론슨 특집 기사를 읽고 깜짝 놀란 적이 있었다. 그는 1921년 11월 3일생 신장 174cm, 생년월일과 신장이 신 회장과 똑같은 것이다! 폴란드 이민 가정 출신인 그는 한국과 일본에서 남성 화장품 광고모델로 활약하기도 했다.

일본에서 '욘사마'라 불리며 팬들의 마음을 사로잡은 우리나라 미남 배우 배용준(裵勇浚)도 신 회장은 좋아한다. 배용준은 1세대 한류를 이끈 한류스타로 특히 2000년대 드라마 '겨울연가'로 극동아시아권에서 많은 인기를 얻었다. 특히 일본에서 크게 히트해 이후 일본에서 한류라는 개념을 최초로 제시하며 한국 문화를 전파하기도 했다. 신격호 회장은 언젠가 롯데호텔 자신의 집무실에서 그를 만나 환담을 나누고 사진도 찍었다.

영화배우는 아니지만 가수 미소라 히바리도 신 회장이 좋아하는 연예인이다. 고인이 된 그녀는 일본의 국민가수로 불리며 최고 인기를 누렸다. 신 회장은 그녀를 후원할 필요가 있을 때마다 앞장서고 했다. 그녀의 소원은 한국 무대에서 노래를 부르는 것이라고 했는데 당시는 한국에서 일본 노래가 공연 금지되던 시절이어서 그녀는 끝내 그 꿈을 이루지 못했다. 미소라 히바리는 예명이고 본명은 가토카즈에(加藤和枝)다.

신격호 회장은 영화 관람을 꽤 좋아하는 편이었다. 청소년 시절에는 영화를 자주 볼 수 없는 환경이었지만 영화를 보게 되면 영화 속 세상에 빠져들곤 했다. 특히 미국 영화를 보면서 광활한 미국 대륙을 동경하기도 했다. 영화에 대한 신 회장의 관심은 '롯데시네마' 사업 진출에 영향을 미쳤다.

롯데자이언츠 야구단

신격호 회장은 야구 열성 팬은 아니다. 그런데도 한국과 일본에서 야구 구단주였다. 신 회장은 1968년부터 야구단 운영의 첫걸음을 걷기 시작했다.

신 회장은 어느 날 점심 식사 자리에서 일본 영화계의 대부(代父)로 통하는 나카다 마사이치(永田雅一) 사장을 만났다. 다이에이 영화사 대표인 그는 '도쿄오리온스 야구단'의 구단주이기도 했다. 그는 1950년에 구로사와 아키라(黒澤明) 감독이 메가폰을 잡은 '라쇼몽(羅生門)'이란 불후의 명작을 제작해 세계영화사(史)에 이름을 남겼다. 이 영화는 베네치아 영화제에서 황금사자상을 받았다.

식사를 하는 내내 나카다 사장은 뭔가 심경이 불편한 듯 얼음물을 자꾸 마셨다. 그는 결국 참지 못하고 어렵사리 말문을 열었다. '도쿄오리온스'의 적자가 많고 고전한다며 롯데가 야구단을 맡아주면 고맙겠다는 얘기였다.

"제가 야구에 대해 아무것도 모르는데 어떻게..."

"야구단을 광고로 활용하면 될 거 아니오? 미국 리글리껌 회사도 광고로 성공했다면서요?"

"그래도 야구단을 인수한다는 건 무리입니다. 대신 적자를 메우는 정도 금액을 지원하겠습니다."

신 회장은 인수보다는 후원을 택했다. 나카다 사장은 별말이 없다가 신 회장의 지원 약속에 안도의 한숨을 쉬는 듯했다.

1969년 시즌에 도쿄오리온스는 '롯데오리온스'로 팀 이름을 바꾸었다. 후원을 받고 브랜드를 붙이는 이런 방식을 네이밍스폰서(Naming Sponsor)라고 한다. 1969년, 1970년 두 해에 걸쳐 네이밍스폰서로 연간 6억 엔을 야구단에 지원했다. 하지만 야구단 이사진에는 참여하지 않았다. 다만 다이에이 영화사의 직영 영화관에서 롯데제과 제품을 팔아 약간의 매출을 올리는 정도였다. 모기업인 다이에이 영화사는 사정이 더욱 악화되는 모양이었다. 1970년 시즌이 끝나자 다시 나카타 사장과 모임을 가졌다.

"롯데가 아예 구단을 인수하면 어떻겠소?" 신 회장은 2년 전보다 조금 마음이 흔들렸다. 2년간 네이밍스폰서를 해보니 마케팅에 어느 정도 도움이 되는 것을 보았기 때문이다. 그러나 '롯데오리온스'가 속한 퍼시픽리그는 '요미우리자이언츠'가 승승장구하는 센트럴리그에 비해 인기가 떨어졌다. 게다가 롯데오리온스는 퍼시픽리그에서도 하위권이어서 별로 주목받지 못했다. 만약 롯데가 인수해 마케팅에 도움이 되려면 리그 우승 또는 준우승 정도를 해서 성과를 높여야 했다.

결국 1971년 1월 롯데가 구단을 인수해 정식으로 롯데오리온스를 출범시켰다. 전용구장인 도쿄 스타디움은 1962년에 지은 경기장으로 다른 구장에 비해 외양이 볼품없었다. 그러나 떠돌이라는 뜻에서 '집시 롯데'라고 불렀다. 물론 나중에는 지바현의 전용구장을 빌려서 1992년에는 구단 명칭을 '지바롯데마린스'로 바꾸었다.

1973년 시즌이 끝날 무렵, 일본 야구계에서 전설적인 투수로 알려진 가네다 마사이치 선수가 신 회장에게 면담을 요청해 왔다. 한국 이름이 김경홍(金慶弘)인 그는 재일교포 2세로 요미우리자이언츠의 황금기를 이끈 주인공이자 일본 프로야구계에서 전인미답의 400승 기록을 세운 선수다. 요미우리자이언츠에서 그의 배번 34번은 영구 결번이다. 경북 출신 부모 아래서 일본에서 태어난 그는 신 회장에게 간곡히 부탁했다.

"롯데오리온스 감독으로 활동하고 싶습니다. 1류 구단으로 만들겠습니다."

"1류 구단이라! 듣기 좋구만."

신 회장은 1류 구단이라는 청사진이 마음에 들어 김경홍을 감독으로 영입했다. 그러자 이 사실만으로도 일본 야구팬들 사이에서 롯데오리온스가 주목의 대상이 되었다.

신 회장은 감독에게 모든 권한을 위임했다. 경기장에도 거의 나가지 않았다. 스포츠 경기란 이길 때도 있고 질 때도 있기 마련이다. 승패에 따라 일희일비해서는 안 된다. 그러나 신 회장도 사람인지라 경기장에 나간 날에 패배하면 기분이 언짢아진다. 다른 경제 활동에도 심리적으로 나쁜 영향을 미칠까 걱정되었다. 또 구단주가 경기장에 나타나면 감독이나 선수들이 부담감을 느낄까 봐 부담되기도 했다.

그래서 경기장에는 가지 않고 중요 경기는 TV 중계로 봤다.

김경홍 감독의 약속대로 '롯데오리온스'는 1류 구단으로 탈바꿈했다. 1974년 시즌에 퍼시픽리그에서 우승했고 일본시리즈까지 제패한 것이다. 신 회장이 선수로 뛰지는 않았지만, 스포츠 승리의 짜릿한 쾌감을 맛봤다. 마케팅 효과도 일어나 롯데제과의 매출액도 껑충 뛰었다.

김경홍 감독은 효자였다. 시즌이 끝나고 어머니를 모시고 한국에 왔다. 신격호 회장은 그들 모자를 점심식사에 초대했다. 장소는 서강대(西江大) 옆 거구장이라는 한식당이었는데 김경홍 감독은 불고기를 정성스레 구워 어머니 밥에 올려주는 아름다운 모습을 보였다.

롯데오리온스 선수 가운데 가장 인상 깊었던 선수는 한국인 장훈(張勳)과 백인천(白仁天)이다.

장훈 선수는 도에이플라이어스, 요미우리자이언츠 등에서 활약하다 은퇴 무렵인 1980년에 롯데오리온스에 들어왔다. 일본에서 태어난 그는 어릴 때 오른손에 화상을 입어 넷째 손가락과 새끼손가락이 달라붙었다. 그래서 야구할 때는 좌타자가 되었다.

장훈이 요미우리자이언츠에서 활약할 때 신 회장은 그를 롯데오리온스로 스카우트하고자 했다. 그때 그는 생애 통산 2,961개의 안타 기록을 갖고 있었다. 3천 개까지는 겨우 39개 만이 남아 있었다. 1980년 5월 28일 가와사키구장에서 롯데오리온스와 한큐브레이브스의 경기가 열렸다. '안타 제조기 장훈'은 롯데로 이적해 38번째 출장했고 안타 기록은 2,998개였다. 장훈은 첫 타석에서 안타를 날려 2,999개를 기록했다. 2타석, 3타석에서는 범타로 그쳤다. 투수는 광속구를 던진다는 야마구치 다카시, 4번째 타석에서 1구가 직구로 들어왔다. 장훈은 스트라이크 존에 들어오는 빠른 공을 향해 망설임

없이 배트를 휘둘렀다. 경쾌한 딱 소리와 함께 공은 오른쪽 관중석으로 날아가더니 관중석 뒤편의 그물에 맞고 좌석으로 떨어졌다. 그물이 없었더라면 장외홈런이었다. 이렇게 3,000번째 안타를 홈런으로 장식한 장훈 선수는 1981년 10월 10일 은퇴경기를 가졌다. 통산 3,085 안타라는 위업을 이루었다.

백인천 선수는 한국에서 경동고등학교를 나와 1962년에 일본 도에이플라이어스에 입단했다. 롯데오리온스에서는 1977~1980년 시즌에 활약했다. 1980년 시즌에는 백인천, 장훈 두 선수가 롯데오리온스에서 함께 맹타를 휘둘렀다. 백인천의 일본 프로야구 기록은 통산 1,969 경기 출장에 안타 1,831개, 홈런 209개, 도루 212개였다.

백인천은 한국에 프로야구가 출범하면서 귀국했다. MBC 청룡팀에서 선수 겸 감독으로 활약한 그는 1982년 원년에 타율이 0.412란 초유의 기록을 세웠다. 250타수 103안타, 4할 타율은 미국 메이저리그에서도 1941년 이후 한 번도 나오지 않은 기록이었다. '20세기 최후의 4할 타자'로 칭송받는 테드 윌리엄스(Ted Williams)가 기록한 0.406이 마지막이다. 미국 메이저리그와 한국 프로야구의 수준 차이가 있다고 하지만 수치만으로는 백인천의 타율이 20세기 세계 최고의 기록인 셈이다.

일본에서 프로야구단을 운영하던 신격호 회장은 한국야구 발전에도 기여하고 싶었다. 그래서 1975년 5월 6일 실업팀으로 '롯데자이언츠 야구단'을 창단했다. 단장은 동생 신준호, 초대감독은 '빨간장갑의 마술사'라는 별명의 김동엽(金東燁) 감독. 선수들 중 일부는 기초 체력을 측정하기위한 공개테스트를 거쳐 선발했다. 롯데자이언츠는 1976년 봄에 졸업할 대졸 선수들 가운데 에이스들을 영입하고 재일동포 선수도 4명이 포함되어 있어 출범 때부터 막강했다.

신 회장은 롯데자이언츠 선수들을 일본 가고시마에 보내 롯데오리온스선수들과 함께 훈련하도록 했다. 창단 후 첫 시즌인 1976년에 롯데자이언츠는 실업야구리그에서 우승했다. 당시 실업야구는 한전(한국전력), 공군, 육군, 철도청 등 4개 팀으로 이뤄진 실업단과 기업은행, 한일은행, 상업은행, 농협 등 5개 은행팀으로 이뤄진 금융단으로 양분되었다. 실업단, 금융단은 각각의 정예선수들을 뽑아 올스타전을 벌였다. 금융단 선수들은 은행원 봉급을 받으며 은퇴 후엔 은행 창구에서 근무했다.

1981년 한국정부가 프로야구 출범을 공식화했다. 마침 1980년 12월부터 컬러TV 방송이 시작되어 TV에서도 프로야구를 시청할 수 있는 여건이 마련되었다. 정부는 주로 대기업을 대상으로 프로야구단 창단을 종용했는데 롯데는 실업야구단이었으므로 이를 프로야구단으로 탈바꿈하라는 권고를 받았다. '롯데자이언츠' 임원들은 프로야구 수익성에 대해 비관적이어서 프로야구 창단을 반대했다. 그러나 신격호 회장은 야구단 활동으로 얻는 다양한 파급효과를 감안하면 해볼 만하다고 판단했다. 더구나 그해 새로 입단한 최동원(崔東原)이라는 투수의 맹활약으로 실업야구에서 우승한 터라 프로야구단으로 전환해도 우승 가능성이 커 보였다.

프로야구 원년인 1982년에 롯데자이언츠는 프로야구단으로 재창단했다. 원년 사령탑은 박영길(朴永吉) 감독이었다. 하지만 기대와는 달리 출범 초에 성적은 그리 좋지 못했다. 그래도 신 회장은 야구단 성적에 대해 일언반구도 언급하지 않았다.

롯데는 1984년 시즌에 삼성을 꺾고 첫 우승을 차지했다. 삼성그룹(이병철 회장)과 롯데(신격호 회장)는 백화점, 호텔 분야에서 경쟁 상대만이 아니라 스포츠 분야에서도 라이벌인 것이 흥미를 끌고 있다.

최동원 선수는 한국시리즈 63이닝 가운데 무려 40이닝을 던지는 괴력을 발휘하며 7전4승제 시리즈에서 4승을 혼자 만들어 냈다. 최동원 선수의 배번 11번은 롯데자이언츠의 영구결번으로 지정됐다. '영구결번(Retired Number)'이란 스포츠계에서 은퇴한 최고의 선수를 기리기 위해 그 선수가 가진 '등번호'를 영구 결번으로 지정하고 다른 선수에게는 부여하지 않는 것이다. 해당 번호는 선수를 상징하는 번호이며 동시에 선수에겐 최고의 영예인 것이다.

　1992년 시즌에도 롯데는 한국시리즈에서 우승했다. 정규시즌에서는 3위에 그쳤지만, 준플레이오프, 플레이오프를 거쳐 최종 우승까지 차지한 것이다. 박동희(朴東熙) 투수는 한국시리즈에서 2승 1세이브를 기록하며 MVP로 선정되었다. '남두오성(南斗五星)'이라 불리며 맹타를 휘두른 다섯 강타자는 박정태, 김민호, 김용국, 이종운, 전준호 등이었다. 신격호 회장은 그들이 롯데의 우승을 일군 영웅들이라고 자랑스럽게 생각했다.

50

둔터(屯基)마을의 축제(Festival)

　우리는 이 장에서 신격호 회장의 때 묻지 않은 가장 순수한 인간적 면모를 만나게 된다. 신격호 회장은 장년이 되어서도 눈을 감으면 고향 울주군 상동면 둔터마을이 아른거린다. 세월이 흐를수록 어린 시절 천둥벌거숭이처럼 뛰어다니던 고향에 대한 그리움이 커졌다.

　그런데 1967년 무렵 신격호 회장은 고향마을이 수몰된다는 소식을 들었다. 청천벽력이었다. 울산공단에 공업용수를 공급할 대암댐을 건설하게 되어 둔터마을이 물에 잠기게 되었다는 것이다. 공업화에 따른 불가피한 일이었다. 조상 대대로 삶의 터전이었고 소년기의 소중한 추억이 고스란히 남아 있는 땅이 물에 잠긴다는 것은 안타까운 일이었다.

　둔터마을은 끝내 1970년 물에 잠기고 말았다. 신 회장이 간신히 생가(生家)만을 그대로 수몰 지역 인근으로 옮겨 복원해 놓은 것이 그나마 다행이었다. 마을 주민 대부분은 보상을 받고 마을을 떠났다. 가까운 곳에 새로 집을 지어 이주한 이도 있지만 대다수는 고향을 떠나 기약 없이 뿔뿔이 흩어졌다. 신격호 회장은 허탈하기도 하고 속도 상해서 끝까지 보상받지 않았다. 무슨 자존심을 내비친 것은 아니었다. 고향에 대한 애착 때문이었다. 그 바람에 아직까지도 행정적으로는 둔기리 623번지의 주소가 말소되지 않고 그대로 남아 있다.

마을을 떠나는 주민들 중에는 부근에 야산을 가진 이가 여럿 있었다. 수몰 지역에 인접한 깊은 산골짜기의 야산이어서 사실상 아무 쓸모가 없는 땅이었다. 이 때문에 처분할 길이 막막해진 주민들이 신 회장에게 매입을 요청해 왔다. 신 회장 역시 별달리 쓸모가 없는 땅이지만 그들 대부분이 친인척이어서 딱한 처지를 외면할 수가 없었다. 신 회장은 그 땅을 시세보다 후하게 계산해서 매입했다. 그런데 그 땅이 문제가 되었다. 정부가 기업들을 대상으로 비업무용 부동산에 대한 규제에 나서면서 이 땅도 비업무용 부동산으로 분류해 매각을 종용하고 나선 것이다. 국세청에 이 땅의 매입 경위를 밝히고 '팔려고 내놓아도 아무도 사지 않을 땅'이라고 설명했지만, 국세청은 이런 해명을 들어주지 않았다. 결국 출장조사를 나와 현지를 눈으로 확인한 후에야 매각 대상에서 제외해 주었다.

일본에서도 신 회장은 생각지 않게 매입한 부동산이 적지 않았다. 거래하던 대리점이 부도가 나면 부득이하게 담보로 잡은 부동산을 떠안는 경우가 왕왕 있었던 것이다. 그들은 딱한 사정을 하소연하며 자신들의 자택이나 땅을 사달라고 간청해 왔다. 신 회장은 거래하던 분들이 사업에 실패했어도 최소한 풍비박산되는 것만은 막아주어야 한다는 생각에 그 부동산을 매입했다. 그 가운데 일부는 나중에 도시개발이 이루어지는 바람에 값이 뛰기도 했지만, 그것은 신 회장이 처음부터 기대하거나 의도한 게 아니었다. 그 때문인지 일각에서는 '롯데는 알토란 같은 토지를 잘 산다'는 얘기를 하는 이가 있었다. 심지어 신 회장을 가리켜 '부동산 투자 귀재'라고 말하는 이도 있었다. 신 회장은 결단코 그런 말에 동의하지 않는다. 신 회장은 아직까지 투기 목적으로 땅이나 건물을 산 경우가 한 건도 없었다. 오로지 백화점이나 마트, 공장 등 사업장을 지을 업무용 부동산을 사들였을 뿐이다. 기업을 경영하는 내내 신 회장의 주된 관심은 '기업은 기업활동을 통해 수익을 내야 한다'는 것이었다. 그래서 신 회장은 외환위기 직후 어느 계열사 사장이 큰 환차익을 냈다고 싱글벙글하며 보고했을 때도 그를 칭찬하지 않았다. 환차익(換差益)이란 환율이 변동할 때 생기는 이익으로 기업활동에 의해 생기는 것은 아니다. 신 회장은 그에게 "본업도 아닌 돈놀이로 돈 번 게 뭐 그리 자랑거리요?"라고 말했던 것이다.

어쨌든 정들었던 생가가 수몰되자 그곳에서 평생을 살아오신 아버지에게 불효막심한 자식이 된 기분이 들었다. 자신의 잘못은 아니었지만 집을 지키지 못했다는 죄책감이 너무 컸다. 생가를 옮겨 복원했다지만 워낙 오래된 남루한 농가여서 실제로 사람이 살기에는 부적합했다. 그래서 아버지를 위해 생가 맞은 편에 양옥으로 된 별장을 따로 지었다.

둔기회(屯基會) 5월 축제

수몰 이듬해인 1971년에는 둔터마을 주민들을 회원으로 하는 '둔기회'를 결성했다. 뿔뿔이 흩어지면 얼굴도 보기 어려울 것 같아 친목 도모를 위해 모임을 만든 것이다.

둔기회는 매년 5월 첫 주말에 정기총회를 겸한 잔치를 열었다. 처음에는 70여 명이 모여 소박하게 시작했는데 세월이 흘러 자손들이 늘어나면서 나중에는 1,500여 명이 모이는 대규모 지역 축제가 되었다. 일요일에 열리는 잔치는 아무런 형식 없이 회원들 모두가 먹고,

마시고, 노래 부르고, 춤을 추며 즐거운 시간을 보내는 것이 전부였다. 물론 소요되는 모든 비용은 신 회장이 부담했다. 신 회장이 마이크를 잡고 연설하는 일도 없었다. 원래부터 '무대'에 서는 것을 좋아하지 않는 성격 탓도 있거니와 참석한 사람들이 그저 편하게 즐기도록 지원하고 배려하는 게 자신의 역할이라고 생각했다. 평소에 사진 찍히는 것도 좋아하지 않았지만, 둔터마을 사람들의 잔칫날만큼은 회원들이 원하면 기꺼이 포즈를 취해 주었다.

이 잔치는 2013년을 끝으로 더이상 열리지 않았다. 그의 나이 92세 때였다. 42년간이나 지속된 보기 드문 아름다운 축제였다. 그해 12월 신 회장이 고관절을 다쳐 수술을 받은 데다 2014년 4월 세월호 침몰 참사가 발생하는 바람에 2014년 잔치를 취소한 것이다. 그 이후엔 신 회장의 건강이 좋지 않아 자연스럽게 행사가 취소된 것이다. 신 회장 93세 때였다.

고향에 대한 신 회장의 깊은 애정은 둔기회 잔치 외에 다른 방식으로도 표출되었다. 2009년에 사재 570억 원을 출연해 '롯데삼동복지재단'을 설립한 것이다. 울산, 울주 지역의 소외계층을 돕고 인재 육성을 지원하고자 설립된 이 재단은 여러 가지 지역사회 공헌사업을 펼치고 있다. 매년 상, 하반기 가정 형편이 어려운 학생과 성적이 우수한 학생을 선발해 장학금을 지급하고 울산지역 예체능 우수 학생에게도 장학금을 전달하고 있다.

또 신 회장이 1934년 5회로 졸업한 인연으로 울산 삼동초등학교에 매년 어린이날을 전후해 장학금과 수학여행 경비를 지급하고 있다. 우리는 여기서 신격호 회장이 경비가 없어 수학여행을 포기하고 있을 때 큰아버지가 여행경비를 지원해 주어 경주 수학여행을 갈 수 있었던 기억을 떠올려 보면, 신 회장이 수학여행 경비를 지원하는 것을 어느 정도 이해할 수 있다.

　울산지역 청소년들의 과학교육을 위해 '울산과학관'을 지어 울산시에 기증한 것도 마찬가지이다. 울산과학관은 사재 240억 원을 들여 울산시 옥동 연구단지에 지하 2층, 지상 6층 건물과 야외 전시장을 합쳐 1만 7천m^2 규모로 지은 공익시설이다. 2011년 3월 개관했는데 매년 50여만 명이 찾아오는 과학교육의 요람이 되었다.

51

롯데 원스톱(One-stop) 소도시 잠실

　신격호 회장은 1980년대 초반부터 또 하나의 큰 그림을 머릿속에 그리기 시작했다. 호텔과 쇼핑센터를 비롯한 여러 분야의 사업을 성공적으로 수행했는데도 아직도 꼭 하고 싶은 일이 남아 있다고 생각했다. 그것은 롯데월드라는 이름을 붙이고 관광, 쇼핑, 문화, 스포츠 등 여러 기능을 갖춘 '도시 속의 도시'를 건설하는 구상이었다. 이런 원스톱 소도시를 건설해 시민들에게 낭만과 휴식의 공간을 제공하는 것이었다. 신 회장은 그런 의미에서 창조적 개성을 소유한 낭만주의자이다.

　신 회장이 '롯데월드의 꿈'을 실현할 수 있는 땅으로 생각한 곳은 한강 이남의 잠실(蠶室)이었다. 신 회장의 땅을 보는 눈은 세련되고 실용적이다. 소도시를 지으려면 넓은 땅이어야 하고 서울과 근접해야 한다. 당시 잠실은 황량한 모래벌판에 지나지 않았지만, 최적의 입지라고 판단했다. 신 회장이 처음 잠실 벌판에 갔을 때 눈에 보이는 것은 사실상 아무것도 없었다. 석촌(石村) 호수는 볼품없는 물웅덩이로 폭우가 쏟아져 한강이 범람하면 물이 차는 유수지(遊水池)에 불과했다. 유수지란 홍수의 양을 조절하는 천연 또는 인공의 저수지이다. 석촌호수 부근의 일부 토지는 몇몇 기업들이 매입했다가 자금난으로 매물로 내놓은 상태였다. 그 일대에 변변한 문화유산이라고는 봉은사(奉恩寺)라는 사찰이 전부였다. 역사적으로 잠실은 조선 세종 때 양잠기술을 보급하기 위해 설치한 국립 양잠소인 잠실도회가 있었다. 잠실은 경기도 양주군 소속이었다가 1949년에 이르러서야 서울에 편입되었을 정도로 서울 중심으로부터 먼 곳이다. 여의도처럼 한강의 토사 퇴적물이 쌓여 만들어진 모래섬이어서 '잠실도(蠶室島)'라 불리기도 했다.

박정희 대통령은 1969년 9월 김현옥(金玄玉) 서울시장에게 잠실섬을 개발하라고 지시했다. 김현옥 시장은 '불도저'라는 별명이 있으며 서울시를 재구성할 정도로 개발 계획을 세워 밀어붙인 사람이다. 박정희의 3대 명 서울시장으로 김현옥, 양택식, 구자춘 시장이 있지만 김 시장이 원조이다. 김현옥 시장은 대통령에게 한 달이면 잠실섬 남쪽 물줄기를 메워 잠실을 육지로 만들겠다고 보고하고 대대적으로 남쪽 물막이 공사를 벌였다. 그 결과 1971년 4월 1,452만㎡(약 450만 평)에 이르는 광대한 토지가 생겼다.

서울시는 새로 생긴 잠실부지 가운데 일부를 관광시설을 조성한다는 단서를 달아 율산그룹에 매각했다. 당시 율산(栗山) 그룹은 무역중심 기업집단으로 신흥 재계 강자로 부상했다. 율산그룹은 방만한 경영을 추스르지 못해 1979년 4월 부도를 내고 쓰러졌다. 율산그룹으로부터 이 토지를 인수한 한양주택 그룹의 한양쇼핑도 얼마 지나지 않아 난감한 상황에 빠졌다. 모기업인 ㈜한양이 이란에서 대규모 건설공사를 벌였는데 대금을 받지 못하는 바람에 위기에 빠졌다.

결국 1981년 한양쇼핑은 잠실부지를 매각해 달라고 정부에 요청했다. 하지만 인수비용이 과다한 데다 관광시설을 조성해야 한다는 정부안을 받아들일 업체를 찾기가 쉽지 않았다. 고심을 거듭하던 정부는 신격호 회장의 롯데에 인수 의향을 타진해 왔다. 역사란 오묘한 우연성을 가지고 전개되기도 한다. 잠실 땅이 우여곡절을 겪는 흐름과 신격호 회장의 소도시 건설 구상이 시기적으로 일치하는 현상이다. 신격호 회장은 정부의 제안을 받고 '이것도 인연'이라고 생각하며 잠실부지를 인수하기로 결심했다.

훗날 롯데월드가 완성되고 그 주변이 노른자위 땅으로 변모하자 세간에서는 '롯데의 잠실 땅 인수는 특혜'라고 입방아를 찧는 이들이 있었다. 인수 당시에는 전혀 나오지 않던 얘기가 땅값이 급등한 뒤에야 튀어나온 것이다.

돌파구가 된 테마파크(Theme Park) 아이디어

신격호 회장은 1983년 '잠실' 개발 방안을 논의하기 위해 임원회의를 열었다. 신 회장은 "잠실부지에 호텔, 백화점, 마트, 테마파크를 아우르는 거대 복합단지를 꾸밀 생각입니다."라며 자유롭게 의견을 제시해달라고 주문했다. 참석한 대부분의 임원들이 아무 말도 않고 고개를 갸우뚱거렸다. 부정적이었다. 전망이 밝은 사업이라면 누구도 그런 반응은 보이지 않았을 것이다.

한동안 침묵이 흐르고 나서 임원 한 사람이 용기를 내서 발언했다. "서울 중심지인 명동과 을지로 일대는 유동인구가 많아 상권이 절로 형성되지만 텅 빈 잠실벌판은 경우가 다르지 않을까요?"

아마 발언한 그 임원만이 아니라 참석자들 대부분이 같은 의견이었을 것이다. 그게 보통사람들의 상식적인 판단이기 때문이다. 신 회장은 그 점을 이해하면서도 본인의 생각을 설명했다.

"이러면 어떻소? 이미 조성된 상권에 의존하는 게 아니라 새로운 상권을 우리가 창출하는 거 말이오. 평창면옥 냉면 한 그릇에 보통보다 비싼 5~6천 원 하는데도 손님들은 그걸 사 먹으려 멀리서 찾아오지 않겠소? 나는 없는 상권을 이런 식으로 만들 수 있다고 생각하오."

임원들의 의견이 회장과 달라도 회장이 이길 수밖에 없는 게임이었다. 신 회장은 자신의 생각을 임원들에게 충분히 설명하고 임원들의 협조를 당부했다.

그 후 '잠실 프로젝트팀'을 구성하고 사업 타당성을 조사했다. 예상대로 조사 결과는 매우 부정적이었다. '도심으로부터 멀리 떨어진 외곽지역인 데다 아무런 연관시설도 없고 이용객이 적어 성공하기 어렵다'는 것이었다. 테마파크에 대한 조사는 더욱 참담했다. 겨울철 평균 온도가 영하 7~4도 이하에서 사계절 내내 운영해야 하는 테마파크로는 입지조건이 부적합하다는 것이었다.

겨울철 '추위'가 걸림돌로 부각되자 신 회장은 이와 유사한 나라의 사례들을 수집하기 시작했다. 그러다가 발견한 것이 캐나다 앨버타주의 주도(州都) 에드먼턴(Edmonton)에 있는 실내 복합시설 '웨스트 에드먼턴 몰(Edmonton Mall)'이었다.

신격호 회장은 자신의 눈으로 직접 확인해 보고 싶어 한겨울에 에드먼턴으로 날아갔다. 에드먼턴은 북위 53도에 위치해 있어 겨울에는 기온이 섭씨 영하 40도까지 떨어지는 혹한의 땅이다. 인구는 이웃 마을들을 포함해 93만 명 정도인데 주말이면 10여만 명의 시민이 '에드먼턴 몰'에서 쇼핑, 스케이팅, 테마파크 놀이 등을 즐기고 있었다. 거대한 유리천장 아래 아이스링크, 놀이동산이 설치돼 낙원처럼 보였다.

신 회장은 이 광경을 보면서 잠실 프로젝트에 자신감을 얻었다. 황량한 잠실이 꿈의 공간으로 변하는 장면, 잠실로 시민들이 구름처럼 몰려 인산인해를 이루는 장면이 소공동 롯데쇼핑 개관 당시 장면과 오버랩(Overlap) 되었다. 신 회장은 가슴이 설레는 것을 느꼈다.

'실내 테마파크! 바로 이것이다!' 신 회장의 아이디어는 신의 한 수였다. 야외의 테마파크를 실내로 끌어다 놓는 것이다.

올림픽 이전에 개관하되 부실은 없게

3차례의 수정을 거쳐 잠실 프로젝트 개발 계획안이 마련됐다. 최종안은 건축면적만 57만 7천m²에 달했다. 엄청난 규모였다. 세상 사람들은 단순하게 레저랜드로 짐작했겠지만, 신 회장이 꿈꾸는 '롯데월드'는 복합 생활문화 공간이었다. 여러 개가 합쳐져 하나가 되는 '복합체' 이것은 신 회장만의 특별한 아이디어였고 성공의 길잡이였다. 호텔, 테마파크, 수영장, 스포츠센터, 백화점 등이 모두 모인 꿈의 공간. 신 회장은 캐나다 에드먼턴의 복합시설을 훨씬 능가하는 세계 최대, 최고의 실내 테마파크를 만들고 싶었다. 내국인은 물론 한국을 찾는 외국인 관광객들 누구나 가보고 싶어 하는 '필수방문코스'로 조성하고 싶었다.

1985년에 독자적으로 잠실 개발계획을 수립했다. 백화점 2개, 테마파크, 스포츠센터, 호텔 등을 배치해 종합 관광유통단지로 개발한다는 내용이었다. 이는 서울시에서 마련한 잠실 종합개발계획과도 일치했다. 서울시는 성남, 분당과 연결되고 강남과도 가까운 잠실을 새로운 경제, 문화의 중심지로 발전시키는 비전을 가지고 있었.

1985년 3월 재무부에서 사업계획 승인이 났다. 일본에서 외자(外

資)가 도입되어야 하므로 재무부 승인이 최우선 요건이었다. 4월에는 측량에 착수했고 5월에는 지질조사가 시작되었다. 이어 8월에는 유명한 건축가 구로카와 기쇼(黒川紀章)가 설립한 건축 도시설계 사무소와 기본 설계계약을 체결했다. 그야말로 숨 가쁜 일정이었다.

테마파크 설계는 이 분야에서 명성이 높은 바타그리아(Battaglia)사에 맡겼다. 이 회사는 디즈니랜드 설계에 참여했던 리처드 바타그리아(Richard Battaglia) 씨가 1973년에 창업한 벤처기업으로 당시 종업원 2명 밖에 없는 작은 회사였다. 하지만 신격호 회장이 로스앤젤레스에 가서 바타그리아 사장을 만나보니 실내 테마파크에 대한 창의적인 아이디어가 무척 많은 사람이었다. 그는 롯데 일을 맡은 후 각 분야 전문가 30명을 모아 태스크포스를 만드는 기민함을 보였다.

테마파크와 함께 잠실 롯데호텔의 기본계획을 33층 533실의 규모로 확정했다. 1988년 서울올림픽에 맞춰 개관한다는 목표로 1985년 8월 토지 굴착공사를 시작했다. 동시에 잠실 건설본부를 출범시켜 시공을 총괄하도록 했다. 사장급 본부장으로 임승남 사장을 임명했다. 몰아치듯 숨 가쁘게 진행했지만, 올림픽 이전에 완공하기에는 일정이 너무 빠듯했다. 더욱이 실내에 대단위 위락시설을 건설한 경험이 없어 공사는 난항을 거듭했다. 지반이 약한 것도 골칫거리였다. 산적한 난제들을 해결해 가는 과정은 전쟁을 방불케 했다.

"어떤 난관이 있다 해도 대충 짓지 마시오. 내진(耐震) 설계를 바탕으로 치밀하게 공사를 진행하시오. 부실공사는 용납하지 않겠소."

신 회장은 목청 높여 강조했다. 하지만 1988년 이전에 완공하되 부실이 없어야 한다는 것이 가능할지 많은 사람들이 의아해했다. 신 회장은 '가능해야 한다'고 단호하게 말했다. 공사장 곳곳에 '100일 작전'이니 '50일 작전'이니 하는 현수막을 걸어 공사를 독려했다.

잠실 롯데월드 건축에는 슬러리월(Slurry Wall), 커튼월 등 최첨단 공법이 사용되었다. 슬러리월 공법이란 땅속에 콘크리트 벽체를 연속적으로 설치해 안정적인 슬러리로 이어 붙이는 방식이다. 파일을 박는 전통 공법에 비해 공사비는 많이 들지만, 공사기간을 줄일 수 있고 지진에 강하다.

이렇게 빠듯한 일정으로 공사를 진행했는데도 도중에 설계 변경 허가가 나지 않아 1987년 6월까지 7개월 동안이나 공사를 중단한 적도 있었다. 이 때문에 올림픽에 맞춰 개관하기 어려울 것이라는 비관론이 널리 퍼졌다.

올림픽 직전에 개관 성공

1987년 11월 20일 롯데월드 상량식을 가졌다. 정주영 회장은 일정이 맞지 않아 아들인 정몽준 현대중공업 회장이 대신 참석했다. 정주영 회장은 평소에도 포스코 박태준 회장과 함께 롯데월드 공사 현장에 자주 들려 자기 일처럼 관심을 보여 주었다.

상량식 이후에도 공사 일정은 빠듯하게 진행되었다. 힘든 나날이 었지만 관계자들 모두가 최선을 다했다. 하지만 올림픽 개막이 한 달 앞으로 다가온 순간까지도 공사가 마무리되지 않아 신 회장은 속이 탔다. 무엇보다 급한 게 호텔 공사인데 그때까지도 호텔 정문 앞에는 건설 자재가 산더미처럼 쌓여 있었다. 올림픽 기간에 투숙하기로 예약한 미국의 NBC 방송사 중계팀이 사전답사차 왔다가 이 광경을 보고 발끈했다. 이들은 올림픽위원회를 찾아가 거세게 항의하면서 다른 호텔을 배정해 달라고 요구했다. 하지만 다른 호텔에도 빈방이 없었다. 자칫하면 국제적 망신을 당하고 롯데의 기업 이미지에 먹칠할 수 있는 상황이었다.

　조마조마한 상황은 한동안 계속되었다. 개관 예정일이 1988년 8월 24일인데 하루 전날까지도 조경공사, 보도블록 공사가 진행 중이어서 사실상 제날짜에 개관이 불가능했다. 설상가상으로 8월 23일 계약일에 맞춰 NBC 중계팀이 입국했다. 다른 선택이 불가피했다. 관계자들을 공항에 보내 NBC 중계팀을 공항 인근의 최고급 호텔에 묵게 하고 모든 공사 인력을 호텔로 투입해 철야작업을 강행했다. 그렇게 매일 1개 층씩 개관했더니 8월 28일 부분 개관이 가능해졌다. 1985년 8월 27일 발파작업을 실시했으니 딱 3년 만에 이루어진 것이다. 바람의 속도였다.

　이후에는 예약 손님들이 정상적으로 투숙했다. 그리고 올림픽 개막을 열흘 앞둔 9월 6일 마침내 기적처럼 전관 개관이 이루어졌다. 당시의 숨 가쁜 상황은 손에 땀이 날 만큼 급박했다. 하지만 실내 테마파크는 호텔과 함께 개관하지 못했다. 아쉬운 일이었다. 세계 최대 규모의 초대형 복합시설을 국가 중대사 이전에 조기 완공해야 한다는 간절함이 있었기에 그나마 호텔이라도 먼저 완공할 수 있었다.

　테마파크 공사에서 가장 어려웠던 점은 거대한 돔(Dome) 형태의 유리 천창(Top Light)을 설치하는 일이었다. 지상 30m의 높이에서 진행해야 했기에 매우 위험했다. 다행히 천창 공사는 별다른 사고 없이 마무리되었다. 그러나 '신밧드의 모험'이라는 놀이기구를 설치할 때 불꽃이 스티로폼에 튀어 설비가 불타는 사고가 났다. 불에 잘 타지 않는 설비로 갖추도록 했다.

　'모험과 신비의 나라'인 '롯데월드 어드벤처' 실내 테마파크는 1년 늦은 1989년 7월 12일에 개관했으며 석촌 서호에 세워진 실외 테마파크인 '매직 아일랜드'는 1990년 3월 24일 문을 열었다. 롯데월드

1990년 3월 24일 롯데월드 매직아일랜드 개관

는 고속도로와 지하철 등 사통팔달의 교통망과 연관된 도심형 테마파크로 세계 최대가 인정되었고 '기네스북'에 등재되었다. 황량하던 잠실은 롯데월드를 중심으로 서울의 명소가 되었고 서울 강남권 최초의 관광특구로 지정되었다.

신격호 회장은 그가 오랫동안 지녀왔던 동경(憧憬, 간절히 바람)의 핵심, 즉 '샤롯데에서 출발한 꿈이 롯데월드로 구현되었다'는 사실이 너무나 감격스러웠다. 복합개발 방식으로 서울 잠실에 세운 롯데월드가 크게 성공을 거두며 자리 잡자 신 회장은 이 모델을 세계 주요 도시로 확산한다는 전략을 세우고 뉴욕과 도쿄에서도 복합개발사업을 펼칠 결심을 세웠다.

적당한 후보지를 물색하던 중 미국에 파견된 주재원이 뉴욕 맨해튼 중심부의 허드슨강변을 후보지로 꼽았다. 면적은 3만m²로 롯데월드를 짓기엔 조금 작았지만, 위치가 좋다고 했다. 신 회장은 보고를 받은 즉시 현지로 가서 헬리콥터를 타고 그 주변을 살펴보았다. 아주 좋은 입지였다. 토지를 매입하려고 소유주와 접촉했는데 알고 보니 부동산 재벌 도널드 트럼프(Donald John Trump, 추후 미 제45대 대통령) 회장이었다. 그와 직접 만나 협상을 벌였다. 서로 조건이 맞지 않아 몇 차례 밀고 당기기를 했다. 두 분 다 부동산 개발에는 천재적 재능을 가졌으며 협상에 노련했다. 그러나 끝내 양측의 견해 차이가 좁혀지지 않아 결렬되고 말았다. 신 회장은 그의 회고록에 자세한 협상 내용은 남기지 않았다. 아쉬움이 많이 남는 부분이다. 신격호 회장은 그가 훗날 미국 대통령이 되리라고는 그때는 상상도 하지 못했다.

52

문화유산으로 남을 랜드마크 구상

독자들이여. 우리는 이 장에서 신격호 회장의 사업력에서 건축(Architecture) 부분에서 그의 인식이 문화적인 상징과 예술적인 작업으로 승화되는 과정과 결과물을 보게 될 것이다. 신 회장은 건축물이 문화유산으로 남기를 원했다. 문화유산이란 장래의 문화적 발전을 위하여 다음 세대 또는 젊은 세대에게 물려줄 만한 가치를 지닌 문화적 소산물이다.

이집트 피라미드 견학

신격호 회장은 1994년 4월 이집트에 피라미드를 보러 갔다. 그의 나이 73세 때다. 단순한 관광이라기보다는 인류사(人類史)에 빛나는 건축 유산을 공부하러 간 수학여행이었다.

신 회장은 이집트에 도착하자마자 카이로 근교에 있는 기제(Gizeh)로 향했다. 카이로 시내 곳곳에는 흙더미로 만든 움막집이 즐비했는데 그 속에 어른거리는 주민들의 행색이 몹시 남루해 보였다. 한국의 현대 포니 차가 이곳에서는 택시로 쓰이고 있는 것이 눈에 띄었다. 승용차로 30분쯤 이동하자 거대한 피라미드가 나타났다. 쿠푸 왕의 피라미드였다.

쿠푸(Khufu)는 이집트 제4 왕조의 파라오이다. 이 피라미드는 쿠푸왕의 무덤이다. 피라미드는 정사각뿔 꼴의 고대 유적이다. 쿠푸 왕의 피라미드는 원래 높이는 146m인데 현재는 꼭대기 부분이 잘려나가 137m만 남아있다고 했다. 밑변은 230m로 한쪽 끝에서 다른 쪽 끝까지 걸어가는 데도 한참 걸렸다. 평균 2.5톤 돌을 무려 230만 개나 쌓아 올렸다고 했다. 그리스 사학자 헤로도토스(Herodotos)의 '역사(History)'에는 이 피라미드를 짓기 위해 10만 명이 20년이나 걸렸다고 기술되어 있다.

신 회장은 입장티켓을 사 입장료를 내고 피라미드 안으로 들어갔다. 도굴꾼들이 내부를 마구 뒤져 별로 볼 것이 없다고 했다. 그러나 신 회장은 정교한 이음매로 연결된 돌덩어리들을 손으로 더듬기만 해도 인간의 능력에 대한 경외심이 가슴 한구석에서 솟구쳐 올랐다. 신격호 회장만이 갖는 특유의 감동이었다. 또한 컴컴한 피라미드 속을 사다리를 타고 이리저리 헤매는 기분은 신비감 그 자체였다. 컴컴한 현실(玄室)에 들어섰을 때는 마치 영겁(永劫)의 시간을 뛰어넘어 온 듯한 적요가 느껴졌다. 우주 속에 유영하는 감흥 같기도 했다.

피라미드에 대해서는 여러 논란이 있다. '영세를 추구한 전제군주의 욕망이 노예 노동을 통해 구현된 구시대 유물'이라는 비판론부터 '농한기에 정당한 임금을 주고 축조한 이집트 문명의 개가'라는 예찬론까지 다양하다. 신 회장은 그런 논란과는 상관없이 피라미드 앞에서는 이 거대한 구조물을 만든 인간의 도전정신에 대한 경외심이 느껴졌다. 설계자, 공사 감독관, 일꾼 등 오랜 세월 전의 모든 관련자들에게 후세의 한 사람으로서 저절로 고개가 숙여졌다.

국보급 구조물 문화재 건조 발상

신격호 회장이 이집트를 다녀온 후 그의 뇌리에서는 오랫동안 피라미드의 잔상이 사라지지 않았다. 그러다 문득 대한민국 수도 서울의 랜드마크는 무엇일까 하는 생각이 들었다. 숭례문, 경복궁 등 여러 건축물이 떠올랐지만 현대판 랜드마크는 얼른 떠오르지 않았다. 뉴욕은 자유의 여신상이나 엠파이어스테이트 빌딩, 파리는 에펠탑, 런던은 빅벤, 그렇다면 서울에는 무엇이 있을까?

신격호 회장은 오래전부터 관광 한국의 랜드마크를 세우는 것을 그의 필생의 꿈으로 여겼다. 종종 권력자들은 거대한 조형물을 남겨 자신의 업적을 과시하려 하지만 신 회장이 구상하는 랜드마크는 그런 것과는 달랐다. 신 회장은 다만 민간의 자본으로 국가와 국민을 위한 문화적, 경제적 가치를 극대화한 랜드마크 건축물을 지으려는 것이었다. 우리 국민 누구나 그리고 한국을 찾아오는 지구촌 시민 누구나 그 구조물의 매력이나 운치를 즐길 수 있는 그런 것이었다. 신 회장 생각으로는 언제까지 외국 관광객에게 고궁만을 보여줄 수는 없었다. 서울이 세계적으로 매력 있는 도시가 되려면 세계적 명성을 가진 건축물이 있어야만 한다는 생각이었다. 신 회장은 이런 현대적인 문화유산을 반드시 남기고 싶다는 집념 때문에 노년의 일상이 편안한 날이 없었다.

삼성그룹 창업주 호암 이병철 회장은 널리 알려진 대로 대단한 문화재 수집가이다. 이 회장의 수집품을 보면 그저 부러울 따름이다. 언젠가 이 회장은 신 회장에게 문화재 컬렉션을 권유한 적이 있었다.

"일본에 산재한 우리 문화재를 신 회장이 수집하면 어떻겠소?"

신 회장은 그런 제안을 받았을 때 그렇게 해볼까 하는 생각이 들기도 했다. 국가에도 도움이 될 테니 보람도 느껴질 것이다. 그러나 신 회장 스스로 생각해 보아도 문화재에 대한 안목이 부족해서 엄두를 낼 수 없었다. 물론 신 회장은 문화재에 관심이 많기는 했다. 그래서 '문화재 공부'도 했었다. 하지만 그것은 교양으로 공부하는 수준까지였다. 수집의 단계까지는 가지 못했다. 문화재를 수집할 만큼의 열의도 없었던 것이다. 신 회장은 남이 만든 과거의 문화재보다는 자신이 미래에 남길 문화재를 창조하는 일에 더 몰두하고 싶었다. 그 생각의 정점에 있는 것이 바로 '롯데월드타워'이다.

신격호 회장이 롯데월드타워를 구상하기 시작한 것은 1980년대부터였다. 우리는 앞장에서 신 회장이 역사에 남는 건축물 문화재를 건축하겠다는 구상으로 이집트 피라미드를 탐방한 것을 알고 있다. 근대 시민사회를 완성하는 데 큰 역할을 한 건축물이 두 개 있다. 런던의 수정궁(Crystal Palace)과 파리의 에펠탑(Eiffel Tower)이다. 영국에서는 산업혁명으로 다양한 공산품이 생산되었는데 이런 제품을 시민들에게 소개하기 위해 열린 것이 엑스포(Expo)였다. 1851년 런던 하이드파크에서 첫 박람회가 열렸다. 이때 제품을 야외에 전시할 수가 없다 보니 건축물이 필요했다. 이에 따라 길이 564m의 거대한 실내 공간이 탄생했고 이것이 수정궁이다. 프랑스는 1889년 파리 엑스포에서 프랑스혁명 100주년을 기념해서 324m 높이의 에펠탑을 건설했다.

신 회장은 황량한 벌판인 잠실에 '꿈과 사랑이 충만한 낙원'의 이미지를 머릿속에 그렸다. 그러나 그 꿈을 이루는 길이 얼마나 길고 험난한 과정인지는 그때 미처 몰랐다. 막상 시작하고 보니 예상하지 못한 가시밭길이 너무 많았다.

"신 회장님. 뭐 하러 사서 고생을 하십니까. 투자 효율로 보면 아파트를 지어 파는 게 골치 썩지 않고 수익도 엄청날 텐데요."

상당수의 지인들이 신 회장에게 이렇게 충고했다. 그런 이야기를 들을 때마다 신 회장은 소이부답(笑以不答, 웃기만 할 뿐 속내를 쉬이 드러내지 않음)했다. 신 회장은 자신은 기업인임으로 당연히 수익을 추구해야만 하지만 공익성이 크고 역사에 남는 일을 하고 싶었다. 현대판 국보급 조형물을 만드는 것이다.

롯데월드타워 부지 성격의 논란

롯데가 잠실 롯데타워 부지 8만 7천㎡를 매입한 것은 1987년 12월 14일이었다. 이 부지가 율산그룹, 한양주택그룹을 거쳐 롯데에 오는 과정은 우리가 앞장에서 이미 살펴본 바 있다. 서울 올림픽 주경기장이 완공되고 잠실 개발이 한창이던 때였다. 석촌호수 동호(東湖) 앞의 이 부지는 당시만 해도 아무런 지상물이 없는 나대지 상태였다. 신격호 회장은 이 부지를 매입해 '씨월드(Sea World, 해양공원)'라는 실내 해양공원을 조성하고 이를 중심으로 지상 33층 규모의 호텔, 백화점, 문화관광홀 등을 건설할 계획이었다.

그런데 그 무렵 북한이 105층 높이의 초고층 유경호텔을 건설한다는 계획이 알려졌다. 북한은 서울올림픽에 대응하기 위해 높이 330m인 피라미드 모양의 아시아 최고층 호텔을 지어 1989년 평양 세계청년 학생 축전에 맞춰 개관하려 한다는 것이었다. 북한은 1987년에 본격적인 공사에 착공하여 의욕을 보였다. 그러나 이 계획은 추진 과정에서 난항을 보였다. 당초 계획보다 지연되더니 1992년 들어서는 자금 부족으로 공사가 중단되는 바람에 한동안 평양 시내에 거대한 흉물로 방치되기까지 한 것이다.

신 회장은 북한의 유경호텔 건설에 많은 자극을 받기도 했다. 1990년 4월 신 회장은 애초 33층 계획을 자의 반, 타의 반으로 수정하여 100층 이상 규모로 호텔과 백화점, 면세점 등을 건설키로 했다. 그것은 단순히 건물 욕심이 아니었다. 신 회장은 부지 매입 이후 수시로 건설 책임자로부터 진행 상황을 보고 받았는데 그때마다 "경복궁 같은 고궁 외에도 한국을 상징하는 새로운 공간, 사람들을 매료시킬 수 있는 축조물을 만들어 보자"고 역설했다.

하지만 신 회장의 계획도 우여곡절이 많았다. '비업무용 부동산 논란'이 그 시작이었다. 1990년 5월 8일 노태우 정부는 이른바 '5.8 부동산 투기 억제 정책'을 발표했다. 이른바 재벌기업들의 비업무용 부동산을 매각토록 한다는 것이었다. 비업무용 부동산으로 판정되면 6개월 내에 처분해야 하고 불응하면 은행 대출 중단 등의 제재를 가한다고 했다. '토지공개념'이란 개념이 등장한 것도 이때였다. 토지의 배타적 사용권과 처분권을 보장하면서도 토지가치를 공유해야 한다는 것으로 토지를 공공재로 인식하는 정책이었다. 토지 사유원칙을 제한하는 것이었다.

그러자 9월 5일 롯데의 주거래 은행인 상업은행이 롯데월드타워 부지가 비업무용 부동산이라며 매각을 요구했다. 설계에만 몇 년이 걸릴 사업인데 6개월 이내에 무엇인가를 짓지 않으면 비업무용으로 몰아붙이는 상황이 된 것이다. 아무리 생각해 봐도 상식 밖의 처사였다. 그해 11월 10일 국세청 역시 비업무용 부동산 재심 결과를 발표하면서 롯데월드타워 부지는 비업무용이라고 재확인했다. 그러자 건축인허가 당국에서도 롯데월드타워 부지에는 건축 허가를 내주지 않겠다고 했다. 은행 감독원마저 부지를 처분하라고 촉구했고 서울시는 롯데월드타워 부지에 대해 취득세 128억 원을, 서울 소공 세무서는 법인세 50억 7천만 원을 각각 부과했다. 롯데는 버틸 만큼 버티면서 설득할 만큼 설득했지만 소용이 없었다. 워낙 정부의 방침이 강경했기 때문에 다른 도리가 없었다.

결국 1991년 5월 31일 성업공사에 롯데월드타워 부지를 매각해 달라고 위임했다. 하지만 매각조차도 쉽지 않았다. 수백억 원짜리 대규모 부지를 사겠다는 매수자가 나오지 않았다. 처음부터 매각을 종용한 정부의 결정은 무리수였다. 결국 우여곡절 끝에 매각을 위임했던 부지를 되찾게 되었다.

이 과정에서 적잖은 시간과 에너지가 소모되었다. 또 매각에 불응했다는 이유로 여론의 질타와 불이익도 받았다. 롯데는 수백억 원대의 부담금과 세금, 비판적인 여론 때문에 괴로운 날들이 계속되었다. 하지만 신격호 회장은 문화유산으로 남을 수준의 명물을 짓겠다는 의지가 강했고 이곳은 업무용 토지라는 확신이 있었기에 법정 공방을 이어 가면서도 롯데월드타워 추진 의지를 이어갈 수 있었다.

23번을 수정한 마스터플랜

신격호 회장은 2011년 6월 4일 오전 5시 희미한 여명 속에서 수많은 레미콘 트럭 행렬들이 쉴 새 없이 롯데월드타워 공사 현장으로 들어가는 것을 보고 있었다. 감격의 광경이었다. 75만 톤의 롯데월드타워 하중을 견디도록 설계된 가로, 세로 각각 72m의 거대한 매트 기초를 구축하기 위한 작업이었다. 지하 암반에 108개의 파일을 박아 보강하고 그 위에 5,300대의 레미콘이 32시간 동안 쌓아 올린 두께 6.5m의 기초 매트는 부르즈할리파 매트 두께 3.7m보다 1.8배나 두껍고 콘크리트의 양도 2.5배 많이 들어가 안정성과 견고함으로서는 세계 최고 수준이었다. 부르즈할리파는 아랍에미리트(UAE) 두바이의 신도심 지역에 있는 높이 828미터의 세계 최고 마천루이다.

1987년에 매입한 땅에 2011년이 되어서야 비로소 주춧돌을 놓기까지 20년이 넘는 세월 동안 23번이나 마스터플랜을 변경했다. 롯데월드타워는 건물 외관에서부터 다른 초고층 건물과 차별화를 꾀했다. 신 회장의 '차별화' 신념은 여기에서도 적용되었다. 초기에는 엠파이어스테이트 빌딩이나 새로 짓는 세계무역센터를 참고했다. 2002년에는 에펠탑에서 영감을 얻어 20세기 초 프랑스 파리와 같은 모습을 시뮬레이션하기도 했다. 그러나 한국적인 외관이 좋겠다는 의견이 우세해 우리의 전통미들을 살리는 방향으로 변경했다.

한국의 전통미를 살린다는 목표를 구체화하는 것은 쉽지 않았다. 전통미라는 말이 워낙 추상적이어서 실제 구현하는 데 어려움이 많았다. 당간지주(幢竿支柱, 사찰에서 행사가 있을 때 긴 깃발을 걸어두는 길쭉한 장대), 방패연, 삼태극, 대나무, 엽전, 전통 문살, 첨성대, 가야금, 도자기, 붓 등 전통적인 요소를 모티브로 10여 종의 디자인을 만들었다. 그러다가 이 모두를 아우르는 한국적인 곡선을 추구하기로 했다. 그렇게 해서 나타나는 곡선미를 건물 상층부에 적용하고 새(鳥) 부리 모양의 전망대를 만들어 곡선이 가진 아름다움을 최대한 부각시키는 형태로 구체화되었다. 얼핏 보면 1980년대에 한때 소공동 롯데타운에 설치되었던 오벨리스크를 확대한 모습 같기도 했다.

정성, 기술이 믹스(Mix)된 '복합화' 빌딩

신격호 회장은 애초에 롯데월드타워를 세계 최고층 건물로 만들고 싶었다. 언젠가는 세계에서 더 높은 건물이 나타나겠지만 단 몇 개월

1995년 8월 24일, 롯데월드타워 업무보고

만이라도 한국에 세계 최고층 건물이 있었다는 기록을 남기고 싶었다. 그의 고층 지배 욕구는 경탄을 금할 수 없는 것이다.

그런데 정부의 인·허가 과정이 길어지면서 그의 꿈은 물거품이 되었다. 그 사이 싱가포르, 말레이시아, 중국, 두바이 등 아시아 각국에 초고층 건물이 속속 들어섰다. 그나마 롯데월드타워 478m에 설치한 유리바닥 전망대(스카이데크)가 세계에서 가장 높은 유리바닥 전망대로 인정받았다는 게 하나의 위안이었다.

초고층 빌딩은 비싼 공사비 때문에 분양가가 높고 분양 대상을 찾기가 쉽지 않아 공사 이후에 어려움을 겪는 경우가 많다. 타이베이 101층 건물이 그러한 경우에 해당한다. 롯데월드타워는 이 문제를 '복합화'라는 방식으로 해결했다. 연면적 80만m²를 오피스, 오피스텔, 호텔, 전망대, 포디움(Podium, 돌출부 플랫폼), 아트갤러리, 면세점 등 다양한 용도로 구성한 것이다.

복합화에 따라 건물의 구성이 다양해지면 관리하는 데도 복합적인 요인을 고려해야 한다. 오피스, 오피스텔, 호텔, 면세점 등 각 공간마다 적합한 온도, 습도, 채광을 조절해야 한다는 뜻이다. 이러한 조건은 기존의 초고층 건축물에서 시도되지 않았던 것이어서 설계 과정에서부터 어려움이 많았다.

설계를 맡은 미국 KPF사는 뉴욕 세계무역센터, 상하이 금융센터 등을 설계한 초고층 건물 건축의 베테랑 기업이지만 전례 없는 복합 구성의 초고층 건물인 롯데타워를 설계하면서 애를 많이 먹었다. 그래도 롯데월드타워의 모든 기록은 역사가 될 것이므로 무엇보다 안전이 중요하다는 데 공감하고 공간의 효율성보다는 구조적 안정성에 최우선을 두어 설계했다. 특히 40층마다 대나무 마디 역할을 하는 구조물을 설치해 진도 9의 강진과 초속 80m의 바람도 견디도록 했다. 이 때문에 '앞으로는 지진이 나면 무조건 롯데월드타워로 대피해야 한다'는 이야기가 나올 정도였다.

시공 과정도 어렵기는 마찬가지였다. 다행히 롯데건설의 기술력이 뛰어나 최첨단 건축공법과 친환경 인테리어 기술이 총동원되었다. 에너지 최적화를 위해 쇼핑몰 옥상에 녹색 정원, 태양열 집열판, 풍력발전기도 설치했다.

롯데월드타워에 적용된 핵심기술들은 이전의 대한민국 건축사(史)에서는 볼 수 없었던 것들이 많다. 롯데월드타워 현장은 매 순간이 새로운 시도였고 모든 결과는 대한민국의 신기록이었다. 이러한 기록들은 롯데의 각 계열사들이 끊임없이 협의하고 조율하는 롯데의 힘이었기에 달성가능했다. 외부의 도움을 최소화하고 '우리의 일은 우리가 한다'는 신격호 회장의 경영철학이 반영된 결과라고 할 수 있다.

롯데는 마침내 2015년 12월, 상량식 행사를 진행했다. 상량식이란 외부 공사를 마무리하고 내부공사에 들어가기 전 마지막 대들보를 올리는 의식으로, 공사에 참여한 500명의 작업자들과 롯데월드타워를 응원해 준 국민들에게 감사의 마음을 전하는 역사적 순간이었다.

최고의 건축물을 짓기 위해 필요한 것은 단순히 기술만은 아니었다. 초고층 건물에 대한 인식을 바꾸고 우려를 희망으로, 질책을 격려로 바꾸기 위해 뼈를 깎는 노력이 뒤따라야 했다. 이러한 노력으로 이루어 낸 롯데월드타워는 현장의 작업자들이 땀 흘려 이룬 값진 성과였다. 그들의 헌신적인 노력과 열정을 오래 기억하기 위해 '롯데월드타워 기념벽(Wall of Fame)'을 세웠다. 현장 작업자들의 노고를 기리는 최초의 조형물이기에 100일 이상 근무한 작업자와 임직원 8,000여 명의 명예로운 이름을 담았다. 신격호 회장의 이름 '신격호'도 임직원들 사이에서 찾아볼 수 있다. 30m 길이의 나선형 벽 안쪽에는 파노라마처럼 초고층 공사현장의 감동적인 순간과 사업 추진 역사도 담았다.

건설공사가 한창 마무리 단계에 접어들 무렵에는 신 회장은 건강이 좋지 않아 외부활동을 많이 할 수 없었다. 하지만 자신의 필생의 숙원인 롯데월드타워 완공은 자신의 손으로 이루어 내고 싶어 한 달에 두세 차례 대면보고도 받아보고 공사현장도 방문했다. 그처럼 많은 애정을 쏟았기에 2017년 2월 준공했을 때 신 회장의 기쁨은 말로 다 표현할 수 없을 만큼 컸다. 그의 나이 96세 때다.

롯데월드타워 복합단지에는 123층 빌딩을 중심으로 상업시설과 문화시설을 갖춘 복합쇼핑몰이 펼쳐져 있다. 사람들은 이 공간에서 소비자가 된다. 롯데월드타워는 매일 소비자 계층을 만들어 낸다. '신격호 소비자 계층'이라고 표현해도 된다.

높이 555m의 월드타워는 꼭대기에 전망대가 있다. 남산(南山) 높이까지 포함해서 479m인 서울 남산타워보다도 높다. 이제는 북한산을 등산하지 않고 롯데월드타워의 엘리베이터를 타고 편안하게 올라가 서울을 내려다볼 수 있게 되었다. 서울의 어떤 펜트하우스보다도 높은 이곳 전망대에서 일반 시민은 최고 권력자의 시선을 가질 수 있게 되었다. 타워의 동사 뜻은 '높은 곳까지 올라가다. 닿다'이다. 보통 높은 곳에서 내려다보는 시각은 권력자의 시각이기 때문이다.

복합쇼핑몰에는 백화점, 판매점, 콘서트홀, 시네마. 식음료 등 다양한 시설이 들어섰다. 단지 안에는 최첨단 IT 기술로 꾸민 '젊은이들의 거리' 과거 속으로 여행을 떠날 수 있는 '추억의 거리'도 조성되었다. 롯데월드타워 복합단지 경영이 안정화되면 롯데월드와 함께 연간 방문객이 1억 명이 넘어서는 세계 최대의 관광명소가 될 것이 분명하다.

현대 문명 속 유토피아(Utopia) 월드타워

유토피아는 인간이 생각할 수 있는 최선의 상태를 갖춘 완전한 사회를 말한다. 신격호 회장은 잠실 벌판에 월드타워를 세워 '현대 문명 속의 유토피아'를 구축하려고 노력했고 성공했다. 그는 기업가이면서도 월드타워 구축에는 이윤을 남긴다는 기업가 본능을 배제하고 막대한 자금을 쏟아부어 넣었다.

대한민국 수도 서울은 600여 년 전 조선(朝鮮)이 건국되면서 만든 인위적인 계획도시이다. 북한산, 인왕산, 남산 등과 적절하게 배치된 경복궁, 창덕궁은 당시의 풍수지리적 도시관(都市觀)을 잘 보여준다.

세월이 흘러 도시계획이 진행되면서 서울의 풍경도 크게 변했다. 높은 건물들이 솟아나면서 스카이라인이 달라졌다. 그렇다 해도 롯데타워 이전까지는 '한강의 기적'이라 불리는 대한민국의 발전상을 상징하는 현대적 조형물이 없었다. 바꿔 말하면 롯데타워는 한강의 기적을 이룬 대한민국의 발전상을 상징하는 조형물이다. 롯데타워가 준공되었을 때 신격호 회장을 가장 기쁘게 한 것이 바로 그 점이었다.

롯데월드타워 사업을 진행하는 과정은 고난의 연속이었다. 독자들이여, 우리는 이 책을 통해 그 과정을 잘 알고있는 것이다. 신 회장은 구도(求道)하는 심정으로 고난을 이겨냈다. 신 회장을 잘 아는 지인 중에는 "신 회장 몸 내 사리(舍利, Sarira, 오랜 수행을 한 스님을 화장한 결과 나오는 구슬)가 꽤 많을 것이야."라고 말하는 사람도 있었다.

롯데월드타워를 짓는 동안 신 회장에게 이렇게 묻는 사람들이 꽤 많았다. "몇 년이 지나면 투자금을 회수할 것이라고 보십니까?" 그럴 때마다 신 회장은 간단하게 대답했다. "회수 불가!" 신 회장의 대답을 듣는 사람들은 거의가 당황스러워했다. 이윤 창출이 목적이라고 생각하는 관점에서 보면 신 회장의 대답은 기업인으로서의 역할을 포기한 것과 같은 말이기 때문이다.

그러나 신 회장의 셈법은 달랐다. 비록 장부상으로는 회수 불가가 맞을지 몰라도 장구한 세월에 걸쳐 얻는 무형의 이익은 어마어마할 것이다. 서울의 품격을 높이고 대한민국의 국격을 높이는 데 일조한다면 그 가치는 돈으로 환산하기도 어려울 만큼 크지 않겠는가! 다시 말해 이 프로젝트는 '사업'으로 봐서는 안 되는 일이다. 신 회장은 타지(일본)에 가서 번 돈으로 한국에 좋은 건축물, 국제적 명물로 한국이 자랑할 만한 작품을 만들고 싶었다. 신 회장의 높은 수준의 비전을 품고 잠실 벌에 우뚝 솟은 롯데월드타워는 21세기 대한민국의 랜

2021년 신격호 창업주 탄신 100주년 기념사 중인 신동빈 롯데 회장

드마크가 될 것이다. 전 세계인이 몰려와 세계 최고 높이의 유리바닥 전망대에서 서울의 발전상과 아름다운 풍광을 바라보게 될 것이다. 비범한 높이는 그 높이만큼이나 짓는데 난관을 만들어 냈으나 신 회장과 롯데에게는 언제나 극복의 대상이었지 굴복의 대상이 아니었다. 극복의 열쇠는 역사를 완성하고자 하는 강렬한 '열망'이었다. 롯데월드타워는 높은 곳을 지향했던 신 회장의 꿈이 구현된 '현대 문명 속의 유토피아'이다. 그의 이상(理想)이 영근 금자탑이었다. 신격호 회장은 기꺼이 우리 국민과 모두에게 이 탑을 바친 것이다.

신격호 창업회장 영면(永眠)

신격호 회장은 2020년 1월 19일 오후 별세했다. 향년 99세였다. 신 회장은 노환으로 세상을 떠났다. 한국 재계의 큰 손실이었다. 신 회장은 영양공급치료 목적으로 서울 아산병원에 입원했으나 18일 밤부터 병세가 급격히 악화된 뒤 세상을 떠났다.

창업 1세대로 분류되는 신 회장은 1세대 중 가장 장수했다. 구인회 LG그룹 회장은 62세, 이병철 삼성그룹 회장은 77세, 최종현 SK 회장은 71세, 정주영 현대그룹 회장은 85세에 별세했다. 1세대 시대가 마감된 것이다.

롯데는 창업주인 신 명예회장을 기리고자 장례식을 그룹장으로 진행했다. 그러나 장례는 본인의 생전 신념인 검소함을 존중해 조용하고 간소하게 치러졌다.

신격호 회장님! 명복을 빕니다.

백인호

매일경제 편집국장,
MBN 대표이사,
YTN 사장,
가천대 초빙교수

〈저서〉
장편소설 『삼성오디세이아』
『현대오디세이아』
『자동차왕 정몽구 오디세이아』
『SK 오디세이아』
『LG 오디세이아』

롯데 오디세이아

발행일	2024년 4월 1일
지은이	백인호
펴낸이	박상영
펴낸곳	도서출판 정음서원
주 소	서울특별시 관악구 서원7길 24, 102호
전 화	02-877-3038
팩 스	02-6008-9469
신고번호	제 2010-000028 호
신고일자	2010년 4월 8일
ISBN	979-11-982605-6-7
정 가	20,000원

ⓒ백인호, 2024

※ 이 책은 저작권법에 의해 보호를 받는 저작물이므로 저작권자의 서면 허락 없이는 무단 전재 및 복제를 할 수 없습니다. (이메일 qqtalk38@naver.com)

※ 잘못된 책은 바꾸어 드립니다.